निःशब्द नूपुर

रूमी की 100 ग़ज़लें

महात्मा गांधी अंतरराष्ट्रीय हिन्दी विश्वविद्यालय

Translation of Persian

ज्ञान शांति मैत्री

महात्मा गांधी अंतरराष्ट्रीय हिन्दी विश्वविद्यालय

निःशब्द नूपुर

रूमी की 100 ग़ज़लें

अनुवाद एवं सम्पादन

बलराम शुक्ल

राजकमल प्रकाशन

ISBN : 978-93-88183-25-3

मूल्य : ₹ 1295

पहला संस्करण : 2018
दूसरा संस्करण : 2022

प्रकाशक : राजकमल प्रकाशन प्रा. लि.
1-बी, नेताजी सुभाष मार्ग, दरियागंज
नई दिल्ली-110 002
शाखाएँ : अशोक राजपथ, साइंस कॉलेज के सामने, पटना-800 006
पहली मंजिल, दरबारी बिल्डिंग, महात्मा गांधी मार्ग, प्रयागराज-211 001
वेबसाइट : www.rajkamalprakashan.com
ई-मेल : info@rajkamalprakashan.com

मुद्रक : बी.के. ऑफ़सेट
नवीन शाहदरा, दिल्ली-110 032

NIHSHABD NOOPUR : Rumi Ki 100 Gazalein
Translated & Edited by Balram Shukla

पीरे-तरीक़त श्री वागीश शुक्ल
को
सप्रीति

शुक्रे तू ऐ बहारे चमन! चून् अदा कुनम?
गुल अज़ तू बर्ग याफ़्त, बे बुलबुल सदा रसीद

अनुक्रम

मूल ग़ज़लों का लिप्यन्तरण एवं अनुवाद

परिशिष्ट

दो शब्द

महात्मा गाँधी अन्तरराष्ट्रीय हिन्दी विश्वविद्यालय, वर्धा के दायित्वों में यह भी सम्मिलित है कि विश्व साहित्य को हिन्दी में उपलब्ध कराया जाय। तदनुसार कई कृतियों का हिन्दी रूपान्तर हिन्दी जगत के सम्मुख प्रस्तुत किया जा चुका है। इसी क्रम में मौलाना जलालुद्दीन रूमी की चुनी हुई सौ ग़ज़लों का यह हिन्दी रूपान्तर प्रकाशित किया जा रहा है। भारत स्थित ईरानी सांस्कृतिक भवन के निदेशक प्रख्यात फ़ारसीविद डॉ. अली दह्गाही से चर्चा में फ़ारसी भाषा की कालजयी रचनाएँ हिन्दी में प्रस्तुत करने की परियोजना का सूत्रपात हुआ। महात्मा गाँधी अन्तरराष्ट्रीय हिन्दी विश्वविद्यालय, वर्धा इस कार्य के संयोजन का निमित्त बना।

मुझे हार्दिक प्रसन्नता है कि रूमी की ग़ज़लों का 'निःशब्द नूपुर' शीर्षक प्रस्तुत अनुवाद कार्य सम्पन्न होकर प्रकाशित हो रहा है। मूल फ़ारसी से हिन्दी भाषा में अनुवाद का यह दुष्कर कार्य डॉ. बलराम शुक्ल की प्रतिभा और लगन से ही सम्पन्न हो सका है। वे संस्कृत भाषा के पंडित होने के साथ फ़ारसी में भी दक्ष हैं। उनकी काव्य-प्रतिभा दोनों ही भाषाओं की रचनाओं में प्रकट होती है। इस पर पुरोवाक् प्रोफ़ेसर वागीश शुक्ल ने लिखा है जो एक सुरुचि-सम्पन्न साहित्य मनीषी होने के साथ साथ फ़ारसी के भी गंभीर अध्येता हैं। पुस्तक में आरम्भ में डॉ. अली दह्गाही द्वारा रूमी के काव्यानुवाद की वैश्विक परम्परा का परिचय देने वाला एक महत्त्वपूर्ण निबंध भी सम्मिलित किया गया है। भूमिका में प्रोफेसर वागीश शुक्ल ने रूमी के व्यक्तित्व और वैदुष्य पर प्रकाश डाला है। अपने प्रास्ताविक में डॉ. बलराम शुक्ल ने रूमी के रचनागत वैशिष्ट्य के विविध पक्षों पर प्रकाश डाला है। पुस्तक में मूल फ़ारसी ग़ज़ल बाईं और देवनागरी लिपि में प्रस्तुत है और उसका हिन्दी गद्यानुवाद दाएँ पृष्ठ पर प्रस्तुत है। इस बात का विशेष ध्यान रखा गया है कि मूल अर्थ के साथ छेड़छाड़ न हो। पुस्तक के परिशिष्ट फ़ारसी काव्य रचना तथा महत्त्वपूर्ण सन्दर्भों का विवरण भी दिया गया है जिससे पाठक मूल रचना के अधिकाधिक निकट पहुँच सके।

रूमी एक प्रतिष्ठित रचनाकार के रूप में प्रसिद्ध हैं। आज से आठ सदियों पूर्व अफ़ग़ानिस्तान में जन्मे और तुर्की में पले-बढ़े धर्मशास्त्रविद्, विचारक और

अध्यात्मतत्ववेत्ता मौलाना जलालुद्दीन रूमी की काव्यधारा तुर्की में परवान चढ़ी थी। अपनी 'मसनवी' में मौलाना ने फ़ारसी की श्रेष्ठ ग़ज़लें रची थीं जो मानवीय सर्जना की अमूल्य धरोहर बन चुकी हैं। विश्व की अन्यान्य भाषाओं में अनूदित हो कर वे पाठकों के हृदय को पीढ़ी-दर-पीढ़ी अध्यात्म-रस से सराबोर करती चली आ रही हैं। अपने समय के श्रेष्ठ आध्यात्मविद मौलाना रूमी मूलतः सूफी विचारधारा में दीक्षित थे और उसी का प्रवर्तन कर रहे थे। सैंतीस वर्ष की आयु में मौलाना शम्स तबरेज़ नामक एक महान सूफी सन्त से भेंट के बाद रूमी की ज़िन्दगी ही बदल गई और बाकी जीवन उन्होंने परमात्मा के प्रेम की साधना में गुजार दिए।

ऊपर से देखने पर मौलाना की ग़ज़लों में प्रयुक्त इश्क, माशूक, आशिक, वस्ल (=मिलन) आदि शब्द शरीरी यौनिकता के निकट लगते हैं पर इनकी प्रयुक्ति अरूप या रूपहीन परमात्मा तक पहुँचने का माध्यम या ठाठ (काम चलाऊ ढाँचा) है। सूफी विचार अन्ततः अद्वैत की साधना के मार्ग में ही अग्रसर होते दिखलाई पड़ते हैं। उसकी यही स्थापना है कि पूरी सृष्टि में ईश्वर ही व्याप्त है। यह सब उसी की महिमा है। यह सुखद आश्चर्य है कि मौलाना के भाव, विचार और शैली भारतीय पाठकों के लिए अनचीन्हे नहीं लगते। उनके स्वर आश्चर्यजनक रूप से वेद और उपनिषद् की ज्ञान-परम्परा के निकट उपस्थित मिलते हैं। शायद आध्यात्म की दुनिया देश-काल का अतिक्रमण करती है और अस्तित्व के शाश्वत सरोकारों को सम्बोधित करती चलती है। ये सदा-सदा के प्रश्न हैं जो पहले भी पूछे जाते रहे हैं और आगे भी पूछे जाते रहेंगे. रूमी की ग़ज़लों के प्रस्तुत अनुवाद की कुछ बानगी द्रष्टव्य है।

- *ईश्वर के बाग़ का पंछी हूँ मैं,*
  इस धूल-मिट्टी की दुनिया से मेरा क्या वास्ता?
  सिर्फ कुछ एक दिनों के लिए यह देह बना है मेरा पिंजरा।
- *कौन है वह कान जो मेरी आवाज़ सुन रहा है?*
  या,
  वह कौन है जो मेरे मुँह से अपनी बात कर रहा है?
  पता नहीं।
- *कौन है मेरी आँखों में जो मेरी आँखों से बाहर की ओर देख रहा है?*
  या
  वह आत्मा कौन है जिसके लिए मैं कपड़े के सरीखे हूँ?

× × × × ×

- *हज को चल दिये ऐ मेरे कौम के यारों!*
  कहाँ?-कहाँ भटक रहे हो आख़िर तुम सब?
  जिससे तुम्हें प्रेम है— तुम्हारा मा,शूक़!

वह तो यहीं है।
जल्दी से लौट आओ! लौट आओ!!

× × × × ×

- *जिसे तुम खोजने चले हो वह तुम्हारा माशूक़ तो हर दरो दीवार का पड़ोसी है।*
  फिर तुम लोग और किसकी चाह में भटक रहे हो उस रेगिस्तान में?
- *दसियों बार तुम उस रेगिस्तानी राह से उस घर (=का,बे) तक पहुँचे होगे अब,*
  सिर्फ़ एक बार इस (शरीर के) घर से निकलकर इस (हृदय की) अटारी पर चढ़ आओ।

× × × × ×

- *जब तुम अपने अहंकार के साथ रहते हो तो तुम्हें अपना आत्मतुल्य प्रिय भी काँटे की तरह लगता है*
  और जब तुम अहंकारविहीन होकर ख़ुद को पा लेते हो तो फिर तुम्हारा प्रिय तुम्हारे किस काम का?
- *जब तुम अहंकार में होते हो तो मानो दुखों के बादलों में घिरे हुए होते हो,*
  और जब तुम्हारा अहंकार विलीन होता है तो तुम्हारा चाँद (=प्रिय) तुम्हारी बाँहों में आ जाता है।

× × × × ×

- *मेरी अक़्ल की आँखें तुमसे मस्त हो चुकी हैं, आसमान का चक्र तुम्हारे सामने झुक जाता है।*
  उत्सव का कान तुम्हारे हाथ में है, तुम्हारे बिना गुज़ारा नहीं हो सकता।
- *जब तुम नहीं होते हो तो मेरे प्राण उबलने लगते हैं। तुम्हारे साथ रहने पर मेरा दिल उत्सवमग्न हो जाता है।*
  और बुद्धि चिल्लाती रह जाती है, बताओ तुम्हारे बिना गुज़ारा कैसे हो सके।

डॉ. बलराम शुक्ल द्वारा प्रस्तुत 'निःशब्द नूपुर' भारत और ईरान के मध्य सांस्कृतिक संवाद के द्वार खोलती एक महत्त्वपूर्ण कृति है जो पाठक को अपने साथ आध्यात्मिक अनुभूतियों की गहराइयों और ऊँचाइयों की यात्रा पर ले चलती है। मैं इस कार्य के लिए उन्हें हार्दिक बधाई देता हूँ। मुझे पूरा विश्वास है हिन्दी जगत इस प्रयास का स्वागत करेगा।

—गिरीश्वर मिश्र
कुलपति
महात्मा गाँधी अन्तरराष्ट्रीय हिन्दी विश्व विद्यालय, वर्धा

अपने वधिक के मित्र की कविता

1

मौलाना रूमी (30 सितम्बर, 1207—17 दिसम्बर, 1273) संसार के कुछ उन गिने-चुने कवियों में से हैं जिनका नाम बड़े आदर से लिया जाता है और जो न केवल उस संस्कृति के चुनिन्दे निर्माताओं में माने जाते हैं जो उनकी भाषा में साँस लेती है बल्कि जिन्हें जानना अन्य संस्कृतियों के लोग भी सम्मानजनक मानते हैं। साधारणतया स्वीकृत जानकारी के अनुसार, उनका जन्म अफ़गानिस्तान के बल्ख़ प्रान्त में माना जाता है जिसके नाते वे 'बल्ख़ी' भी कहे जाते हैं। उनका पूरा नाम **जलालुद्दीन मुहम्मद** 'रूमी' या 'बल्ख़ी' है किन्तु उन्हें आदर से केवल 'मौलाना' या 'मौलवी' ही कहा जाता है। उनके पिता बहाउद्दीन वलद एक धर्मशास्त्रविद् तथा सूफ़ी थे। मौलाना नज्मुद्दीन कुबरा के शिष्य होने के नाते वे सूफ़ियों के कुबराविया सिलसिले में थे और इस नाते मौलाना का भी यही सिलसिला हुआ किन्तु उनके शिष्यों ने उनके मरने के बाद उनके पुत्र सुल्तान वलद के नेतृत्व में 'मौलविया सिलसिला' नाम की एक स्वतंत्र परम्परा शुरू की जिस का प्रमुख अभिलक्षण समूह संगीत और नृत्य का आराधना पद्धति में समावेश है जो मौलाना को विशेष प्रिय था।

मंगोलों के आक्रमण के कारण उपजी अव्यवस्था के चलते परिवार अपना मूल स्थान छोड़कर इधर उधर भटकता रहा और अन्त में 1 मई, 1228 से तुर्की के तत्कालीन शासक के आग्रह पर तुर्की के कूनिया शहर में आ कर इसे स्थिरता मिली जहाँ बहाउद्दीन वलद ने एक मदरसा खोल कर हनफ़ी धर्मशास्त्र की शिक्षा देना प्रारम्भ किया। चूँकि तुर्की पूर्वी रोमन साम्राज्य का अंग रह चुका था अत: उसे 'रूम' भी कहा जाता है और मौलाना के नाम में 'रूमी' जुड़ने का कारण उनकी यहाँ बसावट ही है। अपने पिता की मृत्यु के बाद पचीस वर्ष की अवस्था में मौलाना ने उनका मदरसा सँभाला और मृत्युपर्यन्त, अर्थात् अगले चालीस वर्षों तक, उसमें पिता की तरह ही धर्मशास्त्र पढ़ाते रहे। यही कई पीढ़ियों से इनकी पारिवारिक परम्परा थी।

15 नवम्बर, 1244 को शम्स तबरेज़ से मौलाना की भेंट हुई जिसने मौलाना का जीवन पूरी तरह बदल दिया। अब मौलाना एक अध्यात्मपुरुष में बदल चुके थे। 5 दिसम्बर, 1248 को जब शम्स तबरेज़ मौलाना से बात कर रहे थे, उन्हें किसी ने घर के पीछे बुलाया और फिर वे कभी दिखाई नहीं दिए। उनकी खोज में मौलाना बहुत भटके किन्तु कोई सफलता नहीं मिली। मौलाना ने अपनी विरह-व्यथा को अपनी ग़ज़लों में साकार कर दिया है जिनमें उन्होंने अपना नाम नहीं दिया है, 'शम्स' तख़ल्लुस डाल कर शम्स तबरेज़ का नाम सुरक्षित किया है।

2

मौलाना की सबसे प्रसिद्ध रचना उनकी मसनवी है जिसका सम्मान इस सीमा तक है कि उसे 'फ़ारसी में लिखी गई क़ुर्आन' भी कहा जाता है। इस काव्यकृति में अनेक नीतिकथाओं के माध्यम से अध्यात्म और व्यवहार के उपदेश संकलित हैं और इस प्रकार यह मानवीय आचरण की एक आदर्श-संहिता के रूप में रची गई है। इसका बढ़ा हुआ क़द प्राय: मौलाना को सामान्य परिचय में **मसनवी**-कार के रूप में सीमित कर देता है और मौलाना को ग़ज़लकारों की प्रथम पंक्ति में बहुत आगे जगह दिलाती हैं। सांगीतिकता और मिठास में उनकी ग़ज़लों का जोड़ मुश्किल है।

'ग़ज़ल' एक ऐसी काव्यविधा है जिसे फ़ारसी काव्य-व्यवहार की अपनी देन कहा जा सकता है। प्राचीन अरबी कविता में एक ही काव्यविधा, 'क़सीदा' देखने को मिलती है जो '*क़स्द* (= इरादा)' के साथ लिखी जाने के नाते ही 'क़सीदा' कहलाती थी। और इस प्रकार 'सोद्देश्य' होती थी। अपने कबीले के पूर्वपुरुषों का बखान या किसी की मृत्यु पर शोक प्रकाश भी इस कविता का उद्देश्य हो सकता था किन्तु मुख्यत: यह किसी संरक्षक की प्रशंसा करने और इसके बदले उससे कुछ पुरस्कार प्राप्त करने की कविता थी। इसको प्रारम्भ करते समय कवि कुछ 'अपने मन की बातें' भी करता था जिसमें उसके निजी सुखदुख, उजाड़ बस्तियों का वर्णन, प्रकृतिचित्रण, प्रेमनिवेदन आदि होते थे। यह अंश क़सीदे का भूमिका-भाग होता था और इसे 'तश्बीब' कहते थे। इसे क़सीदा-लेखन से स्वतंत्र करके इसके स्वरूप का विकास और विस्तार करते हुए 'ग़ज़ल' काव्यविधा को स्वतंत्र अस्तित्व दिया गया। इसका छन्दोविधान क़सीदे का ही है, अर्थात् पहली दो पंक्तियों में तुकमिलान होता है और फिर वह तुकमिलान चौथी, छठी, ...आदि पंक्तियों में होता है। अन्त में कवि अपना उपनाम देता है—मौलाना की ग़ज़लों में शम्स तबरेज़ का नाम प्राय: सर्वत्र मिलता है।

ग़ज़ल की लोकप्रियता बहुत है और इसे विश्वस्तरीय स्वीकृति प्राप्त है। फ़ारसी और उर्दू के अतिरिक्त अन्य भाषाओं में भी ग़ज़लें लिखी गई हैं। जर्मन में कुछ ग़ज़लें महाकवि गेटे ने लिखी थीं। हमारे अपने समय में कई कवियों ने अँगरेज़ी में ग़ज़लें लिखी हैं और भारतीय भाषाओं में तो ग़ज़लें बराबर लिखी जा रही हैं। इस

समय हिन्दी और संस्कृत में अनेक कवि ग़ज़लें लिख रहें हैं। इन सबमें उन नियमों का अनुपालन बहुत कड़ाई से नहीं होता जिनकी चर्चा ऊपर की गई है और आगे जो कुछ हम ग़ज़ल के बारे में कहने जा रहे हैं उसकी भी प्रासंगिकता फ़ारसी-उर्दू की पारम्परिक ग़ज़लों के ही सन्दर्भ में समझनी चाहिए।

2.1

ग़ज़ल में लिखी गई कविता 'प्रेमकाव्य' के रूप में पहचानी जाती है और बहुत से लोग 'ग़ज़ल' का अर्थ 'औरतों से बातचीत' बताते हैं। ग़ज़ल को समझने की यह राह कुछ भ्रामक है। फ़ारसी में 'प्रेम' के लिए 'इश्क़' शब्द का व्यवहार होता है। 'इश्क़ करना' क्रिया का कर्ता अर्थात् 'प्रेमी', 'आशिक़' कहलाता है, तथा उसके कर्म को अर्थात् 'प्रेमपात्र' को, 'माशूक़' कहते हैं। यह प्रेम इकतरफ़ा है, 'माशूक़' की जगह 'प्रेमिका' रखना ग़लत है क्योंकि 'प्रेमिका' सिर्फ़ 'प्रेमी' का स्त्रीलिंग है और इस प्रकार वह भी प्रेम करती है। फ़ारसी कविता में, विशेषत: ग़ज़ल (और रूबाई) में, इसी 'इश्क़' का वर्णन होता है। इस प्रेम, अर्थात् 'इश्क़' को सर्वदा आध्यात्मिक प्रेम के रूप में ही समझना चाहिए यद्यपि आजकल उर्दू ग़ज़लों में लौकिक प्रेम भी वर्णित होने लगा है। इसमें प्रेमी—जिसे आगे से 'आशिक़' कहना उचित होगा—की भूमिका जीव की और प्रेमपात्र—जिसे आगे से 'माशूक़' कहना उचित होगा—की भूमिका ब्रह्म की होती है। भारतीय काव्यपरम्परा में गोपियों की ओर से (मथुरा जा चुके) कृष्ण के प्रति किया गया प्रेमनिवेदन फ़ारसी काव्यपरम्परा में वर्णित प्रेमनिवेदन के निकटतम है—गोपियाँ आशिक़ हैं, कृष्ण माशूक़।

इस सम्बन्ध में कई सूक्ष्मताएँ हैं जिनका ध्यान रखना आवश्यक है। कवि की भूमिका आशिक़ की होती है। माशूक़ की ओर से कोई प्रेमनिवेदन नहीं होता। चूँकि जीव का ब्रह्म में विलय ही लक्ष्य होता है और यह भगवत्कृपा से ही सम्भव होता है इसलिए माशूक़ को वधिक और आशिक़ को वध्य के रूप में चित्रित करते हैं। इस रूपक का निर्वाह बहुत विस्तार से और पूरी तल्लीनता से किया जाता है, माशूक़ की क्रूरता, उसके हाथ में ख़ंजर, आशिक़ की दीनता, उसका बहता हुआ ख़ून, ये सारी बातें बहुत रुचि से बतायी जाती हैं; इसका ध्यान ज़रूर रखा जाता है कि आशिक़ की याचनाएँ अपनी प्राणरक्षा के लिए नहीं, अपने वध के लिए होती है—'वस्ल (=मिलन)' और 'मृत्यु' लगभग समानार्थी हैं। इन सब को ध्यान में रखे बिना कोई नहीं समझ सकता कि मौलाना "*दुश्मन+ए+ख़ेशेम+ओ+यार+ए+आँ कि मा-रा मे-कुशद* (=हम अपने शत्रु हैं और उसके मित्र हैं जो हमारा वध करता है)" कैसे लिख रहे हैं।

प्रेम के इस आदर्श में ज़ाहिर है कि लौकिक विपरीतलिंगी आकर्षण की प्रत्यक्ष घुसपैठ सम्भव नहीं थी और इसलिए यौनिक आकर्षण का विवरण कथा-काव्यों तक सीमित है यद्यपि वहाँ भी अन्तत: प्रेम का तात्पर्य आध्यात्मिक ही माना जाता

है। इसलिए रूपवर्णन आदि का भी जहाँ प्रसंग आता है, माशूक़ को एक पुरुष के रूप में ही वर्णित करते हैं। चूँकि फ़ारसी में क्रिया पदों से स्त्रीलिंग और पुल्लिग का पता नहीं चलता इसलिए भी इस प्रकार की प्रेमकविता लिखने में सुविधा हुई। यह कहना ठीक नहीं है कि माशूक़ और आशिक़ का एक जैसा ही स्वरूप दिखाया जाता है किन्तु वह लिंगभेद पर आधारित नहीं है—होगा यह कि आशिक़ बूढ़ा माशूक़ जवान, आशिक़ बीमार माशूक़ वैद्य, इस प्रकार के भेद होंगे किन्तु होंगे दोनों पुरुष ही। माशूक़ की वेषसज्जा एक सुरूप युवक की होती है, काज़ल-सुर्मा और ज़ुल्फ़ आदि का वर्णन आने से स्त्री होने का भ्रम नहीं होना चाहिए। 'नक़ाब' का उल्लेख भी स्त्री का संकेत नहीं है क्योंकि पर्दा पुरुष और स्त्री दोनों के लिए विहित है। शौर्य जैसे 'पुरुषोचित' गुण भी माशूक़ में ही दिखाए जाते हैं। इसको यों समझना चाहिए कि 'लैला' से किसी कविता में किसी वास्तविक लड़की का संकेत करना घटिया कविता में होगा, जो उत्कृष्ट कविता होगी उसमें 'लैला' का अर्थ 'ईश्वर' होगा, या अगर क़सीदा है तो जिसकी स्तुति की जा रही है, वह प्रेमपात्र भी हो सकता है। ग़ज़लों में यही रूप है। इस परिपाटी के नाते एक बड़ा भ्रम फैला हुआ है कि फ़ारसी-उर्दू कविता समलैंगिक प्रेम की कविता है जब कि वास्तविकता यह है कि इसमें वर्णित प्रेम में यौनिकता की जगह नहीं है। जो रूप-लालसा दिखाई देती है वह अ-रूप को रूप में पाने की लालसा है।

फ़ारसी कविता को समझने में दूसरी बड़ी बाधा है उसमें मदिरा की लगातार उपस्थिति। यह मदिरा 'आध्यात्मिक ज्ञान' की मदिरा है। इसे देने वाला साक़ी वस्तुतः आध्यात्मिक गुरु है। इस प्रकार जन्नत में जिस मदिरा के मिलने की बात क़ुर्आन में कही गई है वह कोई सामान्य ऐश्वर्यभोग की मदिरा नहीं है अपितु यही आध्यात्मिक मदिरा है और हज़रत अली या हज़रत मुहम्मद उस मदिरा को प्राप्त कराने वाले साक़ी कहे जाते हैं। मदिरा चूँकि इस्लामी आचरण में निषिद्ध है इसलिए इस्लाम के कर्मकाण्डी स्वरूप के विरोध में भी इसका ज़िक्र काम आता है और 'वास्तविक', 'सूक्ष्म', 'आध्यात्मिक' धर्माचरण के रूप में मदिरापान की प्रतिष्ठा प्राप्त है। कुछ अन्य शब्दों के अर्थ भी बदल जाते हैं, जैसे 'कुफ़्र' का अर्थ 'अधर्म' न रह कर 'सूक्ष्म धर्माचरण' हो जाता है। मिर्ज़ा बेदिल ने वेदान्त के प्रभाव में जगत् को मिथ्या मानते हुए उसे 'वह्म (=भ्रम)' से समीकृत करते हुए उसके रचनाकार ईश्वर को भी 'भ्रम-कल्पित चित्रकार' कहा है :

ग़ुबारे दाश्तम दर ख़ाम+ए+नक़्क़ाश+ए+मौहूमी
शिकस्त अज़ दामन-श गुल कर्द+ओ+तसवीर-म बरंग आमद॥

[उस भ्रम-कल्पित चित्रकार की तूलिका में मेरे निर्माण का उपादान धूल के रूप में भरा था। उसने अपना दामन झटका और मेरी आकृति अपने रंगों में जीवित होकर उभर आई।]

इस तरह की कल्पनाएँ पारम्परिक इस्लाम के भीतर रहते हुए सम्भव नहीं हैं। मिर्ज़ा बेदिल पर जिस पूर्णता और जिस सूक्ष्मता के साथ, जिस हद तक, अद्वैत वेदान्त का प्रभाव पड़ा है उस हद तक सभी फ़ारसी कवियों पर नहीं पड़ा किन्तु इस आध्यात्मिक प्रेम की सैद्धान्तिक पृष्ठभूमि 'सूफ़ी-वाद' कहलाती है जिसे समझने में उन भारतीय पाठकों को आसानी होगी जिन्हें अद्वैत चिन्तन की शब्दावली का कुछ परिचय है। उदाहरण के लिए मौलाना का—

गुफ़्तम् "ऐ इश्क़ मन अज़ चीज़+ए+दिगर मे-तरसम"
गुफ़्त "आँ चीज़+ए+दिगर नेस्त दिगर, हेच म-गो"॥

[मैंने (माशूक़ से) कहा "ऐ इश्क़ मैं 'अन्य पदार्थ' से डरता हूँ।" (माशूक़ ने प्रत्युत्तर में) कहा, "वह 'अन्य पदार्थ' अब नहीं है; कुछ मत कहो।"]

समझना एकदम सरल है यदि हम (बृहदरण्यकोपनिषद् 1-4-2 के) इस प्रसिद्ध अद्वैत-प्रतिपादक वाक्य "*द्वितीयाद् वै भयम् भवति* (=दूसरे से ही भय होता है)" को ध्यान में रखते हैं। सूफ़ियों में अग्रणी मंसूर हल्लाज का प्रसिद्ध उद्घोष "*अनल हक़* (=मैं ही परम सत्य हूँ)", जिसके नाते उनको फाँसी हुई थी और जिसके सन्दर्भों से फ़ारसी-उर्दू कविता पटी पड़ी है, वस्तुतः (**बृहदरण्यकोपनिषद्** 1-4-10 के) इस प्रसिद्ध अद्वैत-प्रतिपादक वाक्य "*अहम् ब्रह्मास्मि* (=मैं ब्रह्म हूँ)" का ही सीधा-सीधा अनुवाद है। बहुत-सी ग़ज़लों में ईश्वर की सर्वव्यापिता का वर्णन है, यह भी बिना अद्वैत वेदान्त से परिचय के मुमकिन नहीं है। अनेकत्र माशूक़ और आशिक़ के पार्थक्य को मिथ्या तथा उनके ऐक्य को सत्य बताया गया है, यह सारी भाषा अद्वैत की है। इसके अतिरिक्त और भी कई बातें हैं जो भारतीय चिन्तन से निकट परिचय को पुष्ट करती हैं—उदाहरण के लिए **मसनवी** में मौलाना ने एक जगह पेड़-पौधे, जीव-जन्तु सभी में अपने ही बार-बार अवतरित होने के बारे में कहा है जो पुनर्जन्म का सीधा स्वीकार है।

इन सब बातों के साथ-साथ एक और तथ्य का ध्यान रखना आवश्यक है। अरबों के प्राचीन धर्म में मूर्तिपूजा का एक महत्त्वपूर्ण स्थान था। इसी प्रकार ईरान में ज़रथुस्ती धर्म का प्रचलन था और मध्य एशिया में ज़रथुस्ती धर्म के अतिरिक्त बौद्ध धर्म भी प्रचलित था। ज़रथुस्ती धर्म में अग्नि पूजा का बहुत महत्त्व है और बौद्ध धर्म में भगवान् बुद्ध की मूर्तियों की पूजा होती ही है। ईरान और मध्य एशिया में एक और धर्म था जिसका समूल उच्छेद हो चुका है और उसके बारे में कुछ आधी-अधूरी जानकारियाँ ही मिलती हैं। इस धर्म में अनुयायियों को अँगरेज़ी में 'माजी (=magi)' कहते हैं। अनुमानतः ये वे ही हैं जो सूर्योपसन के विशेष ज्ञाता होने के नाते भगवान् कृष्ण के पुत्र साम्ब द्वारा भारत में बुलवाये गए थे और जिनका उल्लेख 'मघ' नाम से **भविष्य-पुराण** में मिलता है—आज हम इन्हें 'शाकद्वीपी ब्राह्मण' के नाम से जानते हैं। इसी 'मघ' का फ़ारसी रूप 'मुग़' है जो 'मदिराविक्रेता'

के अर्थ में प्रयुक्त होता है। फ़ारसी का 'बुत' शब्द 'बुद्ध' का ही अपभ्रंश है तथा अरबी में 'मूर्ति' के लिए 'सनम' शब्द है।

इन सब बातों का अर्थ यह होता है कि जब फ़ारसी कवि 'मुग़' का उल्लेख करता है तब वह केवल मदिराविक्रेता की बात नहीं कर रहा है, उसके मन में अपने पूर्वजों के उस धर्म के पुरोहित की छवि भी दबी-ढँकी मौजूद होती है जिसकी वापसी अब सम्भव नहीं है, मदिरा उस आध्यात्मिक ज्ञान का प्रतीक है जिस तक पहुँचना अब सम्भव नहीं है। इसी प्रकार ईश्वरस्थानीय माशूक़ को 'बुत' या 'सनम' उन पूजापद्धतियों का भी संकेत करता है जो ज़बरदस्ती विलुप्त कर दी गईं। ऐसी अपूरणीय सांस्कृतिक क्षतियों की व्यथा-कथा भी इन संकेतों के माध्यम से इस कविता में पिरोई हुई है। ये कुछ ऐसी अन्तर्ध्वनियों हैं जिनकी गूँज दबे-ढँके इस कविता में सुनाई देती रहती है और इसी कारण इसमें एक ऐसा करुण सुर बजता रहता है जो मद्धिम होते हुए भी अपने अस्तित्व का हठ छोड़ता नहीं। एक असन्तोष, एक दुर्भाग्य-ग्रस्तता का भाव, इस कविता की विशेषता है। इस निराशा में आशा की एकमात्र सम्भावना मृत्यु से है। इसके नाते भी इसमें विषाद की एक अलग-सी चमक है।

जिस सांस्कृतिक वंचना की पीड़ा की बात की जा रही है वह केवल धार्मिक आचरण तक सीमित नहीं रही। स्वयं फ़ारसी भाषा ही इस सांस्कृतिक बलात् पुन:घटन का परिणाम है। आज हमारे पास उस भाषा का लगभग कुछ नहीं है जो ईरान और मध्य एशिया के इस्लामीकरण के पहले मौजूद थी। अरब आक्रमण के तीन सौ वर्ष बाद तक का एक अन्धकारयुग है उसके बाद अचानक एक पूर्ण परिपक्व साहित्यिक भाषा के रूप में फ़ारसी भाषा सामने आती है जिसमें शब्द, वाक्यरचना, लिपि, उच्चारण, अभिव्यक्ति के मानक, सब अरबी के हैं और जिसे प्रत्येक उपयोग के साथ इस अनुभव का माध्यम बनना है कि अरबी ही सर्वश्रेष्ठ भाषा है। अफ़्रीका में लिखे जाने वाले अँगरेज़ी साहित्य तथा दक्षिण अमेरिका में लिखे जाने वाले स्पेनी साहित्य से फ़ारसी भाषा का साहित्य इस अर्थ में भिन्न है कि इन देशों ने अपने विजेताओं की भाषा में साहित्य रचा है और ईरान तथा मध्य एशिया ने अपनी भाषा में विजेताओं की भाषा से इतने तत्त्व लिए कि उसकी पहचान ही बदल गई। यह भाषा एक साहित्यिक भाषा के रूप में हज़ार साल पहले अपने अवतरण से ले कर अबतक लगभग अपरिवर्तित रही है। इसका चरित्र बहुत कुछ हमारे यहाँ उर्दू भाषा से मिलता-जुलता है जिसकी कविता में फ़ारसी के छन्दोविधान से ले कर मुहावरे तक ले लिए गए हैं। 'बोलचाल की भाषा' होने की लालसा में वर्तमानकालिक उर्दू कुछ समय से अपना यह चरित्र खो रही है।

इन सब बातों ने मिलकर ग़ज़ल को कविता के एक विषादयोग की साधना बना दिया है और ग़ज़लकार पर वे सारी कसौटियाँ लागू होती हैं जिन पर एक आध्यात्मिक साधक को कसा जाता है। अप्रत्यावर्तनीय पराजय के उपादान से बनी हुई इस

कविता में उत्पीड़क के प्रति वात्सल्य, पूजाभाव और शृङ्गार का ऐसा सम्मिश्रण है जिसमें कटुता, समर्पण और वध्यता का अभिमान निमित्त कारण है। इसी कविता के उत्कृष्टतम शिल्पकारों में मौलाना रूमी का नाम है।

3

अनुवाद करना एक असम्भव कृत्य को सम्भव करके दिखाने का संकल्प है। संस्कृति और भाषा का सम्बन्ध कुछ ऐसा अविच्छेद्य है कि संस्कृति की सारी तहें एक भाषा में मौजूद होती हैं और भाषा की सारी लयकारियाँ एक संस्कृति का बखान करती हैं। भाषा बदलते ही आप एक दूसरी संस्कृति में प्रवेश कर जाते हैं। इसके कारण कभी-कभार कुछ अप्रत्याशित परिणाम सामने आ सकते हैं। उदाहरण के लिए मलयालम के सर्वप्रथम उपन्यास इन्दुलेखा के लेखक ओ चाण्डु मेनन ने बताया है कि उन्होंने वस्तुतः चाहा यह था कि वे (ब्रिटेन के प्रधान मंत्री के रूप में अधिक प्रसिद्ध) बेन्जामिन डिज़ारायली के 1836 में प्रकाशित उपन्यास **हेनरिएटा टेम्पुल** (=Henrietta Temple) का मलयालम अनुवाद प्रस्तुत करें किन्तु एक भिन्न संस्कृति की बारीकियों को मलयालम में अवतरित करने की कठिनाइयों के चलते उन्होंने एक मिलती-जुलती कहानी बना कर मलयालम में मूल उपन्यास लिखने की ही सोची। बहुत निकट के भाषिक और सांस्कृतिक व्यवहारों में भी यह अन्तर साफ़ दीखता है। भोजपुरी में लिखी कहानी मानक हिन्दी में आते ही अपनी इयत्ता खो बैठती है। हिन्दी में लिखी गई कहानी में कुछ आंचलिक प्रयोग जो सौन्दर्य ले आते हैं, उसे मानक हिन्दी के प्रयोगों के माध्यम से व्यक्त नहीं किया जा सकता। संस्कृत साहित्य का हिन्दी में अनुवाद करना बहुत कठिन है जबकि हिन्दी की संस्कृति संस्कृत की संस्कृति से ही उपजी है। फिर अँगरेज़ी से हिन्दी और फ़ारसी से हिन्दी में अनुवाद कर पाना कितना कठिन होगा इसका अनुमान करना सरल ही है।

इसलिए अनुवाद करने के बारे में कई मतवाद हैं। कुछ लोगों के अनुसार अनुवाद ऐसा होना चाहिए कि वह लक्ष्यभाषा का ही साहित्य लगे, ऐसा लगे ही नहीं कि यह मूलतः किसी अन्य भाषा में लिखा गया था। ऐसा अनुवाद वस्तुतः एक कथात्मक ढाँचे के अतिरिक्त मूल से कुछ भी ले पाने में असमर्थ होता है। दूसरा मत यह है कि अनुवाद यथासम्भव शब्दशः होना चाहिए। इससे भाषा कुछ अनगढ़ लगती है किन्तु चूँकि मूल तात्पर्य के निकट पहुँचने में यह तरीक़ा अधिक सहायक होता है इसलिए मैं इसी पक्ष का समर्थक हूँ।

डॉ. बलराम शुक्ल हमारे युवा संस्कृतज्ञों में अपनी अलग ही जगह रखते हैं। व्याकरण में निष्णात होने के नाते सहज रूप से इनकी पहुँच संस्कृत वाङ्मय के सारे विस्तार तक अबाध हो जाती है। फ़ारसी की इन्होंने विधिवत् शिक्षा प्राप्त की है और अब अरबी की भी योग्यता इन्होंने अर्जित कर ली है जिससे इनका फ़ारसी-ज्ञान और

सुदृढ़ हो गया है। इन भाषाओं के ज्ञान का पूरा सदुपयोग उन्होंने इनके साहित्य के तलस्पर्शी अध्ययन हेतु किया है और उनके स्वारस्य में पूरी तरह मग्न हुए हैं। माँ सरस्वती ने इनको कवित्वशक्ति का भी आशीर्वाद दिया है और संस्कृत तथा फ़ारसी में इन्होंने बहुत-सी कविताएँ लिखी हैं जिनके संग्रह यहाँ और ईरान में उच्चस्तरीय साहित्यिक संस्थाओं द्वारा प्रकाशित हुए हैं। इन्होंने फ़ारसी से कई ग़ज़लों का संस्कृत में मूल का छन्द बनाये रखते हुए अनुवाद किया है और इस प्रकार संस्कृत कविता में भी आस्वाद की एक नयी चाहत विकसित की है। साहित्य से इन्हें वास्तविक प्रेम है और उसके निर्वाह के लिए आवश्यक क्षमता से भी ये सम्पन्न हैं। मौलाना जैसे महाकवि के काव्य का हिन्दी अथवा संस्कृत में अनुवाद करने के लिए फ़िलहाल मेरी समझ में कोई दूसरा व्यक्ति उपयुक्त नहीं है।

इस अनुवाद में इन्होंने लक्ष्य में गद्य लिया है और पद्यलेखन का प्रलोभन छोड़ दिया है। इससे एक सुविधा यह हुई है कि वे शब्दार्थ पर सीधे-सीधे ध्यान दे सके हैं और हिन्दी काव्यरचना के अतिरिक्त धर्म-निर्वाह का उत्तरदायित्व उन पर नहीं रहा है। मेरी समझ में, फ़ारसी ग़ज़ल के सन्दर्भ में जिन दो एक बातों का उल्लेख मैंने किया है उनको ध्यान में रखने के बाद पाठकों को कुछ विशिष्ट कल्पनाओं में अटपटापन न दिखेगा और वे सहज भाव से एक अन्य परम्परा का साहित्यिक बोध मानकर इन उक्तियों को स्वीकार करेंगे। सौन्दर्यबोध भी सर्वत्र एक ही नहीं होता— भारतीय रूपवर्णन में कमल से उपमेय बड़ी-बड़ी आँखें अच्छी मानी जाती हैं, फ़ारसी कवि को बादाम से उपमेय छोटी आँख का वर्णन अभीष्ट होता है। इसी प्रकार फ़ारसी 'बहार' में वसन्त और वर्षा दोनों का समावेश होता है। पाठक को ऐसी भिन्नताओं से तालमेल बिठाना पड़ेगा किन्तु यह तालमेल साध पाना बहुत कठिन नहीं है और थोड़े परिचय के बाद स्वाभाविक तथा आयासरहित हो जाता है।

4

हिन्दी साहित्य में अनुवादों की परम्परा आधुनिक हिन्दी साहित्य के प्रारम्भ से मानी जा सकती है। भारतेन्दु जी के समय से ही संस्कृत, बाँगला और अँगरेज़ी से अनुवाद होने लगे। कुछ बाद में अन्य भारतीय भाषाओं की ओर भी ध्यान गया। हमारे लिए बहुत सारे साहित्य तक पहुँचने का माध्यम अँगरेज़ी है। फ़ारसी से जो छिटपुट अनुवाद हुए हैं उनमें अधिकतर उमर ख़ैयाम की रुबाइयों के हैं और वे उनके अँगरेज़ी अनुवाद के आधार पर हैं। सीधे फ़ारसी से हिन्दी में मैंने गुलिस्ताँ का एक अनुवाद ज़रूर देखा है किन्तु मेरी जानकारी में और कोई अनुवाद नहीं हुआ है। उर्दू में फ़ारसी से बहुत सारे अनुवाद हुए हैं किन्तु उनको हिन्दी में उपलब्ध कराने में बहुत दिलचस्पी नहीं ली गई है। फ़ारसी साहित्य से हिन्दी के पाठकों की इस दूरी का एक दुष्परिणाम यह हुआ है कि अवधी में लिखे गए सूफ़ी काव्य का अध्ययन सुचारु रूप

से नहीं हो सका। इस काव्य के प्राय: सभी लेखक फ़ारसी साहित्य से बहुत अच्छी तरह परिचित थे और उन्होंने फ़ारसी काव्य के सूक्ष्म आध्यात्मिक संकेतों को अपनी कविता में उतारा है। उर्दू साहित्य के रचनाकारों ने फ़ारसी से भारतीय लोकभाषाओं के इस सम्बन्ध को अस्वीकार कर दिया और दिल्ली की अपनी बोली को सीधे फ़ारसी से जोड़ कर पूरी तरह फ़ारसी कविता के अनुवदन में लग गए। यही कविता 'उर्दू साहित्य' का नाम पा कर फ़ारसी की भारतीय उत्तराधिकारिणी मानी गई। अवधी में लिखी गई सूफ़ी कविता हिन्दी साहित्य का अंग समझ कर उपेक्षित कर दी गई। परिणामत: हिन्दी के ही आलोचक अवधी के इन सभी सूफ़ी प्रेमकाव्यों के अध्ययन की ओर प्रवृत्त हुए। उनका फ़ारसी से परिचय मुख्यत: लिपि तक सीमित था क्योंकि हिन्दी के अध्येताओं की प्रारम्भिक पीढ़ियाँ उर्दू से परिचित होती थीं और उर्दू का लेखन भी फ़ारसी लिपि में ही होता है।

कुछ समय पहले तक फ़ारसी के जानकार आसपास मिल जाते थे, भले ही वे केवल उर्दू के हवाले से मिलते हों। आज स्वयं उर्दू साहित्य भी अपनी पहुँच और समझ के लिए अपने देवनागरी रूपान्तरणों का उपयोग कर रहा है। ऐसे में डॉ. बलराम शुक्ल जैसे सक्षम और प्रतिबद्ध विद्वान् द्वारा देवनागरी लिपि तक सीमित पाठकों की पहुँच में फ़ारसी साहित्य के एक मूर्धन्य कवि की रचनाओं में से एक सुन्दर चयन पहुँचाने का प्रयास स्तुत्य है। ईरान सांस्कृतिक भवन, नई दिल्ली तथा महात्मा गाँधी अन्तरराष्ट्रीय हिन्दी विश्वविद्यालय भी धन्यवाद का पात्र है जिसने इस कार्य के महत्त्व को समझा है और इसे सामने ले आने का माध्यम बना है। मैं इस उपक्रम से जुड़े सभी लोगों के प्रति हार्दिक कृतज्ञता व्यक्त करते हुए यह आशा करता हूँ कि यह रचना अधिक-से-अधिक पाठकों को आनन्द देगी और उनमें फ़ारसी साहित्य के प्रति उत्सुकता जगाएगी।

—वागीश शुक्ल

23 मई 2017

रूमी के अनुवाद की परम्परा

फ़ारसी एक रहस्यमयी भाषा है जिसमें ईरानी सभ्यता के सैकड़ों वर्षों का इतिहास और उसकी विचार प्रक्रिया निहित है। प्राचीन काल से ही इस भाषा में काव्य की अपार क्षमता देखी गई है। इस कारण से फ़ारसी साहित्य ने विश्वप्रसिद्ध अद्‌भुत साहित्यिक व्यक्तित्व पैदा किए हैं जिन्होंने विश्व संस्कृति को उल्लेखनीय कृतियाँ दी हैं जिनके उदाहरण यदि अद्वितीय नहीं तो विरल अवश्य हैं। फ़िरदौसी का शाहनामा, उमर ख़य्याम की रुबाइयाँ, सादी के गुलिस्तान तथा बोस्तान एवं हाफ़िज़ का दीवाने हाफ़िज़ कुछ ऐसी ही अद्‌भुत कृतियाँ है। अपनी आध्यात्मिक उच्चता और रहस्यवादी गम्भीरता के कारण जलालुद्‌दीन रूमी की मसनवी को फ़ारसी भाषा की सर्वश्रेष्ठ कृतियों में से एक माना जाता है।

रूमी ने अपनी उम्र के प्रारम्भिक वर्ष बल्ख़ में गुज़ारे, जो उस समय का सबसे बड़ा साहित्यिक एवं सांस्कृतिक केन्द्र था। कुछ समस्याओं के कारण, जैसा कि कई विद्वानों का मत है कि मंगोलों के हमलों के कारण अथवा तत्कालीन विद्वानों के साथ रूमी के पिता बहा वलद के साम्प्रदायिक मतभेद होने के कारण उन्हें बल्ख़ छोड़ना पड़ा। नीशापूर, बग़दाद, सीरिया इत्यादि स्थानों में भ्रमण के बाद अन्ततः सल्जूक़ वंश के सुल्तान के निमंत्रण पर पिता पुत्र अपने समर्थकों के साथ तुर्की के कूनिया नामक शहर में आ बसे। अपने पिता बहा वलद की मृत्यु के बाद नौजवान जलालुद्‌दीन ने उनके शिष्यों को निर्देशित करना स्वीकार किया। शम्स तबरेज़ से मिलन के बाद उनके जीवन में आमूल चूल परिवर्तन आया तथा वे प्रेम एवं अध्यात्मिक मार्ग के पथिक हो गए।

जलालुद्‌दीन रूमी की मृत्यु 1273 ई. में हो गई लेकिन उनकी हृदयपूर्ण भावनाओं तथा रहस्यात्मक अन्तर्दृष्टि से सम्पन्न कविताएँ यूरोप के बाल्कन से लेकर बंगाल तक, जहाँ भी साहित्य की चर्चा है, वहाँ उपस्थित हैं। कवियों, विद्वानों तथा चिन्तकों ने उनकी अद्वितीय कविता की भूरि-भूरि प्रशंसा की है। यूनेस्को ने वर्ष 2007 में उनके जन्म के 800 वाँ शताब्दी वर्ष बड़े पैमाने पर मनाया था।

रूमी केवल कवि नहीं अपितु उच्च कोटि के रहस्यवादी चिन्तक एवं दार्शनिक भी हैं। रूमी की अभिव्यक्ति-शैली उनके विचार की ताज़गी एवं अर्थगर्भितता के

कारण स्पृहणीय बन गई है। उनके विचारों का उत्कृष्टतम निदर्शन उनकी मसनवी नामक कृति है। रहस्यवाद के क्षेत्र में बहुत कम सर्जक हो पाए हैं जिन्होंने ईश्वरीय रहस्यों को इतनी सुन्दर तथा सुकोमल भाषा में प्रकट करने का सामर्थ्य पाया हो। ईरान की समृद्ध सांस्कृतिक धारा के अन्तर्गत दर्शन तथा रहस्यवाद के क्षेत्र में रूमी जैसा रचनाकार कोई नहीं हुआ है जिसकी शिक्षाओं का आज के जगत पर इतना व्यापक तथा गहरा प्रभाव पड़ा हो। वे सूफ़ियों के सम्राट् हैं तथा उनकी कविता में ख़ुरासानी शैली अपनी परिपूर्णता को प्राप्त हुई है। वस्तुतः वे एक अन्तहीन समुद्र की तरह हैं जिसका पार पाना कठिन है।

वर्तमान जगत् में एक ओर अखंडता तथा अध्यात्म की कमी और भौतिकवाद की अधिकता है जबकि दूसरी ओर अतिवाद एवं साम्प्रदायिकता धर्म को निरन्तर हानि पहुँचा रहे हैं। ऐसी स्थिति में रूमी का सहिष्णुता, प्रेम, तथा सौहार्द से परिपूर्ण तथा अन्तर्दृष्टि सम्पन्न सन्देश अन्तरात्मा को तृप्त करके उसे प्रदीप्त एवं मुक्त कर सकता है।

मौलाना रूमी के समय में तथा उसके बाद भी उनकी मसनवी के अनुकरण होने लगे थे। रूमी के जीवनकाल में तथा उनकी मृत्यु के तुरन्त बाद ही फ़ारसी भाषा तथा साहित्य जानने वाली जनता में उनका सन्देश तथा उनका मन्तव्य व्यापक रूप से फैल चुका था। शीघ्र ही रूमी का नाम बंगाल,कश्मीर, गुजरात, सिन्ध से लेकर बोस्निया तथा अल्बानिया तक प्रसारित हो चुका था। आज उनकी ख्याति पहले से कहीं अधिक है तथा उनकी कृतियों के अनुवाद संयुक्त राज्य अमरीका समेत अनेक देशों के पुस्तकालयों में विशिष्ट स्थान रखते हैं तथा पाठकों को आकर्षित करते हैं।

19 वीं सदी समाप्त होते होते एक अंग्रेज़ प्राच्यविद् ने पहली बार अंग्रेज़ीभाषी जनता को रूमी से परिचित कराया। वस्तुतः फ़ारसी कवियों में रूमी ही हैं जिनका अंग्रेज़ी भाषा में सर्वाधिक अनुवाद हुआ है। डब्ल्यू रेडहाउस ने पहली बार 1881 में मसनवी के पहले खंड का अंग्रेजी काव्यानुवाद प्रकाशित कराया।

ई.एच. व्हीनफ़ील्ड ने अपना अनुवाद 1898 में प्रकाशित किया। यह अनुवाद मसनवी के छह खंडों का संक्षेपण था जिसमें मसनवी के 3500 शेरों को सम्मिलित किया गया था। सी.ई. विल्सन ने मसनवी के शब्दशः अनुवाद के साथ फ़ारसी, अरबी तथा तुर्की स्रोतों से व्याख्यांश भी उपलब्ध कराए। यह कृति अंग्रेजी भाषियों के लिए रूमी को समझने में बड़ी मददगार सिद्ध हुई। मसनवी का सम्पूर्ण अनुवाद अंग्रेज प्राच्यविद् आर.ए. निकोल्सन के द्वारा 20वीं शताब्दी के प्रारम्भ में प्रस्तुत किया गया। यह बहुत ही विद्वत्तापूर्ण कृति है जिसमें बहुत सारी आवश्यक टिप्पणियाँ जोड़ी गई हैं। निकोलसन के शिष्य ए.जे. आरबरी ने रूमी के ग़ज़लों के संग्रह *ग़ज़लियाते शम्स* का अंग्रज़ी में अनुवाद किया।

संयुक्त राज्य अमेरिका में 1995 में रूमी का प्राकट्य "The Essential Rumi" के प्रकाशन के साथ हुआ। यह पुस्तक रूमी की कविताओं का सार संक्षेप है जिसे कोलमैन बार्क्स नामक विद्वान् ने प्रस्तुत किया था। कोलमैन बर्कले विश्वविद्यालय के स्नातक थे जो प्रसिद्ध अमरीकन कवि राबर्ट बायले के निर्देशों से रूमी से परिचित हुए थे। बायले ने कोलमैन को आरबरी के द्वारा अनूदित रूमी की कविताओं वाली पुस्तक देते हुए कहा था कि इन कविताओं को अनुवाद के पिंजरे से बाहर निकालो। कोलमैन ने आरबरी तथा अन्य विद्वानों द्वारा किए गए रूमी के अंग्रेजी अनुवादों को पढ़ा तथा एक स्वतंत्र एवं रचनात्मक अनुवाद का यत्न किया जिसका परिणाम था—"The Essential Rumi"। इस अनुवाद के दौरान कोलमैन तथा उनके मित्र जान मायने ने अंग्रेजी काव्यानुवाद का पारम्परिक अमेरिकी तरीक़ा अपनाया। इस कृति को अपार सफलता मिली तथा रूमी की ग़ज़लों का इस स्वरूप में पर्याप्त स्वागत किया हुआ। कोलमैन ने बताया है कि उनका अनुवाद यद्यपि एक स्वतंत्र अनुवाद है लेकिन इसमें रूमी के वास्तविक तत्त्व के प्रति निष्ठावान् रहने की पूरी कोशिश की गई है।

आगे हम भारतीय भाषाओं में रूमी के हुए अनुवादों तथा प्रमुख शोधों पर एक दृष्टि डालेंगे। भारतीय उपमहाद्वीप के लेखकों की कृतियों पर रूमी का प्रभाव स्पष्टतः परिलक्षित होता है। *मसनवी* अथवा *दीवाने शम्स* कभी भी भारतीय मानस से पृथक् नहीं समझे गए। भारतीय सूफ़ी रूमी के रहस्यवादी विचारों से हमेशा प्रभावित रहे तथा उन्होंने अपने लेखन तथा प्रवचनों में रूमी का पर्याप्त प्रयोग किया। भारत के शेख़ सर्फ़ुद्दीन बू अली क़लन्दर (602-724 हिजरी / 1205-1322 ईस्वी) ने अपनी यात्राओं के दौरान सम्श तबरेज़ तथा मौलाना रूमी से मुलाक़ात की थी। यह सिद्ध किया जा चुका है कि बू अली क़लन्दर जब अपनी कृति मसनवी ए गुल् ओ बुलबुल लिख रहे थे तो रूमी की *मसनवी ए मानवी* उनके मन मस्तिष्क में थी।

शेख़ नसीरुद्दीन "चिराग़ दिल्ली" (मृत्यु 18 रमज़ान 757 हिजरी = 14 सितम्बर, 1356 ईस्वी) ने अपने कथ्यों तथा प्रवचनों के संग्रह *ख़ैरुल् मजालिस* में मौलाना की मसनवी का भरपूर उपयोग किया है। शाह जलाल शीराज़ी (D: 944 हिजरी) नूरबख़्शी सम्प्रदाय के संस्थापक शेख़ मुहम्मद नूरबख़्श के अनुयायी थे, वे अपने शिष्यों को मसनवी पढ़ाया करते थे। शेख़ मुहम्मद मौदूद के उत्तराधिकारी शेख़ अमानुल्लाह पानीपती (मृत्यु 957 हिजरी/1550 ईस्वी), भी अपनी कृतियों में रूमी की कविताओं का उपयोग करते थे। शेख़ हुसैन ख़ारिज़्मी (1015-963 / 1605 AD) के उत्तराधिकारी शेख़ हुसैन बदख़्शी, क़ाज़ी सनाउल्लाह पानीपती नक़्शबन्दी (1810-1225)18वीं सदी के प्रसिद्ध रहस्यवादी, कवि तथा मुहद्दिस (हदीस का ज्ञान रखने वाले) मज़हर जाने जाना शाह वलीउल्लाह देहलवी

(1114-1176 हिजरी) अपने रहस्यवादी सिद्धान्तों को पुष्ट करने के लिए मसनवी के शेरों का अनेकश: प्रयोग करते हैं।

रूमी का प्रभाव केवल मुस्लिम विद्वानों तक ही सीमित नहीं रहा। अनेक ग़ैर मुस्लिम विद्वानों तथा सन्तों ने भी रूमी से लाभ उठाया है। 17वीं शताब्दी के हिन्दू रहस्यवादी सन्त बाबा लाल दयाल, जो दारा शिकोह से बहुत निकटता रखते थे, अपने विचारों को पुष्ट करने के लिए अनेक स्थलों पर मौलाना रूमी की कविताएँ उद्धृत करते हैं। इसके अतिरिक्त सिखों के धर्मग्रन्थ ग्रन्थ साहिब तथा रूमी के मध्य निकटता के बहुत से बिन्दु देखे जा सकते हैं।

अल्लामा इक़बाल लाहौरी (1877-1938 ई.) उग्रपन्थी इस्लामिक विचारधारा के उत्प्रेरक होने के बावजूद पीरे रूमी (रूमी गुरु) के मुरीदे हिन्दी (भारतीय शिष्य) होने का दावा करते हैं। वे प्रकट रूप से रूमी से वैचारिक तौर पर प्रभावित होने की घोषणा करते हैं।

भारतीय उपमहाद्वीप में मसनवी की अनेक व्याख्याएँ हुईं। इनमें शाहजहाँ के काल में अब्दुल लतीफ़ गुजराती कृत *लताएफ़ उल मआनी हक़ाइक़िल् मसनवी* प्रसिद्ध है। इसके अतिरिक्त औरंगज़ेब के समय सय्यद अब्दुल फ़त्ताह अल हुसैनी द्वारा किया गया *दुर्रे मकनून,* औरंगज़ेब अफ़्ज़लुल्लाहाबादी (1124-1038 E) का *हल्ले मसनवी,* ख़्वाजा अय्यूब पारसा (in 1120/1707 A.D.) का *शर्हे मसनवी,* अब्दुल अली सोहवाली का *शर्हे मसनवी ए मानवी,* 17वीं सदी में नूरुल्लाह इसरारी कृत *शर्हे मसनवी,* शुक्रुल्लाह ख़ान ख़ाकसार कृत *शर्ह,* वली मुहम्मद अकबराबादी (1151-1141 / 1728-1738) कृत *मख़ज़नुल् असरार,* शाहजहाँ के काल में लिखित वली मुहम्मद नारनौली का *मसनवी लतीफ़ा* भारत में लिखित मसनवी की व्याख्याओं में प्रमुख हैं।

कुछ भारतीय कवियों ने भी रूमी की मसनवी का अनुकरण करते हुए अपनी मसनवियाँ लिखीं। इस तरक की कुछ प्रमुख मसनवियाँ हैं—औरंगज़ेब के समय में आक़िल ख़ान राज़ी द्वारा रचित *मसनवी मुरक़्क़ा,* 1733 ई. में अली ख़ान बिन ग़ुलाम कृत *मस्नवी रमूज़ुत्ताहिरीन,* अकबर के काल में भूपत राय द्वारा रचित मसनवी *बे-ग़म* तथा औरंगज़ेब के समय मुहम्मद मुराद विरचित *मसनवी शम्अ ए अंजुमन*। ये मसनवियाँ प्रधानत: रूमी की मसनवी की तर्ज़ पर लिखी गईं।

आगे हम भारतीय उप महाद्वीप में हुए रूमी के विभिन्न अनुवादों पर दृष्टि डालेंगे।

उर्दू अनुवाद—मौलाना जलालुद्दीन रूमी की लोकप्रियता से प्रेरित होकर अनेक उर्दू विद्वानों ने रूमी की प्रतिभा को जनसामान्य से परिचित कराने के लिए उनके अनेक अनुवाद किए। *क़सीदा ए मोजज़ा,* पैग़म्बर मुहम्मद के चमत्कारों के वर्णन से सम्बन्धित है तथा मुख्यत: मसनवी के प्रथम खंड का काव्यानुवाद है।

अब्दुल्लाह देहलवी का अनुवाद भी मसनवी का काव्यानुवाद बताया जाता है। मुंशी मस्तान अली ने 1244 हिजरी में मसनवी का संक्षिप्त अनुवाद *बाग़े इरम* के नाम से किया। यह पुस्तक 1269 हिजरी में करमी पब्लिकेशन, मुम्बई से प्रकाशित हुई। मुफ़्ती इलाही बख़्श कान्धल्वी के पुत्र मौलाना अबुल हसन 1289 हिजरी में मसनवी के पहले खंड का *मज्मा ए फ़ैज उल उलूम* के नाम से अनुवाद किया जो 1319 हिजरी में कानपुर से प्रकाशित किया।

मसनवी के चुनिन्दा अंशों का काव्यानुवाद ग़ुलाम हैदर "हैदर" ने 1298 हिजरी में किया। अब्दुर्रहीम ख़ान के पुत्र अब्दुल माजिद ख़ान ने *बोस्ताने मारिफ़त* के नाम से मसनवी का अनुवाद 1309 हिजरी में प्रारम्भ करके 1310 हिजरी में पूरा किया। उनका अनुवाद मुंशी नवल किशोर प्रेस लखनऊ से 1326 से 1332 हिजरी के मध्य प्रकाशित हुआ। मसनवी का एक अन्य उर्दू अनुवाद सैयद मज़हर हसन अल्-अमरोहवी द्वारा 14वीं सदी हिजरी में किया गया। वे अमरोहा के ताज उल मदारिस नामक मदरसे में अध्यापक थे। मसनवी के केवल 100 शेरों का साहित्यिक अनुवाद *इक़्दे गुहर* या *मोतियों का हार* के नाम से पीरज़ादा मुहम्मद हुसैन आरिफ़ मुहिम्मी के द्वारा किया गया (D. 1346)। इसका प्रकाशन पहली बार रिफ़ाहे आम प्रकाशन लाहौर से 1318 हिजरी में तथा दूसरी बार मुजतबाई प्रकाशन से 1323 हिजरी में किया गया।

कश्फ़ उल उलूम मसनवी का अनुवाद एवं व्याख्या है। इसका प्रकाशन 1320 हिजरी में मुरादाबाद से हुआ। मुज़फ़्फ़र बानी नामक विद्वान् ने मसनवी के एक भाग का *नाला-ए-मुज़तर* या *तोहफ़ा ए मुज़फ़्फ़र* के नाम से अनुवाद किया था जिसका प्रकाशन 1323 हिजरी में रिज़्वी पब्लिकेशन दिल्ली से हुआ। मसनवी का एक अनुवाद *शर्हे हक़ीक़ी* के नाम से हुआ जिसके लेखक अब्दुल्लाह ख़ान अस्करी हैं। इसका प्रकाशन 1339 हिजरी में हुआ। *मिफ़्ताहुल् उलूम* मसनवी का एक अनुवाद है जिसमें महत्त्वपूर्ण टिप्पणियाँ भी दी गई हैं। इसके लेखक मुहम्मद नज़ीर अर्शी नक़्शबन्दी मुजद्दिदी हैं। यह कार्य 1344 हिजरी में परिपूर्ण हुआ।

मसनवी के सभी छः खंडों का काव्यानुवाद आशिक़ हुसैन सीमाब सिद्दीक़ी अकबराबादी (मृत्यु 1370 हिजरी) ने सन् 1347 हिजरी में पूरा किया। इस अनुवाद का पुनरीक्षण रूमी फ़ीरोज़ुद्दीन ने किया था तथा इसका प्रकाशन सन् 1347 तथा 1350 हिजरी के मध्य लाहौर से हुआ। *किलीदे मसनवी* अशरफ़ अली थानवी (D 1362 AH) के द्वारा किया गया मसनवी के महत्त्वपूर्ण शेरों का अनुवाद है जिसका प्रकाशन अशरफ़ उल् उलूम, देवबन्द से सन् 1360 हिजरी में हुआ। *पैराहने यूसुफ़* नामक अनुवाद मुहम्मद यूसुफ़ अली शाह चिश्ती निज़ामी के द्वारा किया गया। ये बाँके मियाँ के नाम से प्रसिद्ध यूसुफ़ अली शाह चिश्ती निज़ामी के पुत्र थे। इसका प्रकाशन 1943 ईस्वी वर्ष में हुआ। इसे मसनवी का

सबसे सफ़ल उर्दू अनुवाद माना गया है। *हिकायते रूमी* के नाम से रूमी की कविता का अनुवाद मिर्ज़ा निज़ाम शाह लबीब ने किया जो अंजुमने तरक़्क़ी उर्दू, दिल्ली से 1945 ईस्वी में प्रकाशित हुआ।

मसनवी के प्रथम खंड का अनुवाद मुशर्रह व मंज़ूम के नाम से अब्दुल्लाह अस्करी ने किया था जो हिमायते इस्लाम पब्लिकेशन लाहौर से 1368 हिजरी में प्रकाशित हुआ। मसनवी के पंचम खंड का अनुवाद *बह्र-उल-उलूम* के नाम से असलम राज़ी ने किया। इसका प्रकाशन ओरिएंटल सोसाइटी, लाहौर से 1374 से 1375 हिजरी के बीच हुआ।

मसनवी के प्रारम्भिक 2 शेरों की व्याख्या *नाइआ* के नाम से शेख़ याक़ूब चर्ख़ी (D. 851 AH) के द्वारा लिखी गई थी। इसका प्रकाशन जामी के *रिसाला ए नाइआ* के साथ प्रस्तावना, पाद टिप्पणियों एवं अन्य टिप्पणियों के साथ ख़लीलुल्लाह ख़लीली ने 1377 हिजरी में काबुल से कराया। फ़ारसी में लिखित इस पुस्तक का उर्दू अनुवाद मुहम्मद नज़ीर रांझा द्वारा किया गया जिसकी पाण्डुलिपि रावलपिण्डी पुस्तकालय में मौजूद है।

मसनवी के चुनिन्दा अंशों का अनुवाद मुफ़्ती जलालुद्दीन अहमद अमजदी ने *गुलदस्ता ए मसनवी* के नाम से 1378 हिजरी में किया। इसका प्रकाशन अशरफ़िया पब्लिकेशन से हुआ। *ख़ुलासा ए मसनवी* बरकत अली के द्वारा किया गया उर्दू अनुवाद है जिसका पुनरीक्षण सैयद मुहम्मद ख़लील रहमान ने किया। यह ग्रन्थ 1380 में लाहौर से छपा। *हिकायाते रूमी* मसनवी की शिक्षाप्रद कहानियों का अनुवाद है जो लाहौर से सन् 1867 में प्रकाशित हुआ था। इसके अनुवादक तालिब हाशिमी हैं। इसी प्रकार रूमी एवं सा'दी दोनों महाकवियों की शिक्षाप्रद कहानियों पर आधारित अनुवाद *दानिशे रूमी व सा'दी* ग्रन्थ ग़ुलाम जीलानी बर्क़ ने तैयार किया जो सन् 1968 में प्रकाशित हुआ।

दिल्ली के फ़तहपुरी मस्जिद के क़ाज़ी सज्जाद हुसैन ने 1394 हिजरी में *तर्जुमा व हाशिए ए मसनवी* नाम से सम्पूर्ण मसनवी का पादटिप्पणियों सहित अनुवाद प्रस्तुत किया। यह अनुवाद भारत तथा पाकिस्तान में कई बार प्रकाशित किया गया। दिल्ली में इसका प्रकाशन 1976 में तथा पर्शियन रिसर्च सेंटर आफ़ ईरान एंड पाकिस्तान से 1978 में इसे प्रकाशित किया गया।

मौलाना इलाही बख़्श के आग्रह पर हसन के द्वारा *तर्जुमा ए उर्दू ए मसनवी ए मानवी* लिखा गया। यह ग्रन्थ ख़ान इमदाद अली ख़ान को समर्पित किया गया है। मसनवी के पाँचवें खंड का अनुवाद आरिफ़ ख़ान बरनी के द्वारा किया गया। अब्दुल हमीद ख़ान हमीद के द्वारा किया गया एक अन्य उर्दू अनुवाद अभी अप्रकाशित है। मसनवी के प्रथम खंड का उर्दू गद्यानुवाद शफ़ीक़ी अहदपुरी ने किया था जो ताज बुक डिपो, लाहौर से प्रकाशित हुआ।

मसनवी के दूसरे व्याख्यात्मक अनुवादों में उल्लेखनीय हैं नूरुल हक़ का *कश्फ़-उल्-मफ़हूम* तथा शाह ग़ुलाम ग़ौस का *कंज़े मक्तूम*। इसके अतिरिक्त मसनवी के 1700 शेरों का ख़ुर्शीद अनवर जीलानी ने तथा मीर वलीउल्लाह एबोटाबादी ने *शर्हे मुन्तख़बे मसनवी* नाम से मसनवी के चुनिन्दा अंशों की व्याख्या प्रस्तुत की है।

मौलाना रूमी की दूसरी कृतियों के अनुवादों में उनकी ग़ज़लों में से चुनिन्दा 780 शेरों का उर्दू अनुवाद *मआरिफ़े शम्से तबरीज़* उल्लेखनीय है। यह कार्य हकीम मुहम्मद अख़्तर ख़लीफ़ा शाहे अबरारुल् हक़ ने 1395 हिजरी में पूरा किया जो मज़हरिया लाइब्रेरी कराची से प्रकाशित हुआ।

अब्दुर्रशीद ने मौलाना की दूसरी कृति *फ़ीहि मा फ़ीहि* का उर्दू अनुवाद किया। उनके पहले इक़बाल से प्रेरित होकर अब्दुल हमीद दरियाबादी ने 1922 में इसका संस्करण निकाला था। मसनवी की कहानियों तथा हदीसों के स्रोतों पर प्रो. फ़रूज़ान्फ़र द्वारा फ़ारसी भाषा में लिखी गई शोधपूर्ण कृति *क़िससो अहादीसे मसनवी* का उर्दू अनुवाद सैयद अब्दुल लतीफ़ ने किया जो लाहौर से छपी।

बंगाली—क़ाज़ी अकरम हुसैन ने 1888 ईस्वी में मसनवी के प्रथम खंड का बंगाली में अनुवाद किया जो कलकत्ता से सन् 1945 ईस्वी में प्रकाशित हुआ।

पंजाबी—पंजाबी में मसनवी का काव्यानुवाद सैयद इमाम अली शाह ने 1750 ईस्वी में किया। यह नस्तालीक़ लिपि में 979 पृष्ठों पर आधारित है। इसकी पाण्डुलिपि सैयद मुहम्मद हुसैन शाह नज्जारी के पुस्तकालय में सुरक्षित है। इसका केवल एक भाग *तफ़सीरे पंजाबी मंज़ूम यानी मसनवी* के नाम से प्रकाशित हो पाया। पंजाबी में रूमी की मस्नवी का एक अन्य अनुवाद मुहम्मद अफ़ज़ल ख़ान द्वारा किया गया। सरल गद्य में प्रस्तुत यह अनुवाद मसनवी के केवल प्रथम खंड मात्र का है। इसका प्रकाशन लाहौर से मौलाना बख़्श एंड संस के द्वारा किया गया। पीर शाह इमाम द्वारा किया गया मसनवी का पंजाबी अनुवाद उत्कृष्ट अनुवादों में से एक माना जाता है। पंजाबी में मसनवी का एक अन्य काव्यानुवाद मुहम्मद दीन क़ादरी सियालकोटी द्वारा भी 1357 में किया गया था। इसका प्रकाशन 1939 में लाहौर से किया गया।

कश्मीरी—ऐसा माना जाता है कि कश्मीरी में रूमी की मस्नवी का अनुवाद दो बार हुआ है। पहला अनुवाद मीर शम्सुद्दीन हैरत (Death 1387 AH) ने किया। यह अनुवाद केवल पहले और दूसरे खंडों का है। दूसरा अनुवाद अब्दुल अहद जान ने किया।

हिन्दी—जहाँ तक सूचना है हिन्दी में मसनवी अथवा रूमी की किसी अन्य कृति का पूर्णतः अनुवाद प्रस्तुत नहीं किया जा सका है। जो भी अनुवाद किए गए हैं वे केवल चुनिन्दा अंशों तक ही सीमित हैं। रूमी के हिन्दी अनुवाद का पहला प्रयत्न कन्हैया लाल एवं बाँके बिहारी द्वारा सम्पादित एवं अनूदित *ईरान के सूफ़ी शायर* नामक ग्रन्थ में दिखाई देता है। इस ग्रन्थ में अन्यान्य सूफ़ी शायरों के साथ

साथ रूमी की मसनवी एवं ग़ज़लों के थोड़े अंश देवनागरी लिप्यन्तरण के साथ अनूदित किए गए हैं। इसका प्रकाशन इलाहाबाद से हुआ। राजकुमार केसवानी ने *जहाने रूमी* के नाम से वाणी प्रकाशन, दिल्ली से रूमी की 30 के लगभग कविताओं का हिन्दी पद्याभासी अनुवाद 2007 ई. में प्रस्तुत किया है। अनुवाद को देखकर पता चलता है कि यह फ़ारसी मूल से न होकर किसी अनुवाद की सहायता से किया गया है। इसकी अपेक्षा अभय तिवारी का हिन्दी अनुवाद *जहाने रूमी* निश्चित रूप से अधिक श्रम एवं निष्ठा से तैयार किया गया है। इसका प्रकाशन हिन्द पाकेट बुक्स, दिल्ली से सन् 2010 में हुआ। लेखक ने रूमी के अनुवाद के लिए अध्यवसाय पूर्वक फ़ारसी भाषा सीखी तथापि यह अनुवाद पूर्णत: मूलानुगामी नहीं कहा जा सकता। इस पुस्तक में रूमी की *मसनवी, ग़ज़लियात* तथा *फ़ीहि मा फ़ीहि* तीनों कृतियों से रचना के नमूने अनूदित किए गए हैं। अनुवाद काव्यात्मक है। रूमी की मसनवी के पहले खंड का चयनित अनुवाद शंकरानन्द ने 2012 में पर्शियन रिसर्च सेंटर, अलीगढ़ मुस्लिम विश्वविद्यालय से प्रकाशित कराया।

प्रस्तुत हिन्दी अनुवाद डॉ. बलराम शुक्ल द्वारा किया गया है। डॉ. शुक्ल उन विरल भारतीय विद्वानों में से हैं जो फ़ारसी भाषा में कविताएँ भी कर सकते हैं। *इश्क़ो आतश* नाम से इनके फ़ारसी ग़ज़लों का संग्रह ईरान से प्रकाशित हो चुका है। इन्होंने फ़ारसी तथा भारतीय भाषाओं के पारस्परिक अन्त:सम्बन्ध पर अनेक विचारपूर्ण लेख लिखे हैं। इनके शोध का एक प्रमुख क्षेत्र भारतीय ज्ञान विज्ञान के फ़ारसीकरण से सम्बन्धित है। इन्होंने मुहतशम काशानी की प्रसिद्ध कृति *दवाज़दह–बन्द* का हिन्दी पद्यानुवाद प्रकाशित कराया है जो इनके सफल एवं समर्थ अनुवादक होने का प्रमाण है।

प्रस्तुत संकलन मौलाना रूमी की चुनी हुई 100 ग़ज़लों पर आधारित है। इसमें पहले ग़ज़लों का देवनागरी लिप्यन्तरण तथा तदनन्तर हिन्दी अनुवाद दिया गया है। यह डॉ. शुक्ल के निरन्तर श्रम का परिणाम है। हमें प्रसन्नता है कि इस पुस्तक का प्रकाशन "Translation of Persian" परियोजना के अन्तर्गत ईरान सांस्कृतिक भवन, नई दिल्ली से किया जा रहा है। मौलाना रूमी की 4000 ग़ज़लों में से डॉ. शुक्ल ने 1500 से अधिक ग़ज़लों का अध्ययन एवं विश्लेषण करके 100 सबसे सुन्दर ग़ज़लों का चुनाव किया है। इस अनुवाद की प्रमुख विशेषता यह है कि यह रूमी की मूल आत्मा की सुरक्षा करने के साथ सरल, सुन्दर, प्रांजल तथा सामान्य हिन्दी पाठकों की शैली के अनुरूप है। यह महनीय कार्य सम्भव न हो पाता अगर डॉ. शुक्ल का फ़ारसी भाषा तथा साहित्य पर असाधारण अधिकार न होता, क्योंकि रूमी की कविताएँ फ़ारसी की कठिनतम कविताओं में से मानी जाती हैं। संस्कृत में दीक्षित होने के कारण डॉ. शुक्ल का हिन्दी तथा उर्दू आदि भाषाओं की विशेषज्ञता है। इस कारण यह एक सफल एवं मूलानुगामी अनुवाद के रूप में उपस्थित हो पाया

है। देवनागरी लिप्यन्तरण इस प्रस्तुति की खास विशेषता है। इससे भारतीय पाठक मूल फ़ारसी के सौन्दर्य से परिचित हो पाएँगे। देवनागरी लिप्यन्तरण के सम्यक् उच्चारण को सुनिश्चित करने के लिए हर ग़ज़ल के साथ उसकी छान्दसिक व्यवस्था भी जोड़ दी गई है। पुस्तक को उपयोगी बनाने के लिए इसे कई परिशिष्टों से सुसज्जित किया गया है। इस प्रकार यह पुस्तक फ़ारसी भाषा को जानने एवं समझने के लिए एक औजार की तरह भी प्रयुक्त हो सकती है। हमारा विश्वास है कि यह पुस्तक भारतीय पाठकों को फ़ारसी कविता की मूल भावना से परिचित कराने में सफल होगी।

अन्ततः मैं महात्मा गांधी अन्तरराष्ट्रीय हिन्दी विश्वविद्यालय, वर्धा का विशेष धन्यवाद देना चाहता हूँ जिसके सहयोग से इस महत्त्वपूर्ण पुस्तक का प्रकाशन सम्भव हो पाया। मेरे पुनः हार्दिक धन्यवाद डॉ. बलराम शुक्ल के प्रति जिनके प्रयत्नों से यह ग्रन्थ इतने परिपूर्ण तथा परिशुद्ध रूप में सामने आ सका।

—अली दहगाही
सांस्कृतिक सलाहकार
ईरान सांस्कृतिक भवन, नई दिल्ली

प्रास्ताविक

फ़ारसी केवल इसलिए भारतीय जनमानस के इतनी निकट नहीं है कि इस भूभाग पर एक बड़े कालखंड तक शासन करने वालों के द्वारा इसे राजभाषा बनाया गया था, अथवा भारत में एक बड़ी संख्या में रहने वाली मुस्लिम जनसंख्या इसे अपनी संस्कृति से सम्बन्धित भाषा मानती है, बल्कि भारत के साथ इसकी आत्मीयता के और भी गहरे और स्वाभाविक कारण हैं, जिसके नाते फ़ारसी हम भारतीयों के लिए अंग्रेज़ी अथवा अरबी से अधिक महत्त्वपूर्ण है। भाषावैज्ञानिक अथवा नृतत्त्वशास्त्री इस बात की गवाही देते हैं कि ईरानी तथा हिन्दुस्तानी मानव जाति एक ही मूल से सम्बद्ध हैं। दोनों संस्कृतियों की भाषाएँ इसमें बड़ी प्रमाण है। दोनों समान मूल से निकली भाषाओं का प्रयोग करते हैं जिसके कारण दोनों संस्कृतियों के मानस में एक अनिर्दिष्ट प्रकार के खिंचाव का अनुभव होता है। अगर व्यक्ति थोड़ी सी संवेदनशील अकादमिक दृष्टि का प्रयोग कर सके तो उसे सदियों में हुए राजनैतिक, धार्मिक या भौगोलिक परिवर्तनों के पार दोनों संस्कृतियों की एकता साफ़ साफ़ दिखाई पड़ जाएगी। संस्कृत भाषा का अपने मूल प्रकृति और सारे दम खम के साथ सुरक्षित रह पाना सारी मानवता के लिए एक वरदान की तरह है। सारे सांस्कृतिक और धार्मिक माहात्म्यों से भी बड़ा इसका योगदान यह है कि यह हज़ारों वर्षों में बिखरे, टूटे मानवीय इतिहास, भाषा और संवेदनाओं को फिर से जोड़ पाती है। वह विभिन्न समाजों में निकटता के कारणों को उद्‌घाटित करती है और सभ्यताओं में प्रवाहित अनजाने आन्तरिक प्रेम को प्रमाणपुष्ट कर देती है। संस्कृत का अध्ययन भारोपीय लोगों के लिए अपने जड़ों की पहचान करवा कर उन्हें अद्‌भुत गम्भीरता प्रदान करता है। इसी से हम जान पाते हैं कि सेमेटिक धर्म से पूरी तरह परिगृहीत होने पर भी, अरबी लिपि में लिखी जाने पर भी, विदेशी शब्दों से 50 प्रतिशत से भी अधिक मिश्रित हो जाने पर भी फ़ारसी भाषा भारतीयों से कितनी अधिक निकट है। फ़ारसीभाषी जनता के विचारों तथा मानस की भारतीयों से असामान्य निकटता कदाचित इसी भाषिक निकटता के कारण है।

संस्कृत का तथा विशेषत: संस्कृत व्याकरण का अध्येता होने के कारण प्रारम्भ से ही मुझे फ़ारसी तथा संस्कृत भाषाओं में अनेक स्तरों पर विद्यमान समानताओं

का अनुभव हो पाता था, और इसी कारण फ़ारसी अध्ययन में मेरी रुचि उत्पन्न हुई। निश्चित रूप में उर्दू ने इस ओर एक सुदृढ द्वार खोला, जिसे मैंने माध्यमिक कक्षाओं में स्वाध्याय के द्वारा सीख लिया था। उर्दू का अध्ययन भाषा, लिपि एवं साहित्य सभी दृष्टियों से फ़ारसी की ओर एक बहुत ही सुगम दरवाज़ा खोलता है। उर्दू की मधुरता, भाषिक सौष्ठव तथा संगीतात्मकता में फ़ारसी का बहुत बड़ा हिस्सा है। यद्यपि उर्दू शौरसेनी अपभ्रंश से निकली हुई शत प्रतिशत भारतीय भाषा है इसलिए कुछ उर्दू वालों के द्वारा इसे फ़ारसी की सुन्दर बेटी (दुख़्तर् ए ज़ीबा ए फ़ारसी) कहना सरासर अवैज्ञानिक है। अस्तु, संस्कृत में शोधकार्य समाप्त करके मैंने फ़ारसी का विधिवत् अध्ययन प्रारम्भ किया। दिल्ली विश्वविद्यालय में प्रमाणपत्र कार्यक्रम से लेकर स्नातकोत्तर तक फ़ारसी के अध्ययन का सफ़र बड़ा ही ख़ुशगवार रहा। फ़ारसी साहित्य को इसके मूल सौन्दर्य के साथ समझने में दिल्ली में स्थित ईरान सांस्कृतिक भवन के उदार ईरानी उस्तादों का बड़ा योगदान रहा। इसी दौरान अनेक ईरानी साहित्य-प्रिय सज्जनों के साथ मित्रता और कई बार ईरान की यात्राओं ने भी इस ज़ौक़ को बढ़ाने में मदद की। कविताएँ ईरानी मानस के निर्माण की अनिवार्य घटक हैं। फ़ारसी कविता में मानवीय प्रकृति का जितना आन्तर चित्रण मिलता है सम्भवत: वह अन्यत्र दुर्लभ है। भाषा के साथ कविता में आत्यन्तिक रुचि होने के कारण मैंने फ़ारसी के क्लासिकल कवियों की कविताओं का अध्ययन किया। इसमें हाफ़िज़, सादी तथा मौलाना रूमी प्रमुख रहे। स्नातकोत्तर के दौरान मैंने रूमी को अपने विशेष अध्ययन का विषय भी बनाया। सतही भिन्नताओं के बावजूद भारतीय विचार पद्धति के साथ रूमी की निकटता ने मुझे आकर्षित किया। इन समानताओं की ओर भारतीय रसिकों के ध्यानाकर्षण के लिए मैंने उनकी कुछ ग़ज़लों के अनुवाद भी किए तथा उन्हें कुछ पत्रिकाओं तथा सामजिक संचार माध्यमों से प्रसारित भी किया। जैसे जैसे मुझे रूमी का रस मिला मेरी इच्छा बलवती होती गई कि इस मूल्यवान् कविता को प्रामाणिक तथा रस्य प्रकार से अपने हमज़बान हिन्दीभाषियों तक भी पहुँचाया जाए। यह प्रस्तुति उसी इच्छा का मूर्त रूप है।

मौलाना जलालुद्दीन रूमी की ग़ज़लों के अनुवाद को प्रस्तुत करने से पहले उनके वैयक्तिक जीवन उनकी दार्शनिक पृष्ठभूमि और उनके तथा भारतीय विचारों के मध्य असाधारण समानता पर चर्चा समीचीन प्रतीत होती है।

मौलाना जलालुद्दीन बल्ख़ी रूमी

मौलाना जलालुद्दीन रूमी 13वीं सदी में उत्पन्न फ़ारसी जगत् के महत्तम रहस्यवादी सूफ़ी सन्त कवि हैं। उन्हें फ़ारसीभाषी जनता सामान्यतया मौलाना (=हमारे स्वामी) के सम्बोधन से अधिक पहचानती है, जबकि सम्पूर्ण विश्व में वे 'रूमी' के नाम

से प्रख्यात हैं। उनका स्थितिकाल 1207 ई. से 1272 ई. वर्ष है। वे बल्ख़ में उत्पन्न हुए थे जो इस समय अफ़ग़ानिस्तान में है। उनके पिता बहाउद्दीन वलद उस समय के बहुत बड़े दार्शनिक थे तथा सुलतान—उल-उलमा (विद्वानों के सूर्य) कहे जाते थे। उनकी माता का नाम मलिका ए जहान् था। तत्कालीन राजनैतिक परिस्थितियाँ अत्यन्त विषम थीं। पूरब से पश्चिम तक दुनिया मंगोलों के आक्रमण से अस्त व्यस्त हो रही थी। इन परिस्थितियों के दबाव में तथा बल्ख़ के तत्कालीन सुल्तान अलाउद्दीन मुहम्मद ख़ारिज़्मशाह के साथ अनबन के कारण बहाउद्दीन वलद को अपने परिवार तथा अनुयायियों के साथ तुर्की के कूनिया नामक स्थान में बसना पड़ा था। तुर्की पहुँचने से पहले बहाउद्दीन वलद ने अपने 16 साल के पुत्र जलालुद्दीन के साथ ख़ुरासान प्रान्त के नीशापूर में उस समय के महान सूफ़ी सन्त कवि अत्तार नीशापूरी का दर्शन किया। अत्तार ने युवा जलालुद्दीन को अपनी पुस्तक *असरारनामा* भेंट में देते हुए कहा था—"शीघ्र ही यह जवान आशिक़ों के दिल में अग्नि का संचार कर देगा।" रूमी का ख़ानदान अनेक स्थानों की यात्रा करते हुए अन्ततः अलाउद्दीन कैक़ुबाद के निमंत्रण पर तुर्की के शहर क़ूनिया की ओर रवाना हुआ, जो रूमी का स्थायी निवास स्थान बना। 7 साल के निवास के बाद उन्होंने गौहर ख़ानुम से विवाह किया जिससे अलाउद्दीन तथा बहाउद्दीन सुलतान वलद नामक 2 पुत्र प्राप्त हुए। 1231 ई. में अपने पिता की मृत्यु के बाद उनके बृहत् शिष्य समुदाय के मार्गदर्शन का दायित्व मौलाना पर आ गया। परन्तु गुरुपद स्वीकार करने के पहले मौलाना ने अपने पिता के प्रमुख शिष्य बुरहानुद्दीन मुहक़्क़िक़ तिरमिज़ी के संरक्षण में अध्ययन एवं साधनाएँ पूर्ण कीं तथा हलब तथा दमिश्क़ के प्रसिद्ध शिक्षण संस्थान में इस्लाम की विधिवत् शिक्षा ली। इसी शहर में उन्होंने सुप्रसिद्ध सूफ़ी दार्शनिक तथा सन्त मुहिउद्दीन इब्न अरबी से मुलाक़ात भी की। शिक्षा पूरी करके मौलाना 637 हिजरी (1239 ई.) में पुनः क़ूनिया लौट आए।

अध्ययन समाप्त करके वे अब अपने समय के अद्वितीय धर्मशास्त्री हो गए। उनके पीछे अनुयायियों का एक भारी समुदाय (लगभग दस हजार की संख्या में) एकत्र हो गया। उस सम्पूर्ण क्षेत्र में उनकी बड़ी ख्याति हो गई। राज्य का सम्राट् स्वयं उनके प्रवचनों में आया करता था। उसी बीच एक अद्‌भुत घटना घटी। 37 वर्ष की अवस्था में उनकी भेंट शम्सुद्दीन तबरेज़ी नामक एक रहस्यमय व्यक्ति से हुई। उन्होंने मौलाना के व्यक्तित्व को पूरी तरह से उलट पलट दिया। धर्मशास्त्र के शुष्क प्रवचनों की जगह उनके हृदय में रसपूर्ण ईश्वरीय भक्ति का आविर्भाव हो गया। शरीयत की साधनाओं की अवधि पूरी हो चुकी थी। अब तरीक़त का कालखंड प्रारम्भ हो गया था। उन्हें प्रेम की सिद्धि मिल चुकी थी। वे प्रवचनों को छोड़कर आह्लादपूर्ण नृत्य और गान में लग गए तथा बुद्धिवाद को बिल्कुल बिसरा दिया। शम्सुद्दीन तबरेज़ी से मिलने के पहले और बाद की

दशाओं का उन्होंने अपनी एक प्रसिद्ध ग़ज़ल (ग़ज़ल संख्या-58) में बहुत ही सुन्दर वर्णन किया है।

मौलाना अब विधि निषेध के मार्ग को छोड़कर आन्तरिक साधना के रास्ते पर निकल चुके थे। यह बात उनके कट्टर शिष्यों को नागवार गुज़री। रूमी में आए इस आमूलचूल परिवर्तन का कारण उन्होंने शम्स तबरेज़ को माना तथा अपनी मूर्खता के कारण उनपर अनुचित दबाव बनाने लगे। इस स्थिति में शम्स को लुप्त हो जाना पड़ा। अपने परम प्रेमास्पद गुरु के विरह से रूमी का अन्तर तड़प उठा। एक बार तो रूमी स्वयं उनकी खोज में दमिश्क़ तक चले गए थे। उनकी जुदाई की व्यथा में मौलाना ने जो ग़ज़लें लिखीं हैं वे सच्ची कविता के दुर्लभ उदाहरणों में गिनी जाती हैं। ये ग़ज़लें लगभग 4000 की संख्या में हैं तथा दीवाने शम्स में एकत्रित हैं, जिसका दूसरा नाम दीवाने-कबीर (बड़ा काव्यसंग्रह) भी है। इसके बाद शम्स फिर प्रकट होते हैं और फिर मौलाना के शिष्यों की अनुचित प्रतिक्रियाओं के कारण रहस्यात्मक ढंग से ग़ायब हो जाते हैं। शम्स के दूसरी बार आने के बाद मौलाना को तत्त्व का पूरी तरह से भान हो जाता है। अत: वे शम्स के दूसरी बार ग़ायब होने के बाद कोई उद्वेग प्रदर्शित नहीं करते। मानो, प्रेम के बादल पूरी तरह से गरज कर बरस चुके थे। अब उर्वर ज़मीन से अध्यात्म और ज्ञान की फ़सल उगने वाली थी। अब *दीवाने शम्स* के जोशभरे गीतों का मौसम गुज़र चुका था। अब धीर गम्भीर *मसनवी* के प्रणयन का समय था। शम्सुद्दीन तबरीज़ी के बाद रूमी को सलाहुद्दीन ज़रकोब तथा हुसामुद्दीन चलबी नामक दो व्यक्तियों ने बहुत प्रभावित किया। हुसामुद्दीन चलबी को सम्बोधित करके उन्होंने अपनी मस्नवी लिखी। इन दोनों ने रूमी की कृतियों के सम्पादन में बहुत बड़ी भूमिका निभाई। क़ूनिया में रूमी उस समय के बड़े कवियों तथा अध्यात्मवादियों की संगति में रहे। इनमें सद्रुद्दीन क़ूनवी, इराक़ी, नज्मुद्दीन दाया, क़ाने, ई तूसी तथा क़ुत्बुद्दीन शीराज़ी आदि प्रमुख थे। मौलाना जलालुद्दीन रूमी सूफ़ी विचार पद्धति के अन्तर्गत मौलविया सम्प्रदाय के मूल थे। संगीत के अतिरिक्त आध्यात्मिक नृत्य इस साधना पद्धति की अनन्यसामान्य विशेषताएँ हैं। मौलाना की कृतियों में प्रमुख हैं—

1. दीवाने कबीर

दीवाने कबीर का तात्पर्य है—बड़ा दीवान। इसमें मौलाना की ग़ज़लें, रुबाइयाँ तथा तरकीब-बन्द संगृहीत हैं। इसमें 4000 के लगभग ग़ज़लें तथा 2000 के लगभग रुबाइयाँ शामिल हैं। इन ग़ज़लों में रूमी ने अधिकतर शम्स या शमसुद्दीन अथवा शम्सुल् हक़ काव्यनाम (तख़ल्लुस) का प्रयोग किया है। प्रस्तुत पुस्तक इसी ग्रन्थ से केवल 100 चुनिन्दा ग़ज़लों का संकलन हैं। आगे के पृष्ठों में इन ग़ज़लों की विशेषताओं का वर्णन विशेष रूप से किया जाएगा।

2. मसनवी ए मानवी

यह मौलाना की सबसे प्रसिद्ध कृति है। इसमें उनका आध्यात्मिक चिन्तन एवं मान्यताएँ प्रस्तुत हुई हैं। मौलाना ने इसे चित्त के शोधन का साधन, धर्म के मूल के मूल का मूल, पुनर्मिलन के रहस्यों की खोज, परमेश्वर का परम विधान तथा ईश्वर का परम प्रदीप्त रहस्य कहा है। इन विशेषणों से इसके महत्त्व का अनुमान किया जा सकता है। मसनवी वस्तुतः फ़ारसी साहित्य की एक विधा है जो महाकाव्यात्मक कथानकों के लिए काम में लाई जाती है। इसमें सामान्यतः लघु आकार के छन्द प्रयुक्त होते हैं जो तुकान्त होते हैं। मौलाना के पहले फ़िरदौसी, निज़ामी, सनाई तथा अत्तार इस शैली में अपनी उत्कृष्ट रचनाएँ कर चुके थे। फिर भी मौलाना की मसनवी इतनी प्रसिद्ध हुई कि फ़ारसी में मसनवी शब्द कहने से सामान्यतः रूमी की मसनवी ए मानवी का ही ग्रहण होता है। मसनवी में छः दफ्तर (खंड) तथा 26000 के लगभग पद्य हैं। सभी पद्यों में प्रयुक्त छन्द एक ही है, जिसकी छान्दसिक व्यवस्था निम्नवत् है—

ऽ।ऽऽ	ऽ।ऽऽ	ऽ।ऽ	ऽ।ऽऽ	ऽ।ऽऽ	ऽ।ऽ
बिश्नव् अज़् नै	चून् हिकायत्	मी कुनद्।	व,ज़् जुदाई	हा शिकायत्	मी कुनद॥
फ़ाइलातुन्	फ़ाइलातुन्	फ़ाइलुन्।	फ़ाइलातुन्	फ़ाइलातुन्	फ़ाइलुन्॥

अथवा

राजभा ता	**राजमाता**	**राजभा।**	**राजभाता**	**राजमाता**	**राजभा॥**

इस कृति की साहित्यिक ही नहीं अपितु धार्मिक तथा आध्यात्मिक मान्यता इतनी अधिक है कि आलोचकों ने इसे फ़ारसी भाषा का कुरान भी कहा है।[1] रूमी को पैग़म्बर कहने से बचते हुए भी आलोचकों ने मसनवी को आसमानी किताब का दर्जा दिया है—

मन नमी गूयम कि आन् आली जनाब
हस्त पैग़म्बर, वली दारद किताब

(मैं नहीं कहता कि वे प्रतिष्ठित महापुरुष=रूमी पैग़म्बर हैं, लेकिन उनके पास जो किताब है वह आसमानी है।[2])

---

1. यह कथन मौलाना जामी का माना जाता है—

मसनवी ए मानवी ए मौलवी। हस्त क़ुर्आन् दर ज़बाने पह्लवी॥

(मौलवी जलालुद्दीन रूमी की मसनवी ए मानवी फ़ारसी भाषा में क़ुर्आन है।)

2. इस पंक्ति को भी मौलाना जामी के साथ सम्बद्ध किया जाता है। फ़ारसी के आधुनिक काल के कवि मुहम्मद हुसैन शह्रयार ने इसी भाव को दूसरे शब्दों में इस प्रकार व्यक्त किया है—

हम बे आन् क़ुर्आन कि ऊ रा पारे सीस्त। मस्नवी क़ुर्आने शेरे पारसी—स्त॥

दार्शनिक तथा आध्यात्मिक विषयों का विशेष वर्णन होने से इसे मा, नवी (= दार्शनिक) कहा जाने लगा।[3] मा,नी शब्द का तात्पर्य अर्थ होता है। इस प्रसंग में मा,नी शब्द रहस्य अथवा आध्यात्मिक रहस्यों के लिए प्रयुक्त है। मा,नवी शब्द का अर्थ है आध्यात्मिक रहस्यों से सम्पन्न। इस ग्रन्थ की सामग्री को मुख्यत: दो भागों में बाँटा जा सकता है। पहली है—आध्यात्मिक तथा रहस्यवादी चर्चाएँ तथा दूसरी उनको समझाने के प्रसंग में लाई गई कहानियाँ, उदाहरण (मसल) एवं युक्तियाँ (हिकमत)।[4] दोनों सामग्रियाँ परस्पर इस तरह गुँथी हुई हैं कि इन दोनों में किसी भी प्रकार का असामञ्जस्य नहीं दिखाई पड़ता। रूमी की मसनवी की बड़ी विशेषता यह है कि वह संवादात्मक ढंग से लिखी गई है। उसमें शास्त्रीय ग्रन्थों की तरह विवेचन की कठिन शैली का आश्रय नहीं लिया गया है। यह एक संवाद है जिसमें वाचक रूमी हैं तथा श्रोता उनके शिष्य। कई जगह रूमी अपने शिष्यों के प्रश्नों को भी ख़ुद छेड़कर उस पर चर्चा करते हैं। इस कृति का विश्वभाषाओं में अनेक अनुवाद तथा सम्पादन उपलब्ध हैं।

3. फ़ीहि मा फ़ीहि

यह ग्रन्थ फ़ारसी गद्य में लिखा गया है जो वस्तुत: मौलाना के आध्यात्मिक प्रवचनों का संग्रह है। इसके अरबी शीर्षक का तात्पर्य है—वह चीज़ जो इसमें हैं इसी से सम्बन्धित है। इस ग्रन्थ का सम्पादन हुसामुद्दीन चलबी ने किया होगा, इसकी सम्भावना बहुत अधिक है। इसका पुराना नाम *असरारुल् जलालीया* भी मिलता है। इस पुस्तक में लगभग 70 छोटे छोटे प्रवचन खंड हैं जो शाह मुईनुद्दीन परवाना, शम्स तबरेज़ी, सैयद बुरहानुद्दीन तथा सलाहुद्दीन ज़रकोब को सम्बोधित हैं।

4. मक्तूबात

यह ग्रन्थ मौलाना द्वारा भिन्न-भिन्न समय पर अपने सम्बन्धियों, मित्रों, विशिष्ट विद्वानों, राजनेताओं को लिखे गए पत्रों का संकलन है। मक्तूब शब्द का अर्थ पत्र होता है। मक्तूबात इसी का बहुवचन है। इस ग्रन्थ द्वारा रूमी के समकालीन समाज तथा राजनैतिक वातावरण का महत्त्वपूर्ण अध्ययन हो सकता है।

5. मजालिसे सब्अ

यह कृति भी मसनवी की शक्ल में है जिसमें मौलाना के 7 उपदेश हैं। विश्वास किया जाता है कि इन प्रवचनों को हुसामुद्दीन चलबी तथा

3. मौलाना ने इसे हुसामीनामा भी कहा है, देखिए—मसनवी ए मानवी—6.1
गश्त अज़ जज़्बे तू चू अल्लामे ई— दर जहान् गर्दान् हुसामीनामे ई॥

4. A.J. Arberry—Tales from the Masnavi—Introduction.—page no.-11

सुलतान वलद ने लिपिबद्ध किया होगा। मौलाना के पूर्ववर्ती सूफ़ी कवियों मुख्यत: अत्तार नीशापूरी तथा सनाई का प्रभाव इस पुस्तक पर स्पष्टत: देखा जा सकता है।

जलालुद्दीन रूमी मूलत: कवि नहीं हैं। उनकी कविता अपने सिद्धान्तों में प्रतिष्ठित होने के बाद स्फुरित हुई। उनके दार्शनिक तथा रहस्यवादी सिद्धान्त उनकी कविता में, शुद्ध जल में तल की तरह दिखाई देते हैं। इस कारण मौलाना की कविता को समझने के लिए सूफ़ी मत का किंचित् परिचय आवश्यक है। आगे के पृष्ठों में भारतीय सिद्धान्तों के साथ समानता की चर्चा के साथ सूफ़ी मत को स्पष्ट किया गया है, ताकि भारतीय पाठकों के लिए यह विषय हृदयंगम हो सके।

मौलाना रूमी के सिद्धान्त तथा उसके भारतीय सरोकार

सूफ़ीवाद ईश्वरप्रेम की वह धारा है जिसने न केवल अरबी पृष्ठभूमि वाले पारम्परिक इस्लाम को सरस बनाया अपितु समस्त संसार के ईश्वरान्वेषियों का मार्गदर्शन किया। जीवन्त हृदय वाले सूफ़ियों ने अपने सभी पूर्ववर्तियों से निस्संकोच बहुत कुछ लिया और इसीलिए सम्पूर्ण संसार को बहुत कुछ देने योग्य बन सके। "आ नो भद्रा: क्रतवो यन्तु विश्वत:"[5] के वे मूर्तिमान् स्वरूप थे। सर्वत्र शुभ की सत्ता देखने वाले सूफ़ियों के लिए कुछ भी त्याज्य अथवा घृणास्पद नहीं है[6]—पस बदे मुत्लक़ नबाशद दर जहान।[7] वे सम्पूर्ण जगत् को अपना घर समझते थे और किसी एक जाति, राष्ट्रीयता या क्षेत्र विशेष तक सीमित नहीं होने का दावा करते थे। उन्होंने अपने व्यक्तित्व की सीमाओं का अतिक्रमण करने में सफलता पायी थी।[8]

इस प्रसंग में यह जानना आवश्यक है कि मुख्य धारा के इस्लाम तथा सूफ़ियों के स्वर में प्रमुख भेद क्या है। यह भेद धर्म तथा अध्यात्म के आधार पर समझा जा सकता है। **धर्म** सामाजिक नियमों का संकलन होता है जिसमें आचारशास्त्र, नीतिशास्त्र तथा अध्यात्म सभी प्रकारान्तर से आ जाते हैं। **अध्यात्म** सामाजिक आचारों को, मानसिक स्तर पर ही सही, अतिक्रान्त करने की अवस्था है। सामाजिक स्तर पर आचरण किए जाने वाले सदाचार चित्त की शुद्धि के लिए होते हैं। वे

5. संसार के सारे कल्याणकारी विचार हमारी ओर आएं। (ऋग्वेद)
6. गुफ़्तम ऐ इश्क़ मन अज़ चीज़े दिगर मी तर्सम—गुफ़्त आन चीज़े दिगर नीस्त दिगर हीच मगू॥ (ग़ज़ल संख्या—6)
7. संसार में कोई भी वस्तु नितान्त बुरी नहीं होती—मसनवी ए मानवी
8. चे तदबीर ऐ मुसल्मानान् कि मन खुद रा न मी दानम (ग़ज़ल संख्या—75)

अध्यात्म की ओर अग्रसर होने के साधन हुआ करते हैं।[9] आचारशास्त्र विधि तथा निषेध अर्थात् कर्तव्य-अकर्तव्य के उपदेशों से भरा होता है। परन्तु अध्यात्म की दुनिया में विधि-निषेध का बहुत मूल्य नहीं रह जाता।[10] वे बहुत पीछे छूट जाते हैं। क़ुरान के अध्ययन से स्पष्ट होता है कि जिस विषम परिस्थिति में इस्लाम प्रकट हुआ था वहाँ आचारशिक्षा की बहुत आवश्यकता थी। अरब बद्दू ऐसे सरकश और युद्धप्रिय लोग थे जिन्हें प्रेम की भाषा सम्भवतः प्रकारान्तर से ही समझ में आ सकती थी, प्रत्यक्षतः नहीं, इसलिए क़ुर्आन में ईश्वर का वह भीषण स्वरूप दिखाया गया जो सही मार्ग पर न चलने वालों पर क़हर बरपाता है। अल्लाह के बन्दे को सभ्य एवं सावधान होना चाहिए न कि सरमस्त और दरहम-बरहम। क़ुरान में एक सन्दर्भ यह है कि अल्लाह का बन्दा ऐसा होना चाहिए जिसका तमाम वुजूद अल्लाह का ज़िक्र आते ही भय से काँप जाये। प्रेम को केन्द्र में रखने वाला सूफ़ी मत निश्चित रूप से ईश्वर के इस आयाम को अस्वीकार नहीं करते हुए भी उसे प्रमुखता नहीं देते। सूफ़ी साधक धर्मशास्त्र को मुक्ति मार्ग का शुरुआती पायदान मात्र मानते हैं। वह महत्त्वपूर्ण तो अवश्य है लेकिन हमें बहुत दूर तक लेकर नहीं जा पाता। सूफ़ी पारम्परिक धर्मशास्त्र के इन दो अंशों को अच्छी तरह से पहचान सके थे। मौलाना जलालुद्दीन रूमी के अनुसार— *मन ज़ क़ुर्आन बर गुज़ीदम मग़्ज़ रा। उस्तुख़ान रा पीशे सग अन्दाख़्तम* (मैंने क़ुर्आन से गूदा निकाल लिया है और हड्डियों को कुत्तों के सामने डाल दिया है।)। ईश्वर से डरो, उसकी आज्ञा के वशवर्ती रहो अन्यथा तुम्हारे लिए भयंकर कष्ट तय हैं, इस प्रकार के वाक्य अनेकानेक बार क़ुर्आन में दुहराये गए हैं, परन्तु ईश्वर प्रेम करने योग्य है, उसके प्रेम में मस्त हो जाओ, इत्यादि वाक्य मुश्किल से दो-तीन बार आए हैं। प्रेमपन्थी सूफ़ियों को अपना राजमार्ग विकसित करने के क्रम में कट्टरपन्थियों के भारी विरोध का सामना करना पड़ा। अब भी शुद्धतावादी, वे शीआ हों या सुन्नी, सूफ़ियों के मत को वास्तविक इस्लाम नहीं मानते। आप किसी सूफ़ी से उपर्युक्त सैद्धान्तिक विचलन की चर्चा करें तो उसका कहना यही होगा कि इस्लाम के सन्देश को वस्तुतः उन लोगों ने ही समझा है। उनके अनुसार उनके चाल-चलन मूल इस्लाम की अपेक्षा विचलन नहीं हैं अपितु उसके वास्तविक रहस्य का उद्घाटन है। वस्तुतः यह किसी भी नवीन सिद्धान्त या मत की विवशता होती है कि वह तत्काल वर्तमान सिद्धान्तों की कमियों, सीमाओं अथवा व्यर्थताओं को समझता हुआ भी उनका प्रत्यक्ष विरोध नहीं करता। ऐसा करने पर मुल्लों के फ़त्वों के कारण अलग-थलग पड़ जाने का ख़तरा होता है तथा विरोध की अधिकता के कारण आत्मकल्याण तथा समाज सुधार की सम्भावनाएँ

9. इल्मो हिकमत आयद अज़ नाने हलाल। इश्क़ो रिक़्क़त ज़ायद अज़ नाने हलाल॥

10. निस्त्रैगुण्ये पथि विचरतः को विधिः को निषेधः। (शुकाष्टकम्)

क्षीण पड़ जाती हैं। यही कारण है कि सूफ़ी बार बार कहते हैं कि अगर मैं वास्तविकता का बयान कर दूँ तो संसार में आग लग जाए।[11] मन्सूर हल्लाज द्वारा शब्दश: अनल्हक़=अहं ब्रह्मास्मि की स्वीकृति की भी सूफ़ी अनेकश: आलोचना करते हैं।[12]

ऐसा प्रतीत होता है कि भारतीय चिन्तन पद्धति के साथ सूफ़ी मत की आन्तरिक एकता ने ही उसे भारतीय उपमहाद्वीप में इतना ग्राह्य तथा लोकप्रिय बनाया है।

इस्लाम अपने धर्म के एक तत्त्व तौहीद (एकेश्वरवाद) पर बड़ा गर्व करता है। उसके अनुसार पैग़म्बर ने बहुदेववादी अरबों के बीच एक अल्लाह की वकालत और दलालत करते हुए धर्म का उपदेश किया था। इस्लाम के पाँच स्तम्भों में पहला है—कलिमा, जिसके अनुसार—एक अल्लाह के अतिरिक्त और कोई ईश्वर नहीं है तथा मुहम्मद उसके पैग़म्बर हैं।[13] सूफ़ी इस मत को थोड़ा और आगे बढ़ाते हैं और मानते हैं कि सृष्टि में ईश्वर के अतिरिक्त कोई और नहीं है। ईश्वर तथा सृष्टि के विषय में इस्लामी दर्शन में तीन मतों की विवेचना है[14]— 1. ईजादिया, 2. शहूदिया, 3. वजूदिया। इसे समझने के लिए तीन फ़ारसी वाक्य प्रचलित हैं—

1. **हमे अज़ ऊ,स्त** =सारी वस्तुएँ परमेश्वर से निकली हैं। परमेश्वर तथा उनकी सत्ता पृथक् है। ईश्वर तथा सृष्टि में जन्य जनक भाव है। यह ईजादिया सिद्धान्त है। क़ुरान का सृष्टि विषयक सिद्धान्त यही है—अल्लाह् अल्लज़ी ख़लक़—स्समावात व,ल् अर्ज़[15] (ईश्वर वह है जिसने आसमानों तथा ज़मीन को पैदा किया।)
2. **हमे बा ऊ,स्त**=सारी वस्तुएँ परमेश्वर के साथ एक हैं। सृष्टि और परमेश्वर के बीच बिम्ब-प्रतिबिम्ब भाव है। इस प्रकार अस्तित्व में अद्वैत है। यह सिद्धान्त शहूदिया या **वह्दतुश्शुहूद** है। वह्दतुश्शुहूद का तात्पर्य है—गवाहों की एकता। सभी वस्तुएँ एक बिम्बात्मक परमेश्वर का प्रतिबिम्ब हैं इसलिए उसके होने और एक होने की गवाह हैं। यह मत रामानुजाचार्य के विशिष्टाद्वैत सिद्धान्त के अधिक क़रीब है।

---

11. कई बार सूफ़ी वास्तविकता का बयान करते हैं लेकिन प्रकारान्तर से करते हैं। उदाहरण के लिए रूमी ने पुनर्जन्म या क़ुर्आन के मुहम्मद—कथित होने का वर्णन ऐसी चतुराई से किया है कि उन पर कोई फ़तवा आयद नहीं हो सकता—गर्चे क़ुर्आन अज़ लबे पैग़म्बर अस्त। आदि।
12. जुर्मश ईन बूद कि असरार हुवैदा मी कर्द। (हाफ़िज़ शीराज़ी)
13. ला इलाह इल्लल्लाह मुहम्मदुर्रसूलुल्लाह।
14. बत्रा, श्रीनिवास पृ. 149
15. क़ुर्आन 14.32

3. **हमे ऊ,स्त**= सारी वस्तुएँ वही है। एक परमेश्वर के अतिरिक्त किसी भी अन्य वस्तु की सत्ता नहीं है। इसे वजूदिया या **वह्दतुल्वुजूद** मत कहते हैं। इसके अनुसार परमेश्वर ही है जो सृष्टि के रूप में विलास कर रहा है। इस प्रकार यह भारतीय औपनिषद सिद्धान्तों के अधिक निकट है। वह्दतुल्वजूद 12वीं 13वीं सदी के प्रमुख दार्शनिक इब्नुल् अरबी द्वारा प्रतिपादित है।

सूफ़ियों ने यद्यपि प्रथम मत को क़ुर्आन के साथ दुहराया ज़रूर है, परन्तु दूसरे तथा तीसरे मत ही उनके दार्शनिक सिद्धान्तों के अधिक अनुकूल हैं। एकाध प्रसंगों को छोड़कर[16] क़ुर्आन की आयतें दूसरे तथा तीसरे मत का समर्थन करती नहीं लगती हैं। सूफ़ियों तथा अद्वैत वेदान्त मत इस विचार के अत्यधिक निकट है। इस सिद्धान्त के आधार पर अनेक समस्याएँ तथा सीमाएँ मिटती दीखती हैं तथा सार्वभौम प्रेम की बात सम्भव हो पाती है। वेदान्त कहता है—संसार में एकमात्र तत्त्व है अत: हमें किसी से भय करने का कोई प्रसंग ही नहीं है—*द्वितीयाद्वै भयं भवति*[17]—*नेह नानास्ति किञ्चन।*[18] सूफ़ी भी ग़ैरुल्लाह (अल्लाह के अलावा किसी अन्य का) के होने का निषेध करते हैं। जलालुद्दीन रूमी तो एक क़दम और आगे बढ़कर कहते हैं कि संसार में एक ही तत्त्व है—और वह भी तुम हो—*कीस्त कसी बेगू दिगर—कीस्त कसी वरा ए तो*[19] (ज़रा बताओ तो तुम्हारे अतिरिक्त और कौन है?)। इसी ग़ज़ल में रूमी कहते हैं कि संसार में जो कुछ भी पैदा हुआ है सब तुम्हारी परछाईं है (साये ए तूस्त ऐ पिसर, हर चि बेरुस्त ऐ पिसर)। इस कथन से दो बिन्दु ज्ञात होते हैं—1. संसार में सब कुछ तुमसे पैदा हुआ है। 2. पैदा हुई चीज़ें छाया की तरह हैं अत एव वास्तविक नहीं हैं। इस तरह के विचार पारम्परिक इस्लाम में अनुपलब्ध ही नहीं दण्डनीय भी माने गए हैं। भारत में भी ऐसा मत केवल उपनिषद् समर्थित वेदान्त-दर्शन के ही हो सकते हैं। वेदान्त आत्मा को अस्तित्व के केन्द्र में रखता है तथा भिन्न-भिन्न लगने वाली आत्माओं में वस्तुत: कोई भेद नहीं मानता—*मृत्यो: स मृत्युं गच्छति य इह नानेव पश्यति* (कठोपनिषद् 2.1.11)। मौलाना कह रहे हैं कि तुम खुद स्वयं से पैदा हो रहे हो इसलिए खुद ही अपने पिता हो और खुद ही अपने पुत्र—'हम पिदरी व हम पिसर हम तो नेई व हम शिकर*'। वेदान्त का भी मानना है कि आत्मा स्वयं अपने से अपने को उत्पन्न करता है—*सृजस्यात्मानमात्मना।*[20] भारतीय परिप्रेक्ष्य में

16. फ़ ऐनमा तुवल्लू फ़ सम्म वज्हुल्लाहि। (सूरतुल्बक़रा, क़ुर्आन मजीद)
17. बृहदारण्यक उ. 1।4।2
18. बृहदारण्यक उ. 4।4।19
19. दीवाने शम्स 2148, ग़ज़ल संख्या—49
20. कुमारसम्भवम् 2.10

* ग़ज़ल संख्या—49

ईश्वर प्राप्त व्यक्ति को ईश्वर ही मान लिया जाना बहुत आश्चर्यकारी नहीं है। उपनिषदों का तो यह कहना है कि तुम बिना ईश्वर हुए ईश्वर को नहीं जान सकोगे क्योंकि दोनों पृथक् नहीं हैं— *ब्रह्मविद् ब्रह्मैव भवति* (मुण्ड. उ. 3.2.9)। रूमी भी यही कहते हैं— *नज़्ज़ारे ए जमाले ख़ुदा जुज़ ख़ुदा नकर्द* (परमेश्वर के सौन्दर्य का दर्शन परमेश्वर के अतिरिक्त किसी ने नहीं किया।) मौलाना रूमी के नाम से प्रसिद्ध एक ग़ज़ल में अद्वैत की बहुत ही स्पष्ट व्याख्या की गई है जो उपनिषद् के— *वाचारम्भणं विकारो नामधेयम्* (छा.उ. 6।1।4) मृत्तिकेत्येव सत्यम्, को समझाती हुई सी प्रतीत होती है— *ख़ुद कूज़ा ओ ख़ुद कूज़ागरो ख़ुद गिले कूज़ा। ख़ुद रिन्दे सुबूकश॥* खुद बर सरे *आन् कूज़ा ख़रीदार बरामद। बिश्कस्तो रवान् शुद॥* (ग़ज़ल संख्या 66)

पारम्परिक इस्लाम तथा भारतीय अद्वैत वैदान्त का सबसे प्रकट अन्तर यह है कि जहाँ इस्लाम परमेश्वर को अपनी चर्चाओं के केन्द्र में रखता है वेदान्त आत्मा को अपना केन्द्र बनाता है। आत्मा जो प्रत्येक व्यक्ति को हर समय प्राप्त है, स्वयंसिद्ध है तथा सभी मौजूदात का वास्तविक स्वरूप है, ऐसे प्रकट तत्त्व को छोड़कर किसी अन्य की खोज में जाना बुद्धिसंगत नहीं है। मौलाना के विचार भी ऐसे ही हैं—प्रत्यक् (हृदय में प्रकाशित) परमात्म तत्त्व को छोड़कर सूफियों का और कोई ईश्वर नहीं है— *सूफ़ी ख़ुदा नदारद कू नीस्त आफ़रीदे।* (सूफ़ी के पास ख़ुदा नहीं होता, क्योंकि सूफ़ी पैदा नहीं किया गया होता है)। पारम्परिक इस्लाम में ईश्वर एवं जीव का सम्बन्ध ज़ाहिरन निरंकुश स्वामी एवं अधीनस्थ सेवक की तरह है जिनमें एकत्व की सम्भावना नहीं है और ऐसा विचार करना भी अधार्मिक है।[21] मंसूर और सरमद को तत्कालीन शासकों द्वारा मौत के घाट उतारा जाना बताता है कि अहं ब्रह्मास्मि (अनल्हक़)—उद्घोष के लिए इस्लामी मनोवृत्ति अभ्यस्त नहीं है। इसी कारण अनेक विद्वानों ने सूफ़ी मत की संरचना में ग़ैर इस्लामी या इस्लामपूर्व शिक्षाओं का योगदान माना है।[22]

साधक जब सर्वत्र आत्मतत्त्व (अपने होने) का अनुभव करता है तो उसे सारे अस्तित्व से प्रेम हो जाता है। प्रेम होने का और कोई उपाय नहीं। उपनिषदों का उद्घोष है कि प्रेम तो केवल अपने से होता है दूसरे से तो केवल डर लगता है। चूँकि दूसरा कोई है नहीं इसलिए डर असम्भव है तथा प्रेम स्वाभाविक—आत्मनस्तु कामाय सर्वं प्रियं भवति—(सारी चीज़ों से प्रेम अपने नाते होता है, बृहदारण्यकोपनिषद् 4.5.6)। तत्र को मोहः कः शोक एकत्वमनुपश्यतः (एकता का अनुभव करने वाले को कैसा शोक अथवा कैसा मोह, ईशावास्योपनिषद् 7)। द्वितीयाद्वै भयं भवति (डर हमेशा दूसरों से लगता है, बृहदारण्यक 1.4.2)।

21. भारत में द्वैत वेदान्ती एवं अन्य भी ऐसा ही समझते हैं।
22. विस्तृत सन्दर्भों के लिए देखें—सूफीमत साधना एवं साहित्य—सूफ़ी मत का आविर्भाव—डॉ. रामपूजन तिवारी तथा हदीक़तुश्शीआ ग्रन्थ।

सूफियों के यहाँ प्रेम की इतनी प्रचुरता का कारण यही है कि वे सर्वात्मवादी हैं तथा सर्वत्र अपनी आत्मा का का अनुभव कर पाते हैं। वहाँ प्रेम केवल एक वस्तु या व्यक्ति तक सीमित कोई सामान्य भावना नहीं है अपितु वह ईश्वर या आत्मा की तरह सर्वव्यापी है—'दर इश्क़ मस्त बाश कि इश्क़ अस्त हर चे हस्त।' सार्वत्रिकता आनन्दमयता एवं सार्वकालिकता प्रेम की विशेषताएँ हैं। प्रेम स्वयं साधन एवं स्वयं साध्य है।

पारम्परिक इस्लाम जहाँ इबादत अर्थात् बन्दगी को मुक्ति का साधन मानता है वहीं तसव्वुफ़ प्रेम को। प्रेम समानता का तक़ाज़ा करता है जबकि इबादत के लिए वैषम्य का होना ज़रूरी है। सूफ़ियों ने अक़्ल अर्थात् तर्कबुद्धि को प्रेम के बर-अक्स खड़ा किया है और परमात्मतत्त्व की प्राप्ति में अक़्ल की अक्षमता का बहुशः वर्णन किया है। रूमी के अनुसार प्रेम ईश्वर के रहस्यों को जानने का ऐस्ट्रोलैब=वेधशाला है—इश्क़ उस्तुरलाबे असरारे ख़ुदा,स्त।[23]

इस प्रसंग में ध्यातव्य है कि भारत में प्रेम एवं भक्ति परमात्मप्राप्ति का अन्यतम साधन माना गया है तथा उसका अपना स्वतंत्र दर्शन विकसित हुआ। नारद भक्ति सूत्र एवं शाण्डिल्य भक्तिसूत्र के अतिरिक्त पाञ्चरात्र ग्रन्थों का प्रमुख प्रतिपाद्य प्रेम ही है। भगवद्गीता में भी श्रीकृष्ण का वचन है कि मैं प्रेम के द्वारा ही जाना जा सकता हूँ—भक्त्या मामभिजानाति यावान्यश्चास्मि तत्त्वतः। (18.55)तथा—भजतां प्रीतिपूर्वकम्। ददामि बुद्धियोगं तं येन मामुपयान्ति ते (10.10)। वस्तुतः सम्पूर्ण परवर्ती सनातन अवतारवादी हिन्दू धर्म प्रायः ज्ञान की अपेक्षा भक्ति को केन्द्र में रखकर चलता है। जो लोग मोक्ष को परम पुरुषार्थ मानते हैं वे भी भक्ति को उसके सबसे प्रमुख साधन के रूप में मान्यता देते हैं—मोक्षकारणसामग्र्यां भक्तिरेव गरीयसी।

प्रेम के सम्बन्ध में सूफ़ियों की दृष्टि पारम्परिक इस्लाम से भिन्न है। पारम्परिक इस्लाम मानता है कि जगत् की सृष्टि ईश्वर ने बन्दों की आज़माइश के लिए की। सम या विषम परिस्थितियों में डाले जाने के बावजूद जो बन्दा ईश्वर की बन्दगी से मुँह नहीं मोड़ता है वह परीक्षा में उत्तीर्ण हो जाता है। इसके विपरीत सूफ़ियों का यह मानना है कि ईश्वर ने प्रेमवश सृष्टि की। वह प्रेम उनके प्यारे दास मुहम्मद के प्रति था। ईश्वर ने सबसे पहले जिस चीज़ को पैदा किया वह मुहम्मद का नूर था।[24] ध्यातव्य है कि यह तथ्य क़ुर्आन से पुष्ट नहीं है। इसी प्रकार भारतीय सिद्धान्तों द्वारा भी सृष्टि के मूल में काम को स्वीकार किया गया है—*कामस्तदग्रे समवर्तताधि।*[25] *तथा सोऽकामयत एकोऽहं बहु स्यां प्रजायेय।* (उसने इच्छा की, बहुत हो जाऊँ। उत्पन्न करूँ, तैत्तिरीय उपनिषद्-2.06.01) मनुष्य सबसे विशेष

23. मसनवी ए मा,नवी—नैनामा
24. मुहम्मद साहब की हदीस सूफ़ियों में प्रसिद्ध है—" अव्वलु ख़लक़,ल्लाह नूरी।"
25. ऋग्वेद 10.129.04

इसी कारण से है कि वह प्रेम कर सकता है। क़ुर्आन में आया है कि ईश्वर ने अपनी अमानत आसमान, ज़मीन, और पहाड़ों को देनी चाही तो सबने इसे अस्वीकृत कर दिया। सारे जगत् में केवल मनुष्य ने ही इस भार को ग्रहण करने का सामर्थ्य दिखाया।[26] इसी कारण ईश्वर ने मनुष्य को अपना ख़लीफ़ा बनाया और देवदूतों तक को आदम को सज्दा करने का हुक्म दे दिया। सूफ़ी व्याख्या के अनुसार यह अमानत इश्क़ थी।[27]

संसार की सृष्टि के सम्बन्ध में भारतीय दार्शनिकों ने बहुत सारे कारण बताये हैं। इस्लाम के अनुसार अल्लाह ने अपने आपको प्रकट करने हेतु सारी मौजूदात की सृष्टि की। मुहम्मद साहब की एक हदीस के अनुसार ख़ुदा का क़ौल है—'मैं एक छिपा हुआ खजाना था, फिर मैंने चाहा कि मैं जाना जाऊँ और इसलिए मैंने सृष्टि की'। दूसरी रिवायत के अनुसार उसने सबकी सृष्टि बन्दगी के लिए की, इसलिए सबका कर्तव्य है कि उसकी इबादत करें।[28] इन सब मतों की यथास्थान चर्चा के बावजूद जलालुद्दीन रूमी ने मसनवी में एक विचित्र मत का उल्लेख करते हुए कहा है कि यह दुनिया तुम्हारे खयालों से पैदा हुई है। बाहर जितनी भी वस्तुएं दिखाई पड़ रही हैं वे सभी तुम्हारे अन्दर पहले से हैं बाहर उनका केवल प्रतिबिम्ब पड़ रहा है।[29] जिस प्रकार स्वप्न की सृष्टि हमारे विचारों से होती है उसी प्रकार बाहरी संसार की सृष्टि भी हमारे विचारों से ही होती है। अगर हम निर्विचार हो जाएँ तो संसार हमारे लिए नहीं के बराबर हो जाय। इस प्रकार विचारों से उत्पन्न संसार असत्य है और हम इसको अपना मानकर इससे लोभ एवं इच्छाएँ रखने लगते हैं और संसार का बन्धन गहराने लगता है। चित्त का दर्पण लोभ के मैल से इस तरह जकड़ जाता है कि अपने स्वरूप का दर्शन उसमें नहीं होने पाता है।[30] इसलिए हमें सबसे पहले अपने चित्त दर्पण के मैल को दूर करना होगा। हमें चाहिए कि हम वह दर्पण बनें जिसमें महबूब का सौन्दर्य स्पष्ट हो सके।[31] उसने सृष्टि ही इसलिए की है कि वह हमारे में अपना चेहरा देख सके।[32] बौद्ध दार्शनिकों तथा

---

26. क़ुर्आन 33.72
27. आसमान् बारे अमानत नतवानिस्त कशीद—कुर्रे ए कार बनामे मने दीवाने ज़दन्द। (दीवाने हाफ़िज़)
28. ज़िन्दगी आमद बराये बन्दगी—ज़िन्दगी बी बन्दगी शर्मिन्दगी॥ (मसनवी ए मा,नवी)
29. बाग़—हा ओ मीवे—हा अन्दर दिलस्त—अक्से रू ए आन् दरीन् आबो गिलस्त॥ (मसनवी ए मा,नवी)
30. आइनत दानी चेरा गम्माज नीस्त—जान् कि जंगार अज रुखश मुमताज नीस्त॥ (मसनवी ए मा,नवी)
31. मन आइना ए यारम गंजीना ए असरारम।
32. कुन्तु कंज़न् मख़्फ़ीयन्...इत्यादि उपर्युक्त हदीस।

अद्वैत मनीषियों के विचार भी प्राय: इसी प्रकार के हैं। बौद्धों के अनुसार समस्त बाह्य विश्व मानसिक विश्व का प्रतिबिम्बन है। भारतीय सिद्धान्त के अनुसार भी आत्मा नित्य शुद्ध है परन्तु प्रकृतिजन्य दोषों के कारण मैली सी होकर अपनी प्रकृति खो देती है। हमें कर्मयोग द्वारा अपने चित्त की सफाई करनी होगी जिसमें ज्ञान स्वयं उत्पन्न हो सकेगा।[33]

सूफ़ी लौकिक प्रेम को पारलौकिक प्रेम तक पहुँचने का एकमात्र साधन मानते हैं। उनके अनुसार लौकिक प्रेम हेय नहीं है,[34] बल्कि वह तो उस पुल का पहला सिरा है जिसके आख़िरी सिरे पर पारलौकिक सत्य है। सूफी सम्प्रदाय में यह अरबी सूक्ति बहुत प्रचलित है—**अल्मजाज़ु क़ुन्तरतिल् हक़ीक़ति** = अर्थात् ऐहलौकिक प्रेम पारलौकिक प्रेम के लिए पुल जैसा है। जिसने बन्दों से प्रेम नहीं किया वह ख़ुदा तक नहीं पहुँच सकता। रूमी के अनुसार लौकिक प्रेम की कड़ियाँ ईश्वरीय प्रेम की ओर पैड़ियों की तरह निकटता प्रदान करती है।[35] यही कारण है कि सूफ़ी कवियों ने अपनी दुरूह आध्यात्मिक व्याख्याओं के लिए लौकिक प्रेम गाथाओं को चुना। इसी क्रम में लैला-मजनूँ, खुसरौ-शीरीन्, यूसुफ़-ज़ुलैख़ा आदि पौराणिक प्रेम गाथाओं पर विश्वप्रसिद्ध मसनवियाँ लिखी गईं। इस परम्परा से परिचित सूफ़ियों ने भारत में भी प्रचलित लोकगाथाओं के मजाज़ी (लौकिक) स्वरूप का वर्णन करके हक़ीक़ी अर्थों का दिग्दर्शन कराने की चेष्टा की।[36] उत्तर तथा दक्षिण भारत में सूफ़ी प्रेमाख्यान काव्यों की बड़ी समृद्ध परम्परा है। इसे हिन्दी साहित्य के इतिहासकारों ने भक्तिकाल की निर्गुण शाखा के प्रेममार्गी सन्तकाव्य के अन्तर्गत रखा है। इसमें प्रमुख कवि हैं उत्तर में मुल्ला दाउद (चन्दायन 1378-79) तथा जायसी (1540-42) से लेकर कवि नसीर (प्रेमदर्पण-1917-18) तक, तथा दक्षिण में निज़ामी—(कदमराव पदमराव 1456 ई.) से लेकर सिराज औरंगाबादी (बूस्ताने ख़याल 1749 ई.) तक।[37]

सूफ़ियों ने ईश्वर की साधना के रूप में संगीत-नृत्य आदि ललित कलाओं का भी उपयोग किया। ललित कलाएँ हमारे चित्त की रागात्मक वृत्तियों को उभारती हैं। द्रवित चित्त में कभी उत्तेजनात्मक वृत्तियाँ नहीं आ सकती। किसी के प्रति भी कठोर

---

33. द्रष्टव्य भगवद्गीता द्वितीय अध्याय 16वें श्लोक का शाङ्करभाष्य
34. शग़ल अच्छा है इश्क़बाज़ी का—हो हक़ीक़ी का या मजाज़ी का॥
35. आशिक़ी गर ज़ीन् सरो गर ज़ान् सर,स्त—आक़िबत मा रा बेदान् सू रहबर,स्त॥ (मसनवी ए मानवी)
36. पहिले हिन्दुई कत्था कही। पुनि रे काहुँ तुरुक लै कही॥
पुनि हम खोलि अरथ सब कहा। जोग सिंगार बीर रस अहा॥ (कुतुबन—मृगावती छन्द 427, सं. माताप्रसाद गुप्त)
37. विस्तृत सूचना के लिए देखें कन्हावत, भूमिका पृ. 68 से 71

होने के लिए हमें पहले अपने को कठोर बनाना पड़ता है। इस प्रकार गीत संगीत चित्त को ईश्वराराधन के योग्य बनाता है। प्रेम मग्न साधकों की साधना नृत्य एवं संगीत है। मौलाना रूमी ने अपने सम्प्रदाय "मौलविया" में समा को प्रारम्भ कराया। यह नृत्य बहुत ही दार्शनिक भेद छिपाए हुए है। यह नृत्य पृथिवी के जीवों के अपने वास्तविक निवास-दिव्य स्वर्ग की ओर गति का प्रतीक है। तथा प्रिय के विरह में व्यथित हृदय की छटपटाहट या उसके मिलन के आनन्द की अभिव्यक्ति है। ध्यान रहे कि पारम्परिक इस्लाम में ज़ाहिरन नृत्य एवं गीत की गुञ्जाइश नहीं है। अल्लाह का बन्दा सभ्य एवं सावधान होना चाहिये न कि सरमस्त और दरहमो बरहम। उसे ख़ुदा से डरने वाला होना चाहिए। इसके विपरीत मौलाना कहते हैं मेरे महबूब के यहाँ डरने वालों की पैठ नहीं है—

बर दरे मा, शूक़े मा तर्सन्दगान् रा,कार नीस्त।
जुम्ले शाहान, न्द ईंजा बन्दगान् रा बार नीस्त॥

श्रीमद्भागवत में भगवान् ने अपने भक्तों के लक्षण बताते हुए कहा है कि मेरी भक्ति से भरा हुआ वह निर्लज्ज होकर नाचता और गाता है,कभी हँसता है कभी रोता है और इस तरह सारे संसार को पवित्र बना देता है—

वाग्गद्गदा द्रवते यस्य चित्तं रुदत्यभीक्ष्ण हसति क्वचिच्च।
विलज्ज उद्गायति नृत्यते च मद्भक्तियुक्तो भुवनं पुनाति॥

श्रीमद्भागवत (11-14-24)

पारम्परिक इस्लाम प्रवृत्तिमूलक धर्म है जबकि सूफ़ी सिद्धान्त में निवृत्ति पर ज़ोर दिया जाता है। एक हदीस में स्पष्टतः कहा गया है कि इस्लाम में संसार को छोड़ने (रुहबानियत) का उपदेश नहीं है, जबकि सूफ़ी मत में सम्पूर्ण त्याग की बात पर ज़ोर दिया गया है—संसार का, परलोक का, अस्तित्व का और यहाँ तक कि स्वयं त्याग का भी—'तर्के दुनिया तर्के उक़्बा तर्के हस्ती तर्के तर्क'। यह बात महाभारत की बरबस याद दिलाती है—

त्यज धर्ममधर्मं च उभे सत्यानृते त्यज।
उभे सत्यानृते त्यक्त्वा येन त्यजसि तत् त्यज॥[38]

(धर्म को छोड़ दो, अधर्म को छोड़ दो। सच को छोड़ दो, झूठ को छोड़ दो। सच और झूठ दोनों को छोड़कर जिस साधन से तुमने इन्हें छोड़ा है, उसको भी छोड़ दो।)

इसके अतिरिक्त सूफ़ी साधना पद्धति में 4 सोपानों—1. शरीअत, 2. तरीक़त, 3. हक़ीक़त, 4. मारिफ़त का उल्लेख तथा गुरु के प्रति आत्यन्तिक भक्ति आदि कई ऐसी विशेषताएँ हैं जो उसे पारम्परिक इस्लाम से अलग करके भारतीय चिन्तन पद्धति के निकट लाकर रखती हैं। सूफ़ियों का सम्प्रदाय इस्लाम के अन्दर रहते हुए

38. शान्तिपर्व 329.40

भी अध्यात्म प्रधान होने के कारण उसके आडम्बरों से मुक्त है तथा सारे धर्मों के साथ सह-अस्तित्व के साथ रह सकता है। रूमी का वचन है—

मिल्लते इश्क़ अज़ हमे मिल्लत जुदा,स्त।
आशिक़ान् रा मिल्लतो मज़हब ख़ुदा,स्त॥

(इश्क़ का देस सारे देसों से भिन्न है—आशिक़ों का ईश्वर के अतिरिक्त और कोई धर्म नहीं है)।

बहुत सारे अर्थों में इस सिद्धान्त पर भारतीय विचार प्रणाली का पर्याप्त प्रभाव पड़ा है जिसके भौगोलिक तथा ऐतिहासिक कारण भी हैं।

मौलाना जलालुद्दीन बल्ख़ी रूमी फ़ारसी सूफ़ियों में सबसे महत्त्वपूर्ण एवं सम्मान्य हैं। इनकी इस स्वीकार्यता का सबसे बड़ा कारण जान पड़ता है इनका अद्भुत प्रेम मार्ग। वे इस मार्ग में जो नवीनताएँ लेकर उपस्थित हुए वह इस्लाम ही नहीं खुद सूफ़ियों के यहाँ भी विचित्र थीं। इन नवीनताओं का प्रमुख कारण था इनका सभी स्त्रोतों से कल्याणकारी तत्त्वों का निस्संकोच स्वीकार। मौलाना के इन्हीं उत्तमर्ण स्त्रोतों में से एक है भारतवर्ष में विकसित आध्यात्मिक विचार पद्धति।

भारतवर्ष प्राचीनकाल से ही सत्य की खोज से जुड़े भिन्न-भिन्न विचारों का अद्भुत स्थान रहा है। विचार एवं धर्म का स्वातंत्र्य इस विकास का प्रमुख कारण रहा है। विचार के इस ऊर्जा पुञ्ज से बच कर रहना न तो किसी के लिए सम्भव हो सकता है न ही स्पृहणीय। कई विद्वानों ने इस विषय पर अपने विचार प्रस्तुत किए हैं कि मौलाना किस तरह एवं किस सीमा तक भारतीय मेधा से परिचित एवं लाभान्वित हुए थे।[39] मौलाना के भारत परिचय के सबसे प्रमुख साधन बने थे उनके गुरु एवं परम प्रेमास्पद—शम्सुद्दीन तबरेज़ी। कुछ विद्वानों का मानना है कि शम्स का सम्बन्ध भारत से था। दौलतशाह के अनुसार शम्स के पिता नौ मुसलमान थे तथा उनका नाम—खोविन्द जलालुद्दीन था। Dr. Rasih Guven ने अपने लेख Maulana Jalal ul Din and Shams Tabriz[40] में प्रबल सम्भावना जताई है कि उनका नाम गोविन्द रहा होगा जो एक भारतीय नाम है। उनके पूर्वज भारत से तबरेज़ व्यापार किया करते थे तथा कालान्तर में मुसलमान हो गए थे। शम्स का स्वभाव तथा संक्रियाएँ भी उन्हें किसी भिन्न परिवेश का ही सिद्ध करती हैं। नमाज़ तथा अन्य इस्लामिक बाध्यताओं के प्रति अरुचि, नृत्य एवं गीत को साधना का अङ्ग बनाना आदि कुछ ऐसी ही संक्रियाएँ एवं अभिलक्षण हैं। इस प्रसंग में ध्यान रखा जाना चाहिए कि सनातन हिन्दू धर्म में

---

39. विशेष द्रष्टव्य—Dr. S.H. Qasmi सम्पादित The Maulavi Flute, एवं सूफ़ीमत साधना और साहित्य—रामपूजन तिवारी

40. The Maulavi Flute

नृत्य,वादन एवं गायन आदि ललित कलाओं को भी परमात्मप्राप्ति का साधन माना जाता रहा है।[41]

पुनर्जन्म प्राय: सभी भारतीय धर्मों की सामान्य विशेषता है। साथ ही किसी भी इब्राहीमी धर्म में पुनर्जन्म का दृष्टिकोण नहीं है। बहुत से स्थलों पर मौलाना जलालुद्दीन रूमी पुनर्जन्म तथा चेतना के क्रमिक विकास के बारे में चर्चा करते हैं। ध्यान रहे कि यह मान्यता इस्लाम के अनुकूल नहीं है। इसके अतिरिक्त अनेक ऐसे स्थल हैं जहाँ पर मौलाना के विचारों पर भारतीय सिद्धान्तों की छाप मिलती है जिसके लिए शोध की आवश्यकता है।

रूमी का जन्मस्थान बल्ख़ इस्लाम से पहले बौद्ध विहारों के लिए बहुत ही प्रसिद्ध था। इस्लाम के आगमन के बाद भी निश्चित रूप से ये विचार उस वातावरण में रहे ही होंगे, जिन्होंने रूमी की विचार-सरणि को प्रभावित किया होगा। रूमी स्वयं भारत से अत्यधिक प्रभावित दिखते हैं। वे अपनी कविताओं में हिन्दुस्तान को उस प्राप्तव्य लोक के प्रतीक के रूप में वर्णित करते हैं जो हमारा मूल निवास स्थान है। उन्होंने पञ्चतंत्र की कम से कम 5 कहानियों का आध्यात्मिक उपयोग अपनी विश्वप्रसिद्ध मसनवी में किया है।[42] इसके अतिरिक्त, मसनवी में ऐसी सूक्तियाँ जगह जगह बिखरी पड़ी हैं जिनका सम्बन्ध पञ्चतंत्र से माना जा सकता है। स्पष्ट है कि रूमी की विश्वग्राही चेतना के निर्माण में इस्लामी परम्परा के पर्याप्त आधार के साथ-साथ ग़ैर-इस्लामिक स्रोतों, विशेषकर भारतीय विद्याओं का भी महत्त्वपूर्ण योगदान रहा है। यही कारण है कि जब हम रूमी की कविता पढ़ते हैं तो वह हमारे भारतीय मानस को समृद्ध करने वाला अनुभव लगता है भिन्न नहीं।

मौलाना जलालुद्दीन रूमी की ग़ज़लें

रूमी की ग़ज़लें सामान्य कविताओं की तुलना में भिन्न क़िस्म की हैं। इनके प्रत्येक ग़ज़ल का प्रत्येक शे,र अनुभूति की परिपूर्णता से उच्छलित है। हम जानते हैं कि जब तक रूमी प्रेम से आपादमस्तक भर नहीं गए थे, तब तक उन्होंने एक भी कविता नहीं लिखी थी। उनकी कविता मात्र काव्यात्मक चमत्कारों को प्रदर्शित कर रसिकों को लुब्ध करने तक पर्यवसित नहीं होती। वह हृदय से निकल कर मस्तिष्क और हृदय को भिगोती हुई आत्मा तक का स्पर्श कर लेती है। सामान्यत: कवियों की पहुँच केवल कविताओं तक ही होती है, वे कविताओं को साध्य मानते हैं। परन्तु रूमी के पास कुछ ऐसी वस्तु भी है जिसके आगे उन्हें अपनी कविताएँ गौण लगती

41. शब्दरूपधरा ह्येते विष्णोरंशा महात्मनः। (विष्णुपुराण)
42. विस्तृत अध्ययन के लिए देखें, शुक्ल, बलराम (2017) रूमी की कीमियागरी—पञ्चतंत्र की नैतिक कहानियों का आध्यात्मिक उपयोग, प्रतिमान जनवरी—जून 2017।

हैं। जब वे कोई ग़ज़ल शुरू करते हैं तो उस रस सागर से निकले हुए होते हैं, और ग़ज़ल के समाप्त होते-होते वे फिर उसी की याद में विह्वल होने लगते हैं। यही कारण है कि उनकी लगभग अधिकांश ग़ज़लों के अन्त में ख़ामोशी और चुप रहने की नसीहत का भाव ज़रूर दिखाई पड़ता है। उनकी उच्चकोटि की रसप्लुत कविता भी उन्हें महाभाव की निरन्तरता में कुछ क्षणों का बाधक ही बनती है—क़ाफ़िये अन्दीशम् ओ दिलदारे मन। गूयद-म म-न्दीश जुज़ दीदारे मन[43] (मैं कविता के लिए जब तुकबन्दियाँ तलाशने में लगता हूँ तो मेरा दिलदार कहता है—मेरे अलावा किसी भी और को मत सोचो)। इस प्रेम की परम स्थिति में नख से सिख तक डूबे रूमी जब इहलोक तक वहाँ की कुछ भी ख़बर ले आते हैं तो वह हमारे लिए आश्चर्यकारी होता है। अनुभूतियों की यह अपरिचित विलक्षणता हमें किसी दूसरे कवि के यहाँ नहीं मिलती। इसी कारण रूमी के बारे में प्रचलित है कि वे शाइर नहीं साहिर (जादूगर) हैं। इसलिए इनकी कविताएँ साहित्यिक उपलब्धि के साथ-साथ आध्यात्मिक साधना की सामग्री भी हैं। वे व्यक्तित्व के परतों को खोलती हैं। उनकी समस्याओं को पहचानती हैं। उनका इलाज सुझाती हैं, और यदि उनका निरन्तर मनन किया जाए तो वे हमारा अन्तस भी परिवर्तित कर सकती हैं।

इनकी ग़ज़लों में कहीं संसार के कष्टों से बेदिली का बयान है, तो कहीं उन कष्टों से बचने के लिए प्रेम की परमसाधनता का वर्णन किया गया है। कहीं प्रिय के आने की सूचना से हुए संभ्रम का सौन्दर्य दिखाई पड़ता है तो कहीं उसको प्राप्त करके दुख के अत्यन्ताभाव से उत्पन्न आह्लाद वर्णित है। कहीं पर अब तक न मिलने के कारण प्रिय को दिए गए उलाहने हैं तो कहीं उसको फिर कहीं भी जाने से रोकने का मनुहार है। कहीं पर प्रियतम के फिर से लुप्त हो जाने के कारण उत्पन्न दिल को खरोंच डालने वाली व्यथा वर्णित है तो कहीं उसको फिर बुला लाने की गुहार है। अन्ततः इस सम्पूर्ण साधनावस्था के घटना क्रम से पार सिद्धावस्था का भी वर्णन है—जहाँ प्रिय को अपना स्वरूप समझ लेने के कारण उससे जुदा होने का कोई डर नहीं, उससे बिछड़ने की कोई आशंका नहीं। इसके अतिरिक्त इस्लामी दर्शन तथा उपदेशात्मक वचन भी स्वाभाविक रूप से इनकी ग़ज़लों के विषय बन गए हैं।

किसी भी रचनाकार पर उसकी परम्परा का दबाव रहता है। परम्परा जहाँ उसको रचनाधर्मिता के लिए एक सुदृढ आधार प्रदान करती है वहीं कवि पर परम्परा को अतिक्रान्त करने यानी उसमें कुछ नया जोड़ने की चुनौती भी होती है। हम जानते हैं कि ग़ज़ल विधा की बहुत सारी विशेषताओं के साथ उसमें कुछ सीमाएँ भी हैं। ग़ज़ल में विषय की दृष्टि से सभी शे,र परस्पर स्वतंत्र तथा मुक्त रहते हैं जबकि तुक की दृष्टि से सभी एक सूत्र में गुँथे रहते हैं, और एक इकाई का निर्माण करते हैं। इन कारणों से ग़ज़ल में शुरू किए गए विषय का परिपूर्ण विकास न हो पाना

43. मसनवी ए मानवी

खटकता है। बड़े बड़े ग़ज़लकारों के यहाँ यह समस्या पाई जाती है।[44] कुछ महान कवि ही इस कमी को दूर कर पाए हैं, जिनमें से रूमी भी एक हैं। इनकी ग़ज़लों में विषयगत निरन्तरता की बनी रहती है जिसके नाते थोड़ा भी रसभंग नहीं होता है।

रूमी की ग़ज़लें प्रेम का व्याकरण हैं। इस व्याकरण में कथ्य इतना सुनिश्चित होता है कि द्योतक कथन कुछ भी हो सन्देश कभी भी निशाने से नहीं चूकते। रूमी अपने महबूब को क़ातिल भी कह सकते हैं और जीवन देने वाला भी, क्योंकि 'मुहब्बत में नहीं है फ़र्क़ जीने और मरने का'। अमृतत्व भी उसी की छाया है और मृत्यु भी उसी से है। उसे काफ़िर भी कहा जा सकता है और मोमिन भी। उस पर सभी विरुद्ध विशेषणों का आरोप जायज़ है। एक बार जब रसिक पाठक उसके साथ सामंजस हो जाता है तब वह सभी विचित्रताओं को समझने लगता है और उनमें रस लेने लगता है।

प्रस्तुत संकलन

रूमी की दीवाने शम्स में संकलित ग़ज़लें ऊर्जस्वी काव्य के दुर्लभ उदाहरणों में से हैं। रूमी द्वारा प्रवर्तित सूफ़ियों के मौलवी सम्प्रदाय ने समा अर्थात् आध्यात्मिक नृत्य को भी अपने सम्प्रदाय में सम्मिलित किया था। उनकी ग़ज़लें मुख्यत: दफ की थाप और नै (बाँसुरी) की लय पर गाने के लिए अथवा गाते नाचते हुए निकली हैं। इस कारण इन ग़ज़लों में जो ऊर्जा, जो प्रवाह, जो संगीतात्मकता अथवा जो लयात्मकता मिलती है वह अन्य किसी भी फ़ारसी कवि के यहाँ दुर्लभ हैं। इनकी ग़ज़लों में आन्तरिक अन्त्यानुप्रास (=काफिये) खूब हुआ है जिनसे कविता में अभूतपूर्व लयात्मकता आ जाती है। फ़ारसी में इन छन्दों को देखें तो बहुत ही सुन्दर तथा संगीतात्मक प्रतीत होते हैं जबकि उनका अनुवाद करने पर वह गुण स्वभावत: नष्ट हो जाता है। प्रस्तुत संकलन में जान बूझ कर ऐसी ग़ज़लों को चुना गया है जो कथ्य प्रधान हैं और जिसमें सुन्दर तथा उच्च काव्यार्थ की व्यञ्जना है। अत: फ़ारसी के किसी अध्येता को यह संकलन रूमी का प्रतिनिधि संस्करण न लगे यह स्वाभाविक है। इसका प्रमुख कारण यह है कि यह संग्रह हिन्दी भाषी पाठकों को रूमी से सीधा साक्षात्कार करने के लिए किया गया है।

संकलन का एक आधार भारतीय पाठक की काव्य-रुचि भी है। फ़ारसी कविता की अनेक काव्य रूढियाँ या प्रचलन ऐसे भी हैं जो भारतीय मानस को विचलित कर सकते हैं। कारण यह है कि काव्य प्रयोग अथवा उपमानों में बहुत से भाषा-सापेक्ष होते हैं, जो दूसरी भाषा के लिए अजीब भी लग सकते हैं। ऐसी ग़ज़लों की प्रस्तुति से बचा गया है। अन्यथा रसनिष्पत्ति की अपेक्षा रसभंग की आशंका

44. देखिए—कलीमुद्दीन अहमद—उर्दू कविता पर एक दृष्टि

अधिक हो जाती। मौलाना की ग़ज़लों में कई शे,र ऐसे हैं जो सुन्दर और महत्त्वपूर्ण तो हैं, लेकिन उनमें कई कई अन्त:कथाएँ, मिथक तथा ऐतिहासिक संकेत भी मौजूद हैं, जिनको जाने बिना उन शे,रों को नहीं समझा जा सकता। प्रक्रिया गौरव से बचने के लिए ऐसे शे,रों को प्रस्तुत संग्रह में कम से कम ग्रहण किया गया है।

प्रस्तुत संग्रह को तैयार करने के लिए कई प्रकार के प्रामाणिक तथा मूल फ़ारसी स्रोतों से सहस्राधिक ग़ज़लों का पारायण करने के बाद उनमें से 100 ऐसी ग़ज़लों का चुनाव किया गया है जो अनुवाद के बाद भारतीय जनमानस के लिए आस्वादन की दृष्टि से उपयुक्त हों। प्रस्तुत संग्रह को रूमी के एक लोकप्रिय संग्रह के तौर पर प्रस्तुत किया जा रहा है। अत: ऐसी ग़ज़लों से जान बूझ कर बचा गया है जिनमें अरबी तथा ईरानी पृष्ठभूमि की अपरिचित पुराकथाओं अथवा गहन काव्यरूढियों का प्रयोग किया गया है। यद्यपि इसी तरह के वे शे,र जिनका काव्यात्मक मूल्य अधिक है, उन्हें सम्मिलित कर लिया गया है।

प्रस्तुत संकलन के 3 विभाग हैं। पहला बाबे तलब (साधन खंड), दूसरा बाबे तरब (विभूति खंड) तथा तीसरा बाबे विसाल (भरतवाक्य)। मौलाना जलालुद्दीन रूमी के अनुसार आशिक़ दो तरह के होते हैं तलब वाले और तरब वाले। अथवा एक ही आशिक़ की दो अवस्थाएँ होती हैं। जब तक वे महबूब से मिले नहीं होते तलब=निरन्तर अन्वेषण में रहते हैं। प्रिय से मिलन के बाद वे नख से शिख तक तरब=उत्सव में निमग्न हो जाते हैं। इन्हें उसकी साध्यावस्था तथा सिद्धावस्था भी कहा जा सकता है। भगवद्गीता में इसे आरुरुक्षु तथा आरूढ मुनि के तौर पर जाना गया है।[45] सूफ़ीवाद में भी प्रेम की 7 अवस्थाएँ कही गई हैं लेकिन उन्हें कुल 2 अवस्थाओं में बाँटा जा सकता है। इसी आधार पर रूमी की सारी ग़ज़लों को दो भागों में बाँटा गया है—

1. **बाब् ए तलब (साधन खंड)**—इस खंड में ईश्वरीय प्रेम की प्राप्ति के साधन के रूप में जान पड़ने वाली ग़ज़लें शामिल हैं। योग सूत्र के प्रथम साधनपाद को ध्यन में रखकर इसका नाम साधन खंड रखा गया है। इसमें मौलाना के द्वारा अप्रत्यक्षत: दिए गए उपदेश तथा वे कृत्य जो ईश्वर प्रेम की प्राप्ति हेतु अनुष्ठेय हैं, उनका वर्णन करने वाली ग़ज़लों को लिया गया है। इस खंड के अन्तर्गत 54 ग़ज़लों को रखा गया है।
2. **लाब् ए तरब (विभूति खंड)**—इस खंड में ईश्वरीय प्रेम की प्राप्ति के बाद दिव्य आनन्द तथा निरन्तर उत्सव की अनुभूतियों के वर्णन से सम्बन्धित ग़ज़लें शामिल की गई हैं। वस्तुत: ये अनुभूतियाँ भी साधकों के लिए साधन का ही कार्य करती हैं। इस खंड के अन्तर्गत 39 ग़ज़लों को शामिल किया गया है।

---

45. आरुरुक्षोर्मुनेर्योगं कर्म कारणमुच्यते। योगारूढस्य तस्यैव शम: कारणमुच्यते॥ 6.3॥

3. **बाब् ए विसाल (भरत वाक्य)**—इस खंड के अन्तर्गत प्रेमियों के लिए शुभाशंसा, आशीर्वाद तथा रूमी की आख़िरी कही जाने वाली ग़ज़लें शामिल की गई हैं। इसके अन्तर्गत 7 ग़ज़लें शामिल की गई हैं।

प्रस्तुत अनुवाद की कतिपय विशिष्टताएँ

मौलाना के साथ किसी भी तरह का रिश्ता आध्यात्मिक साधना जैसा होता है। वह चाहे उनको पढ़कर प्रसन्न होना हो अथवा उन्हें याद करके समृद्ध होना हो। उनका अनुवाद करके उनकी ख़ुशबू चारों ओर बिखेरने का संकल्प हो अथवा इस कार्य में असफल होकर कुण्ठित होना हो। सभी रुचिर और रुचिकर उद्यम हैं।

हमारी यह प्रबल मान्यता है कि एक भारतीय के लिए फ़ारसी भाषा किसी भी अन्य भारतीय आर्य भाषा की भाँति ही सरल तथा सुग्राह्य है। अतः अनुवाद के साथ ही साथ ऐसी व्यवस्था की गई है कि पाठक मूल का आस्वाद तथा अर्थबोध भी कर पाएँ। इसके लिए ग्रन्थ में 3 प्रमुख व्यवस्थाएँ की गई हैं—

1. सारी ग़ज़लों का **देवनागरी में** लिप्यन्तरण प्रस्तुत किया गया है। भारतीयों के लिए फ़ारसी के अबोध्य होने का बड़ा कारण भाषा की कठिनता नहीं, अपितु लिपि का अपरिचय है। अतः मूल को उनके हृदय से निकट करने के लिए उसे पूर्णतः देवनागरी में लिखा गया है। प्रस्तुत अनुवाद मूल फ़ारसी से सीधे हिन्दी में किया गया है, न कि किसी अन्य अनुवाद की सहायता द्वारा हिन्दी में। कहने की आवश्यकता नहीं है कि (जहाँ तक अनुवादक की जानकारी है) हिन्दी में जितने भी पूर्व अनुवाद के प्रयत्न हुए हैं वे सीधे फ़ारसी से न होकर अंग्रेज़ी आदि भाषाओं में किए गए अनुवादों के ऊपर यानी द्वितीयक स्रोतों पर आधारित हैं।
2. मूल फ़ारसी को देवनागरी में लिखने के बावजूद भी कविता को उचित लय में पढ़ा जाना सुनिश्चित नहीं होता। ये ग़ज़लें चूँकि विविध छन्दों में निबद्ध हैं इसलिए हर एक ग़ज़ल में प्रयुक्त संगीत प्रणाली को जाने बिना उनका उपयुक्त पाठ असम्भव है। इसका कारण यह है कि फ़ारसी छन्दों का प्रयोग करते हुए कवियों द्वारा (प्राकृत अथवा तदुत्तरवर्ती युग की कविताओं की तरह) कई बार दीर्घ को ह्रस्व आदि अनेक परिवर्तन कर दिए जाते हैं। फ़ारसी में अनेक स्वर ऐसे हैं जिनका उच्चारण प्रकार हिन्दी आदि भारतीय भाषाओं में नहीं है। अतः छन्द की व्यवस्था को जाने बिना केवल संगीत ही नहीं अपितु शब्दों का भी सम्यक् उच्चारण सम्भव नहीं है। अतः इसके यथोचित उच्चारण अथवा पाठ को सुनिश्चित करने के लिए परिशिष्ट संख्या 1 में प्रस्तुत संकलन के सभी 100 ग़ज़लों के छन्दों का परिचय तथा उनकी **ईरानी एवं भारतीय छन्दःशास्त्रानुसार**

गणव्यवस्था भी प्रस्तुत की गई है। प्रत्येक मूल ग़ज़ल के देवनागरी लिप्यन्तर के साथ ही फ़ुटनोट में उस छन्द को तुरन्त पढ़ पाने के लिए उसकी छन्दोव्यवस्था दे दी गई है। तथा उस छन्द के विशेष ज्ञान के लिए परिशिष्ट में स्थित छन्द का सन्दर्भ भी दे दिया गया है।

3. जैसा कि पहले कहा जा चुका है कि भारत-ईरानी वर्ग की भाषा होने के कारण फ़ारसी भारतीयों के लिए किसी भी भारतीय भाषा जैसी ही सरल है। हिन्दी की तरह वियोगात्मक तथा समास-बहुल होने के कारण तथा हिन्दी के विपरीत भाषा में लिंग व्यवस्था के अति शिथिल होने के कारण फ़ारसी का व्याकरण अतीव सरल है। मेरा यह निश्चित विश्वास है कि देवनागरी लिपि में फ़ारसी को लिख देने तथा यत्किंचित् व्याकरणिक नियमों का निर्देश कर देने से काव्यतत्त्व के जिज्ञासु पाठक इन ग़ज़लों का उनके मूल के द्वारा ही अर्थावबोध तथा रस-लाभ करने में समर्थ हो सकता है। इसके लिए परिशिष्ट संख्या 2 में अत्यन्त **संक्षिप्त फ़ारसी व्याकरण** भी जोड़ दिया गया है।

इस प्रकार यह प्रयास केवल अनुवाद मात्र नहीं है अपितु एक ऐसा संसाधन प्रस्तुत करता है जिससे पाठक रूमी के मूल काव्य ने निकट पहुँचकर उसका रसास्वादन कर सके। मेरी दृष्टि में अनुवाद मात्र पर निर्भर न रहने देना ही इस अनुवाद कार्य की सबसे बड़ी विशेषता है।

अनुवादों के शीर्षकों द्वारा सुधी पाठकों को सहस्राब्दियों में फैले भारतीय वाङ्मय के साथ रूमी के भावनात्मक साहचर्य का भी आनन्द मिल सकेगा।

अनुवाद की प्रामाणिकता को सुनिश्चित करने के लिए फ़ारसी के अनेक स्रोतों का प्रयोग किया गया है। जिनमें रूमी की ग़ज़लों पर उपलब्ध फ़ारसी व्याख्याएँ, ईरानी विद्वानों के प्रवचन, विभिन्न फ़ारसी एवं अरबी कोशों का यथेष्ट उपयोग तथा ईरानी गुरुओं और विद्वानों से सीधा सम्पर्क प्रमुख है। उपर्युक्त संसाधनों का उपयोग करके अनुवाद को अतिविश्वसनीय बनाने का प्रयास किया गया है। फ़ारसी अध्ययन के दौरान तथा उसके बाद विविध सांस्कृतिक तथा अकादमिक प्रसंगों में कई बार अपनी ईरान यात्राओं में मैंने विद्वानों से सम्पर्क करने के साथ ही साथ वहाँ से पर्याप्त पुस्तकादि सामग्री भी एकत्र की ताकि प्रामाणिक अनुवाद किया जा सके।

लिप्यन्तरण के विषय में विशेष

फ़ारसी ग़ज़लों का फ़ारसी मूल से हिन्दी लिप्यन्तरण एक विवादास्पद विषय है। इसके लिए सामान्यतः दो शैलियों का उपयोग देखा जाता है। पहली शैली वह जिसके तहत मध्यकाल में भारत में (जिसे अब भी अफ़ग़ानिस्तान तथा ताजिकिस्तान में बोला जाता है) जिस तरह फ़ारसी भाषा का उच्चारण होता था उसी तरह उसे

देवनागरी लिपि में लिखा जाता है। ध्यातव्य है कि फ़ारसी के भारत से लुप्त होने के बावजूद मदरसों में अब भी उसी उच्चारण का अनुसरण किया जाता है। तथा इस शैली में फ़ारसी के लेखन का महत्त्वपूर्ण स्रोत तथा प्रमाण यही उच्चारण है। इस उच्चारण की प्रमुख विशेषताएँ हैं—ई तथा ऊ की मात्राओं ए तथा ओ के रूप में पढ़ा जाना। उदाहरण के लिए 'शमशीर' को 'शमशेर' तथा 'सरूश' को 'सरोश' पढ़ना। इसके अतिरिक्त अन्तिम नकार को अनुनासिक पढ़ना भी इसकी अन्यतम विशेषता है। उदाहरण के लिए—जहान् को जहाँ तथा हिन्दोस्तान् को हिन्दोस्ताँ। प्रो. वागीश शुक्ल, जो इस शैली के हिमायती हैं, ने अपनी शोधपूर्ण पुस्तक में इसका विशेष विवरण दिया है।[46]

दूसरी शैली, जिसका आश्रय इस पुस्तक में लिया गया है, वह आधुनिक ईरान में प्रचलित फ़ारसी बोलने का अनुकरण है। प्रस्तुत रूपान्तरकार ने फ़ारसी के मूल वक्ताओं तथा उनकी रिकार्डेड ध्वनियों को सुनकर तथा एक अवधि तक ईरान में निवास करके इस शैली को प्रामाणिक रूप में प्रस्तुत किया है। इस शैली में प्रमाण स्वयं ईरानियों का अपना उच्चारण है। इसके अतिरिक्त, यदि हम रूमी के ग्रन्थों का बहुत सूक्ष्मता से अवलोकन करें तो भी हमें स्पष्ट होता है कि यही उच्चारण रूमी को भी मान्य था, अथवा कम से कम उन्हें इसके बारे में पता था।

इस पद्धति के आश्रय की सबसे बड़ी विशेषता अथवा लाभ यह है कि अध्येता फ़ारसी के जीवन्त रूप से परिचित होता है तथा ईरानी स्रोतों से, जो आज निश्चित रूप से फ़ारसी साहित्य का सबसे बड़ा स्रोत है, अन्यान्य फ़ारसी ग्रन्थों के अध्ययन के लिए अपने द्वार को और अधिक खुला पाता है।

यद्यपि लिप्यन्तरण देवनागरी में किया गया है, फिर भी ग्रन्थ चूँकि पद्यमय है, तथा प्रस्तोता का उद्देश्य पाठकों को मूल फ़ारसी तक पहुँचाना भी है, इसलिए मूल के यथोचित उच्चारण हेतु कुछ संकेतों की कल्पना की गई है। जिन्हें जानना आवश्यक है। इनको ध्यान में रखने से पाठक लिप्यन्तरण का छन्दोऽनुकूल पाठ करने में समर्थ हो सकेगा, तथा रसनिष्पत्ति की पहली शर्त पूरी हो पाएगी—

1. फ़ारसी में जब व्यञ्जन के बाद जब स्वर आता है तो सामान्यतः दोनों जुड़ जाते हैं (जैसा कि हिन्दी में भी प्रायः देखा जाता है)। इस परिस्थिति में बाद में आने वाला स्वर (यद्यपि वह दूसरे शब्द के आदि में स्थित होता है) एक मात्रा की तरह कार्य करता है। जैसे बाब-ए-तलब का उच्चारण सामान्यतः बाबे तलब होता है। लेकिन मूल शब्द का स्वरूप स्पष्ट रहे तथा उसकी निर्भ्रान्त प्रतीति हो सके, इस कारण जो व्यञ्जन आगे वाले स्वर से मिलकर उच्चरित होते हैं उन पर हलन्त लगा दिया गया है—

46. शुक्ल, वागीश (2003) "उर्दू साहित्य का देवनागरी में लिपिकरण", महात्मा गांधी अन्तरराष्ट्रीय हिन्दी विश्वविद्यालय, वर्धा।

बाब् ए तलब। यह संकेत है कि इसका उच्चारण तो बाबे तलब होगा, लेकिन यहाँ बाबे जैसा कोई शब्द नहीं है। हलन्त का प्रयोग हिन्दी में लुप्त सा हो गया है, लेकिन छन्द और पद्यों में प्रयुक्त शब्दों के निर्भ्रान्त ज्ञान हेतु इसका संकेत का उपयोग अनिवार्य था। अनेकशः अतिप्रसिद्ध स्थानों पर उपर्युक्त प्रविधि का प्रयोग नहीं भी किया गया है। सम्यक् उच्चारण छन्दोऽनुकूल पाठ के लिए अनिवार्य शर्त है।

2. परिशिष्ट 2 से स्पष्ट होगा कि फ़ारसी क्रियाओं में जो प्रत्यय लगते हैं वे ही यदि संज्ञा या सर्वनाम पदों के साथ भी लगा दिए जाएँ तो उन उन पुरुषों के सर्वनाम कर्ताओं (तथा कई बार अन्य कारकों—) का अर्थ देते हैं (देखिए परिशिष्ट-2, नियम 5.2)। लिप्यन्तरण करते हुए इस स्थिति को डैश के साथ स्पष्ट किया गया है, ताकि उनको क्रिया पदों के साथ अलग किया जा सके—
   उदाहरण के लिए आशिक़-म = मैं आशिक़ हूँ। इत्यादि॥
   इसके अतिरिक्त ये प्रत्यय जिससे लगते हैं उसके साथ सम्बन्ध विभक्ति अथवा अन्य कारकीय अर्थों के आयामों को भी बता सकते हैं (देखिए परिशिष्ट 2, नियम 5.2.2)। उदाहरण के लिए—मादर-म=मेरी माता, या ख़िज़्र-त चेरा न ख़ानम=तुमको ख़िज़्र क्यों न कह दूँ। इन परिस्थितियों में भी डैश लगा दिया गया ताकि मूल शब्द स्पष्ट रहे।
3. फ़ारसी में हा एक बहुवचन वाचक प्रत्यय है (परिशिष्ट-2, नियम 2.3)। प्रस्तुत पुस्तक में मूल शब्द के बाद हा के पहले डैश लगाया गया है ताकि पूरे को एक शब्द मानकर भ्रमित न हुआ जा सके। उदाहरण के लिए मर्द का बहुवचन मर्दहा न लिखकर मर्द-हा लिखा गया है।
4. अरबी में दो प्रकार के अ हैं। एक स्वर (अलिफ़) तथा दूसरा व्यंजन (ऐन)। फ़ारसी तथा उर्दू भाषाओं में इन दोनों अरबी ध्वनियों का उच्चारण स्वर की ही तरह से होता है। अतः लेखन द्वारा व्यंजनात्मक अ की उपस्थिति को स्पष्ट करने के लिए शब्द में कॉमा लगाने की प्रविधि अपनाई गई है। उदाहरण के लिए—का,बा तथा मा,शूक़ में क तथा म के बाद व्यंजनात्मक अ है।
5. इसी तरह का कॉमा उन स्थलों पर भी लगाया गया है जहाँ फ़ारसी में कि के बाद कोई स्वर आया है तथा छन्द के अनुरोध से मूल में उसका उच्चारण नहीं किया जा रहा हो हो। उदाहरण के लिए कि+अज़ को छन्दोऽनुरोध से कज़ पढ़ा जाता है (ग़ज़ल 2.3)। अब इसे स्वतंत्र शब्द न मान लिया जाय इस सावधानी के लिए इसे क,ज़ की तरह लिखा गया है। इसी तरह के अन्य शब्द हैं—कि+उश्तुरी=कु,श्तुरी, व+अर=व,र, कि+अकनून=क,कनून, कि+आन=का,न्, कि+ईन्=की,न्,

कि+अन्दर=क,न्दर, कि+आन्जा=क्,आन्जा, व+अल्लाह, व,ल्लाह, व+अज़=व,ज़, इत्यादि।

6. फ़ारसी में बे दो प्रकार का है। एक तो विध्यात्मक क्रियायों को बताने वाला (दे. परि. 2, नियम 1.2) तथा दूसरा कर्म के चिह्न के रूप में (देखिए परिशिष्ट 2, नियम 2.2)। इन दोनों का उच्चारण ह्रस्व ए की तरह होता है, जिसके लिए देवनागरी में कोई चिह्न नहीं है। इनका सदैव ह्रस्व उच्चारण ही करें अन्यथा छन्द की संगीतात्मकता स्पष्ट न हो पाएगी। प्रत्येक ग़ज़ल के नीचे पाद-टिप्पणी में दी गई छान्दसिक व्यवस्था द्वारा भी यह बात बिल्कुल स्पष्ट होती है।

   बे की ही तरह चे तथा उससे बने शब्दों (जैसे—चेरा, चेसान्, चेतोर, चेगूने आदि) में भी ए का उच्चारण हमेशा ह्रस्व ही किया जाना चाहिए। इन दोनों शब्दों पर ए की मात्रा तो लगाई गई है लेकिन उनका उच्चारण हमेशा ह्रस्व ए की तरह होता है, जैसे इंटरमीडिएट शब्द का ए अक्षर।

× × × ×

प्रस्तुत कार्य की प्रस्तावना तथा इच्छा सम्भवत: मेरे मन तब से थी जब से मैंने फ़ारसी पढ़नी प्रारम्भ की। हमारी पिछली पीढ़ी तक सहज रूप में प्रचलित तथा प्रसारित फ़ारसी कवियों की ये बहुमूल्य कविताएँ हमारे समाज से अचानक बहिष्कृत हो गईं। फ़ारसी साहित्य के अध्ययन से उसकी हिन्दुस्तानी मानस के साथ निकटता पग पग पर अनुभूत होती है। उसके साहित्य का अध्ययन वस्तुत: अपने आप को समृद्ध करने जैसा है। एक हिन्द-आर्य परिवार के अल्पश्रमसाध्य उच्चकोटि साहित्य से हम लोग वंचित रहें यह मुझे नागवार लगता रहा है। प्रस्तुत अनुवाद इसी मनोवृत्ति का उपक्रम है कि हम अपने लोगों को यह उपहार दे पाएँ तथा कुछ ऐसी व्यवस्था की जाए कि वे मूल तक पहुँच पाएँ जो उनके स्वाभाविक अधिकार की तरह है। इस इच्छा को मूर्त रूप देने का संयोग बनी ईरान सांस्कृतिक भवन की अनुवाद परियोजना। इसमें सहयोग दिया महात्मा गाँधी अन्तरराष्ट्रीय हिन्दी विश्वविद्यालय के कुलपति महोदय ने। कुलपति प्रो. गिरीश्वर मिश्र जी तथा ईरान सांस्कृतिक भवन के निदेशक डॉ. अली दहगाही इस विषय में आभार के अर्ह हैं। प्रो. मिश्र ने इस कार्य में व्यक्तिगत रुचि दिखाते हुए पुस्तक निर्माण के प्रत्येक चरण में अपना बहुमूल्य निर्देशन दिया। उन्होंने आनुषंगिक सामग्री सहित समग्र अनुवाद कार्य का भाषा की दृष्टि से सूक्ष्मतया अवलोकन किया तथा बहुत सारे स्थलों पर उपयोगी सुझाव दिए जिनमें से सभी को इसमें सम्मिलित कर लिया गया है। मूल के प्रति निष्ठावान् रहने के आग्रह कारण अनेक स्थलों पर भाषिक अभिव्यक्तियाँ पेंचीदा बन गई थीं जिन्हें उन्होंने दूर किया। इसके अतिरिक्त उन्होंने पुस्तक की सुप्रस्तुति के लिए दो शब्द भी लिखे हैं। उनके प्रति पुन: पुन: धन्यवाद है। डॉ. अली दहगाही

ने पुस्तक का प्राक्कथन केवल रस्म अदायगी के लिए न लिखकर इसे अंग्रेज़ी तथा अन्य मुख्य भारतीय भाषाओं में रूमी की अनुवाद परम्परा के सर्वेक्षण से सम्बन्धित शोधपूर्ण सामग्री के रूप में प्रस्तुत किया है। इससे प्रस्तुत पुस्तक के अकादमिक मूल्य में वृद्धि हुई है। उनके प्रति इसके लिए विशेष धन्यवाद। फ़ारसी तथा संस्कृत साहित्य तथा शास्त्रों के मर्मज्ञ विद्वान् प्रो. वागीश शुक्ल जी से मैंने अनेक अवसरों पर फ़ारसी कविता के सम्बन्ध में अनेक अन्तर्दृष्टियाँ प्राप्त की हैं। उन्होंने कृपापूर्वक इस पुस्तक को अपने पुरोवाक् द्वारा सुप्रस्तुत किया है। उनके प्रति अपनी अधमर्णता के शोधन के लिए मेरे पास कुछ सदृश वस्तु नहीं है। यह पुस्तक ही उन्हें समर्पित करके मन में अपार सन्तोष अवश्य है। इस अनुवाद के योग्य बनाने में मुझे फ़ारसी भाषा के पता नहीं कितने भारतीय तथा ईरानी गुरुओं, मित्रों और पुस्तक आदि संसाधनों ने प्रत्यक्ष-अप्रत्यक्ष सहायता की है। मैं उन सबके प्रति विनयावत हूँ। उनमें से एक डॉ. हमीद रज़ा ग़िलीचख़ानी ने प्रत्यक्ष रूप से रूमी के विषम स्थलों को समझने में, बिना उकताए, मेरी बड़ी मदद की। मैं उनके द्वारा अनुगृहीत हूँ। फ़ारसी कविता के मेरे उस्ताद डॉ. अली रज़ा क़ज़्वे का सम्पर्क मेरे लिए संजीवनी की भाँति होता है। मैं उनके प्रति नतमस्तक हूँ। प्रस्तुत पुस्तक के प्रूफ़ वाचन तथा टाइपिंग इत्यादि में मेरे अग्रज डॉ. अप्रमेय मिश्र, सहयोगी डॉ. अज़ीज़ महदी, हरिप्रताप त्रिपाठी, गीतिका, डॉ. ऋतु, सर्वेश कुमार त्रिपाठी, डॉ. लीना तथा छात्रों सुहासिनी पाण्डेय, चन्द्रगुप्त भारतीय और मोहित कुमार मिश्र ने पर्याप्त सहायता की। उन्हें उज्ज्वल भविष्य के लिए तथा शुभाशंसाएँ। अन्ततः पूज्य माता पिता सहित परिवार के सभी सदस्यों विशेषकर सुनिधि एवं आर्या का आभार जो मुझे परिवार की चिन्ताओं से प्रायः मुक्त रखते हैं।

—बलराम शुक्ल
संस्कृत विभाग
दिल्ली विश्वविद्यालय, दिल्ली-7

بابِ طلب

॥ बाब् ए तलब ॥

(साधन–खंड)

1. तलब या तरब[46अ]

1. अगर तू यार न दारी चेरा तलब न कुनी
   व,गर बे यार रसीदी चेरा तलब न कुनी

2. बे काहिली बेनशीनी कि ईन् अजब कारी-स्त
   अजब तू-ई कि हवा ए चुनान् अजब न कुनी

3. शब् ए वुजूदे तु-रा, दर कमीन्, चुनान् माही-स्त
   चेरा दुआ व मुनाजात् ए नीम शब न कुनी

4. अगर चे मस्त् ए क़दीमी व नौ शराब ने-ई
   शराबे हक़ न गुज़ारद कि तू शग़ब न कुनी

5. अगर्चे मौज सुख़न मी ज़नद वलीक् आन् बेह
   कि शर्ह् ए आन बे दिल् ओ जान कुनी, बे लब न कुनी

46अ. छन्द 21— ISIS IISS ISISII (S)S

1. साधन या विभूति!

1. अगर अभी तक तुमने प्रिय को नहीं पाया है, तो उसकी इच्छा क्यों नहीं करते?
   और, अगर तुमको प्रिय मिल चुका है तो आनन्दोत्सव क्यों नहीं मनाते?

2. तुम आलस्य में धँसे हुए कहते हो कि ये दोनों काम मेरे लिए अजीब हैं
   जबकि, अजीब तो तुम हो कि इन अद्‌भुत उपलब्धियों की इच्छा नहीं करते।

3. एक अद्‌भुत चाँद (मा,शूक़) तुम्हारे अस्तित्व रूपी रात की प्रतीक्षा में है
   फिर तुम आधी रात वाली प्रार्थनाएँ और पुकार शुरू क्यों नहीं कर देते?

4. माना कि तुम पुराने मस्तों में से हो और नया नया शराब पीना नहीं शुरू किया है
   लेकिन हमारी शराब पीने के बाद यह हो नहीं सकेगा कि तुम आर्तनाद न करो।

5. मुझे पता है कि तुम बोलने के लिए बेताब हो रहे हो, लेकिन बेहतर यही होगा—
   कि प्रेम की व्याख्या तुम अपने हृदय और प्राणों से करो होंठों से नहीं।

2. अज़ कुजा आमदे-अम[47]

1. रूज़-हा फ़िक्रे मन् ईन,स्त् ओ हमे शब सुख़न-म
   कि चेरा ग़ाफ़िले अहवाले दिले ख़ीश्तन-म

2. अज़ कुजा आमदे अम, आमदन-म बह्रे चे बूद ?
   बेकुजा मी रवम् ? आख़िर न नुमाई वतन-म

3. मान्दे अम सख़्त अजब, क,ज़ चे सबब साख़्त मे-रा
   बा चे बूदे,स्त मुरादे वै अज़ीन् साख़्तन-म

4. मुर्ग़े बाग़े मलकूत-म नि-अम अज़ आलम् ए ख़ाक
   चन्द रूज़ी क़फ़सी साख़्ते अन्द् अज़ बदन-म

5. की,स्त आन् गूश कि ऊ मी शिनवद आवाज़-म
   या कुदाम,स्त सुख़न मी कुनद अन्दर दहन-म

6. की,स्त दर दीदे कि अज़ दीदे बिरून् मी निगरद
   या चे जान,स्त न गूई कि मन-श पैरहन-म

7. ता बे तहक़ीक़ मरा मंज़िल् ओ रह न नुमाई
   यक दम् आराम नगीरम, नफ़सी दम न ज़नम

8. मये वस्ल-म बेचशान ता दरे ज़िन्दाने अबद
   बे यकी अरबदे मस्ताने बे हम दर शिकनम

9. मन बे ख़ुद ना,मदम् ईन्जा कि बे ख़ुद बाज़ रवम
   ऑन् कि आवुर्द मरा बाज़ बरद ता वतन-म

---

47. छन्द 9—ऽ । ऽ ऽ ॥ ऽ ऽ ॥ ऽ ऽ ऽ ऽ

2. किं कारणं ब्रह्म कुतः स्म याता:[48]

1. सारे दिन मुझे यही चिन्ता सताती रहती है और सारी रात मैं यही सोचता रहता हूँ—
   कि अपने दिल के हालात से अनजान भला क्यों हूँ मैं?

2. मैं कहाँ से आया हूँ? मेरे आने का सबब क्या है?
   मैं कहाँ जा रहा हूँ? मेरी मंज़िल आख़िर क्यों नहीं दीखती मुझे?

3. मुझे बड़ा अचरज है इस बात का कि स्रष्टा ने मुझे क्यों बनाया?
   और मेरे इस निर्माण के पीछे उसका मक़सद क्या था?

4. ईश्वर के बाग़ का पंछी हूँ मैं, इस धूल-मिट्टी की दुनिया से मेरा क्या वास्ता?
   सिर्फ़ कुछेक दिन के लिए मेरी इस देह को बनाया गया है मेरा पिंजरा।

5. कौन है वह कान जो मेरी आवाज़ सुन रहा है?
   या, वह कौन है जो मेरे मुँह से अपनी बात कर रहा है? पता नहीं।

6. कौन है मेरी आँखों में जो मेरी आँखों से बाहर की ओर देख रहा है?
   या, वह आत्मा कौन है जिसके लिए मैं कपड़े के सरीखा हूँ?

7. इस खोज में जब तक तुमने रास्ता और मंज़िल नहीं दिखाई—
   तब तक मैं क्षण भर के लिए आराम क्या साँस भी नहीं लूँगा।

8. मिलन की मदिरा तो चखा दो ताकि इस अछोर क़ैदखाने के—
   दरवाज़े को एक मस्तानी ठोकर से तोड़ डालूँ मैं!

9. मैं यहाँ अपने आप थोड़े ही आया जो ख़ुद ब ख़ुद लौट जाऊँ।
   जो मुझे यहाँ लेकर आया वही मुझे मेरे वतन तक पहुँचाएगा।

---

48. श्वेताश्वतर 1.1

3. हज्ज् ए अकबर[49]

1. ऐ क़ौम बे हज रफ़्ते! कुजा ईद कुजा ईद?
   मा,शूक़ हमीन् जा,स्त बियाईद बियाईद!!

2. मा,शूक़े तू हमसाये ए दीवार बे दीवार
   दर बादिये सरगश्ते शुमा दर चे हवा-ईद?

3. गर सूरते बी-सूरते मा,शूक़ बे बीनीद
   हम ख़ाजे ओ हम ख़ाने ओ हम का,बे शुमा ईद

4. दह बार अज़् आन राह बेदान ख़ाने बे रफ़्ती
   यक बार अज़् ईन ख़ाने बर ईन बाम बर् आईद

5. आन् ख़ाने लतीफ़-स्त निशानहा-श बेगुफ़्तीद
   अज़ ख़ाजे ए आन् ख़ाने निशानी बेनुमायीद

6. यक दस्ते ए गुल कू? अगर आन् बाग़ बेदीदी-त
   यक गौहरे जान् कू? अगर् अज़ बहरे ख़ुदा-ईद

7. बा ईन् हमे आन् रंजे शुमा गंजे शुमा बाद
   अफ़सूस! कि बर गंजे शुमा पर्दे शुमा-ईद

---

49. छन्द 4—ऽ ऽ॥ ऽ ऽ॥ ऽ ऽ॥ ऽ ऽ

3. अधमा तीर्थयात्रा च[50]

1. हज को चल दिये ऐ मेरे क़ौम के यारो! कहाँ? कहाँ भटक रहे हो आख़िर तुम सब? जिससे तुम्हें प्रेम है—तुम्हारा माशूक़! वह तो यहीं है, जल्दी से लौट आओ! लौट आओ!!

2. जिसे तुम खोजने चले हो वह तुम्हारा माशूक़ तो हर दरो दीवार का पड़ोसी है। फिर तुम लोग और किसकी चाह में भटक रहे हो उस रेगिस्तान में?

3. काश! तुम उस अरूप प्रियतम के रूप को निरख पाते, तो—
जान जाते कि घर के मालिक, घर और का,बा सब तुम्हीं तो हो! तुम्हीं तो हो!!

4. दसियों बार तुम उस रेगिस्तानी राह से उस घर (=का,बे) तक पहुँचे होगे। अब, सिर्फ़ एक बार इस (शरीर के) घर से निकलकर इस (हृदय की) अटारी पर चढ़ आओ।

5. मैंने माना, वह घर (=काबा) बेशक बहुत सुन्दर है। तुमने ख़ुद उसकी निशानियाँ भी बयाँ कीं—
लेकिन कभी ऐसा भी तो हो, कि उस घर के स्वामी (ख़ुदा) की भी निशानियाँ बयान करो!

6. अगर तुमने पूरा बाग़ देख लिया है तो एक छोटे गुलदस्ते की (तुम्हारे लिए) क्या औक़ात?!
अगर तुम सीधा ईश्वरीय सागर से ही हो तो प्राण के तुच्छ मोती का तुम्हारे लिए क्या मूल्य?

7. इन सभी विडम्बनाओं के बावजूद भी तुम्हारी यह सारी व्यथा तुम्हारे लिए ख़ज़ाना बन सकती है।
लेकिन सबसे अफ़सोस की बात यह है कि इस अकूत ख़ज़ाने पर जो पर्दा पड़ा हुआ है, वह ख़ुद तुम ही हो।

---

50. तीर्थयात्रा धर्म का सबसे प्रारम्भिक साधन है।

4. बी मा[51]

1. मा रा सफ़री फ़ताद बी मा
आन जा दिले मा गुशाद बी मा

2. आन मह कि ज़े मा निहान हमी शुद
रुख़ बर रुख़े मा निहाद बी मा

3. चून् दर ग़मे दूस्त जान बेदादीम
मा रा ग़मे ऊ बेज़ाद बी मा

4. मा ईम हमीशे मस्त बी मै
मा ईम हमीशे शाद बी मा

5. मा रा म-कुनीद याद हरगिज़
मा ख़ुद हस्तीम यादे बी मा

6. बी मा शुदे ईम शाद, गूयीम :
ऐ मा कि हमीशे बाद बी मा

---

51. छन्द 6—S S ll S l S l S S

4. पाणी पीवा चंचु बिनु[52]

1. हम एक ऐसे सफ़र पर चले जिसमें हम ख़ुद ही शामिल नहीं थे।
   उस सफ़र पर हमारे दिल हमारे बिना ही खिल उठे थे।

2. वह चाँद, जो हमेशा हमसे छिपा रहता था—
   उसने जब हमारे होंठों पर अपने होंठ रखे, तो हम ही वहाँ नहीं बचे!

3. जब हमने प्रिय की तड़प में अपने प्राण न्यौछावर कर दिए तो—
   उसके ग़म ने हमारे बग़ैर फिर से हमें पैदा किया।

4. हम हमेशा शराब के बिना मस्त हैं।
   हम हमेशा हमारे बग़ैर प्रसन्न हैं।

5. ऐ लोगो! हमें हरगिज़ याद न करो!
   हम ख़ुद ऐसी याद हैं जिसमें हम नहीं हैं।

6. हम अपने बिना आह्लादित हो गए हैं, और दुआ कर रहे हैं-
   ऐ काश! हम हमेशा हमारे बिना रह पाएँ।

52. कबीरदास

5. ख़ुदबूस[53]

1. जानो सरे तू ऐ पिसर! नीस्त कसी बे पा ए तू
   आइने बीन्, बे ख़ुद निगर, कीस्त दिगर वरा ए तू

2. बूसे बेदेह बे रू ए ख़ु,द राज़ बेगू बे गूश् ए ख़ुद
   हम तू बेबीन जमाले ख़ुद, हम तू बेगू सना ए तू

3. नीस्त मजाज़े राज़े तू, नीस्त गज़ाफ़े नाज़े तू
   राज़ बराये गूशे तू, नाज़े तू हम बरा ए तू

4. खीज़ ज़े पीश-म् ऐ ख़िरद, ता बेरहम ज़े नीको बद
   खीज़ दिला! तू नीज़ हम ता कुनम-त सज़ा ए तू

5. हम पिदरी व हम पिसर, हम तू ने-ई व हम शिकर
   की,स्त कसी बेगू दिगर, की,स्त कसी बे जा ए तू

6. बस्ते ए लब तू बर गुशा, चीस्त अक़ीक़् ए बीबहा
   कान् ए अक़ीक़ हम तूई मन चि दहम बहा ए तू

7. साये ए तू,स्त ऐ पिसर! हर चे बेरुस्त ऐ पिसर!
   साये फ़िकन्द ऐ पिसर! दर दो जहान हुमाये तू

---

53. छन्द 17—ऽ॥ऽ।ऽ।ऽ ऽ॥ऽ।ऽ।ऽ

5. नेह नानास्ति[54]

1. ऐ मेरे बेटे! मैं तुम्हारी जान और सर की क़सम खा कर कहता हूँ—यहाँ तुम्हारे पाये का कोई भी नहीं है।
   आइने में निहार कर ख़ुद ही देख लो, तुमसे बढ़कर भी कोई है क्या?

2. अपने मुख को ख़ुद ही चूम लो, अपने रहस्य स्वयं अपने ही कानों में कह डालो—
   अपने सौन्दर्य को ख़ुद ही निहार लो, अपनी स्तुतियाँ ख़ुद ही गा लो।

3. तुम्हारे रहस्य को धारण करने वाला यहाँ कोई नहीं है, तुम्हारे नाज़ उठाने में कोई और समर्थ नहीं है।
   तुम्हारे रहस्य को सुन सकने लायक़ बस तुम्हारे ही कान हैं, तुम्हारे नाज़ को भी बस तुम ही उठा सकते हो।

4. ऐ तर्कबुद्धि! मेरे आगे से हट जा, ताकि मैं अच्छे बुरे दोनों से मुक्ति पा जाऊँ
   मेरे दिल! तू भी तैयार हो जा ताकि मैं तुझे उन सारी चीज़ों को दे सकूँ जिसका तू हक़दार है।

5. तू ही पिता है, और उससे पैदा होने वाला पुत्र भी तू ही है। ईख भी तू ही है और उससे बनने वाला शक्कर भी तू ही है।
   कौन है? ज़रा बताओ तो, और कौन है सारे अस्तित्व में तुम्हारे सिवा?

6. अपने होठों की गाँठ को थोड़ा सा तो खोलो, और बोलो कि तुम्हारे आगे अनमोल अक़ीक़ की क्या बिसात है?
   तुम तो ख़ुद अक़ीक़ की खान हो, मैं तुम्हारा क्या मूल्य दे सकता हूँ?

7. संसार में जो कुछ भी पैदा हुआ है, वह तुम्हारी छाया मात्र है
   तीनों लोकों पर मंगलमय हुमा[55] पक्षी की तरह तुमने अपनी छाया फैला रखी है

---

54. बृहदारण्यकोपनिषद् 4.4.19 (यहाँ पर भिन्नता नहीं एकता है)

55. ईरानी पुराकथा में सम्मत एक ऐसी पक्षी जिसकी छाया के नीचे आने पर व्यक्ति सम्राट् बन जाता है।

6. हीच म-गू[56]

1. मन ग़ुलामे क़मर-म ग़ैर् ए क़मर हीच म-गू?
पीश् ए मन जुज़् सुख़न् ए शम् ओ शकर हीच म-गू

2. सुख़न् ए रंज मगू, जुज़ सुख़न् ए गंज म-गू
व,र अज़् ईन् बी-ख़बरी रंज मबर हीच म-गू

3. दूश दीवाने शुदम इश्क़ म-रा दीदो बेगुफ़्त—
"आमदम, ना,रे म-ज़न, जामे म-दर, हीच म-गू"

4. गुफ़्तम ऐ इश्क़! मन् अज़ चीज़े दिगर मी तर्सम
गुफ़्त—"आन चीज़े दिगर नीस्त दिगर, हीच म-गू"

5. मन बे गूशे तो सुख़न-हा ए निहान् ख़ाहम गुफ़्त
सर बे जुम्बान् कि बली! जुज़ के बे सर हीच म-गू

6. क़मरी जान्-सिफ़ती दर रह् ए दिल पैदा शुद
दर रह् ए दिल चे लतीफ़् अस्त सफ़र, हीच म-गू

7. गुफ़्तम्, ऐ दिल, चे मह् अस्त् ईन्, दिल् इशारत मी कर्द
"कि न अन्दाज़े ए तू,स्त् ईन्, बेगुज़र, हीच म-गू"

---

56. छन्द 9—S I S S II S S II S S II S

6. नए बोलों फार[57]

1. मैं उस चाँद (प्रिय) का ग़ुलाम हूँ। उस चाँद के सिवा मेरे सामने और कोई बात न छेड़ो।
मेरे आगे दिए और शक्कर की बातों के अलावा कोई और बात न चलाओ।

2. मुझसे रंज की बातें न करो, उस ख़ज़ाने (गंज) के अलावा मुझे और कोई बात न सुनाओ—
और अगर तुम्हें ऐसी बातें करनी नहीं आती, तो बात करने की ज़हमत ही मत उठाओ। कुछ न कहो।

3. कल रात मैं दीवाना हो उठा था, इश्क़ ने मुझे देखा और कहा—
लो, मैं आ गया, चीत्कार मत करो—कपड़े मत फाड़ो, शोर बन्द करो।

4. मैंने कहा—ऐ इश्क़! मुझे बेगानी चीज़ से डर लगता है।
इश्क़ ने कहा—वह बेगानी चीज़ अब बेगानी नहीं रही, कुछ भी कहने की ज़रूरत नहीं है।

5. मैं तुम्हारे कान में राज़ की बातें कहूँगा—
तुम भी केवल हाँ में सिर हिलाते जाना, उसके अलावा और कुछ भी न कहना।

6. दिल के रास्ते में वह प्राणों जैसा प्यारा प्रियतम मुझे मिल गया।
दिल के रास्ते में ये सफ़र कितना हसीन है—कुछ मत पूछो।

7. मैंने दिल से पूछा—ये चाँद कौन है? दिल ने संकेत किया—
कि यह तुम्हारी सीमाओं में आने वाला नहीं है[58]—यहाँ कुछ कहने सुनने से लाभ नहीं है।

---

57. सन्त तुकाराम (अधिक मत बोलो)

58. 'यह तुम्हारे लिए उपयुक्त नहीं है,' यह अर्थ भी हो सकता है।

8. गुफ़्तम्—"ईन् रूइ फ़रिश्ते,स्त अजब या बशर् अस्त"
गुफ़्त—"ईन् ग़ैरे फ़रिश्ते,स्त् ओ बशर, हीच म-गू"

9. गुफ़्तम्—"ईन् चीस्त? बेगू ज़ीरो ज़बर ख़ाहम शुद"
गुफ़्त—"मी बाश चुनीन् ज़ीरो ज़बर, हीच म-गू"

10. ऐ नशिस्ते! तू दर् ईन् ख़ाने ए पुर नक़्शो निगार
ख़ीज़ अज़् ईन् ख़ाने, बोरो, रख़्त बेबर, हीच म-गू

8. मैंने पूछा—ये अद्‌भुत मुखड़े वाला फ़रिश्ता है या आदमी?
उसने कहा—यह फ़रिश्ते और आदमी दोनों से अलग है, कोई क़यास न लगाओ।

9. मैंने कहा—ज़रा बताओ तो ये कौन हैं? मैं इसके लिए उलट-पलट जाना चाहता हूँ!
उसने कहा—हो जाओ ऐसे ही उलट-पलट बिना कुछ कहे।

10. ऐ तुम! जो कि इस रंग बिरंगे घर में धँसे हुए हो,
इस घर से उठो, चलो अपना सामान बाँध चलो, बिना कुछ कहे।

7. क़द्र् ए हमदीगर[59]

1. बिया ता क़द्र् ए हमदीगर बेदानीम
   कि ता नागह ज़ यकदीगर न मानीम

2. चू मोमिन आइने य् मोमिन यक़ीन् शुद
   चेरा अज़ आइने मा रूगरानीम?

3. करीमान जान फ़दा ए दूस्त कर्दन्द
   सगी बुग्ज़ार, मा हम मर्दुमानीम

4. ग़रज़-हा तीरे दारद दूस्ती रा
   ग़रज़-हा रा चेरा अज़ दिल नरानीम?

5. गही ख़ुशदिल शवी अज़ मन कि मीरम
   चे रा मुर्दे-परस्तो ख़स्मे जानीम?

6. चू बा'द् अज़ मर्ग ख़ाही आशती कर्द
   हमे उम्र् अज़ ग़म-त दर इम्तिहानीम

7. कुनून् पिन्दार मर्दुम आशती कुन
   कि दर तस्लीम मा चून् मुर्दगानीम

8. चू बर गूरम बेख़ाही बूसे दादन
   रुख़-म रा बूसे देह क,क्नून हमानीम

9. ख़मुश कुन मुर्देवार ऐ दिल! अज़ीरा
   ज़ हस्ती मुत्तहम मा ज़् ईन् ज़बानीम्

---

59. छन्द 5— । ऽ ऽ ऽ । ऽ ऽ ऽ । ऽ ऽ

7. एक दूसरे का मोल—

1. आओ, हम एक दूसरे का मोल पहचानें।
तािक हम एक दूसरे से अनजान न रह जायँ।

2. एक ईमान वाला दूसरे के लिए आइने की तरह होता है
तो हम आइने से मुँह छिपाकर क्यों रह रहे हैं?

3. उदार प्रेमियों ने प्रेमास्पदों के लिए अपनी जान तक निछावर कर डाली हैं।
कुत्तों की तरह लोभ का व्यवहार छोड़ो, मनुष्य बनो।

4. स्वार्थ-भावना मित्रता को गन्दला कर देती है,
क्यों न हम स्वार्थ को अपने दिलों से बाहर निकाल फेकें?

5. "मैं मर जाऊँगा", इस ख़याल से कई बार तुम ख़ुश हो जाते हो!
हम इतने मुर्दापरस्त और ज़िन्दगी के दुश्मन से क्यों हो चले हैं?

6. तुम मुझसे मरने के बाद दोस्ती क्यों करना चाहते हो?
जबकि मैंने सारी उम्र तुम्हारे प्रेम की परीक्षाओं में ही गुज़ार दी है

7. अगर तुमने मन बना लिया है कि तुम मुझे मरने पर ही प्रेम करोगे—
तो अभी भी मुझे तुम अपने प्रति समर्पण में मरा हुआ ही समझो।

8. अगर तुम मेरी क़ब्र को ही चूमना चाहते हो
तो आओ, मेरे चेहरे को चूम लो, क्योंकि इस समय मेरा सारा अस्तित्व ही
विरह में क़ब्र सा बन चुका है!

9. ऐ दिल! तू तो ऐसे चुप हो जा जैसे कोई मुर्दा!
आख़िर इस ज़बान की ख़ातिर ही हमें सारे वुजूद की तोहमत झेलनी पड़ती है।

8. आरज़ू स्त[60]

1. बिन्माइ रुख़ कि बाग़ो गुलिस्तान-म् आरज़ूस्त
   बुग्शाय लब कि क़न्दे फ़रावान-म् आरज़ूस्त

2. ऐ आफ़ताबे हुस्न, बुरून् आ दमी ज़े अब्र
   का,न् चेहे ये मुशअशए ताबान-म् आरज़ूस्त

3. गुफ़्ती ज़े नाज़ बीश मरञ्जान् मरा, बोरो
   आन् गुफ़्तन-त कि बीश मरञ्जान-म् आरज़ूस्त

4. व्,आन् दफ़्अ गुफ़्तन-त कि बोरो, शह बे ख़ाने नीस्त
   व्,आन् नाज़ बाज़ो तुन्दि ए दरबान-म् आरज़ूस्त

5. व,ल्लह कि शहृ बी तू मरा हब्स मी शवद
   आवारगी ओ कूह् ओ बयाबान-म् आरज़ूस्त

6. ज़,ईन् हमरहान् ए सुस्त अनासिर दिल-म् गिरिफ़्त
   शीर् ए ख़ुदा व रुस्तम् ए दस्तान-म् आरज़ूस्त

7. जान-म मलूल गश्त ज़े फ़िरऔन् ओ ज़ुल्म् ए ऊ
   आन नूर ए रू ए मूसी ए इमरान-म् आरज़ूस्त

8. ज़्,ईन् ख़ल्क़े पुरशिकायते गिरियान् शुदम मलूल
   आन् हायो हूयो ना,रे ए मस्तान-म् आरज़ूस्त

---

60. छन्द 15—ऽ ऽ। ऽ। ऽ॥ ऽ ऽ। ऽ। ऽ

8. दिल चाहता है

1. मुझे बाग़ और गुलिस्तान देखने की चाहत है—मुझे अपना मुखड़ा दिखाओ।
मुझे चखने को ढेर सारी मिस्री चाहिए—अपने लबों को खोल दो।

2. ऐ सुन्दरता के सूरज, एक पल के लिये बादलों से बाहर आ जाओ।
मुझे (तुम्हारे) उस चमकदार पुरनूर चेहरे को देखना है।

3. तुमने कहा था—"मुझे ज़्यादा परेशान मत करो, यहाँ से जाओ"!
(मैंने कहा—) तुम्हारा यह कहना कि—"मुझे अधिक परेशान मत करो"
—मुझे यही चाहिए।

4. (मुझे) भगाने के लिए दी गई वह झिड़की कि—"जाओ मालिक घर पर नहीं हैं"....
तुम्हारे दरबान का वह नाज़ और उसकी वह सख़्ती मुझे फिर सहने का मन है

5. ख़ुदा की क़सम, तुम्हारे बिना यह शहर मुझे जेलख़ाना लग रहा है।
पहाड़ों और बयाबान की आवारगी करने का मन है मुझे।

6. इन ढीले-ढाले लोगों की संगति से मेरी जान आजिज़ हो गई है
मुझे ख़ुदा के शेर-अली और महायोद्धा रुस्तम जैसे लोगों की इच्छा है।

7. फ़िरऔन[61] और उसके अत्याचार से मेरा दिल ग़मगीन हो गया है।
इमरान के पुत्र मूसा का नूरानी चेहरा देखने की इच्छा है मुझे।

8. इन शिकायत करने और रोने वालों से मेरा मन उकता गया है।
मस्तों की तरह चहकने वाले लोगों के आहो पुकार की ख़ाहिश है मुझे।

---

61. मिस्त्र का एक अत्याचारी बादशाह जिसे पैग़म्बर मूसा ने हरा दिया था।

9. दी शैख़ बा चराग़ हमी गश्त गिर्दे शह्र
क,ज़ दीवो दद मलूल-म् ओ इन्सान-म् आरज़ूस्त

10. गुफ़्तन्द याफ़्त मी न शवद जुस्ते ईम मा
गुफ़्त् आन्कि याफ़्त मी न शवद आन-म् आरज़ूस्त

11. हरचन्द मुफ़्लिस-म् न पज़ीरम अक़ीक़े ख़ुर्द
कान् ए अक़ीक़ नादिर् ए अर्ज़ान-म् आरज़ूस्त

12. पिन्हान् ज़े दीदे हा व हमे दीदे हा अज़ूस्त
आन् आशकार-सुन्अते पिन्हान-म् आरज़ूस्त

13. यक दस्त जामे बादे ओ यक दस्त जा,दे यार
रक़्सी चुनीन् मियाने ए मैदान-म् आरज़ू,स्त

14. मन् हम रुबाबे इश्क़ी ओ इश्क़-म रुबाबी अस्त
वा,न् लुत्फ हा ए ज़ख़्मे ए रहमान-म् आरज़ूस्त

9. कल दिन में चराग़ लिए मेरा गुरु शहर के चारों ओर चक्कर लगा रहा था। वह कह रहा था—
"मैं अपने सब तरफ़ फैले पशुओं और राक्षसों से दुखी हो चुका हूँ। मुझे मनुष्य की खोज है"।

10. लोगों ने कहा—"वह (मनुष्य) तो मिलने से रहा। हम लोग भी खोज खोज कर हार चुके हैं।"
उसने जवाब दिया—"जो चीज़ मिल नहीं सकती, उसी की तलाश है मुझे।"

11. भले ही मैं ग़रीब होऊँ, लेकिन छोटे मोटे अक़ीक़ पत्थरों से मुझे बहलाया नहीं जा सकता।
मुझे उस अक़ीक़ के खान से ही तृप्ति मिलेगी, जो दुर्लभ तो है लेकिन मिलता है बिना किसी मोल के।

12. जो सभी आँखों से छिपा है लेकिन सभी आँखें उसी से रौशनी पाती हैं।
वह, जो ख़ुद तो छिपा हुआ है लेकिन जिसकी सृष्टि प्रकट है, मुझे उसी की इच्छा है

13. एक हाथ में शराब का जाम और दूसरे में महबूब की गुँथी हुई चोटी।
इसी हाल में मैं खुले मैदान में नृत्य करना चाहता हूँ

14. मैं भी इश्क़ के हाथ का रुबाब हूँ, मेरा इश्क़ रुबाब बजाने वाला है
मुझे ख़ुद पर दयालु परमेश्वर के मिज़राब की चोटों की आरज़ू है।

9. अज़ इश्क़ न परहीज़म[62]

1. मन आशिक़् ए जान्बाज़-म, अज़ इश्क़ न परहीज़म ?
मन मस्ते सर्-अन्दाज़-म अज़् अर्बदे नगुरीज़म ?

2. गूयन्द रक़ीबान-म अज़ इश्क़ न परहीज़ी ?
दर इश्क़ बेपरहीज़म, पस बा चे दर् आमीज़म ?

3. परवाने ए दमसाज़-म, मी सूज़म् ओ मी साज़म
दर बीख़ुदी ओ मस्ती, मी उफ़्तम् ओ मी ख़ीज़म

4. गर सर तलबी मन सर, दर पा ए तो अन्दाज़म
व,ज़ ज़र तलबी मन ज़र, अन्दर क़दम-त रीज़म

5. फ़र्दा कि ख़लायक़ रा अज़ ख़ाक बर-अंगीज़द
बीचारे मन् ए मिस्कीन् अज़ ख़ाके तो बर ख़ीज़म

6. गर दफ़्तरे हुस्न-त रा दर हश्र फ़ुरू ख़ानन्द
अन्दर अरसात आन् रूज़् शूरी दिगर अंगीज़द

7. गर दर अरसात आयद शम्सुल् हक़े तबरीज़ी
मन खाके सरे कूय-श बा मुश्क बेयामीज़म

---

62. छन्द 3—ऽ ऽ।। ऽ ऽ ऽ ऽ ऽ।। ऽ ऽ ऽ

9. प्रेमवीर

1. मैं जान की बाज़ी लगाने वाला आशिक़ हूँ, मुझे इश्क़ से परहेज़ क्यों हो?
मैं मस्त हूँ, सर कटा सकने वाला हूँ, किसी भी लड़ाई से क्यों भागूँ?

2. मेरे प्रतिद्वन्द्वी कहते हैं—इश्क़ से परहेज़ क्यों नहीं करते?
मैं कहता हूँ—"अगर इश्क़ से ही परहेज़ कर बैठूँ, तो फिर राब्ता किससे रखूँ?"

3. मैं वह दमसाज़ परवाना हूँ जो आग में जलता भी हूँ और उससे इश्क़ भी करता हूँ
हर पल बेचैनी और मस्ती में—मैं गिरता हूँ और उठता भी हूँ

4. अगर तुम मुझसे मेरा सर चाहते हो तो मैं अपना सर तुम्हारे क़दमों में डाल दूँगा।
और, अगर तुम्हारी इच्छा मुझसे ज़र (सोना) की है तो मैं ज़र तुम्हारे पैरों के नीचे बिछा दूँगा।

5. क़यामत के दिन जब संसार के लोगों को उनके ख़ाक (=क़ब्र) से उठाया जाएगा
उस दिन मैं बेचारा ग़रीब अपनी नहीं, (बल्कि) तुम्हारी ख़ाक से बाहर निकलूँगा।

6. अगर क़यामत में तुम्हारे हुस्न का चिट्ठा पढ़ा जाएगा
तब तो उस हालत में कुछ दूसरा ही शोर उठ जाएगा

7. अगर उस हाल में तबरेज़ निवासी शम्सुद्दीन पहुँचते हैं—
तो मैं उस गली के सिरे की धूल में कस्तूरी मिला दूँगा।

10. मुबारक बाद[63]

1. पिन्हान म-शौ कि रू ए तो बर मा मुबारक,स्त
   नज़्ज़ारे ए तू बर हमे जान-हा मुबारक,स्त

2. यक लहज़े साये अज़ सरे मा दूरतर म-कुन
   दानिस्ते ई कि साये ए अन्क़ा मुबारक,स्त

3. ऐ नौबहारे हुस्न! बिया, क़ु,आन हवा ए ख़ुश
   बर बाग़् ओ राग़् ओ गुलशन् ओ सह्रा मुबारक,स्त

4. सौदाई ईम अज़ तू व बत्ताल कू बे कू
   मा रा चुनीन् बतालतो सौदा मुबारक,स्त

5. चून् बर्गो चून् दरख़्त बिगुफ़्तन्द बी-ज़बान
   बी गूश बिश्नवीद कि ईन्-हा मुबारक,स्त

6. सज्दे बरम, बे ख़ाके तो बर सर चू अफ़्सर,स्त
   पा दर नहम, कि राहे तो बर पा मुबारक,स्त

7. हर दिल कि बा हवा ए तू इमशब शवद हरीफ़
   ऊ रा यक़ीन बेदान तू कि फ़र्दा मुबारक,स्त

8. बेफ़्ज़ा शराबे ख़ामुशो मारा ख़मूश कुन
   क,न्दर दरून् निहुफ़्तन् ए अशिया मुबारक,स्त

---

63. छन्द 15—ऽ ऽ।ऽ।ऽ॥ऽ ऽ।ऽ।ऽ

10. मंगलभवन अमंगलहारी

1. हमसे छुपना नहीं, क्योंकि तुम्हारा मुखड़ा हमारे लिए मुबारक है।
और तुम्हारा दीदार हम सारी रूहों के लिए मुबारक है।

2. अपनी छाया हमारे सिर से पल भर के लिए भी दूर न होने देना
क्योंकि तुम जानते हो कि अन्क़ा[64] की छाया शुभ होती है।

3. ऐ सौन्दर्य के नवीन वसन्त! पधारो, क्योंकि यह दिलकश बहार-
वाटिका, पहाड़, गुलशन और रेगिस्तान, सबके लिए मुबारक है।

4. तुम्हारे नाते हम गलियों में दीवाने और नाकारा फिरते हैं
इस तरह की दीवानगी और बेकारी हमारे लिए मुबारक है।

5. जब पत्तियाँ और पेड़ बिना भाषा के बोलते हैं—
तो तुम भी उन्हें बिना कानों के सुनो, क्योंकि उनका सुनना मुबारक है।

6. मैं तुम्हारी धूल पर सज्दा करूँगा, क्योंकि तुम्हारी ख़ाक सिर पर ताज की तरह है।
मैं तुम्हारे रास्ते पर ही पैर रखूँगा, क्योंकि पाँवों के नीचे तुम्हारी राह का होना मुबारक है।

7. हर वह हृदय जिसका आज तुम्हारे साथ संवाद होता है—
तय जान लो कि कल वह कल्याणमय हो जाता है।

8. मेरे जाम में ख़ामोशी की शराब ढाल दो और मुझे चुप करा दो,
क्योंकि चीज़ों को अपने अन्दर छिपा लेना मुबारक होता है।

---

64. एक पौराणिक पक्षी जिसके बारे में विश्वास किया है कि उसकी छाया जिसके सिर पर पड़ जाये वह राजा हो जाता है।

11. सुख़ने इश्क़[65]

1. वाय आन् दिल कि बेदू अज़ तू निशानी न रसद
मुर्दे आन् तन कि बेदू मुन्दे ए जानी न रसद

2. सियह् आन रूज़ कि बी नूर् ए जमाल-त गुज़रद
हीच अज़ मत्बख़े तो कासे ओ ख़ानी न रसद

3. वाय आन् दिल कि ज़ इश्के तू दर् आतश न रवद
हमचू ज़र ख़र्ज शवद हीच बे कानी न रसद

4. सुख़ने इश्क़ चू बीदर्द बुवद बर न दहद
जुज़ बे गूशे हवस् ओ जुज़ बे ज़बानी न रसद

5. मरियमे दिल न शवद हामिले अनवारे मसीह
ता अमानत ज़ नहानी बे नहानी न रसद

6. हिस चू बीदार बुवद ख़ाब न बीनद हरगिज़
अज़ जहान ता न रवद दिल बे जहानी न रसद

7. ईन् ज़मान् जह्द बेकुन् ता ज़ जहान् बाज़ रही
पीश् अज़् आन दम कि ज़मानी बे ज़मानी नरसद

8. तीरे सुब्ही कि मरा अज़ तो सलामी न नरसद
तल्ख़ रूज़ी कि ज़ि शहदे तो बयानी नरसद

---

65. छन्द संख्या—10—ऽ (।) । ऽ ऽ॥ ऽ ऽ॥ ऽ ऽ॥ ऽ

11. धिक् कृष्णाभक्तम्[66]

1. धिक्कार है उस हृदय को! जिस तक तुम्हारे संकेत नहीं पहुँच पाते।
मरा हुआ है वह शरीर, जिस तक उन प्राणों के सुसन्देश नहीं पहुँच पाते।

2. अन्धेरा है वह दिन जो तुम्हारे सौन्दर्य के प्रकाश के बिना गुज़र जाय।
उस दिन मानों, तुम्हारी रसोई से उस तक कोई निवाला नहीं पहुँचता॥

3. वह दिल भी क्या, जो तुम्हारे प्रेम की आग में प्रविष्ट नहीं हुआ।
वह दिल कच्चे सोने की तरह व्यर्थ हो जाता है और अपने असल तक बिल्कुल नहीं पहुँच पाता॥

4. प्रेम की बात में अगर दर्द और वेदना न हो तो उसका कोई भी फल नहीं है।
ऐसी बातें केवल वासना की जीभ से उठकर हवस के कान तक ही पहुँच पाती हैं॥

5. हृदय रूपी मरियम ईसा के प्रकाश को तब तक गर्भ में धारण नहीं कर पाती—
जब तक अदृश्य लोक की सम्पदा इस लोक तक न पहुँच जाये।

6. जब चेतना में जागरण घटित हो जाता है तो फिर उसे सपने नहीं आते।
जब तक कोई इस संसार को छोड़ता नहीं, दूसरे संसार तक नहीं पहुँच पाता॥

7. इसलिए, इसी समय तुम एक ऐसी छलाँग लगाओ कि समय की हद से बाहर चले जाओ।
और वहाँ पहुँच जाओ, जहाँ एक समय के बाद दूसरा समय नहीं आता॥

8. अँधेरी है वह सुबह, जब तुम्हारा सन्देश मुझ तक नहीं पहुँचता।
कड़वा है वह दिन जिसमें तुम्हारी मधुर बातें मुझ तक नहीं आती॥

---

66. धिक्कार है उसको जिसे कृष्ण अच्छे नहीं लगते। (सिद्धान्तकौमुदी—कारकप्रकरणम्)॥

12. वासोख़्त[67]

1. ऐ ख़ुदावन्द! यकी यार् ए जफ़ाकार-श देह
दिलबरी, इश्वेगरे सरकश् ए ख़ून्ख़ार-श देह

2. ता बेदानद कि शब् ए मा बेचेसान मी गुज़रद
ग़मे इश्क़-श देह् ओ इश्क़-श देह् ओ बिस्यार-श देह

3. चन्द रूज़ी जिहते तजरुबे बीमार-श कुन
बा तबीबे दग़ली-पीशे सरोकार-श देह

4. बेबर-श सू ए बयाबान् ओ कुन् ऊ रा तश्ने
यक सक़ा ई हजरी-सीने सबुकबार-श देह

5. गुमरह-श कुन कि रहे रास्त न दानद सु ए शह
पस कलावज़ कजे बीहूदे ए रफ्तार-श देह

6. आलम अज़ सरकशी ए आन् मह, सरगश्ते शुदन्द
मुद्दती गर्दिशे ईन् गुम्बदे दव्वार-श देह

7. मुनकिरे यार शुद,स्त् ऊ कि मरा याद नमान्द
बेबर इनकार अज़् ऊ ओ दमे इक़रार-श देह

8. बस कुन ऐ साक़ी ओ कस रा चू रही मस्त मकुन
व,र कुनी मस्त, बेदीन् हद रहे हमवार-श देह

---

67. छन्द 9—ऽ। ऽ ऽ॥ ऽ ऽ॥ ऽ ऽ ऽ ऽ

12. वासोख़्त[68]

1. ऐ ख़ुदा, मेरे महबूब को भी एक ज़ालिम माशूक़ दे दे।
उसके दिल को भी कोई ऐसा शख़्स चुरा ले, जो सरकश (धृष्ट) और ख़ूँख़ार (क्रूर) हो!—
2. —ताकि वह जान सके कि मेरी रातें किस आलम में गुज़रती हैं।
इसलिए पहले तो उसे प्रेम दे, फिर प्रेम की तड़प दे—और फिर ये तड़प ख़ूब ज़्यादा दे

3. कुछ दिन केवल तजरुबे के लिए ही सही, उसे भी बीमार कर दे।
और फिर उसकी भेंट एक फ़र्ज़ी हकीम से करा दे।

4. उसे बयाबान की ओर ले जाकर प्यास से व्याकुल कर दे।
और फिर उसकी भेंट ऐसे पानी पिलाने वाले से करा जो पत्थरदिल और दर्द को न समझने वाला हो।
5. उसे इस तरह गुमराह कर दे कि उसे शहर की ओर आने वाला सीधा रास्ता ही न मिले
उसके लश्कर का सिपाही बड़ा ही टेढ़ा और बुरे बर्ताव वाला हो।
6. सारी दुनिया इस महबूब की सरकशी से परेशानहाल हो चुकी है।
कुछ समय के लिए उसे भी इसी भाग्य चक्र के फेर में डाल दे।
7. वह अपने आशिक़ों का इनकार यह कह कर करता है कि उसे कुछ भी याद ही नहीं है।
उससे इनकार की आदत छीन ले और इक़रार का माद्दा दे दे।

8. अब रहने भी दे साक़ी! किसी भी और को मेरी तरह मस्त न कर।
और अगर मस्त करना ही है तो उसकी राह को मेरी तरह सीधा और समतल बना दे।

---

68. वासोख़्त कविता की एक विधा है जिसमें महबूब की लानत मलामत की जाती है तथा उससे बेज़ारी बयान की जाती है।

13. अक़्ल् ओ इश्क़[69]

1. दर मियाने पर्दे ए ख़ून् इश्क़ रा गुलजार-हा
आशिक़ान् रा बा जमाले इश्क़ बी चून कार-हा

2. अक़्ल गूयद शश जिहत हद्द,स्त् ओ बीरून राह नीस्त
इश्क़ गूयद राह हस्त् ओ रफ़्ते अम मन बार-हा

3. अक़्ल बाज़ारी बेदीद् ओ ताजिरी आग़ाज़ कर्द
इश्क़ दीदे ज़्,आन् सु ए बाज़ारे ऊ बाज़ार-हा

4. ऐ बसा, मन्सूर पिन्हान् ज़् ऐतिमादे जाने इश्क़
तर्के मिम्बर हा बेगुफ़्ते बर शुदे बर दार-हा

5. आशिक़ाने दर्दकिश रा दर दरूने ज़ौक़ हा
आक़िलाने तीरेदिल रा दर दरून इन्कार-हा

6. अक्ल गूयद-पा म-नेह, क,न्दर फ़ना जुज़ ख़ार नीस्त
इश्क़ गूयद अक़्ल रा क,न्दर तु अस्त आन् ख़ार-हा

7. शम्से तबरीज़ी तु-ई ख़ुर्शीद अन्दर अब्रे हर्फ़
चून बरामद आफ़ताब-त मह्व शुद गुफ़्तार हा

---

69. छन्द 8—ऽ।ऽ ऽ ऽ।ऽ ऽ ऽ।ऽ ऽ ऽ।ऽ

13. अक़्ल् ओ इश्क़

1. इश्क़ के बाग़ान ख़ून के पर्दों के पीछे छिपे होते हैं।
   इश्क़ की ख़ूबसूरती के नाते आशिक़ों के किसी भी काम में किन्तु परन्तु नहीं होता।

2. अक़्ल कहती है—"चारो ओर रुकावटें ही रुकावटें हैं, आगे जाने का कोई भी रास्ता नहीं है।"
   इश्क़ कहता है—"अरे नहीं, रास्ता तो है। मैं ख़ुद बहुत बार गया भी हूँ।"

3. अक़्ल जहाँ भी बाज़ार देखती है, अपनी बनियागिरी शुरू कर देती है।
   इश्क़ को इस बाज़ार के आगे दूसरे बाज़ार भी दीख रहे होते हैं।

4. बहुत सारे मंसूरों ने चुपके-चुपके प्रेम पर भरोसा कर—
   व्यास-गद्दियाँ छोड़-छोड़ फाँसी के तख़्तों को गले लगाया।

5. दर्द झेलते समय भी प्रेमियों के अन्दर अलौकिक स्वाद उमड़ता रहता है।
   जबकि कुतर्कियों के अन्धेरे दिल में इनकार की काली रात मँडराती रहती है।

6. अक़्ल इश्क़ से कहती है—फ़ना के रास्ते में पाँव न रखना! वहाँ काँटों के अलावा और कुछ नहीं है!
   इश्क़ अक़्ल से कहता है—वे काँटे फ़ना की राह में नहीं, बल्कि तुम्हारे अन्दर ही हैं!!

7. ऐ शम्से तबरेज़! आप वे सूरज हैं जिसे बातों ने बादल की तरह छिपा लिया था।
   जब तुम सूरज की तरह बाहर आ गए तो बाक़ी सारी बातें तुम्हीं में गुम हो गईं।

14. बाख़ुदी व बीख़ुदी[70]

1. आन नफ़सी कि बाख़ुदी यार चू ख़ार आयद-त
   वा,न नफ़सी कि बीख़ुदी यार चे कार आयद-त ?

2. आन नफ़सी कि बा ख़ुदी ख़ुद तो शिकार् ए पश्शे ई
   वा,न नफ़सी कि बीख़ुदी पील शिकार आयद-त

3. आन नफ़सी कि बा ख़ुदी बस्ते ए अब्रे ग़ुस्से ई
   वा,न नफ़सी कि बीख़ुदी मह बे किनार आयद-त

4. आन नफ़सी कि बाख़ुदी यार किनारे मी कुनद
   वा,न नफ़सी कि बीख़ुदी बादे ए यार आयद-त

5. आन नफसी कि बाख़ुदी हमचू ख़ज़ान् फ़सुर्दे ई
   वा,न नफ़सी कि बीख़ुदी दै चू बहार आयद-त

6. जुम्ले ए बी-क़रारि-यत अज़ तलबे क़रारे तू,स्त
   तालिबे बी क़रार शौ ता कि क़रार आयद-त

7. जुम्ले ए नागवारि-यत अज़ तलबे गवारिश अस्त
   तर्के गवारिश अर कुनी ज़ह्र गवार आयद-त

---

70. छन्द 17—S ॥ S । S । S S ॥ S । S । S

14. अहंकार और निरहंकारिता

1. जब तुम अपने अहंकार के साथ रहते हो तो तुम्हें अपने जैसा प्रिय भी काँटे की तरह चुभता है।
   और जब तुम अहंकारविहीन होकर ख़ुद को पा लेते हो तो फिर तुम्हारा प्रिय भी तुम्हारे किस काम का?

2. जब तुम अपने अहंकार के साथ होते हो तो एक मच्छर भी तुम्हें मार सकता है।
   और जब तुम अहंकार–रहित होते हो तो तुम हाथी का भी शिकार कर सकते हो।

3. जब तुम अहंकार में होते हो तो मानो दुखों के बादलों में घिरे हुए होते हो।
   और जब तुम्हारा अहंकार विलीन होता है तो तुम्हारा चाँद (=प्रिय) तुम्हारी बाँहों में आ जाता है।

4. जब तुम अहंकारग्रस्त होते हो तो तुम्हारा प्रिय तुम्हें किनारे हटा देता है,
   और जब तुम अहंकार रहित होते हो तो प्रिय किसी मादक शराब की तरह तुम तक आ पहुँचता है।

5. जब तुम अहंकार में होते हो तो मानों पतझड़ की तरह सिकुड़ जाते हो,
   और जब तुम अहंकार–रहित होते हो तो पतझड़ भी तुम्हारे लिए वसन्त की तरह विस्तृत हो जाता है।

6. तुम्हारी सारी बेचैनी इस नाते है क्योंकि चैनो–क़रार के पीछे तुम ख़ुद भाग रहे हो।
   अगर तुम ख़ुद बेक़रार आशिक़ बन जाओ तो क़रार भी तुम्हारे पीछे दौड़ने लग जाए।

7. तुम्हारी सारी नागवारियाँ इसलिए हैं कि तुम अनुकूलताओं के पीछे भाग रहे हो।
   अगर तुम अनुकूलताओं की तलब छोड़ दो तो ज़हर भी तुम्हारे अनुकूल हो जाए।

8. जुम्ले ए बी मुरादियत अज़ तलबे मुरादे तू,स्त
वरना हमे मुराद-हा हमचू निसार आयद-त

9. आशिक़े जौरे यार शौ, आशिक़े मेहे यार नै
ताकि निगारे नाज़गर आशिक़े ज़ार आयद-त

10. ख़ुसरवे शर्क़ शम्से दीन् अज़ तबरीज़ चून रसद
अज़ मह् ओ अज़ सितारे हा व,ल्लह आर आयद-त

8. तुम्हारी सारी असफलताएँ, नाकामियाँ इसी नाते हैं कि तुम सफलताओं के पीछे भागते फिरते हो।
अगर तुम ऐसा न करो तो सारी सफलताएँ अपने आपको तुम पर न्यौछावर करने लग जाएँ।

9. प्रिय के अत्याचार की इच्छा करो, उसके लाड की ख़ाहिश न रखो।
ताकि वह नखरे वाँला महबूब एक दिन तुम्हें टूट कर चाहने लगे।

10. पूरब दिशा का राजा शम्स जब तबरेज़ शहर से निकलता है—
तब तुमको (उसके प्रकाश के कारण) चाँद और सितारे शर्मिन्दा लगने लगते हैं।

15. यारे ख़ीश बाश[71]

1. ऐ सनाई, गर नयाबी यार, यारे ख़ीश बाश
दर जहान हर मर्द् ओ कारी मर्दे कारे ख़ीश बाश

2. हर यकी ज़्,ईन कारवान मर रख़्ते ख़ुद रा रहज़न-न्द
ख़ीशतन रा पस निशानो पीशे बारे ख़ीश बाश

3. हिस्से फ़ानी मी दहन्द् ओ इश्क़े फ़ानी मी ख़रन्द
ज़ी,न् दो जूये ख़ुश्क बुग्ज़र, जू ए बारे ख़ीश बाश

4. मी कशन्द-त दस्त दस्त् ईन दूस्तान ता नीस्ती
दस्त दुज़्द् अज़ दस्ते-शान् ओ दस्तयारे ख़ीश बाश

5. ईन निगारान् नक़्शे पर्दे आन निगाराने दिलन्द
पर्दे रा बर दार् ओ दर रौ बा निगारे ख़ीश बाश

6. बा निगारे ख़ीश बाश, ओ ख़ूबे ख़ूब अन्दीश बाश
अज़ दो आलम बीश बाशो दर दियारे ख़ीश बाश

7. रौ मकुन मस्ती अज़् आन् मस्ती क,ज़ू ज़ायद ग़ुरूर
ग़र्रे आन रूयी बेबीन् ओ होशियारे ख़ीश बाश

---

71. छन्द 8—ऽ।ऽ ऽ ऽ।ऽ ऽ ऽ।ऽ ऽ ऽ।ऽ

15. उद्धरेदात्मनात्मानम्[72]

1. ऐ सनाई! अगर तुमको कोई और यार नहीं मिलता तो तुम ख़ुद अपने यार बन जाओ। इस संसार में हर आदमी का यार उसका अपना काम है। तुम भी अपने काम के लिए ख़ुद मर्द बन जाओ।

2. इस दुनिया में सारे लोग अपना सामान ख़ुद ही लूटने में लगे हुए हैं,
   तुम अपने आपको पीछे छिपा लो और अपने सामान की सुरक्षा करो।

3. दुनिया के लोग क्षणिक उत्तेजनाओं को बेचकर क्षणिक प्रेम ख़रीदते हैं।
   ये दोनों सूखे हुए सोते हैं। इनको पार करो, और ख़ुद अपने लिए प्रेम का सरस स्रोत बन जाओ।

4. ये दुनियावी दोस्त तुम्हें हाथों-हाथ बर्बादी तक पहुँचा देंगे।
   इन दोस्तों से हाथ छुड़ाकर अपने हाथों को अपने ही मज़बूत हाथों में ले लो।

5. ये जो दुनियावी महबूब हैं, वे उस दुनिया के असली मा,शूक़ को छिपाने वाले पर्दे पर बने हुए बेल बूटे हैं।
   इस पर्दे को उठा दो, निकल जाओ और अपने असली महबूब के साथ मिल जाओ।

6. अपने प्रिय के साथ रहो और शुभतम का चिन्तन करो।
   दोनों दुनिया से बढ़कर हो जाओ और अपने घरों में रहो।

7. ऐसे सुख में मत भूलो भटको जिस सुख से तुम्हारा अहंकार बढ़ता हो।
   उस प्रतिष्ठित चेहरे को देखो और अपने प्रति सजग बने रहो।

---

72. अपने हाथों अपना उद्धार करो (भगवद्गीता 6.5)

73. सनाई ग़ज़नवी (1080-1131 ई.) रूमी के पूर्ववर्ती एक बड़े सूफ़ी सन्त थे। रूमी ने इस ग़ज़ल का पहला शे,र सनाई से ही लिया है।

16. इश्क़े हक़ीक़ी[74]

1. आन् रूह रा कि इश्क़े हक़ीक़ीशुआर नीस्त
नाबूदे बेह कि बूदने ऊ ग़ैरे आर नीस्त

2. दर इश्क़ मस्त बाश कि इश्क़,स्त हर चे हस्त
बी कारो बारे इश्क़ बरे दूस्त बार नीस्त

3. गूयन्द इश्क़ चीस्त, बेगू-तर्के इख़्तियार
हर कू ज़ इख़्तियार न रुस्त इख़्तियार नीस्त

4. आशिक़ शहंशही,स्त, दो आलम बर् ऊ निसार
हीच इल्तिफ़ाते शाह बे सू ए निसार नीस्त

5. इश्क़,स्त ओ आशिक़,स्त कि बाक़ी,स्त ता अबद
दिल बर जुज़ ईन मनेह* कि ऊ मुस्तआर नीस्त

6. ता कै कनार गीरी मा,शूक़े मुर्दे रा
जान् रा किनार गीर कि ऊ रा किनार नीस्त

7. आन कज़ बहार ज़ाद बमीरद गहे ख़ज़ान
गुलज़ारे इश्क़ रा मदद् अज़ नौ बहार नीस्त

---

74. छन्द 15—ऽ ऽ । ऽ । ऽ ॥ ऽ ऽ । ऽ । ऽ

* मनेह में ने का उच्चारण दीर्घ 'ए' किया जाएगा

16. जेहि घट प्रेम न संचरै[75]

1. वह आत्मा जिसे इश्के हक़ीक़ी की तमीज़ नहीं है,
उसका नहीं होना ही बेहतर है, क्योंकि उसका होना शर्मसारी के सिवाय और कुछ नहीं है।

2. प्रेम में मस्त हो जाओ, क्योंकि प्रेम ही है सब कुछ जो भी है।
इस प्रेम व्यापार के बिना प्रिय के राज्य में प्रवेश की अनुमति नहीं है।

3. लोग पूछते हैं—प्रेम क्या है? उनसे कह दो—अधिकार-मद को छोड़ देना ही इश्क़ है।
जो भी अधिकार से नहीं छूट पाया है उसे किसी भी प्रकार का अधिकार नहीं है।

4. प्रेमी तो सम्राट् होता है, दोनों जहान उस पर निसार हैं,
दुनियावी राजाओं की किसी भी कृपा में उस सम्राट पर निसार होने की भी योग्यता नहीं होती।

5. केवल प्रेम और प्रेमी ही हैं जो अनन्तकाल तक बाक़ी रहते हैं।
इनके अलावा और किसी से दिल मत लगाओ, क्योंकि और किसी में निरन्तरता नहीं है।

6. कब तक तुम मुर्दा माशूक़ों को गले से लगाये फिरते रहोगे?
अपनी आत्मा को गले से लगा लो जिसकी कोई सीमा नहीं है।

7. दुनियावी हरियाली तो वसन्त आने पर पैदा होती है और पतझड़ के समय मर जाती है,
प्रेम का बाग़ीचा, आने जाने वाली क्षणभंगुर बहार से कोई सहायता नहीं लेता।

---

75. कबीर

8. आन गुल कि अज़ बहार बुवद खार यारे ऊस्त
वा,न मै कि अज़ असीर बुवद बी ख़ुमार नीस्त

9. नज़्ज़ारे गू मबाश दर ईन् राहे इन्तज़ार
व,ल्लह कि हीच मर्ग बतर ज़् इन्तिज़ार नीस्त

10. बर नक़्दे क़ल्ब ज़न तू अगर क़ल्ब नीस्ती
ईन नुक्ते गूश कुन अगर-त गूशवार नीस्त

11. बर अस्बे तन म-लर्ज़ सुबुकतर पयादे शौ
पर्र-श दहद ख़ुदाय कि बर तन सवार नीस्त

12. अन्दीशे रा रिहा कुन् ओ दिल-सादे शौ तमाम
चून रू ए आइने कि बे नक़्शो निगार नीस्त

13. चून सादे शुद ज़ नक़्श हमे नक़्श हा दर् ऊ स्त
आन् सादे रू ज़ रू ए कसी शर्मसार नीस्त

14. चून् रू ए आहनीन् ज़ सफ़ा ईन हुनर बयाफ़्त
ता रू ए दिल चे याबद कू रा ग़ुबार नीस्त

15. गूयम चे याबद ऊ, न न गूयम ख़मुश बेह् अस्त
ता दिलसितान् नगूयद कू राज़दार नीस्त

8. वह फूल जो वसन्त में पैदा होता है काँटे उसके साथी होते हैं,
और वह शराब जो दुनियावी रसों से निकाली जाती है, सरदर्द ही देती है।

9. सारे नज़ारों से कह दो कि वे इस इन्तज़ार के रास्ते में न रहें।
ख़ुदा क़सम, इन्तज़ार से बदतर और कोई मौत नहीं होती।

10. अगर तुम झूठे नहीं हो तो मेरी बात को अपने हृदय की सम्पत्ति पर छाप लो
मेरे (निम्नलिखित) विचार को कान में सजा लो अगर तुम्हारे पास कर्णाभूषण नहीं है।

11. अपने शरीर के घोड़े पर चढ़ कर अहंकारी बन मत घूमो, हल्के होकर पैदल चलो।
वे लोग जो शरीर पर सवार नहीं होते, परमेश्वर उन्हें पंख दे देता है।

12. अपने विचारों को छोड़ दो और अपने हृदय को पूरी तरह स्वच्छ कर लो—
उस दर्पण के तल की तरह जिसमें बेल-बूटे और कशीदाकारियाँ न बनी हों।

13. जब सारे छाप दिल से साफ़ हो जाते हैं तो सभी तरह के रहस्य उसमें दीखने लगते हैं
वह सादा-दिल व्यक्ति किसी से भी शर्मिन्दा नहीं होने पाता

14. सोचो, जब लोहे को घिस देने से इतनी स्वच्छता प्राप्त करके कुशल दर्पण बन जाता है—
तो हृदय का तल जब धूल-मिट्टी से रहित हो जाएगा तो क्या ख़ूब चमक पा लेगा!

15. अच्छा, मैं बताऊँ वह क्या पा लेगा? नहीं नहीं, रहने दो, नहीं बताऊँगा। चुप रहना बेहतर है,
वरना मेरा महबूब कहने लगेगा कि मैं राज़दार नहीं हूँ

17. रुख़ अन्दर रुख़[76]

1. आनान कि तलबकारे ख़ुदा-ईद, ख़ुदा-ईद
   हाजत बे तलब नीस्त शुमा-ईद शुमा-ईद

2. चीज़ी कि नकर्दीद गुम् अज़ बहे चे जूयीद
   कस ग़ैरे शुमा नीस्त कुजा ईद कुजा-ईद?

3. दर ख़ाने नशीनीद ओ मगर्दीद बे हर दर
   ज़ीरा कि शुमा ख़ाने ओ हम ख़ाने ख़ुदा-ईद

4. ज़ात्-ईद ओ सिफ़ात्-ईद गही अर्श गही फ़र्श
   दर ऐने बक़ा-ईद ओ मुबर्रा ज़ फ़ना-ईद

5. इस्म्-ईद ओ हरूफ़्-ईद ओ कलाम्-ईद ओ किताब्-ईद
   जिब्रीले अमीन्-ईद ओ रसूलाने समा-ईद

6. ख़ाहीद बेबीनीद रुख़ अन्दर रुख़े माशूक़
   ज़ंगार ज़ आईने बे सैक़ल बेजुदाईद

7. हर रम्ज़ कि मौला बेसरायद बे हक़ीक़त
   मी दान कि बेदान रम्ज़ सज़ा ईद सज़ा ईद

8. शम्सुल्हक़े तबरीज़ चू सुल्ताने जहानी
   आन-हा कि तलबकारे सख़ा-ईद कुजा-ईद?

---

76. छन्द 4—ऽ ऽ॥ ऽ ऽ॥ ऽ ऽ॥ ऽ ऽ

17. तोचि भगवन्ताची मुर्ती[77]

1. तुम लोग, जो कि ईश्वर की खोज में लगे हो, ख़ुद ही ईश्वर हो
तुम्हें उसे खोजने की ज़रूरत ही नहीं है। वह तुम्हीं हो! वह तुम्हीं हो!!

2. जिसे तुमने खोया ही नहीं, उस चीज़ को खोज क्यों रहे हो?
तुम्हारे सिवा कोई और है ही नहीं, तुम कहाँ हो? तुम कहाँ हो??

3. अपने घर में बैठो और दर-दर मत भटको,
क्योंकि यह घर भी तुम्हीं हो और ख़ुदा का घर (काबा) भी तुम्हीं हो।

4. तुम्हीं अस्तित्व हो और उस पर लगने वाले विशेषण भी तुम्हीं हो।
तुम कभी उच्चतम आसमान बन जाते हो तो कभी निम्नतम ज़मीन।
तुम स्वयं अमृतत्व हो और नाश की आशंकामात्र से रहित हो।

5. नाम तुम्हीं हो, नामों में प्रयुक्त वर्ण तुम्हीं हो, और किताब तुम्हीं हो,
ईश्वरीय धरोहर के रक्षक जिब्रील तुम्हीं हो और आसमानों से भेजे जाने वाले
पैग़म्बर भी तुम्हीं हो।

6. अगर तुम्हें अपने मा,शूक़ के चेहरे में अपना चेहरा देखना है—
तो रेगमाल से अपने हृदय-दर्पण पर लगे ज़ंग को माँज दो।

7. स्वामी (परमेश्वर) अपनी सत्ता के बारे में जिन-जिन रहस्यों का वर्णन करता है,
यह जान लो कि उन सभी रहस्यों की योग्यता तुममें है।

8. शम्स तबरेज़ संसार के सम्राट् की तरह हैं,
जिनको उदारता की खोज है—वे लोग कहाँ हैं?

---

77. सन्त तुकाराम (वही भगवान का स्वरूप है।)

78. जिब्रील सबसे बड़े फ़रिश्ते का नाम है, जिसके हाथ ईश्वर अपना सन्देश पैग़म्बरों तक पठाता है।

18. आज़ूबे ए रब्बानी[79]

1. जाना! बे ग़रीबिस्तान चन्दीन बे चे मी मानी?
   बाज़् आ तू अज़् ईन ग़ुर्बत ता चन्द परीशानी?

2. सद नामे फ़रिस्तादम, सद राह निशान् दादम
   या नामे नमी ख़ानी, या राह नमी दानी

3. गर नामे नमी ख़ानी ख़ुद नामे तोरा ख़ानद
   व,र राह नमी दानी ख़ुद पंजे ए रह दानी

4. बाज़ आ कि दर् आन महबस क़द्रे तो नदानद कस
   बा संग-दिलान मनशीन चून् गौहरे ईन् कानी

5. ऐ अज़ दिलो जान रस्ते! दस्त अज़ दिलो जान शुस्ते
   अज़ दामे जहान जस्ते बाज़ आ कि ज़ बाज़ानी

6. हम आबी ओ हम जूई हम आब हमी जूई
   हम शीरो हम आहू ई हम बेहतर अज़ ईशानी

7. चन्द अस्त ज़ तू ता जान् तू तुर्फ़ेतर्-ई या जान?
   आमीख़्ते ई बा जान या परतवे जाननी

8. नूरे क़मरी दर शब क़न्दो शकरी दर लब
   या रब चे कसी या रब आज़ूबे ए रब्बानी

---

79. छन्द संख्या 4—ऽऽ ॥ऽऽ ऽ ऽऽ ॥ऽऽ ऽ

18. अमृत स्त्रोत का उद्‌गम बिन्दु—

1. मेरे प्यारे! इस उजाड़ में कब तक रहोगे और क्यों रहोगे?
इस परदेस से लौट आओ! कब तक यूँ ही परेशान फिरते रहोगे?

2. मैंने तुमको मिलन के लिए सैकड़ों चिट्‌ठियाँ भेजीं और हज़ारों रास्ते दिखाए,
लेकिन, या तो तुम मेरे पत्रों को पढ़ते ही नहीं या फिर रास्ता ही नहीं समझ पाते।

3. अगर तुम चिट्‌ठी नहीं पढ़ोगे तो भी एक दिन ख़ुद चिट्‌ठी तुम्हें पढ़ लेगी,
और, अगर तुम रास्ता नहीं पाओगे तो भी एक दिन अपने को रास्ते के पंजे में पाओगे।

4. लौट आओ, क्योंकि उस कारागार में तुम्हारी क़द्र जानने वाला कोई नहीं है।
पत्थरदिल लोगों के साथ मत बैठो क्योंकि तुम इस खान के बेहतरीन हीरे हो।

5. तुम हृदय और प्राण दोनों से मुक्त हो चुके हो। अब दोनों ही से अपने हाथ धो चुके हो,
तुम संसार के जाल से छूट चुके हो। अब लौट आओ क्योंकि तुम (कबूतर नहीं) बाज़ हो।

6. तुम जल भी हो और जलस्त्रोत भी हो और जल की खोज भी कर रहे हो,
तुम शेर भी हो और हिरन भी और इन दोनों से बेहतर भी हो।

7. तुम्हारे और आत्मा में कितनी दूरी है? तुम ज्यादा आश्चर्यजनक हो या आत्मा?
तुम आत्मा से मिश्रित हो या प्राणों के प्राण प्रियतम के प्रतिबिम्ब हो?

8. तुम रात में चन्द्रमा के प्रकाश हो, होठों पर कन्द और शक्कर हो।
हे प्रभु! हे प्रभु! तुम कौन हो? तुम ईश्वरीय आश्चर्य हो।

9. हर दम ज़े तो ज़ीब् ओ फ़र अज़ मा दिल् ओ जान् ओ सर
बाज़ार चुनीन् ख़ुशतर ख़ुश बेद्ही ओ बिस्तानी

10. अज़ इश्क़े तो जान बुर्दन व,ज़ मा चू शकर मुर्दन
ज़हृ अज़ कफ़े तो ख़ुर्दन सर चश्मे ए हैवानी

9. तुम्हारे सौन्दर्य और भव्यता पर मेरे हृदय, प्राण और सिर हर पल न्यौछावर होते रहें। अगर हमारे बीच इस तरह का लेन-देन चलता रहे तो यह सारा बाज़ार बहुत ही मंगलमय हो जाएगा।

10. तुम्हारा प्रेम हमारे प्राण लेता है और हम शक्कर की तरह मधुर मृत्यु को प्राप्त होते हैं।
तुम्हारी हथेली से ज़हर खा पाना अमृत के स्रोत का उद्गम बिन्दु है।

19. बेमीरीद! बेमीरीद!![80]

1. बेमीरीद! बेमीरीद!! दर ईन इश्क़ बेमीरीद!
   दर ईन इश्क़ चु मुर्दीद हमे रूह पज़ीरीद

2. बेमीरीद बेमीरीद व,ज़् ईन मर्ग मतर्सीद
   क,ज़् ईन ख़ाक बर आईद समावात बेगीरीद

3. बेमीरीद बेमीरीद व,ज़ीन नफ़्स बेबुर्रीद
   कि ईन नफ़्स चु बन्द-स्त ओ शुमा हमचू असीर्-ईद

4. यकी तीशे बेगीरीद पये हुफ़्रे ए ज़िन्दान
   चू ज़िन्दान बिशिकस्तीद हमे शाह् ओ अमीर्-ईद

5. बेमीरीद बेमीरीद बेपीशे शहे ज़ीबा
   बरे शाह चू मुर्दीद हमे शाहो शहीर्-ईद

6. बेमीरीद बेमीरीद व,ज़ीन् अब्र बर आईद
   चू ज़ी,न अब्र बरायीद हमे बद्रे मुनीर्-ईद

---

80. छन्द संख्या—2— ।ऽऽ॥ऽऽ॥ऽऽ॥ऽऽ

19. मरो मरो! हे जोगी मरो!! मरण है मीठा[81]

1. मिटा दो ख़ुद को! मिटा दो!! इस इश्क़ में—
   अगर तुम इस प्रेम में मर सके तो प्राणमय हो जाओगे!

2. मिटा दो ख़ुद को! मिटा दो!! इस तरह के मरने से बिल्कुल मत डरो, क्योंकि इस तरह मरने से तुम इस पस्त मिट्टी से उठकर आसमानों तक पहुँच पाओगे।

3. मिटा ख़ुद को! मिटा दो!! और इस वासना से मुक्त हो जाओ,
   क्योंकि यह वासना बन्धन की तरह है जिसमें तुम एक क़ैदी की तरह हो।

4. इस क़ैदख़ाने में सेंध मारने के लिए एक फावड़ा उठा लो,
   अगर तुमने यह कारागार तोड़ डाला तो समझो, शाहों के शाह हो गए।

5. मिटा दो ख़ुद को! मिटा दो!! उस सौन्दर्य सम्राट के आगे
   अगर सम्राट की बाहों में मर गए तो समझो पूर्णतः सम्राट हो जाओगे।

6. मिटा दो ख़ुद को! मिटा दो!! और इस घने बादल से बाहर निकल आओ,
   ज्यों ही तुम इस बादल से बाहर आए बिल्कुल सम्पूर्ण चन्द्र बन जाओगे।

---

81. गोरखनाथ

20. बी साजिद सजूदी[82]

1. दाद जारूबी बे दस्त-म आन निगार
   गुफ़्त क,ज़ दर्या बर अंगीज़ान् ग़ुबार

2. बाज़ आन जारूब रा ज़्,आतश बेसूख़्त
   गुफ़्त क,ज़ आतश तू जारूबी बर आर

3. कर्दम अज़ हैरत सजूदी पीशे ऊ
   गुफ़्त बी साजिद सजूदी ख़ुश बियार

4. आह बी साजिद सजूदी चून् बुवद ?
   गुफ़्त-बी चून बाशद् ओ बी ख़ार ख़ार

5. गरदनक रा पीश कर्दम गुफ़्तम-श
   साजिदी रा सर बेबुर अज़ ज़ुल्फ़िक़ार

6. तीग़ ता ऊ बीश ज़द सर बीश शुद
   ता बरुस्त अज़ गर्दन-म सर सद हज़ार

7. मन चराग़ो हर सरम हमचू फ़तील
   हर तरफ़ अन्दर गिरफ़्ते अज़ शरार

8. शम्अ-हा मी वरशद अज़ सर-हा ए मन
   शर्क़ ता मग़रिब गिरफ़्ते अज़ क़तार

---

82. छन्द 12—ऽ।ऽ ऽ ऽ।ऽ ऽ ऽ।ऽ

20. सिर काटे सिर होय[83]

1. उस छबीले यार ने मेरे हाथ में झाड़ू पकड़ा दिया,
   और कहा कि इस समुद्र से ग़ुबार को साफ़ करो।

2. फिर उसने उस झाड़ू को आग में जला दिया,
   और कहा—कि अब आग से झाड़ू निकाल लाओ।

3. चकित हो मैंने सिजदा किया,
   उसने पलटकर कहा—ऐसा सिजदा करो जिसमें कोई सिजदा करने वाला ही न रह जाय।

4. (मैंने पूछा) अरे! बिना साजिद के सिजदा कैसा होता है?
   उसने कहा—ऐसा सिजदा दुई के संशय से रहित और निष्कण्टक होता है।

5. मैंने अपनी गर्दन उसके सामने लाकर कहा—
   सिजदा करने वाले का सिर दोमुँही तलवार से काट डालो।

6. जितनी बार उसने तलवार चलाई सिर अधिक होते गए।
   यहाँ तक कि मेरी गर्दन पर सौ हज़ार सिर उग आए।

7. मैं दिये की तरह हूँ और मेरे सारे सिर बत्तियों की तरह हैं
   जिसमें हर तरफ़ ज्वालाएँ लगी हुई हैं।

8. अब तो मेरे सरों से दिये ही दिये बरसते हैं।
   उन दियों से पूरब से पच्छिम तक कतारें बँध गई हैं।

---

83. कबीरदास

21. नज़्दे कसी[84]

1. दिला नज़्दे कसी बेन्शीन् कि ऊ अज़ दिल ख़बर दारद
बे नज़्दे आन् दरख़्ती रौ कि ऊ गुल-हा ए तर दारद

2. दर् ईन बाज़ारे अत्तारान् मरौ हर सू चु बीकारान
बे दुक्काने कसी बेन्शीन् कि दर् दुक्कान् शकर दारद

3. तराज़ू गर न दारी पस तुरा ज़ू रह ज़नद हर कस
यकी क़ल्बी बे-आरायद तू पिन्दारी कि ज़र दारद

4. तुरा बर दर निशानद ऊ ब तर्रारी कि मी आयद
तु मन्शीन मुन्तज़िर बर दर कि आन ख़ाने दो दर दारद

5. बे हर दीगी कि मी जूशद म-यावर कासे ओ म-न्शीन
कि हर दीगी कि मी जूशद दरून चीज़ी दिगर दारद

6. न हर किल्की शकर दारद न हर ज़ीरी ज़बर दारद
न हर चश्मी नज़र दारद न हर बह्री गुहर दारद

7. बेनाल ऐ बुलबुले दस्तान! अज़ीरा नाले ए मस्तान
मियाने सख़्रे ओ ख़ारा असर दारद असर दारद

8. बेनेह सर गर न मी गुंजी कि अन्दर चश्मे ए सूज़न
अगर रिश्ते न मी गुंजद अज़् आन बाशद कि सर दारद

84. छन्द संख्या—1— । ऽ ऽ ऽ । ऽ ऽ ऽ । ऽ ऽ ऽ । ऽ ऽ ऽ

21. सत्संगतिः कथय किं न करोति[85]

1. ऐ दिल, तू ऐसे किसी के पास बैठ जिसे दिलों की ख़बर हो।
   तू किसी ऐसे पेड़ के पास जा, जिसमें तरो-ताज़ा फूल लगे हों।

2. इन पंसारियों की दुकानों के चारों ओर फ़िज़ूल लोगों की तरह मत भटक।
   तू उसकी दुकान पर बैठ जिसकी दुकान में शक्कर हो, मधु हो।

3. अगर तुम्हारे पास (विवेक रूपी) तराज़ू नहीं हुआ तो इस बाज़ार में तुम्हें कोई भी, कभी भी ठग लेगा।
   खोटा सिक्का सजा बजा कर, कोई भी तुम्हारे पास ले आएगा, और तुम्हें लगेगा—कि ये सोना है।

4. तुमको वह चालाकी से दरवाज़े पर बैठा देगा कि ''बैठो, मैं अभी आया।''
   तुम दरवाज़े पर उसे निहारते मत रह जाना, क्योंकि उसके घर में दो दरवाज़े हैं।

5. हर उबलते हुए कड़ाहे के पास अपनी भीख की कटोरी लेकर न बैठ जाना,
   ज़रूरी नहीं कि हर पकते हुए कड़ाहे में तुम्हारी मनचाही चीज़ ही पक रही हो।

6. हर गन्ने में शक्कर नहीं होता, हर गिरावट के साथ उठान नहीं लगी होती।
   हर आँख के पास नज़र नहीं होती और हर समन्दर में मोती नहीं हुआ करते।

7. पुकार! ऐ सुरीली कोयल पुकार!! क्योंकि प्रेम में डूबी हुई पुकार का असर-पत्थरों पर भी हो जाता है।

8. अगर (प्रेम के राज्य में) तुम्हारा गुज़र नहीं हो पा रहा है तो अपना सर झुका कर प्रवेश करने की कोशिश करो।
   क्योंकि अगर धागे के सिर पर गाँठ हुई तो वह सुई की आँख में नहीं घुस पाता।

---

85. बताओ, सत्संगति क्या नहीं कर देती? (भर्तृहरि)

9. चराग़-स्त ईन दिले बीदार् बे ज़ीरे दामन-श मी दार
अज़् ईन बाद् ओ-हवा बुग्ज़र हवाय-श शूर ओ शर दारद

10. चु तू अज़ बाद बुग्ज़श्ती मुक़ीमे चश्मे ई गश्ती
हरीफ़े हमदमी गश्ती कि आबी बर जिगर दारद

11. चू आब-त बर जिगर बाशद दरख़्ते सब्ज़ रा मानी
कि मीवे नौ दहद दाइम दरूने दिल सफ़र दारद

9. यह जागृत हृदय दिये की तरह होता है। इसे अपने आँचल में छिपाकर रखो। इच्छाओं की हवा से बच कर निकल जाओ। क्योंकि ये हवाएँ इस हृदय में उपद्रव और ख़राबी पैदा कर देती हैं।

10. अगर तुम इस हवा से बच कर निकल गए तो समझो कि जीवन स्रोत के पास तुमने घर बना लिया।
और फिर उस प्रिय के साथ लग गए जिसके हृदय में रस ही रस है।

11. जब तुम्हारा हृदय भी सरस हो जाएगा तो तुम भी उस हरे भरे पेड़ की तरह हो जाओगे—
जो कि हमेशा फल देता है और अपने अन्दर ही अन्दर सफ़र करता रहता है।

22. दीदे ए दिल दीदे[85]

1. आशिक़ शुदे ई ऐ दिल, सौदा-त् मुबारक बाद
   अज़ जानो मकान रस्ती, आन्जा-त मुबारक बाद

2. अज़ हर दो जहान बुग्ज़र, तन्हा ज़न् ओ तनहा ख़्वर
   ता मुल्क् ओ मलक गूयन्द "तन्हा-त मुबारक बाद"

3. कुफ़्र-त हमगी दीन शुद तल्ख़-त हमे शीरीन् शुद
   हल्वा शुदे ई कुल्ली हल्वा-त मुबारक बाद

4. दर ख़ानक़हे सीने ग़ौग़ा-स्त फ़क़ीरान् रा
   ऐ सीने ए बी कीने ग़ौग़ा-त मुबारक बाद

5. ईन् दीदे ए दिल-दीदे अश्की बुदो दर्या शुद
   दर्या-श हमी गूयद दर्या-त मुबारक बाद

6. ऐ आशिक़े पिन्हानी आन् यार क़रीन-त बाद
   ऐ तालिबे बालाई, बाला-त मुबारक बाद

7. ऐ जाने पसन्दीदे, जूयीदे व कूशीदे
   परहा-त बेरूयीदे परहा-त मुबारक बाद

8. ख़ामुश कुनो पिन्हान् कुन बाज़ार निकू कर्दी
   काला ए अजब बुर्दी काला-त मुबारक बाद

---

85. छन्द 3—ऽ ऽ॥ ऽ ऽ ऽ ऽ ऽ॥ ऽ ऽ ऽ

22. आशिक़ी मुबारक!

1. इश्क़ हो गया है तुम्हें ऐ दिल! तुम्हारा यह जुनून तुम्हारे लिए मुबारक हो। जहाँ (प्रेम के राज्य में) जाकर तुम जानो जहान से छूट गए, वह जगह तुम्हारे लिए मुबारक हो।

2. अब तो तुम दोनों जहान से किनारा कर लो। अकेले ही ढालो-अकेले ही पिओ ताकि इस संसार के आदमी और उस संसार के फ़रिश्ते, दोनों कह उठें— तुम्हारी तनहाई तुम्हारे लिए मुबारक हो।

3. तुम्हारा सारा अधर्म धर्म में बदल गया, तुम्हारी सारी कटुता मधुरता में बदल गई तुम नख से सिख तक हल्वा बन गए हो। यह हल्वा तुम्हें मुबारक हो।

4. दिल के ख़ानक़ाह में फ़क़ीरों का शोरो गुल मचा हुआ है
   ऐ मेरे निर्बैर दिल! ये शोरो गुल तुम्हें मुबारक हो।

5. मेरी आँखों ने मेरे दिल को देख लिया है। पहले ये आँखें आँसू थीं अब समन्दर हो गई हैं।
   इन आँखों का दरिया तुमसे कहता है कि ये दरिया तुम्हें मुबारक हो।

6. ऐ छिपे हुए आशिक़! तुम्हारा यार तुम्हारे नज़दीक हो जाये।
   ऐ ऊँचाई की ख़ाहिश रखने वाले! तुम्हारा क़द तुम्हें मुबारक हो।

7. ऐ मेरे प्रेमास्पद प्राण! तुमने बहुत खोज की, बहुत मेहनत की।
   अब तुम्हारे पंख उग आए हैं। ये पंख तुम्हें मुबारक हों।

8. अब चुप भी हो जाओ, अब बन्द भी करो। प्रेम के बाज़ार में तुमने लाभ ही लाभ कमाये। अद्‌भुत चीज़ें ख़रीद लीं तुमने। तुम्हारी ख़रीद तुम्हें मुबारक हो।

23. आबे हयाते इश्क़[86]

1. आबे हयाते इश्क़ रा दर रगे मन रवाने कुन
आइने ए सबूह रा तर्जुमे ए शबाने कुन

2. ऐ पिदरे निशाते नौ! दर रगे जाने मा बोरौ
जामे फ़लकनुमाय् शौ, व,ज़ दो जहान् कराने कुन

3. ऐ! ख़िरद-म शिकारे तू! तीर ज़दन शुआरे तू
शस्ते दिल-म बे दस्त कुन जाने मरा निशाने कुन

4. गर असस़े ख़िरद तो रा मन्अ कुनद अज़् ईन रविश
हीले कुनो अज़ू बिजह दफ़्अ देह-श, बहाने कुन

5. ऐ कि ज़े ला,बे अख़्तरान् मात् ओ पयादे गश्ते ई
अस्ब गुज़ीन्, फ़ुरूज़ रुख़ जानिबे शह दवाने कुन

6. ख़ीज़, कुलाहे कज़ बिनेह, व,ज़ हमे दाम-हा बेजेह
बर रुख़े रूह बूसे देह ज़ुल्फ़े निशात शाने कुन

7. चून्कि ख़याले ख़ूबे ऊ ख़ाने गिरिफ़्त दर दिल-त
चून तू ख़याल गश्ते ई दर दिलो अक़्ल ख़ाने कुन

---

86. छन्द 17—ऽ॥ ऽ । ऽ । ऽ ऽ॥ ऽ । ऽ । ऽ

23. आत्मा के गाल पर चुम्बन

1. प्रेम के अमृत को हमारी नसों में प्रवाहित करो,
जो रात में बीती, सुबह के शराब के आइने को उसका अनुवादक बनाओ।

2. तुम हमारे इस नए आनन्द के जनक हो, हमारी आत्मा की धमनियों में बहो। तुम वह जाम बन जाओ जिसमें सारे आसमान दिखाई पड़ने लगें और फिर दोनों जहान से किनारा कर लो।

3. तुम्हारी तीर चलाने की आदत ने मेरी बुद्धि को अपना शिकार बना लिया है। मेरे दिल का कमान अपने हाथों में लो और मेरी आत्मा को भी अपना निशाना बना डालो।

4. अगर तुम्हारा अक़्ल पहरेदार की तरह तुम्हें ऐसा करने से रोकता है
तो कोई भी बहाना करके, किसी भी तरीक़े से, या तो उससे भाग जाओ या उसे भगा दो।

5. तुम सितारों के उलझाऊ खेल में हार कर पैदल हो गए हो।
अब अपना घोड़ा ख़ुद चुनो और चमकते हुए चेहरे के साथ शह (प्रिय) की ओर दौड़ पड़ो

6. उठ जाओ, अपनी तिरछी टोपी पहन लो और सभी बन्धनों से छलांग लगा लो। आत्मा के गालों पर चुम्बन जड़ दो और आनन्द के बालों में कंघी करो।

7. उस प्रिय के हसीन ख़यालों ने अगर तुम्हारे दिल में घर बना लिया है
तो तुम भी ख़याल की तरह होकर (उसके) दिल और अक़्ल में घर बना लो।

8. शश जिहत-स्त ईन् वतन क़िब्ले दर् ऊ यकी मजू
बी-वतनी,स्त क़िब्ला-गह, दर अदम् आशियाने कुन

9. कुहने गर,स्त ईन् ज़मान् उम्रे-अबद म-जू दर् आन
मरतए उम्रे ख़ुल्द रा ख़ारिजे ई ज़माने कुन

10. हस्त ज़बान् बिरूने दर, हल्क़ा-ए-दर चि मी शवी
दर बिशिकन् बे जाने तू सू-ए-रवान रवाने कुन

8. तुम्हारा घर छहों दिशाओं में है। तुम किसी एक दिशा में क़िब्ला (प्रार्थना की दिशा) मत खोजो।
तुम्हारा क़िब्ला बे-वतनी है। अपना घर अनस्तित्व में बसाओ।

9. काल का काम ही है बूढ़ा बनाना। इसलिए अनन्त जीवन की इच्छा मत रखो। स्वर्ग के हरे भरे निरन्तर जीवन को इसी क्षण पर न्यौछावर कर दो।

10. भाषा दरवाज़े से बाहर की वस्तु है। तुम दरवाज़े की कुंडी क्यों बन रहे हो? जान भर जोर लगा कर दरवाज़ा तोड़ डालो और आत्मा की ओर दौड़ पड़ो।

24. मन् ओ ऊ[87]

1. गुफ़्ता कि कीस्त बर दर? गुफ़्तम-कमीन् ग़ुलाम-त
गुफ़्ता-चे कार दारी? गुफ़्तम-महा! सलाम-त

2. गुफ़्ता-के चन्द रानी? गुफ़्तम-के ता बेख़ानी
गुफ़्ता-के चन्द जूशी? गुफ़्तम-के ता क़यामत

3. दावा ए इश्क़ करदम सौगन्द-हा बेख़ुर्दम
क,ज़ इश्क़ यावे करदम मन मुल्कत् ओ शहामत

4. गुफ़्ता- बराये दा,वा क़ाज़ी गवाह ख़ाहद
गुफ़्तम- गवाह अश्क-म, ज़र्दी ए रुख़ अलामत

5. गुफ़्ता-गवाह जरह-स्त तर दामन-स्त चश्म-त
गुफ़्तम-बफ़र्रे अद्ल-त अद्ल,न्दो बीग़रामत

6. गुफ़्ता-चे अज़्म दारी? गुफ़्तम-वफ़ा व यारी
गुफ़्ता-ज़े मन चे ख़ाही? गुफ़्तम कि लुत्फ़े आम-त

7. गुफ़्ता-के बूद हमरह? गुफ़्तम-ख़ियाल-त ऐ शह
गुफ़्ता-के ख़ान्द-त् ईन् जा? गुफ़्तम-कि बूए जाम-त

8. ख़ामूश! गर बजूयम मन नुक़्ताहा ए ऊ रा
अज़ ख़ीशतन बर् आई नैं दर बुवद न बाम-त

---

87. छन्द 14—ऽ ऽ।ऽ।ऽ ऽ ऽ ऽ।ऽ।ऽ ऽ

24. सहृदय हृदय संवाद

1. उसने पूछा—कौन है दरवाज़े पर ? मैंने कहा—मैं, तुम्हारा तुच्छ ग़ुलाम।
उसने पूछा—क्या काम है तुम्हें ? मैंने कहा—हे प्रिय, बस तुम्हें सलाम करना है।

2. उसने पूछा—कब तक ऐसे आते रहोगे ? मैंने कहा—जब तक तुम बुलाते रहोगे।
उसने पूछा—कब तक ऐसे उबलते रहोगे ? मैंने कहा—क़यामत तक।

3. मैंने उसके सामने अपने आशिक़ होने के दावे किए और उसके लिए क़समें खायीं,
मैंने उससे कहा कि मैंने तुम्हारे प्रेम में मुल्क और जवाँमर्दी सब गवाँ दी।

4. उसने कहा—दावे को पुष्ट करने के लिए क़ाज़ी (न्यायाधीश) को गवाह की ज़रूरत होती है।
मैंने जवाब दिया—मेरे आँसू गवाह हैं और मेरा पीला पड़ा चेहरा प्रेम की निशानी है।

5. उसने प्रतिवाद किया तुम्हारा गवाह झूठा है क्योंकि ख़ुद उसका दामन तर है।*
मैंने कहा—तुम्हारे उदार न्याय के कारण ये सारे गवाह सच्चे और विश्वास योग्य हैं।

6. उसने पूछा—तुम्हारी क्या नीयत है ? मैंने कहा—तुम्हारे प्रेम और मित्रता की इच्छा
उसने पूछा—मुझसे क्या चाहते हो ? मैंने कहा—मैं तुम्हारी वही कृपा चाहता हूँ जो सर्वसाधारण पर बरसती है।

7. उसने पूछा—तुम किसके साथ आए हो ? मैंने कहा—ऐ शाहंशाह, मेरे साथ बस आपका ख़याल था।
उसने पूछा—तुम्हें यहाँ किसने बुलाया ? मैंने कहा—तुम्हारे जाम की ख़ुशबू ने।

8. (ऐ सुनने वाले !) चुप रहो, अधिक मत पूछो। क्योंकि मैं अगर उसके रहस्यों को बताने लग जाऊँ—
तो तुम भी अपने आप से हाथ धो बैठोगे। न तो तुम्हारे पास तुम्हारा दरवाज़ा बचेगा और न ही छत।

* दामन का तर होना शराबी होने की ओर संकेत करता है, जो गवाह नहीं बन सकता।

25. चुनीन् ओ चुनान्[88]

1. मन अज़ आलम तु-रा तनहा गुज़ीनम्
रवादारी के मन ग़मगीन् नशीनम् ?

2. दिले मन चून् क़लम अन्दर कफ़े तू,स्त
ज़े तू,स्त् अर शादमान् ओ गर हज़ीनम्

3. बजुज़ आन्-चे* तू ख़ाही मन चे ख़ाहम् ?
बजुज़ आन्-चे* नुमाई मन चे बीनम ?

4. गह् अज़ मन ख़ार रूयानी गही गुल
गही गुल बूयम् ओ गह् ख़ार चीनम्

5. मरा गर तू चुनान् दारी चुनानम्।
मरा गर तू चुनीन् ख़ाही चुनीनम्॥

6. चु तू पिन्हान् शवी अज़ अह्ले कुफ़्रम्।
चु तू पैदा शवी अज़ अह्ले दीनम्॥

7. बजुज़ चीज़ी कि दादी मन चे दारम्।
चे मी जूई ज़े जीबो आस्तीनम्॥

---

88. छन्द 5— । ऽ ऽ ऽ । ऽ ऽ ऽ । ऽ ऽ

* यहाँ चे का उच्चारण दीर्घ किया जाएगा।

25. मत्प्राणनाथस्तु स एव नापरः[89]

1. सारी दुनिया से मैंने केवल तुझ एक को चुना है।
   इस पर भी, क्या तुमको यह अच्छा लगेगा कि मैं दुःखी होकर बैठूँ?

2. मेरा दिल तुम्हारी हथेली में ऐसे ही है, जैसे लिखने वाले हाथ में क़लम,
   अगर मैं ख़ुश होऊँ या दुखी होऊँ सबमें बस तुम्हीं कारण हो।

3. जो चीज़ तुम नहीं चाहते, मैं उसे कैसे चाह सकता हूँ?
   जिस चीज़ को तुम न दिखाओ, उसे मैं कैसे देख सकता हूँ?

4. कभी तो तुम मुझसे काँटे उगवाते हो और कभी फूल खिलाते हो,
   लिहाज़ा, कभी मुझे फूल सूँघना होता है और कभी काँटा चुनना होता है।

5. मुझे अगर तुम वैसे रखो तो मैं वैसा रहूँगा,
   मुझे अगर तुम ऐसे रखो तो मैं ऐसा रहूँगा।

6. अगर तुम मुझसे छिप जाओ तो मैं काफ़िर हो जाता हूँ,
   अगर तुम मुझ पर प्रकट हो जाओ तो मैं धार्मिक हो जाता हूँ।

7. तुमने जो चीज़ें मुझे दी हैं उनके अलावा मेरे पास और है ही क्या?
   आख़िर तुम मेरे जेब और आस्तीन की तलाशी क्या ले रहे हो?

---

89. मेरे प्राणों का स्वामी तो वही है और दूसरा नहीं (महाप्रभु चैतन्य, शिक्षाष्टक)

26. रूज़ो-शब[90]

1. दर हवाय-त बीक़रार-म रूज़ो-शब
   सर ज़ पाय-त बर नदारम रूज़ो-शब

2. रूज़ो-शब रा हमचू ख़ुद मजनून कुनम
   रूज़ो-शब रा कै गुज़ारम रूज़ो-शब

3. जानो-दिल अज़ आशिक़ान् मी ख़ास्तन्द
   जानो-दिल रा मी सिपारम रूज़ो-शब

4. ता कि इश्क़-त मुतरिबी आग़ाज़ कर्द
   गाह चंग-म गाह तार-म रूज़ो-शब

5. मी ज़नी तू ज़ख़्मे ओ बर मी रवद
   ता ब गर्दून ज़ीरो-ज़ार-म रूज़ो-शब

6. ता बेनग्शाई बे क़न्द-त रूज़े-अम
   ता क़यामत रूज़े दारम रूज़ो-शब

7. चून् ज़ ख़ाने फ़ज़्ल रूज़े बिश्कनम
   ईद बाशद रूज़गार-म रूज़ो-शब

8. जाने रूज़ो जाने शब ऐ जाने तो!
   इन्तिज़ार-म इन्तिज़ार-म रूज़ो-शब

9. ज़ु,आन् शबी के वा,दे कर्दी रूज़ बा,द
   रूज़ो-शब रा मी शुमारम रूज़ो शब

---

90. छन्द 12—ऽ। ऽ ऽ ऽ। ऽ ऽ ऽ। ऽ

26. रात-दिन

1. तुम्हारे लोभ में व्याकुल हूँ मैं, रात-दिन!
अपने सर को तुम्हारे पैरों से उठा नहीं पाता हूँ मैं, न रात-न दिन।

2. मैंने रात और दिन को अपनी तरह मजनूँ बना लिया है।
अब बताओ ऐसे रात और दिन मैं कैसे गुज़ारूँ? रात-दिन।

3. माशूक़ आशिक़ों से जान और दिल चाह रहे थे,
इसलिए मैं उन पर अपने जान और दिल निसार करता हूँ, रात-दिन।

4. जबसे तुम्हारे प्रेम ने संगीत शुरू किया है,
तबसे मैं कभी चंग हो जाता हूँ तो कभी तार हो जाता हूँ, रात-दिन।

5. तू मिज़राब लगाता है, और उठ जाते हैं—
आसमान तक मेरे आहो-पुकार, रात-दिन।

6. जब तक तू अपने क़न्द जैसे लबों को चखाकर मेरा रोज़ा न खोल दे,
तब तक क़यामत के रोज़ तक मैं रोज़ा ही रखूँगा, रात-दिन।

7. जब मैं तुम्हारी रहम के दस्तरख़ान पर अपना रोज़ा तोड़ सकूंगा,
तब से मेरे दिन और रात रात-दिन ईद बन जायेंगे।

8. दिन की, रात की, और तुम्हारे प्राणों की क़सम,
मेरा पूरा अस्तित्व इन्तज़ार बन गया है रात-दिन।

9. जिस रात तुमने दूसरे दिन के लिए वायदा किया था,
उसी रात से मैं दिन रात गिन रहा हूँ, रात-दिन।

27. चून् ग़र्क़े बीचून्[91]

1. चि दानिस्तम कि इन् सौदा, मरा ज़्,ईन्सान् कुनद् मज्नून्
   दिलम रा दूज़ख़ी साज़द, दु-चश्मम रा कुनद् जैहून्

2. चे दानिश्तम के सैलाबी, मरा नागाह बेरुबायद
   चु कश्ती-अम दर् अन्दाज़द, मियाने क़ुल्ज़ुमे पुरख़ून्

3. ज़नद मौजी बर् आन कश्ती, के तख़्ते तख़्ते बिश्काफ़द
   के हर तख़्ते फ़ुरू रीज़द, ज़े गर्दिश-हा ए गूनागून

4. निहंगी हम बर् आरद सर, ख़ुरद आन आबे दर्या रा
   चुना,न दर्या ए बीपायान, शवद बी आब चून हामून्।

5. शिकाफ़द नीज़ आन् हामून निहंगे बह्र-फ़रसा रा
   कशद् दर् कार नागाहान्, बे दस्ते क़ह्र चून क़ारून्॥

6. चू ईन् तब्दील हा आमद्, न हामून् मान्दो नै दर्या।
   चे दानम् मन् दिगर् चुन् शुद्? के चून्, ग़र्क् अस्त दर् बी चून्॥

7. चे दानम-हा ए बिस्यार् अस्त, लीकिन मन न मी दानम्।
   के ख़ुर्दम अज़ दहान-बन्दी, दर् आन् दर्या कफ़ी अफ़्यून्॥

---

91. छन्द संख्या—1— । ऽ ऽ ऽ । ऽ ऽ ऽ । ऽ ऽ ऽ । ऽ ऽ ऽ

27. यज्ज्ञात्वा मत्तो भवति[92]

1. मुझे क्या पता था कि इश्क़ का यह फ़ितूर मुझे इस तरह से पागल बना देगा ? यह मेरे दिल को जहन्नम कर देगा और मेरी दोनों आँखों को जैहून सी नदी बना देगा।

2. मैं क्या जानता था कि एक सैलाब मुझे इस तरह अचानक झटक ले जाएगी, और मुझे ख़ून के समन्दर के बीच एक नाव की तरह डुबा देगी।

3. उस नाव पर भी कोई ऐसी लहर हमला करेगी कि उसका एक-एक पटरा अलग-अलग हो जाएगा।
और किस्म किस्म के भँवर में पड़ कर उसका हर एक पटरा पानी में धँस जाएगा।

4. और फिर एक मगरमच्छ सर उठाएगा जो उस समन्दर के सारे पानी को पी जाएगा और, वैसा असीम समन्दर रेगिस्तान की भाँति जलरहित हो उठेगा।

5. वह रेगिस्तान उस समुद्र को मथ देने वाले मगर को भी फाड़ डालेगा।
और उसे अपने ख़तरनाक हाथों से क़ारून[93] की तरह खाई में घसीट ले जाएगा

6. इन परिवर्तनों के हो जाने के बाद, न तो रेगिस्तान बाक़ी बचा होगा न ही समन्दर मुझे क्या मालूम कि उसके बाद क्या हुआ होगा ? क्योंकि उस समय सारे प्रश्न, प्रश्नहीनता में विलीन हो चुके होंगे।

7. कितनी सूचनाएँ हैं मेरे पास, लेकिन फिर भी मुझे कुछ नहीं मालूम
क्योंकि मैंने उस समुद्र से मुट्ठी भर मौन का अफ़ीम खा लिया है।

---

92. नारदभक्तिसूत्र 6 (जिसे जानकर मनुष्य आनन्द से मत्त हो जाता है।)

93. क़ारून एक लोभी राजा था जो अपने ख़ज़ाने के साथ धँस गया।

28. चश्मे ए हयात[94]

1. न गुफ़्तम-त मरव् आन् जा के आशना-त मनम् ?
दर् ईन सराबे फ़ना चश्मे ए हयात मनम्

2. व,गर बे ख़श्म रवी सद् हिज़ार साल ज़े मन्
बे आक़िबत बे मन् आई के मुन्तहा-त मनम्

3. न गुफ़्तम-त कि ब नक़्शे जहान् मशौ राज़ी
के नक़्शबन्दे सरापर्दे ए रज़ा-त मनम्

4. न गुफ़्तम-त कि मनम् बह्र ओ तू यकी माही
म-रौ बे ख़ुश्क कि दर्या ए बा-सफ़ात मनम्

5. न गुफ़्तम-त के चू मुर्ग़ान् बे सूये दाम मरौ
बिया के क़ुदरते परवाज़् ओ पर्रो पा-त मनम्

6. न गुफ़्तम-त के तुरा रह ज़नन्दो सर्द कुनन्द
कि आतिश् ओ तबिश् ओ गर्मी ए हवा-त मनम्

7. न गुफ़्तम-त कि सिफ़त-हा ए ज़िश्त दर तु नहन्द
कि गुम कुनी कि सरे चश्मे ए सिफ़ात मनम्

---

94. छन्द 21— ꜱ ꜱ ꜱꜱ ꜱ ꜱ ꜱꜱ

28. दुर्लभ बन्धु

1. मैंने तुमसे कहा नहीं था कि उस (दुनिया) की ओर मत जाना, क्योंकि तुम्हारा असली बन्धु मैं ही हूँ?
   यह जो विनाश की मृगतृष्णा है, उसमें अमृत का स्रोत मैं ही हूँ।

2. अगर मुझसे ग़ुस्सा होकर तुम सौ हज़ार बरस तक दूर भी क्यों न चले जाओ— लेकिन अन्ततः तुम मेरे पास ही आओगे, क्योंकि तुम्हारा प्राप्तव्य मैं ही हूँ।

3. मैंने तुमसे कहा था न, कि इस दुनिया के नक़्शो-निगार से सन्तुष्ट मत हो जाना?— क्योंकि तुम्हारी सन्तुष्टियों के राजमहल का नक़्क़ाश तो मैं ही हूँ।

4. तुमसे मैंने बताया नहीं था कि मैं समुद्र हूँ और तुम एक मछली की तरह हो? तुम सूखी ज़मीन की ओर मत भटक जाना, क्योंकि तुम्हारी अनुकूलता का स्थान केवल मैं ही हूँ।

5. नहीं बताया था मैंने तुम्हें कि पंछियों की तरह जाल की ओर मत जाना? मेरी ओर चले आना। क्योंकि तुम्हारे उड़ने की शक्ति, तुम्हारे पंख और पाँव सब मैं ही हूँ।

6. मैंने तुमको आगाह नहीं कर दिया था कि वे लोग तुम्हें लूट लेंगे और तुम्हें जड़ कर देंगे?
   तुम्हारे अन्दर की आग और तुम्हारी प्रवृत्ति की सक्रियता तो सिर्फ़ मैं हूँ।

7. मैंने नहीं कह दिया था कि वे लोग तुम में दुर्गुण भर देंगे?
   और तुम यह बात भूल जाओगे कि सद्गुणों का मूल स्रोत मैं (तुम) ही हूँ

8. न गुफ़्तम-त के मगू कारे बन्दे अज़् चे जिहत
निज़ाम गीरद, ख़ल्लाक़े बी जिहात मनम्॥

9. अगर चिराग़दिली दान् के राहे ख़ाने कुजा-स्त।
व,गर ख़ुदा सिफ़ती दान् के कदख़ुदा-त मनम्॥

8. यह प्रश्न मत उठाओ कि तुम्हारा काम बिना पर्याप्त साधनों के—
कैसे सम्भव होगा, क्योंकि मैं वह स्रष्टा हूँ जो बिना सामग्री के सृष्टि कर देता हूँ।

9. अगर तुम असल में रौशनदिल हो तो पता लगाओ कि तुम्हारे घर का रास्ता किधर से है
और अगर तुम ईश्वरीय गुणों से सम्पन्न हो तो समझ जाओ कि घर का मालिक कौन है।

29. दीवाने शौ दीवाने शौ[95]

1. हीलत रिहा कुन् आशिक़ान्, दीवाने शौ दीवाने शौ
   व,न्दर दिले आतश दर् आन्, परवाने शौ परवाने शौ

2. हम ख़ीश रा बीगाने कुन, हम् ख़ाने रा वीराने कुन
   व्,आन्-गह बिआ बा आशिक़ान्, हमख़ाने शौ हमख़ाने शौ

3. रौ, सीने रा चुन् सीने-हा, हफ़्त् आब शू अज़् कीने-हा
   व,आन्-गह शराबे इश्क़ रा, पैमाने शौ पैमाने शौ

4. बायद के जुम्ले जान् शवी, ता लायक़े जानान् शवी
   गर् सूए मस्तान् मी रवी, मस्ताने शौ मस्ताने शौ

5. आन् गूशवारे शाहिदान्, हम सोह्बते आरिज़ शुदे
   आन् गूश् ओ आरिज़ बायद-त, दुर्दाने शौ दुर्दाने शौ

6. चुन जाने तू शुद दर हवा, ज़,फ़्साने ए शीरीने मा
   फ़ानी शव् ओ चून् आशिक़ान, अफ़्साने शौ अफ़्साने शौ

7. अन्दीशे-अत जायी रवद्, व्,आन्-गह तु-रा आन् जा कशद्
   ज़्,अन्दीशे बुग्ज़र् चून् क़ज़ा, पीशाने शौ पीशाने शौ

---

95. छन्द 16—ऽ ऽ। ऽ ऽ ऽ। ऽ ऽ ऽ। ऽ ऽ ऽ। ऽ

29. दीवाने हो जाओ, दीवाने हो जाओ

1. ऐ आशिक़ो, ये बहानेबाज़ियाँ छोड़ो। इश्क़ में दीवाने हो जाओ, सौदाई हो जाओ।
   फिर आग से धधकते दिल के अन्दर आकर परवाने बन जाओ, परवाने हो जाओ।

2. ख़ुद को सबसे बेगाना बना लो और अपने घर को वीराना बना लो।
   उसके बाद आशिक़ों के साथ आओ, और उनके साथ वहीं रहने लगो जहाँ वे रहते हैं।

3. चलो, अपने हृदय को स्फटिक के दर्पण की तरह सात पानी से धोकर दुर्विचार रहित कर लो।
   और फिर तुम स्वयं प्रेम की मदिरा के लिए पैमाना बन जाओ, पात्रता प्राप्त कर लो।

4. अगर तुम जानाँ (प्रिय) के योग्य होना चाहते हो तो यह ज़रूरी है कि नख से सिख तक जान बन जाओ
   अगर मस्तों के पास जाना चाहते हो तो मस्त होकर ही जाओ।

5. ज़रा प्रियाओं के कर्णाभूषणों को देखो, जिन्हें उनके गालों की दुर्लभ संगति नसीब हुई है।
   अगर तुम्हें भी वे कान और वे गाल चाहिए हों तो तुम अभिजात मोती हो जाओ।

6. अगर हमारी इन मधुर बातों से तुम्हारा हृदय हवाओं में उड़ने लगा हो तो—
   आओ, आशिक़ों की तरह फ़ना हो जाओ। हक़ीक़त की तरह अकड़ कर मत रहो, अफ़साने बन जाओ।

7. तुम्हारा ख़याल जिस किसी जगह जाता है, वहीं तुमको खींचे लिये जाता है।
   क़िस्मत की तरह ख़याल की गिरफ़्त से छूट जाओ। तुम ख़याल के आगे आगे चलो, पीछे नहीं।

8. क़ुफ़्ली बुवद मैल् ओ हवा, बिन्हादे बर् दिल-हा ए मा
मिफ़्ताह शौ मिफ़्ताह रा, दन्दाने शौ दन्दाने शौ

9. गर् चेह्रे बेन्मायद् सनम, पुर शौ ज़ ऊ चुन् आइने
व,र् ज़ुल्फ़ बुग्शायद् सनम्, रौ शाने शौ रौ शाने शौ

10. शुक्राने दादी इश्क़ रा, अज़् तुह्फ़े-हा ओ माल-हा
हिल् माल रा, ख़ुद् रा बेदेह, शुक्राने शौ शुक्राने शौ

11. यक मुद्दती अर्कान बुदी, यक मुद्दती हैवान बुदी
यक मुद्दती चून जान शुदी, जानाने शौ जानाने शौ ॥

8. इच्छाएँ-वासनाएँ उन तालों की तरह होती हैं जिन्हें हमारे दिलों पर जड़ दिया गया होता है।
उनको खोल फेंकने के लिए तुम चाबी बन जाओ। और उस चाबी के दाँत बन जाओ।

9. अगर प्रिय तुम्हें अपना मुखड़ा दिखाए तो तुम उस प्रिय से वैसे ही लबालब भर जाओ जैसे दर्पण प्रतिबिम्ब से भर जाता है।
और अगर कहीं उसने अपने ज़ुल्फ़ भी खोल दिये तो तुम उन्हें सहारा देने लिए कन्धा बन जाओ।

10. प्रेम के लिए तुमने बहुत सारी भेंटें और माल निछावर के रूप में दी होंगी। अब माल से काम नहीं चलेगा। अब तुम खुद ही प्रेम पर समर्पित हो जाओ, स्वयं निछावर हो जाओ।

11. एक समय था जब तुम पञ्च महाभूत थे, किसी समय तुम जीवधारी बने। इस क्षण जबकि तुम मूर्त प्राण बन गए हो तो अब प्रेमास्पद बन जाओ— प्रेमास्पद बन जाओ।

30. दूश कुजा बूदे ई[96]

1. जानो जहान्, दूश कुजा बूदे ई?
   नै ग़लत-म, दर दिले मा बूदे ई

2. आह! कि मन दूश चेसान् बूदे अम
   आह! कि तू दूश केरा बूदे ई

3. रश्क बरम काश क़बा बूदमी
   चून् कि दर् आग़ूशे क़बा बूदे ई

4. ज़ुह्ले नदारम कि बेगूयम तु-रा
   बी मने बीचारे चेरा बूदे ई

5. यारे सबुकरूह, बे वक़्ते गुरीज़
   तीज़तर् अज़ बादे सबा बूदे ई

6. रंगे रुख़े ख़ूबे तो आख़िर गुवा-स्त
   दर हरमे लुत्फ़े ख़ुदा बूदे ई

7. आइने ए रंगे तो अक्से कसी-स्त
   तू ज़ हमे रंग जुदा बूदे ई

---

96. छन्द 26—S IIS S IIS S IS

30. केकरे संग रैन बसेरी ?[97]

1. ऐ मेरे प्राण, मेरे संसार, मेरे महबूब, कल रात तुम कहाँ रहे?
अरे नहीं, मेरा प्रश्न ग़लत है। कल तो तुम हमारे ही दिल में थे।

2. आह, कल मैं रात भर किस हालत में रहा हूँ।
आह, कल रात भर तुम किसके होकर रह गए थे।

3. मुझे ईर्ष्या होती है उससे, काश मैं तुम्हारी पोशाक होता।
क्योंकि कल रात तुम अपनी पोशाक के आग़ोश में रहे।

4. मेरी हिम्मत ही नहीं पड़ रही कि मैं तुमसे पूछ सकूँ।
कि कल रात तुम मुझ बेचारे से बिछड़ कर क्यों रहे?

5. ऐ मेरे सुबुकरूह[98] माशूक़, मुझसे बच कर निकलते समय
तुम सुबह की हवा से भी तेज़तर हो जाते हो।

6. तुम्हारे चेहरे का अद्‌भुत रंग सच्ची गवाही दे रहा है कि
तुम ईश्वरीय कृपा के घेरे में थे।

7. तुम्हारे आइने में किसी ख़ास का रंग प्रतिबिम्बित हो रहा है
क्योंकि तुम्हारा रंग और सभी रंगों से अलग है।

---

97. किसके साथ रात बिताई (एक भोजपुरी फाग—चौताल की शुरुआती पंक्ति।)
98. हल्का और तेज़ चलने वाला।

31. शीरीन्ज़क़न-म्[99]

1. तल्ख़ी न कुनद शीरीन्-ज़क़न-म
ख़ाली न कुनद अज़ मै दहन-म

2. दर ख़ाने जहद, मुह्लत न दहद
ऊ बस न कुनद, पस मन चे कुनम

3. अज़ साग़रे ऊ गीज-स्त सर-म
अज़ दीदने ऊ जान-स्त तन-म

4. तंग-स्त बर् ऊ हर हफ़्त फ़लक
चून् मी रवद् ऊ दर पैरहन-म

5. अज़ शीरे ए ऊ, मन शीरदिल-म
दर अर्बदे-अश शीरीन्-सुखन-म

6. मी गुफ़्त कि तू दर चंगे मनी
मन साख़्तम-त, चून-त नज़नम

7. मन चंगे तो-अम् बर हर रगे मन
तू ज़ख़्मे ज़नी मन तन-तन-न-म

---

99. छन्द 27—SS IIS SS IS

31. मीठी ठुड्डियों वाला यार

1. मेरा मीठी ठुड्डियों वाला यार मेरे साथ कभी भी कड़वा नहीं होता।
वह मेरे मुँह को कभी भी अपनी मधुर शराब से खाली ही नहीं होने देता।

2. वह मेरे घर में कूद पड़ता है, मुझे थोड़ी भी मुहलत नहीं देता।
वह बस ही नहीं करता, मैं भी करूँ तो क्या करूँ।

3. उसके प्याले से मेरे सर में ख़ुमार है।
उसके दर्शन से मेरा (अन्नमय) शरीर प्राणमय हो गया है।

4. वो, जिसके लिए सातों आसमान छोटे पड़ जाते हैं,
अजब बात है! मेरे कपड़ों में कैसे समा गया है?

5. शीरे से बनी उसके शराब से मेरा दिल शेर जैसा हो गया है।
अब जब भी वह मुझसे टकराता है तो मैं उससे मधुर वचनों के अलावा कुछ भी नहीं कह पाता हूँ।

6. वह मुझसे कह रहा था कि तू अब मेरे चंगुल में है,
मैंने तुमको बनाया है, मैं ही तुम्हें मिटा क्यों न डालूँ?

7. (मैं कहता हूँ—) मैं तो तुम्हारा चंग हूँ। मेरे रग रग पर—
जब तू अपने मिज़राब लगाता है, तो मैं तन-तननन हो जाता हूँ।

32. जाम चू गुलनार[100]

1. साक़ी ए फ़र्रुखरुख़े मन! जाम चू गुलनार बेदेह
   बह्रे मन् अर मी न देही बह्रे दिले यार बेदेह

2. साक़ी ए दिलदार तु-ई चारे ए बीमार तु-ई
   शर्बते शादी व शिफ़ा ज़ूद बे बीमार बेदेह

3. बादे दर् आन् जाम फ़िकन् गर्दने अन्दीशे शिकन
   हीन् दिले मा-रा म-शिकन, ऐ दिलो दिलदार! बेदेह

4. बाज़ कुन् आन् मैकदे रा, तर्क कुन् ईन अर्बदे रा
   आशिक़े तश्ना-ज़दे रा, अज़ ख़ुमे ख़म्मार बेदेह

5. जाने बहारो चमनी रौनक़े सर्वो समनी
   हीन् कि बहाने न कुनी ऐ बुते अय्यार! बेदेह

6. पाय चु दर हीले नेही, व,ज़ कफ़े मस्तान् बेजही
   दुश्मने मा शाद शवद, कूरी ए अग़यार बेदेह

7. ग़म मदेह् ओ आह मदेह, जुज़ बे तरब राह मदेह
   आह ज़ बी-राह बुवद, रह बुग्शा बार बेदेह

8. तश्ने ए दैरीने मन-म गर्मे दिलो सीने मन-म
   जामो क़दह रा बेशिकन बी हदो बिसियार बेदेह

---

100. छन्द 18—ऽ॥ ऽ ऽ॥ ऽ ऽ॥ ऽ ऽ॥ ऽ

32. चिरन्तन पिपासु

1. ऐ मेरे चमकदार चेहरे वाले साक़ी! मुझे गुलनार के फूलों सा सुर्ख़ जाम अता कर।
और, अगर तू जाम मेरी ख़ातिर नहीं देना चाहता तो उस यार के दिल की ख़ातिर
दे दे।

2. तू दिलदार साक़ी है, तू ही मुझ बीमार की दवा है।
इस ख़ुशी और आरोग्य के पेय (शराब) को तुरन्त मुझ बीमार को दे दे।

3. इस पियाले में जाम ढाल दे। (बीच में आने वाले) किन्तु-परन्तु की गर्दन तोड़ डाल।
ऐ मेरे दिल और मेरे दिलदार, मेरे दिल को न तोड़। मुझे शराब दे दे।

4. उस मैख़ाने का दरवाज़ा खोल दे। इस वाद विवाद को त्याग दे।
प्यास के मारे हुए इस आशिक़ को शराब-फ़रोश की मटकी से शराब पिला।

5. ऐ साक़ी! तू बहार और चमन की जान है, तू सर्व[101] और चमेली की रौनक़ है।
ऐ चतुर और सुन्दर! मुझे विश्वास है तू मेरे साथ बहाना नहीं करेगा। मुझे शराब
तुरन्त दे।

6. ऐ साक़ी! जब तुम अपने पैरों को बहानों में फँसा लेते हो और हम शराबियों
के हाथों से बच निकलते हो—
तो हमारे दुश्मन ख़ुश हो जाते हैं। कुछ ऐसा करो कि ये सारे शत्रु दृष्टिहीन हो जाएँ।

7. ऐ साक़ी, तू हमें ग़म न दे, आह न दे। आनन्द के सिवा कोई और राग न छेड़।
यह बेराह की पुकार है कि दरवाज़ा खोल दे और हमें रास्ता दे।

8. मैं चिरन्तन पिपासु हूँ। मेरे दिल और सीने में प्यास के शोले भड़क रहे हैं।
ऐ साक़ी! जाम और पियाला तोड़ डाल। हमें हद से बाहर और बेपनाह पिला
(बिना नापे जोखे)।

---

101. सर्व देवदार की जाति का एक सुन्दर पेड़ होता है जिससे माशूक़ के क़द की उपमा दी जाती है॥

33. बे जाने तो[102]

1. दिगरबारे बेशूरीदम बेदान्सान-म बे जाने तो
   कि हर बन्दी कि बर-बन्दी बेदर्रानम, बे जाने तो

2. न ख़ाहम उम्रे फ़ानी रा तु-ई उम्रे अज़ीज़े मन
   न ख़ाहम जाने पुर ग़म रा तु-ई जान-म बे जाने तो

3. चू तू पिनहान् शवी अज़ मन हमे तारीकी ओ कुफ़्रम
   चू तू पैदा शवी बर मन् मुसलमान-म बे जाने तू

4. गर आबी ख़ुर्दम अज़ कूज़े ख़याले तू दर् ऊ दीदम
   व,गर यक दम ज़दम बी तो, पशीमान-म बे जाने तो

5. अगर बी तू बर् अफ़लाक-म चू अब्रे तीरे ग़मनाक-म
   व,गर बी तू बे गुलज़ार-म बे ज़िन्दान-म बे जाने तो

6. समा ए गूशे मन, नाम-त, समा ए हूशे मन, जाम-त
   इमारत कुन मरा आख़िर, कि वीरान-म बे जाने तो

---

102. छन्द संख्या—1— । ऽ ऽ ऽ । ऽ ऽ ऽ । ऽ ऽ ऽ । ऽ ऽ ऽ

33. तुम्हारी जान की क़सम

1. फिर से मेरे सर में इश्क़ का फ़ितूर जाग गया, तुम्हारी जान की क़सम, अब मैं ऐसा हो गया हूँ—
कि तुम मुझे चाहे जिस ज़ंजीर में बाँध लो, मैं उसे तोड़ डालूँगा।

2. मुझे अब इस नश्वर जीवन की इच्छा नहीं है क्योंकि मेरे लिए मेरा जीवन तुम ही हो।
मैं इस ग़मगीन जान को भी नहीं चाहता हूँ क्योंकि मेरी असली जान तुम्हीं हो, तुम्हारी जान की क़सम।

3. जब तुम मुझसे छिप जाते हो तो मैं सिर्फ़ अन्धेरा और अधर्म बाक़ी रह जाता हूँ और, जब तुम मेरे सामने रहते हो तो मैं मूर्तिमान् धर्म हो जाता हूँ, तुम्हारी जान की क़सम।

4. अगर मैं घड़े से पानी का एक क़तरा भी पिऊँ तो उसमें तुम्हारा ख़याल बना रहता है।
और, अगर मैं एक साँस भी तुम्हारे बिना ले लूँ, तो तुम्हारी जान की क़सम, मैं शर्मिन्दा हो रहता हूँ।

5. अगर तुम्हारे बिना मैं आसमानों पर भी चला जाऊँ तो काले बादल की तरह ग़मगीन रहता हूँ।
और, अगर तुम्हारे बिना मैं वाटिका में भी जाऊँ तो, तुम्हारी जान की क़सम, मुझे लगता है कि मैं जेल में हूँ।

6. तुम्हारा नाम मेरे कानों के लिए नृत्य की सामग्री है और तुम्हारा जाम मेरे होश के लिए नृत्य का सामान
तुम एक बार फिर मेरी मरम्मत कर दो, तुम्हारी जान की क़सम, मैं वीरान हो गया हूँ।

7. दरूने सौमे ओ मस्जिद तू-ई मक़्सूद,ऐ मुर्शिद
बे हर सू रू बेगर्दानी बेगर्दानम बे जाने तो

8. सुख़न बा इश्क़ मी गूयम्, कि ऊ शीरो मन् आहू-यम
चे आहू-यम कि शीरान् रा निगहबान-म, बे जाने तो

9. चे ख़ीशी कर्द आन बी-चून अजब बा ईन दिले पुर-ख़ून
कि बुब्रीदे-स्त आन ख़ीशी ज़ ख़ीशान-म बे जाने तो

7. ऐ मेरे रहबर, मैं मस्जिद में जाऊँ या ख़ानक़ाह में, तुम्हारी जान की क़सम, मेरा मतलब तुम्हीं से होता है।
तुम्हारा रुख़ जिस तरफ़ भी मुड़े, तुम्हारी जान की क़सम, मैं भी उसी ओर मुड़ जाता हूँ।

8. मैं इश्क़ से बात-चीत करता हूँ। इश्क़ शेर है और मैं हिरन हूँ।
और क्या अद्भुत हिरन हूँ मैं कि शेरों की देखभाल करता हूँ! तुम्हारी जान की क़सम।

9. उस किन्तु-परन्तु से रहित प्रिय ने मेरे इस घायल दिल के साथ क्या अजब अपनापन दिखाया।
जब उसने मेरे सारे अपनों से अपनापन का रिश्ता ही छीन लिया।

34. ख़रूश दर ख़ामोशी[103]

1. जान बे फ़दा ए आशिक़ान् ख़ुश हवसी-स्त आशिक़ी
   इश्क़ परस्त ऐ पिसर! बादे हवा-स्त मा बक़ी

2. अज़ मये इश्क़ सरख़ुश-म आतिशे इश्क़ मफ़रश-म
   पाय बेनिह दर आतिश-म चन्द अज़् ईन मुनाफ़िक़ी

3. अज़ सु ए चर्ख ता ज़मीन सिलसिले ई-स्त आतशीन
   सिलसिले रा बेगीर अगर दर रहे ख़ुद मुहक़्क़िक़ी

4. राहे तो चून् फ़ना बुवद ख़स्म तु रा कुजा बुवद
   ताक़ते तो के-रा बुवद का,तशे तीज़ मुतलक़ी

5. जाने मरा तो बन्दे कुन ऐशे मरा तो ज़िन्दे कुन
   मस्त कुनो बियाफ़रीन बाज़ नुमा ए ख़ालिक़ी

6. यक नफ़सी ख़मूश कुन दर ख़मुशी ख़ुरूश कुन
   वक़्ते सुख़न तू ख़ामुशी दर ख़मुशी तू नातिक़ी

---

103. छन्द 17—ऽ।। ऽ। ऽ। ऽ ऽ।। ऽ। ऽ। ऽ

34. निःशब्द कलरव

1. प्रेम करने वालों पर मेरी जान न्यौछावर हो जाये! आशिक़ होना जीवन की उत्कृष्टतम इच्छा है।
ऐ मेरे बेटे! इश्क़ की परस्तिश करो, क्योंकि उसके अलावा जो कुछ भी है, वह वासनाओं की अन्धड़ है।

2. मैं प्रेम की शराब से मस्त हो गया हूँ। प्रेम की ज्वाला ही मेरा आसन बन गयी है। मेरी इस आग में प्रवेश करो। कब तक ये बहाने और पाखंड करते रहोगे?

3. प्रेम की आग्निगर्भ ज़ंजीर आकाश से लेकर ज़मीन तक व्याप्त है।
अगर तुम अपने रास्ते के अन्वेषक हो तो तुम्हें इस ज़ंजीर को पकड़ लेना होगा।

4. अगर तुम प्रलय मार्ग के पथिक हो तो वहाँ तुम्हें शत्रु से कहाँ भेंट होगी? तुम्हारा सामना करने का सामर्थ्य किसमें होगा? तुम तो बिल्कुल आग की तरह तेज़ हो गए होगे।

5. मेरे प्राणों को अपना दास बना लो, मेरे आनन्दोत्सव को पुनर्जीवित कर दो। मुझे मस्त कर दो। मुझे रच दो। तुम विश्वस्रष्टा के प्रतिनिधि हो।

6. एक क्षण के लिए चुप हो जाओ! और मौन की अवस्था में कलरव करो!! जब तुम बोलते हो तो कुछ नहीं कह पाते पर जब चुप रहते हो तब तुम उत्तम वक्ता होते हो।

35. नर्दबाने मग़्फ़िरत[104]

1. हर नक़्श रा के दीदी जिन्स-श ज़े ला मकान-स्त
गर नक़्श रफ़्त ग़म नीस्त अस्ल-श चु जाविदान-स्त

2. हर सूरती कि दीदी हर नुक़्ते के शुनीदी
बद दिल म-शौ कि रफ़्त् आन् ज़ीरा न आन् चुनानस्त

3. चून् अस्ले चश्मे बाक़ी-स्त फ़रअ-श हमीशे साक़ी-स्त
चून् हर दो बी ज़वालन्द अज़ चे तुरा फ़ुग़ानस्त

4. ग़म रा बुरून् कुन्-अज़ सर व् ईन् आबे जू हमी ख़्वर
अज़ फ़ौते आब म,न्दीश् क्,ईन् आब बीकरानस्त

5. ज़्,आन् दम कि आमद-स्ती अन्दर जहाने हस्ती
पीश-त के ता बेरुस्ती बिनहादे नर्दबान-स्त

6. अव्वल जमाद बूदी आख़िर नबात गश्ती
आन् गह शुदी तू हैवान् ईन् बर तू चून् निहान-स्त

---

104. छन्द 14—ऽ ऽ।ऽ।ऽ ऽ ऽ ऽ।ऽ।ऽ ऽ

35. सिद्धिसोपानपर्व[105]

1. तुम्हें जो भी रचनाएँ दिखाई पड़ती हैं उसकी कारण सामग्री वही सर्वव्यापी परमेश्वर है।
   अगर ये बाहरी वस्तुएँ नष्ट हो जाती हैं तो कष्ट की कोई बात नहीं है, क्योंकि उनका मूल अक्षुण्ण है।

2. हर सूरत जिसको तुमने देखा है, हर बात जो तुमने सुनी है—
   अगर वे ग़ायब हो जाती हैं तो बिल्कुल दुखी मत हो, क्योंकि नाश वास्तविकता नहीं है।

3. अगर जलधारा का मूल स्रोत बचा हुआ है तो उसकी शाखाएँ जल देने में हमेशा समर्थ हैं।
   जब स्रोत और शाखा दोनों नाश रहित हैं, तो फिर तुम्हारे इस विलाप का क्या कारण है?

4. हर तरह की चिन्ता को अपने दिमाग़ से निकाल दो और इस जलधारा का पान करो।
   इस जल के समाप्त होने की आशंका मत रखो, क्योंकि इस जल की कोई सीमा नहीं है।

5. इस अस्तित्वमय संसार में जिस क्षण से तुम आए हुए हो,
   उसी समय से तुम्हारी मुक्ति के लिए एक सीढ़ी लगा दी गई है।

6. (उदाहरण के लिए) पहले तुम पत्थर थे उसके बाद वनस्पति बने,
   फिर तुम जानवर बने, यह बात तुम से छिपी कहाँ है।

---

105. मुक्ति की सीढ़ियों की गाँठें (भर्तृहरि—वाक्यपदीयम्, 116)

7. गश्ती अज़् आन् पस् इन्सान् बा इल्म् ओ अक़्ल् ओ ईमान।
बिन्गर चे गुल शुद् आन् तन कू जुज़्वे ख़ाक़दानस्त॥

8. ज़् इन्सान् चू सैर करदी बीशक फ़रिश्ते गर्दी।
बी ईन् ज़मीन् अज़् आन् पस जाय-त बर आस्मान-स्त॥

9. बाज़ अज़ फ़रिश्तगी हम बुग्ज़र बोरो दर् आन् यम।
ता क़तरे ए तो बहरी गर्दद कि सद उमान-स्त॥

7. जानवर के बाद तुम वह इंसान बने जिसके पास ज्ञान, बुद्धि और श्रद्धा सब कुछ होते हैं,
देखो तुम्हारा अस्तित्व जो किसी कूड़ेदान की तरह था, विकसित होकर कितना मनोहर हो गया।

8. इस बार जब तुम इंसान से आगे बढ़ोगे तो निश्चित रूप से देवदूत बन जाओगे। इसके बाद से तुम्हारा मुक़ाम यह ज़मीन नहीं बल्कि आसमान होगा।

9. फिर तुम देवत्व से भी आगे बढ़ना और उस महासमुद्र में विलीन हो जाना। जहाँ जाकर तुम्हारी एक-एक बूँद सौ-सौ नदियों के बराबर हो जाएँ!

36. गुरीज़पा[106]

1. बेगीर दामने लुत्फ़-श कि नागहान् बेगुरीज़द।
वली म-किश तु चू तीर-श कि अज़ कमान् बेगुरीज़द॥

2. चे नक़्श-हा के बेबाज़द चे हीले-हा कि बेसाज़द।
बे नक़्श हाज़िर बाशद ज़े राहे जान् बेगुरीज़द॥

3. दर आसमान्-श बेजूई चू मह दर् आब बेताबद।
दर् आब चून्कि दर् आई बे आस्मान् बेगुरीज़द॥

4. ज़े लामकान्-श बे जूई निशान् देहद बे मकान-त।
चु दर मकान्-श बे जूई बे लामकान् बेगुरीज़द॥

5. अज़् ईन् ओ आन् बेगुरीज़म ज़े तर्स, नै ज़े मलूली।
के आन् निगारे लतीफ़-म अज़् ईन् ओ आन् बेगुरीज़द॥

6. गुरेज़े पाये चु बादम ज़े इश्क़े गुल, न गुली के—
ज़े बीमे बादे ख़ज़ानी ज़े बूस्तान् बेगुरीज़द

7. चुनान् गुरीज़द नाम-श चु क़स्द गुफ़्तन बीनद।
कि गुफ़्त नीज़ न तानी कि आन् फ़लान् बेगुरीज़द॥

8. चुनान् गुरीज़द अज़ तु कि गर नवीसी नक़्श-श।
ज़े लौह नक़्श बेपर्रद ज़े दिल निशान् बेगुरीज़द॥

---

106. छन्द 20— ।S ।S ।।SS ।S ।S ।।SS

36. दूरि भजत प्रभु पीठि दै[107]

1. उसका प्यारा आंचल पकड़ कर रखना क्योंकि पता नहीं कब वह अचानक भाग चले। पर उसे पकड़ कर तीर की तरह अपनी ओर न खींचना क्योंकि तब तो वह कमान से तीर की तरह भाग जाएगा।

2. कितने सारे बहाने आते हैं उसको कैसे-कैसे नखरे जानता है वह,
ज़ाहिरी तौर पर तो वह तुम्हारे पास रहता है लेकिन असली में वह भाग चुका होता है।

3. जब तुम उसे आसमान में ढूंढ़ते हो तो वह चाँद की तरह पानी में चमकने लगता है।
और जब तुम उसे पानी में खोजने चलते हो तो वह आसमान में भाग जाता है।

4. जब तुम उसे बेनिशानियों में ढूँढ़ते हो तो वह तुम्हें आकारों में अपना पता देता है।
और जब तुम उसे साकार में ढूँढ़ने लगते हो तो वह फिर निराकार में खो जाता है।

5. मैं इहलोक और परलोक दोनों से बचता हूँ। इसका कारण बैराग नहीं है।
बल्कि इस राग से बचता हूँ कि वह महबूब इहलोक और परलोक दोनों से परे है।

6. मैं उस गुल के इश्क़ में भागता फिर रहा हूँ जो सदाबहार है, न कि उस गुल की चाह में—
जो पतझड़ की हवा के डर से गुलिस्तान से विदा ले लेता है।

7. उसकी क़सम, जब वह किसी को दर्शनार्थी पाता है तो ऐसे सरपट भागता है—
कि तुम इतना भी नहीं कह सकते कि—देखो वह फ़लाँ भाग रहा है।

8. तुमसे वह इस क़दर भाग जाता है कि अगर तुम उसका चित्र बनाने लगो—
तो तुम्हारे कैनवास से तुम्हारी रेखाएँ उड़ जाएँ और तुम्हारे दिल से उसके निशान मिट जाएँ।

---

107. ईश्वर (को पकड़ो तो वह) पीठ दिखाकर दूर भाग निकलता है। (बिहारी—सतसई)

37. गिरह बर आब[108]

1. बेरवीद ऐ हरीफ़ान्! बेकशीद यारे मा-रा
बे मन् आवरीद आख़िर सनमे गुरीज़पा रा

2. बे तराने-हा ए शीरीन् बे बहाने-हा ए ज़र्रीन्
बेकशीद् सू ए ख़ाने महे ख़ूबे ख़ुश-लक़ा रा

3. व,गर ऊ बे वा,दे गूयद कि-'दमी दिगर बियायम'
हमे वा,दे मक्र बाशद, बेफ़रीबद् ऊ शुमा रा

4. दमे सख़्त गर्म दारद कि बे जादुई व अफ़सून्
बेज़नद गिरह बर् आब् ऊ व बेबन्दद् ऊ हवा रा

5. बे मुबारकी व शादी चू निगारे मन दर् आयद
बेनशीन् नज़ारे मी कुन, तू अजायबे ख़ुदा रा

6. चू जमाले ऊ बेताबद, चे बुवद जमाले ख़ूबान्
कि रुख़े चू आफ़ताब-श बेकुशद चराग़-हा रा

108. छन्द 11— II S I S I S S II S I S I S S

37. पानी में गाँठ

1. ऐ दोस्तो! जाओ, मेरे महबूब को खींचकर मेरे पास ले आओ,
   उस सनम को, जो मुझसे हमेशा भागा-भागा फिरता है।

2. मीठे-मीठे गीत सुना कर, सुनहले बहाने बनाकर,
   किसी भी तरह उस चाँद जैसे सुन्दर, प्यारे मुखड़े वाले महबूब को मेरे घर की तरफ़ खींच लाओ।

3. अगर वह न आए, और वादा करने लगे कि मैं किसी दूसरे समय आउंगा तो—
   उस पर विश्वास मत करना। उसके सारे वादे झूठे होते हैं। वह तुम लोगों को फ़रेब दे रहा होगा।

4. हाँ, और सुनो, उसकी जादू-टोनों पर सख़्त पकड़ है,
   वह पानी में भी गाँठ लगा सकता है और हवा को भी बाँध सकता है।

5. अगर वह मा,शूक़ हमारे अहोभाग्य से कभी हमारे घर आया,
   तो तुम लोग बैठ कर परमेश्वर की उस अद्‌भुत कृति का दर्शन करना।

6. जब उसके सौन्दर्य का प्रताप प्रकट होता है तो दूसरों की सुन्दरता की क्या बिसात?
   उसका सूरज सा चमकता चेहरा दूसरे सारे दियों को बुझा देता है।

38. बी बादे कुनद मस्त[109]

1. आन् कि बी बादे कुनद जाने मरा मस्त कुजा-स्त?
   व्,आन् कि बीरून् कुनद् अज़ जानो दिल-म दस्त कुजा-स्त?

2. व,आन् कि सौगन्द ख़ुरम, जुज़् बे सरे ऊ न ख़ुरम
   व्,आन् कि सौगन्दे मन् ओ तोबे-अम् इश्कस्त कुजा-स्त?

3. व्,आन् कि जान-हा बे सहर ना,रे-ज़नान् अन्द अज़् ऊ
   व्,आन् कि मा-रा ग़म-श अज़ जाय् बेबुर्दे-स्त कुजा-स्त?

4. जाने जान-स्त व,गर जाय् नदारद, चे अजब?
   ईन् कि जा मी तलबद दर दिले मा हस्त, कुजा-स्त?

5. अक़्ल ता मस्त न शुद चून् ओ चेरा पस्त न शुद
   व्,आन् कि ऊ मस्त शुद् अज़ चून् ओ चेरा रस्त, कुजा-स्त?

---

109. छन्द 10—ऽ (।) । ऽ ऽ ॥ ऽ ऽ ॥ ऽ ऽ ॥ ऽ

38. अनासवाख्यं करणं मदस्य[110]

1. वह कहाँ है, जो मेरे प्राणों को बिना शराब के ही मस्त कर देता है?
   वह कहाँ है, जो मुझे अपने जानो-दिल से बेपरवाह कर देता है?

2. जब भी मैं सौगन्ध खाता हूँ तो उसी के सर की सौगन्ध खाता हूँ
   वह, जिसने मेरी सारी क़समें और तौबे तोड़ डाले हैं, वह कहाँ है?

3. वह, जिसके नाते अल् सुबह मेरे तड़पते हुए प्राणों में पुकार उठती है।
   जिसके विरह ने हमारी हालत ख़राब कर रखी है, वह कहाँ है?

4. वह प्राणों का प्राण है, अगर उसका कोई घर नहीं है तो इसमें अजीब बात क्या है?
   असल अजीब तो यह है कि वह बेघर हमारे दिल में घर बनाना चाहता है।

5. जब तक अक़्ल मस्त नहीं होती तब तक किन्तु-परन्तु पस्त नहीं होते,
   वह मर्दाना आदमी कौन है, कहाँ है जो प्रेम में मस्त होकर किन्तु-परन्तु से छूट गया?

---

110. कालिदास—कुमारसम्भवम् 1.13 (बिना शराब के मस्त करने वाला)

39. बी तू बसर न मीशवद[111]

1. बी हमगान् बसर शवद, बी तू बसर न मीशवद
   दाग़े तो दारद् ईन् दिल-म् जा ए दिगर न मीशवद

2. दीदे ए अक़्ल मस्ते तू, चर्ख़े ए चर्ख़ पस्ते तू
   गूशे तरब बे दस्ते तू, बी तू बसर न मीशवद

3. जान् ज़े तू जूश मी कुनद, दिल ज़े तू नूश मी कुनद
   अक़्ल ख़ुरूश मी कुनद, बी तू बसर न मीशवद

4. ख़म्रे मन् ओ ख़ुमारे मन, बाग़े मन् ओ बहारे मन
   ख़ाबे मन् ओ क़रारे मन, बी तू बसर न मीशवद

5. जाह् ओ जलाले मन तू-ई, मिल्कत् ओ माले मन तू-ई
   आबे ज़ुलाले मन तू-ई, बी तू बसर न मीशवद

6. गाह सू ए वफ़ा रवी गाह सू ए जफ़ा रवी
   आने मनी कुजा रवी, बी तू बसर न मीशवद

---

111. छन्द 17—S II S I S I S S II S I S I S

39. येन जातानि जीवन्ति[112]

1. बाक़ी सभी लोगों के बिना गुज़ारा हो सकता है, बस एक तुम्हारे बिना हमारा गुज़ारा नहीं हो सकता।
   इस दिल पर तुम्हारी मुहर लग चुकी है। यह और किसी दूसरी जगह जा ही नहीं सकता।

2. मेरी अक़्ल की आँखें तुमसे मस्त हो चुकी हैं, आसमान का चक्र तुम्हारे सामने झुक चुका है।
   उत्सव का कान तुम्हारे हाथ में है, तुम्हारे बिना गुज़ारा नहीं हो सकता।

3. जब तुम नहीं होते हो तो मेरे प्राण उबलने लगते हैं। तुम्हारे साथ रहने पर मेरा दिल उत्सवमग्न हो जाता है।
   और बुद्धि चिल्लाती रह जाती है, बताओ तुम्हारे बिना गुज़ारा कैसे हो सके।

4. मेरे शराब भी तुम हो और नशा भी तुम्हीं, मेरे बाग़ भी तुम्हीं हो और उस बाग़ की बहार भी तुम।
   मेरी नींद भी तुम्ही हो और क़रार भी तुम। तुम्हारे बिना गुज़ारा नहीं हो सकता।

5. मेरी प्रतिष्ठा और ऐश्वर्य तुम्हीं हो, मेरा स्वामित्व और सम्पदा तुम्हीं हो।
   मेरे लिए पारदर्शी जीवनदायी जल की तरह हो तुम, तुम्हारे बिना गुज़ारा नहीं हो सकता।

6. कभी तो तुम वफ़ा करते हो तो कभी जफ़ा (अत्याचार) पर उतर आते हो।
   तुम मेरा हिस्सा हो, तुम यह कैसा व्यवहार कर रहे हो, तुम्हारे बिना गुज़ारा कैसे हो सकता है।

---

112. तैत्तिरीय उपनिषद् 3.1.1 (सारे प्राणी जिसके नाते जीते हैं)

7. दिल बेनिहन्द बर कनी, तोबे कुनन्द बिश्कनी
ईन हमे ख़ुद तू मी कुनी, बी तू बसर न मीशवद

8. बी तू अगर बसर शुदी, ज़ीरे जहान् ज़बर शुदी
बाग़े इरम सक़र शुदी, बी तू बसर न मीशवद

9. गर तू सरी क़दम शवम, व,र तू कफ़ी अलम शवम
व,र बेरवी अदम शवम्, बी तू बसर न मीशवद

10. बी तू न ज़िन्दगी ख़ुशम, बी तू न मुर्दगी ख़ुशम
सर ज़े ग़मे तू चून् बरम, बी तू बसर न मीशवद

11. हर चे बेगूयम ऐ सनद, नीस्त जुदा ज़े नीको बद
हम तू बेगू बे लुत्फ़े ख़्वद, बी तू बसर न मीशवद

7. जब आशिक़ तुम्हें दिल देते हैं तो तुम उसे लेते नहीं और जब तुमसे तोबा किया जाता है तो तुम उस तोबे को तोड़ देते हो।
ये सारी विरोधी चीज़ें तुम ख़ुद करते हो, बताओ तुम्हारे बिना कैसे जिया जाये।

8. तुम्हारे बिना अगर जीना पड़ जाये तो सारी दुनिया उलट-पलट हो जाये, स्वर्ग की वाटिका नरक-निधान हो जाये, क्योंकि तुम्हारे बिना बसर नहीं हो सकता।

9. अगर तू सर है तो मैं क़दम हूँ, अगर तू हथेली है तो मैं जीत का झण्डा हूँ। अगर तू कहीं चला गया तो मैं नष्ट हो जाऊँगा क्योंकि तुम्हारे बिना जीना नहीं हो सकता।

10. तुम्हारे बिना न तो मैं जीते जी ख़ुश हूँ और न ही मरने पर राज़ी।
बताओ तुम्हारी मुहब्बत से मैं दिल को कैसे हटाऊँ जबकि तुम्हारे बिना किसी तरह भी गुज़ारा नहीं हो सकता!

11. हे परम प्रमाण, जो भी मैंने कहा है वह नेक और बद से ख़ाली नहीं है!
काश, तू भी कृपावश कह उठे—"तुम्हारे बिना गुज़ारा नहीं हो सकता!"

40. अज़ गूश बसर[113]

1. ऐ दूस्त, शकर ख़ुशतर या आन् कि शकर साज़द
ऐ दूस्त, क़मर ख़ुशतर या आन् कि क़मर साज़द

2. बेगुज़ार शकर-हा रा बेगुज़ार क़मर-हा रा
ऊ चीज़े दिगर दानद, ऊ चीज़े दिगर साज़द

3. दर बह्र अजायब हा, बाशद बेजुज़ अज़ गौहर
अम्मा न चु सुल्तानी कू बह्र ओ दुरर साज़द

4. जान-हा-स्त बर् आशुफ़्ते नाख़ुर्दे व नाख़ुफ़्ते
अज़ बह्रे अजब बज़्मी कू, वक़्ते सहर साज़द

5. बस कर्दम् ओ बस कर्दम, मन तर्के नफ़स कर्दम
ख़ुद गूयद जानानी क,ज़ गूश बसर साज़द

---

113. छन्द 3—ऽ ऽ ॥ ऽ ऽ ऽ ऽ ऽ ॥ ऽ ऽ ऽ

40. कर्णदर्शी

1. ऐ दोस्त, ज़रा ग़ौर करो कि शक्कर ज़्यादा मीठा है या वह कि जिसने शक्कर बनाई है!
   इस पर भी ग़ौर करो कि चाँद अधिक सुन्दर है या वह, कि जिसने चाँद को बनाया है!

2. शक्करों का मोह छोड़ दो, चन्द्रमाओं पर आकर्षित न हो!
   जिसने उन्हें बनाया है, वह और भी चीज़ें भी जानता है और बनाता है।

3. समन्दर में मोती के अलावा भी बहुत अद्‌भुत चीज़ें होंगी लेकिन—
   कोई भी चीज़ उस जैसी अद्‌भुत नहीं होगी जिसने उस समन्दर और उन मोतियों को पैदा किया है।

4. जिस महफ़िल को वह महबूब अलस्सुबह सजाता है, उसके लिए—
   कितने ही प्राण बिना खाए और बिना सोये तड़प रहे होते हैं।

5. मैने सम्भाषण रोक दिया, मैंने बोलने से मना कर दिया। मैं ऐसे चुप हो गया जैसे कि मेरी साँस भी नहीं आ रही है।
   अब उस प्रियतम के बोलने की बारी है जो कानों से आँखों का निर्माण करता है।

41. हिले नौमीद नबाशी[114]

1. हिले नौमीद नबाशी कि तुरा यार बेरानद
   अगर् इमरूज़ बेरानद न कि फ़र्दा-त बेख़ानद

2. दर् अगर बर तु बेबन्दद, मरव् ओ सब्र कुन् आन् जा
   ज़े पसे सब्र तु-रा ऊ ज़े सरे सद्र निशानद

3. व, अगर बर तू बेबन्दद हमे दर-हा व गुज़र-हा
   रहे पिन्हान् बे नुमायद् कि कस् आन् राह नदानद

4. हमगी मुल्के सुलैमान् बे यकी मूर बेबख़्शद
   बेदहद हर दो जहान् रा व दिली रा न रमानद

5. दिले मन गिर्दे जहान् गश्त् ओ न याबीद मिसाल-श
   बे के मानद, बे के मानद, बे के मानद, बे के मानद

6. हिले ख़ामूश, कि बी गुफ़्त अज़् ईन् मै हमगान् रा
   बेचशानद, बेचशानद, बेचशानद, बेचशानद

---

114. छन्द 7— ॥ ऽ ऽ ॥ ऽ ऽ ॥ ऽ ऽ ॥ ऽ ऽ

41. धैर्यं न त्याज्यं विधुरेऽपि काले[115]

1. अरे, अगर वह प्रियतम तुम्हें अपने यहाँ से भगा देता है तो नाउमीद न होना।
अगर उसने आज ठुकराया है तो कल तुम्हें ज़रूर बुला लेगा।

2. अगर तुम्हें देखकर उसने दरवाज़ा बन्द कर लिया है तो भी वहाँ से कहीं जाना मत, वहीं सब्र से रुके रहना।
तुम्हारे सब्र करने से वह तुम्हें लाकर बड़े-बड़ों (सद्र) के ऊपर बिठा देगा।

3. और अगर उसने तुम्हारे आने-जाने के सभी रास्तों को बन्द कर दिया है, तो भी चिन्ता मत करो!
वह तुम्हें कोई ऐसा गुप्त रास्ता दिखा देगा जिसकी ख़बर किसी को भी नहीं होगी।

4. वह उदार प्रियतम सुलैमान का लम्बा चौड़ा साम्राज्य एक चींटी को सौंप सकता है।
तुम्हें भी वह दोनों लोकों का राज्य, दिल में शिकन लाए बिना, उपहार में दे सकता है।

5. मेरे दिल ने पूरे संसार का चक्कर लगाया लेकिन उसकी मिसाल न ला सका।
जिससे उसकी तुलना हो सके, जिसके बराबर उसको बताया जा सके।

6. सुनो, अब चुप हो जाओ! वह इस प्रेम की शराब को बिना किसी गुफ़्त-गू के।
सभी को पिला देगा, सभी को चखा देगा, सभी को तृप्त कर देगा।

---

115. कठिन परिस्थितियों में भी धीरज नहीं खोना चाहिए।

42. आबे हयात-स्त इश्क़[116]

1. उम्र कि बी इश्क़ रफ़्त हीच हिसाब-श मगीर
आबे हयात-स्त इश्क़ दर दिल् ओ जान-श पज़ीर

2. हर कि बजुज़ आशिक़ान्, माही ए बी आब दान
मुर्दे व पजमुर्दे अस्त गर्चे बुवद ऊ वज़ीर

3. इश्क़ चु बुग्शाद रख़्त सब्ज़ शवद हर दरख़्त
बर्गे जवान् बर दमद हर नफ़स अज़ शाख़े पीर

4. हर कि शवद सैदे इश्क़ कै शवद् ऊ सैदे मर्ग
चून् सिपर-श मह बुवद् कै रसद-श ज़ख़्मे तीर

5. जुम्ले ए जान-हा ए पाक गश्ते असीराने ख़ाक
इश्क़ फ़ुरू रीख़्त ज़र ता बेरहानद असीर

6. ऐ कि बे ज़म्बीले तू हीच कसी नान् न रीख़्त
दर बुने ज़म्बीले ख़ुद हम बेतलब, ऐ फ़क़ीर

7. चुस्त शव् ओ मर्द बाश, हक़ देहद-त सद क़ुमाश
ख़ाके सियह गश्त ज़र, ख़ूने सियह गश्त शीर

---

116. छन्द 23—S ॥ SS । S S ॥ SS । S

42. प्रेमामृतं भोजनम्

1. उम्र का जो हिस्सा प्रेम के बिना बीत गया, उसे ज़िन्दगी में शुमार मत करो! प्रेम ही असली अमृत है उसे हृदय और प्राणों से स्वीकार करो!

2. वे लोग जो प्रेमी नहीं हैं, उन्हें उस मछली की तरह समझो जो पानी के बिना है। वे मुरझाए हुए हैं, वे मरे हुए हैं। चाहे वे किसी राज्य के मंत्री ही क्यों न हों।

3. प्रेम जब अपना असर डालता है तो सारे पेड़ हरे हो जाते हैं। बूढ़ी शाखाओं से भी हर पल नयी-नयी जवान कोपलें फूटने लगती हैं।

4. जिसको प्रेम ने अपना शिकार बना लिया, वह कभी भी मौत के हाथों नहीं पड़ता। चन्द्रमा (प्रेमास्पद) ही जिसका ढाल बन गया हो, उस तक तीर का ज़ख़्म कैसे पहुँच सकता है।

5. संसार में जितने लोग हैं वे ख़ाक के ग़ुलाम बने हुए है। एक प्रेम ही सारे मालो-दौलत को अपने ऊपर से झाड़ पाता है, ताकि बन्दियों को रिहाई मिल सके।

6. ऐ फ़क़ीर, अगर तुम्हारी झोली में किसी ने रोटी नहीं डाली— तो तुम ख़ुद अपनी झोली की तह से ख़ुराक पाने की इच्छा करो।

7. सावधान रहो और प्रेम में मर्दानगी दिखाओ। परमेश्वर तुम्हें सैकड़ों रेशमी परिधान देगा।
प्रेम से काली मिट्टी सोना बन जाती है, और काला ख़ून दूध बन जाता है।

43. दीदे ए ख़ीश रा दीदन[117]

1. इश्क़-स्त बर् आसमान परीदन
   सद् पर्दे बे हर नफ़स दरीदन

2. अव्वल नफ़स् अज़ नफ़स गुसस्तन
   अव्वल क़दम् अज़ क़दम बुरीदन

3. ना दीदे गिरफ़्तन ईन् जहान् रा
   मर् दीदे ए ख़ीश रा बेदीदन

4. गुफ़्तम कि-दिला, मुबारक-त बाद
   दर हल्क़े ए आशिक़ान् रसीदन

5. ज़्,आन् सू ए नज़र नज़ारे कर्दन
   दर कूचे ए सीने हा दवीदन

6. ऐ मुर्ग़ बेगू ज़बाने मुर्ग़ान
   मन दानम रम्ज़े तू शुनीदन

7. दिल गुफ़्त-बे कारे ख़ाने बूदम
   ता ख़ाने ए आबो गिल परीदन

8. अज़ खाने ए सुन्अ मी परीदम
   ता ख़ाने ए सुन्अ आफ़रीदन

---

117. छन्द 6—ऽ ऽ॥ ऽ। ऽ। ऽ ऽ

43. आवृत्तचक्षुः[118]

1. इश्क़ है—आसमानों में उड़ पाना।
   हर एक क्षण सौ पर्दों को फाड़ पाना।

2. इश्क़ की पहली बात है—बातों को बन्द कर देना।
   इश्क़ का पहला क़दम है—क़दमों को रोक लेना।

3. इश्क़ है—इस दुनिया को देखते हुए भी न देखना।
   बल्कि, जिनसे सारी चीज़ें देखी जाती हैं, उन आँखों को देखना।

4. मैंने दिल से कहा—ऐ दिल, तुम्हें मुबारक हो—
   प्रेम करने वालों की महफ़िल में तुम्हारा शामिल होना।

5. और, तुम्हारा नज़र के उस पार से देख पाना।
   और, दिल की गली में दौड़ लगा पाना।

6. ऐ पंछी, तू मुझे पंछियों की ज़बान में उत्तर दे!
   मुझको आता है तुम्हारे रहस्यों को सुनना और समझना।

7. दिल ने मुझसे कहा—पञ्च महाभूतों के मूल स्थान तक पहुँचने से पहले—
   मैं दुनिया के किसी एक कोने में बैठा घर के कामों में मशगूल था।

8. —और एक दिन, मैं इस सृष्टिगत वस्तुओं के जंजाल से—
   —उस जगह उड़ गया जहाँ इन सब चीज़ों की सृष्टि होती है।

---

118. कठोपनिषद् 2.1.1 (खुली हुई आँखों वाला)

44. तू मरौ[119]

1. गर रवद दीदे ओ अक़्लो ख़िरद् ओ जान, तू मरौ
   कि म-रा दीदने तू बेहतर् अज़् ईशान, तू मरौ

2. आफ़ताब् ओ फ़लक् अन्दर कनफ़े साये ए तू-स्त
   गर रवद ईन फ़लक् ओ अख़्तरे ताबान, तू मरौ

3. ऐ कि दुर्दे सुख़न-त साफ़तर् अज़ तब्ए लतीफ़
   गर रवद सफ़्वते ईन तब्ए सुख़नदान, तू मरौ

4. अह्ले ईमान् हमे दर ख़ौफ़े दमे ख़ातिमत-न्द
   ख़ौफ़-म् अज़ रफ़्तने तू-स्त, ऐ शहे ईमान, तू मरौ

5. तू मरौ, गर बेरवी, जाने मरा बा खुद बर
   व,र मरा मी न बरी बा ख़ुद अज़् ईन् ख़ान तू मरौ

6. बा तो हर जुज़्वे जहान् बाग़चे ओ बुस्तान-स्त
   दर ख़ज़ान् गर बेरवद रौनक़े बुस्तान, तू मरौ

7. हिज्रे ख़ीश-म म-नुमा, हिज्रे तू बस संगदिल-स्त
   ऐ शुदे ला,ल ज़ तू संगे बदख़्शान तू मरौ

---

119. छन्द 10—ऽ (I) I ऽ ऽ II ऽ ऽ II ऽ ऽ II ऽ

44. गच्छन्ति, गच्छन्तु ते[120]

1. अगर मेरी आँखें, अक़्ल, दानिश और जान, ये सारी चीज़ें चली जाती हैं तो चली जायें।
   बस तुम न जाना। क्योंकि तुम्हें देखते रहना, मेरे लिए इन सबके होने से बेहतर है। बस तुम न जाना!

2. यह सूरज और यह आसमान सब तुम्हारी छाया में है।
   अगर यह आसमान या यह चमकदार सितारा गुम हो जाता है, तो हो जाये। बस तुम न जाना!

3. तुम्हारी बातों की तलछट भी मेरे लिए प्रभावपूर्ण वक्तृत्वों की अपेक्षा प्रियतर है।
   अगर सुख़नशनासों की सुन्दर बातें गुम भी हो जाए तो भी तुम मत जाना!

4. सारे ईमान वाले मौत के डर से डरे हुए होते हैं।
   लेकिन मुझे तो सिर्फ़ तुम्हारे जाने से डर लगता है। ऐ मेरे शाहे ईमान, तुम कहीं न जाना!

5. तुम न जाओ, और अगर जाना ही है, तो मेरी जान भी साथ लेते जाओ।
   और अगर मेरी जान नहीं ले जा सकते तो तुम भी इस जगह से मत हिलो!

6. तुम्हारे साथ संसार का कण कण बग़ीचा और गुलिस्तान की तरह है।
   अगर तुम्हारे बिना गुलिस्तान की रौनक़ पतझड़ बन जाती है तो तुम जा ही क्यों रहे हो?

7. अपना विरह मुझे न दिखाना, तुम्हारा विरह बड़ा ही पत्थर दिल है।
   तुम्हारे सम्पर्क में आने से तो बदख़्शाँ[121] प्रान्त के पत्थर भी माणिक हो जाते हैं, तुम न जाना!

---

120. अगर वे जाते हैं तो जाएँ (मधुसूदन सरस्वती के 'पश्यन्ति पश्यन्तु ते', की तर्ज़ पर)
121. अफ़ग़ानिस्तान का एक पर्वतीय प्रान्त जहाँ के माणिक्य बहुत प्रसिद्ध हैं।

8. के बुवद ज़र्रे कि गूयद-तू मरौ ऐ ख़ुर्शीद!
कि बुवद बन्दे कि गूयद बे तू सुल्तान-तू मरौ

9. लीक तू आबे हयाती हमे ख़िल्क़ान् माही
अज़ कमाले करम् ओ रह्मत् ओ एहसान तू मरौ

10. हस्त तूमारे दिले मन बे दराज़ी ए अबद
बर नविश्ते ज़े सर-श ता सू ए पायान तू मरौ

8. एक ज़र्रे की क्या बिसात कि वह सूरज से कहे कि तू न जा!
किसी ग़ुलाम की क्या हिम्मत कि वह सुल्तान से कहे कि तू न जा!

9. लेकिन, तुम तो अमृत के स्रोत हो और बाक़ी सारे प्राणी मछलियों की तरह है।
अपनी कृपा, रह्मत और उपकार भाव से विवश होकर तुम न जाओ!

10. मेरे दिल की बही अनन्त काल की तरह लम्बी है।
जिस पर शुरुआत से अन्त तक बस यही लिखा हुआ है—तू न जा! तू न जा!

45. तदबीरे ख़लासे मा[122]

1. ऐ वस्ले तू आबे ज़िन्दगानी
   तदबीरे ख़लासे मा तू दानी

2. अज़ दीदे बिरून् म-शौ, कि नूरी
   अज़ सीने जुदा म-शौ, कि जानी

3. मन ख़ुद चे कस-म कि वस्ल जूयम
   अज़ लुत्फ़े तु-अम हमी किशानी

4. ऐ दिल, तू मरौ सू ए ख़राबात
   हर चन्द क़लन्दरे जहानी

5. क्,आन्जा हमे पाकबाज़ बाशन्द
   तरसम् कि तू कम ज़नी, बेमानी

6. पुर्सीद यकी-कि आशिक़ी चीस्त
   गुफ़्तम कि मपुर्स अज़् ईन् मआनी

7. आन् गह कि चू मन शवी बेबीनी
   आन् गह कि बेख़ानद-त, बेख़ानी

---

122. छन्द 6—ऽ ऽ ॥ ऽ । ऽ । ऽ ऽ

45. मुक्ति का मार्ग

1. हे प्रिय, तुमसे मिलना अमृत की तरह जीवनदायी है।
   तुम हमारी मुक्ति का मार्ग जानते हो।

2. तुम मेरी आँखो से बाहर मत जाओ, क्योंकि तुम इसकी रौशनी हो।
   तुम मेरे सीने से अलग न होओ, क्योंकि तुम इसमें रहने वाली जान हो।

3. मैं ख़ुद कौन होता हूँ तुम्हारे मिलन की आकांक्षा करने वाला?
   यह तुम्हारी कृपा ही है कि तुम मुझे अपनी ओर खींच रहे हो।

4. ऐ दिल! तू मैख़ाने की ओर न जा!
   चाहे अपने आप को संसार का बहुत बड़ा त्यागी-तपस्वी ही क्यों न समझता हो—

5. क्योंकि मैख़ाने में इतने पवित्र हृदय लोग होंगे?
   कि मुझे डर है कि तुम उन्हें देखकर हीन भावना से भर जाओगे।

6. किसी ने मुझसे पूछा—आशिक़ होना क्या होता है।
   मैंने उससे कहा—इस रहस्य को तुम मुझसे न पूछो।

7. जिस समय तुम मेरे जैसे हो जाओगे तुम ख़ुद ब ख़ुद समझ जाओगे।
   और जिस क्षण प्रिय तुम्हें बुलाएगा, तुम ख़ुद ही बोल पड़ोगे।

46. चन्दान् बेनाल[123]

1. ऐ दिल! चे अन्दीशीदे ई दर उज़्रे ईन तक़्सीर-हा
ज़्,आन सू ए ऊ चन्दान वफ़ा, ज़्,ईन सू ए तू चन्दीन जफ़ा

2. ज़्, आन सू ए ऊ चन्दान करम, ज़् ईन् सू ख़लाफ़् ओ बीश् ओ कम
ज़् आन सू ए ऊ चन्दान निअम, ज़्,ईन सू ए तू चन्दीन ख़ता

3. ज़, ईन सू ए तू चन्दीन हसद, चन्द,ईन ख़यालो ज़न्न् ए बद
ज़् आन सू ए ऊ चन्दान कशिश, चन्दान चशिश, चन्दान अता

4. चन्दीन चशिश अज़ बह्रे चे, ता जाने तल्ख़-त ख़ुश शवद
चन्दीन चशिश अज़ बह्रे चे ता दर रसी दर औलिया

5. अज़् बद पशीमान् मी शवी, अल्लाह गूयान् मी शवी
आन् दम तु-रा ऊ मी कशद ता वा रेहानद मर तु-रा

6. अज़ जुर्म तर्सान् मी शवी, व,ज़ चारे पुर्सान् मी शवी
आन् लहज़े तर्सानन्दे रा बा ख़ुद नमी बीनी चेरा

7. चन्दान् दुआ कुन दर निहान, चन्दान् बेनाल् अन्दर शबान
कज़ गुम्बदे हफ़्त् आसमान, दर गूशे तू आयद सदा

---

123. छन्द 16—ऽ ऽ। ऽ ऽ ऽ। ऽ ऽ ऽ। ऽ ऽ ऽ। ऽ

46. नाला ए शबगीर

1. ऐ दिल! अपनी इन ग़लतियों की सफ़ाई के तौर पर तुमने क्या सोच रखा है? उस (प्रिय) की ओर से इतनी वफ़ादारियाँ और तुम्हारी ओर से इतनी सारी बेवफ़ाइयाँ!

2. उसकी ओर से इतनी कृपाएँ, और तुम्हारी ओर से इतनी ख़िलाफ़वर्ज़ियाँ और कमी-बेशी!
उसकी ओर से इतनी नेमतें और तुम्हारी ओर से इतनी ख़ताएँ!

3. तुम्हारी ओर से इतनी ईर्ष्या, इतनी बदगुमानियाँ!
उसकी ओर से इतने आमंत्रण, इतना माधुर्य, इतनी देन!

4. उसकी ओर से इतना माधुर्य इसलिए है ताकि तुम्हारी कड़वी जान मधुर हो सके।
उसकी ओर से इतना माधुर्य इस कारण से है कि तुम उसके लोगों तक जाने के योग्य बन पाओ।

5. जब कभी भी तुम अपनी बुराइयों से शर्मा कर उसका नाम पुकार उठते हो।
उस क्षण वह तुमको सहारा देता है और तुमको कष्टों से छुड़ा लेता है।

6. जब तुम जुर्म से डरते हो और उससे बचने का उपाय पूछने लगते हो तो—
उस क्षण अपने डराने वाले को, जो तुम्हारे साथ ही हैं, क्यों नहीं देख पाते?

7. एकान्त में बैठकर इतनी प्रार्थना करो, रातों को ऐसे करुण ढंग से पुकारो—
कि तुम्हारे कानों में सात आसमानों के गुम्बदों से आवाज़ पहुँच जाए।

47. साक़िया[124]

1. मन अज़ कुजा पन्द अज़ कुजा बादे बेगर्दान् साक़िया
आन जामे जान-अफ़ज़ाय रा बर रीज़ बर जान साक़िया

2. बर दस्ते मन नेह जामे जान, ऐ दस्तगीरे आशिक़ान्
दूर अज़ लबे बीगानेगान् पीश् आर पिन्हान्, साक़िया

3. ऐ जाने जाने जाने जान, मा न्,आमदीम अज़ बह्रे नान
बर जेह गदारूई मकुन दर बज़्मे सुल्तान्, साक़िया

4. अव्वल बेगीर आन् जामे मेह, बर कफ़्फ़े ए आन पीर नेह
चून् मस्त गर्दद पीरे देह, रौ सू ए मस्तान् साक़िया

5. रू सख़्त कुन ऐ मुर्तजा, मस्त् अज़ कुजा शर्म अज़् कुजा
व,र शर्म दारी, यक क़दह बर शर्म अफ़्शान् साक़िया

6. बर ख़ीज़, ऐ साक़ी बिया, ऐ दुश्मने शर्मो हया
ता बख़्ते मा ख़न्दान् शवद, पीश् आर ख़न्दान् साक़िया

---

124. छन्द 16—ऽ ऽ। ऽ ऽ ऽ। ऽ ऽ ऽ। ऽ ऽ ऽ। ऽ

47. साक़िया!

1. ऐ साक़ी! मेरे जैसे मस्तों के आगे ये उपदेश की बातें कहाँ? तू तो बस हमें शराब परोस!
प्राणों का पोषण करने वाले उस शराब के प्याले को मेरे प्राणों पर ढाल।

2. ऐ आशिक़ों का हाथ थामने वाले साक़ी, मेरे हाथ में प्राणों का प्याला थमा दे।
यह प्याला बेगानों के होठों से दूर रखकर बिल्कुल छिपा कर मेरे पास ले आ।

3. ऐ मेरे प्राणों के प्राणों के प्राणों के प्राण! हम तुम्हारी रोटियों (भौतिक लोभ) के लिए तुम्हारे पास नहीं आए हैं।
सुनो साक़ी! उचक कर उठ जाओ। सुल्तान की महफ़िल में भिखारियों की तरह रुआँसा चेहरा न बनाओ।

4. इस कुहासे जैसे धुँधले जाम को लेकर सबसे पहले उस बूढ़े आदमी के हाथ में पकड़ा दो।
जब गाँव का बूढ़ा मस्त हो जाए तब इस जाम को दूसरे मस्तों के पास लेकर आओ।

5. ऐ हम लोगों की आशाओं के केन्द्र बिन्दु हमारे साक़ी, हम मस्त लोग कहाँ और ये तुम्हारी शर्मसारी कहाँ?
फिर भी अगर शर्म आ रही हो तो शराब का एक प्याला लेकर शर्म पर भी उड़ेल दो।

6. ऐ शर्मो हया के दुश्मन मेरे साक़ी! उठ जा, और पास आ।
हमारे आगे खिलखिलाते हुए चेहरे के साथ शराब ले आ, ताकि हमारा भाग्य भी मुस्करा उठे।

48. बे साक़ी दर निगर दर मस्त मन्गार[125]

1. बे साक़ी दर निगर दर मस्त मन्गार
   बे यूसुफ़ दर निगर दर दस्त मन्गार

2. बेदान् गुलज़ारे बी पायान् गुज़र कुन
   बेदीन् ख़ारी कि पाय-त ख़स्त मस्त मन्गार

3. चू दर जूय-त रवान् शुद आबे हैवान
   बे ख़ुम्म् ओ कूज़े, गर इश्कस्त मन्गार

4. बे हस्ती बख़्श् ओ मस्ती बख़्श बेगिरौ
   म-नाल अज़ नीस्त व,न्दर हस्त मन्गार

5. तू साफ़ान् बीन् कि बर बाला दवीदन्द
   बे दुर्दी क्,आन् बे बुन बिन्शस्त मन्गार

6. जहान पुर बीन ज़ सूरत-हा ए क़ुद्सी
   बेदान सूरत कि राह-त बस्त मन्गार

7. बे दामे इश्क़ मुर्ग़ाने शिगर्फ़-न्द
   बे बूमी के ज़ दामन रस्त मन्गार

8. बेह् अज़ तू नातिक़ी अन्दर कमीन हस्त
   दर् आन्, क्,ईन लहज़े ख़ामूश-स्त, मन्गार

---

125. छन्द 5— । ऽ ऽ ऽ । ऽ ऽ ऽ । ऽ ऽ

48. साक़ी को देखो शराबी को नहीं

1. साक़ी की ओर नज़र गड़ाये रहो। उसने जिनको मस्त किया है, उनकी ओर मत देखो।
यूसुफ़ के अप्रतिम सौन्दर्य को देखो, अपने कटते हुए हाथों को मत देखो।[126]

2. इस बेहद्दो हिसाब वाटिका की ओर देखो।
जिस काँटे ने तुम्हारे पैर को बींध दिया, उसे मत देखो।

3. जब तुम्हारे सोते में अमृत की धारा बहने लगी है—
ऐसी हालत में अगर तुम्हारा घड़ा और गागर फूट भी गए तो भी उसकी ओर मत देखो।

4. उससे जुड़ जाओ जिसने तुम्हें अस्तित्व दिया है और जो आह्लाद को प्रदान करने वाला है।
जो नहीं है उसके लिए विलाप मत करो, जो है उसको देखो।

5. तुम साफ़ (शराब, या लोगों) को देखो जो ऊपर बढ़ आया है।
उस तलछट को न देखो जो तल में बैठ गया है।

6. संसार को परमेश्वर के पवित्र रूप से भरा हुआ देखो।
संसार के जिस स्वरूप ने तुम्हारे अध्यात्म मार्ग को रोक रखा है, उसकी उपेक्षा करो।

7. इश्क़ के जाल में बड़े बड़े पंछी फँसने वाले हैं।
फिर उस उल्लू की चिन्ता करो जो तुम्हारे दामन से छूटकर भाग गया।

8. तुमसे अधिक अच्छा बोलने वाला तुम्हारे अन्दर छिप कर बैठा हुआ है।
इस बात पर न जाओ कि वह अभी चुप बैठा है।

---

126. जुलेख़ा ने जब अपने प्रेमास्पद तथा गुलाम यूसुफ़ को फल काटती हुई औरतों के बीच से गुज़ारा तो वे यूसुफ़ के सौन्दर्य से बहक कर अपने हाथ ही काट बैठी थीं।

49. ऐ पिसर![127]

1. अक़्ल बन्दे रहरवान् ओ आशिक़ान् अस्त् ऐ पिसर!
   बन्द बिश्कन, रह अयान् अन्दर अयान् अस्त्, ऐ पिसर!

2. अक़्ल बन्द् ओ दिल फ़रीब् ओ तन ग़ुरूर् ओ, जान् हिजाब
   राह् अज़् ईन् जुम्ले गरानी-हा निहान् अस्त्, ऐ पिसर!

3. चून् ज़ अक़्ल् ओ जान् ओ दिल बरख़ास्ती बीरून् शुदी
   ईन् यक़ीन् ओ ईन् अयान् हम दर गुमान् अस्त्, ऐ पिसर!

4. गर रवी बर आसमाने हफ़्तुमीन् इदरीस-वार
   इश्क़े जानान् सख़्त नीकू नर्दबान् अस्त्, ऐ पिसर!

5. साये अफ़कन्दे-स्त इश्क़-श हमचू दामी बर ज़मीन्
   इश्क़े चून् सय्यादे ऊ बर आसमान् अस्त्, ऐ पिसर!

6. इश्क़ रा अज़ मन मपुर्स्, अज़ कस मपुर्स्, अज़ इश्क़ पुर्स
   इश्क़, दर गुफ़्तन चू अब्रे दुर-फ़िशान् अस्त् ऐ पिसर!

7. तर्जुमानी ए मन् ओ सद चून् मन-श मुहताज नीस्त
   दर हक़ायक़ इश्क़ ख़ुद रा तर्जुमान् अस्त् ऐ पिसर

---

127. छन्द 8—ऽ।ऽ ऽ ऽ।ऽ ऽ ऽ।ऽ ऽ ऽ।ऽ

49. पिता की सीख

1. ऐ मेरे बेटे! अक्ल (शुष्क तर्कबुद्धि) ही प्रेम के राहगीरों के रास्ते की सबसे बड़ी रुकावट है।
   अगर तुम इस बन्धन को तोड़ सको तो सारा का सारा रास्ता तुम्हारे लिए रौशन है।

2. ऐ मेरे बेटे! अक़्ल बन्धन है, दिल फ़रेब है, तन ग़रूर है और प्राण पर्दे हैं।
   तुम्हारा रास्ता इन्हीं सारी भारी भरकम चीज़ों के तले दबा हुआ है।

3. जब तुम इन चीज़ों—अक़्ल, दिल और जान से बाहर आने के लिए उठ खड़े होते हो,
   (तो) यह विश्वास और यह भरोसा भी एक भ्रम के अतिरिक्त और कुछ नहीं है।

4. अगर तुम इदरीस[128] की तरह सातवें आसमान तक पहुँचना चाहते हो तो—
   दिव्य प्रेम तुम्हारे लिए बहुत दृढ और बड़ी अच्छी सीढ़ी है।

5. ऐ बेटे, उस (परमेश्वर)के प्रेम ने अपनी छाया ज़मीन पर जाल की तरह फैला रखी है।
   और ख़ुद किसी शिकारी की तरह आसमान पर छिपकर बैठ गया है।

6. ऐ बेटे, इश्क़ क्या है, ये न मुझसे पूछो, न किसी और से पूछो। यह ख़ुद इश्क़ से पूछ लो।
   इश्क़ को ऐसे समझ सकते हो जैसे कि वह मोतियों की बारिश करने वाला बादल हो।

7. इश्क़ मेरे या मेरे जैसे दूसरे सैकड़ों प्रवक्ताओं का मुहताज नहीं है।
   अपनी हक़ीक़त बयान करने में वह ख़ुद अपना समर्थ प्रवक्ता है।

---

128. एक पैग़म्बर का नाम।

50. मतर्स[129]

1. बिया कि दाने लतीफ़-स्त, रौ, ज़ दाम मतर्स!
क़ुमारख़ाने दर् आ ओ ज़ नंगे वाम मतर्स!

2. शुनीदे ई कि दर् ईन् राह बीमे जानो सर् अस्त
चू यार आबे हयात-स्त् अज़् ईन् पयाम, मतर्स!

3. चू इश्क़ ईसी ए वक़्त-स्त् ओ मुर्दे मी जूयद
बेमीर पीशे जमाल-श चू मन तमाम, मतर्स!

4. हरीफ़े माह शुदी, अज़ असस चे ग़म दारी
सबूहे रूह चू दीदी ज़ सुब्हो शाम, मतर्स!

5. ख़याले दूस्त बियावर्द सू ए मन जामी
कि-गीर बादे ए ख़ास् ओ ज़ ख़ास् ओ आम, मतर्स!

6. बेगुफ़्तम-श महे रूज़े-स्त् ओ रूज़, गुफ़्त ख़मूश!
कि नश्कनद मये जान् रूज़े, ए सियाम, मतर्स

---

129. छन्द 22— ।S ।S ।।SS ।S ।S SS

50. मा भेर्मा संविक्था:[130]

1. यहाँ आओ। यहाँ प्यार का दाना बिखेरा हुआ है। जाल में फँसने से मत डरो।
   इस इश्क़ के जुआघर में प्रवेश कर जाओ। क़र्ज़ की बदनामी से मत डरो।

2. तुमने बहुतों से सुना होगा कि इस रास्ते में जान जाने और सर कटने का ख़तरा है।
   लेकिन तुम्हारा प्रिय जब अमृत सा जीवनदायी है तो ऐसी चेतावनियों से क्या डरना?

3. प्रेम जीता जागता ईसा मसीह है। वह मुर्दों को ढूँढ़ता फिरता है ताकि वह उन्हें ज़िन्दा कर सके।
   इसलिए तुम भी मेरे जैसे उसके सौन्दर्य पर पूरी तरह से क़ुर्बान हो जाओ। बिल्कुल मत डरो।

4. जब तुम उस चाँद (प्रिय) से सीधी बात करने लगे तो तुम्हें अदना सिपाहियों का क्या डर।
   जब तुमने रूहानी शराब चख ली तो तुम्हें सुबह या शाम से क्या डर।

5. मेरे प्रिय की प्यारी यादों ने मेरे सामने शराब का जाम लाकर रख दिया।
   उसने कहा—कि यह बिल्कुल ख़ास शराब पकड़ो और ख़ासो-आम का डर छोड़ दो।

6. मैंने उससे कहा कि यह रोज़े का महीना है और अभी तो दिन भी नहीं ढला है।
   उसने कहा—चुप रहो! रूह की शराब पीने से रोज़े नहीं टूटते। डरो मत!

---

130. यजुर्वेद 1.23 (मत डरो, मत घबराओ)

51. न गुंजी[131]

1. तू आन् माही कि दर गर्दून् न गुंजी
   तू आन् आबी कि दर जैहून् न गुंजी

2. तू आन् दुर्री कि अज़् दर्या फ़ुज़ूनी
   तू आन् कूही कि दर हामून् न गुंजी

3. चे ख़ानम मन फ़ुसून्, ऐ शाहे परियान्
   कि तू दर शीशे ओ अफ़सून् न गुंजी

4. तू ख़ुर्शीदी, क़बा-यत नूरे सीने-स्त
   तू अन्दर अतलस् ओ अक्सून् न गुंजी

5. तु-ई शागिर्दे जान्-अफ़्ज़ा तबीबी
   दर इस्तद्लाले अफ़लातून् न गुंजी

6. तू मा,जूनी कि न बुवद दर् ज़ख़ीरे
   ज़ख़ीरे चीस्त ? दर क़ानून न गुंजी

7. बेगूयद ख़स्म-ता ख़ुद चून् बुवद ईन्
   तू अज़ बी चूनी ओ दर चून् न गुंजी

---

131. छन्द 5— । ऽ ऽ ऽ । ऽ ऽ ऽ । ऽ ऽ

51. अप्रमेयः[132]

1. तू वह चाँद है जो आसमान में नहीं समा सकता।
   तू वह पानी है जो जैहून नदी में नहीं समा सकता।

2. तू वह मोती है जो समन्दरों से भी बढ़कर है।
   तू वह पहाड़ है जो रेगिस्तानों में भी नहीं समा सकता।

3. ऐ परियों के शाहंशाह, मैं तुम पर कौन सा मन्तर पढ़ूँ।
   तू न तो शीशे में समा सकता है और न ही किसी जादू के बस में आ सकता है।

4. तू तो सूरज है। तेरे सीने का नूर ही तेरा पहनावा है।
   तू रेशम या अकसून के कपड़ों में समाने वाला नहीं है।

5. तू तो उस प्राणप्रद वैद्य (परमात्मा) का पट्ट शिष्य है।
   प्लेटो की तर्कबुद्धि तुम्हारा पार नहीं पा सकती।

6. तू वह महौषधि है जो अष्टांगसंग्रह में भी नहीं मिलती।
   अष्टांगसंग्रह की क्या बिसात, तेरे जैसा जीवन-चूर्ण तो सारे आयुर्वेद में भी वर्णित नहीं हैं।

7. (इस बयान से) दुश्मन खीझ कर कह उठता है—ऐसी तो कोई चीज़ ही नहीं होती।
   ठीक ही तो है, तुम्हारा सम्बन्ध निर्विशेष से है और तुम विशेषणों में नहीं समा सकते।

---

132. भगवद्गीता 2.18

52. बर ख़ीज़[133]

1. बर ख़ीज़ कि जान-स्त् ओ जहान् अस्त् ओ जवानी
ख़ुर्शीद बर् आमद, बेनिगर नूर फ़िशानी

2. आन् हुस्न कि दर ख़ाब हमी जुस्त ज़ुलैख़ा
ऐ यूसुफ़े अय्याम! बे सद रह, बेह् अज़् आनी

3. बर् ख़ीज़ कि आवीख़्त तराज़ू ए क़यामत
बर संज बेबीन् के सुबुकी या तू गरानी

4. हर सूय् निशानी-स्त ज़ मख़्लूक़ बे ख़ालिक़
क़ाने, न शवद आशिक़े बीदिल बे निशानी

5. ऊ उम्रे अज़ीज़् अस्त अज़् ऊ चारे न दारी
ऊ जाने जहान् आमद् ओ तू नक़्शे जहानी

6. बर सूरते संगीन बेज़नद, रूह पज़ीरद
हैफ़ अस्त क्,अज़्,ईन् रूह तू महरूम बेमानी

7. ऊ काने अक़ीक़ आमद् ओ सरमाये ए कान्-हा
दर काने अक़ीक़ आय, चे दरबन्दे दुकानी

---

133. छन्द 4—ऽ ऽ॥ ऽ ऽ॥ ऽ ऽ॥ ऽ ऽ

52. उत्तिष्ठत जाग्रत[134]

1. उठकर खड़े हो जाओ! अभी तुझमें जान है, और तू जवान-जहान है।
   सूरज निकल आया है। उसका रौशनी बिखेरना तो देखो।

2. वह सौन्दर्य जिसको ज़ुलैख़ा[135] सपने में देखा करती थी।
   ऐ इस युग के यूसुफ़![136] तुम हज़ारों तरह से उसकी अपेक्षा अधिक सुन्दर हो।

3. उठ जाओ! न्याय के दिन का तराजू लटकाया जा चुका है।
   ज़रा अप्‌ने को तोल के देखो तो कि तुम हल्के हो या भारी।

4. सृष्टि हर ओर से अपने सृष्टिकर्ता के संकेत प्रस्तुत कर रही है।
   लेकिन सन्तप्त प्रेमी संकेत मात्र से सन्तुष्ट नहीं होता है।

5. वह (प्रिय) तुम्हारा प्राण है। उससे बिछड़ कर तुम रह ही नहीं सकते।
   वह इस संसार का भी प्राण है और तुम इस संसार के शरीर हो।

6. जो भी अपने इस पत्थर जैसे (बाहरी) रूप के तिलिस्म को तोड़ सका उसे आत्मा की प्राप्ति हो गई।
   बहुत दुखद होगा अगर तुम इस आत्मा से वंचित रह जाओगे।

7. वह अक़ीक़ के रत्नों की खान बन कर प्रकट हुआ है। वह इन खानों की जमापूँजी भी है।
   इस अक़ीक़ के खान की तरफ़ रुख करो। अक़ीक़ की दुकान में क्यों फँसे हुए हो?

---

134. कठोपनिषद् 1.3.14

135. ज़ुलैख़ा मिस्र के अज़ीज़ की पत्नी थी जो अपने नौकर यूसुफ़ पर आशिक़ थी।

136. यूसुफ़ एक पैग़म्बर हैं। इन्हें सुन्दरता का प्रतिमान माना जाता। ये याक़ूब नामक पैग़म्बर के पुत्र थे। बाद में मिस्र के शासक बने।

53. जाने गुलिस्तान मनम[137]

1. गुफ़्त लब-म नागहान् नामे गुल् ओ गुल्सितान
   आमद आन् गुल-इज़्ज़ार, कूफ़्त मरा बर दहान

2. गुफ़्त कि सुल्तान् मन-म, जाने गुलिस्तान् मन-म
   हज़रते चून् मन शही, व्, आन्-गह यादे फ़ुलान

3. दफ़्फ़े मनी हीन् मख़ुर सीली ए हर नाकसी
   नाये मनी हीन मकुन अज़ दमे हर कस फ़ुग़ान

4. पीशे चू मन कैक़ुबाद चश्मे बद-म दूर बाद
   शर्म न दारद कसी याद कुनद अज़ केहान?

5. ज़ुग़्द बुवद कू, बे बाग़ यादे ख़राबे कुनद
   ज़ाग़ बुवद कू बहार याद कुनद अज़ ख़ज़ान

6. पुश्ते जहान् दीदे ई, रू ए जहान् रा बेबीन
   पुश्त बे ख़ुद कुन कि ता रूय् नुमायद जहान

7. ऐ क़मरे ज़ीरे मीग़, ख़ीश न दीदी दरीग़!
   चन्द चू साये दवी दर पये ईन् दीगरान

---

137. छन्द 23—ऽ ॥ ऽऽ । ऽ ऽ ॥ ऽऽ । ऽ

53. अनन्याश्चिन्तयन्तो माम्[138]

1. मेरे होंठों ने अचानक (ग़लती से) गुल और गुलिस्तान का नाम ले लिया। तभी वह फूलों जैसे गालों वाला (प्रिय) आया और उसने मेरे मुँह पर एक थप्पड़ जड़ दिया।

2. उसने कहा कि सुल्तान तो मैं हूँ, गुलिस्ताँ की जान तो मैं हूँ। मुझ जैसे सम्राट् के सामने उन ऐरे ग़ैरों को याद क्यों करते हो।

3. जब तुम मेरे डफ हो तो हर ऐरे ग़ैरे के हाथों की थाप क्यों खाते हो। जब तुम मेरी बाँसुरी हो तो किसी के भी साँसों की छुअन से पुकार शुरू क्यों कर देते हो?

4. मुझे नज़र न लगे, मेरे जैसे अद्भुत सम्राट् के सामने— अगर कोई तुच्छ चीज़ों की चर्चा करता है तो उसे शर्म आनी चाहिए।

5. अगर कोई खिले हुए बाग़ में बैठ कर खंडहर की याद करता है तो उसे उल्लू ही कहा जाएगा।
हरे भरे बसन्त में पतझड़ की कामना कौआ ही कर सकता है।

6. अभी तक तो तुमने दुनिया की पीठ भर देखी है। ज़रा उसका चेहरा भी देख लो। इसके लिए अपनी ओर से पीठ कर लो ताकि दुनिया का रहस्य तुम्हें पता चल जाए।

7. ऐ बादल के नीचे छिपे चाँद, अफ़सोस है कि तुम अभी तक अपने आप को नहीं देख सके हो।
आख़िर कब तक तुम दूसरों के पीछे छाया की तरह दौड़ते रहोगे?

---

138. केवल मुझको ही सोचते हुए जो—(श्रीमद्भगवद्गीता 9.22)

54. जानिबे चर्ख़ दूदे मन[139]

1. ऐ! शुदे अज़ जफ़ा ए तो जानिबे चर्ख़ दूदे मन
जौर मकुन कि बिश्नवद, शाद शवद हसूदे मन

2. बीश मकुन तू दूद रा शाद मकुन हसूद रा
वह! कि चे शाद मी शवद अज़ तलफ़े वुजूदे मन

3. तल्ख मकुन उमीदे मन, ऐ शकरे सपीदे मन
ता न दरम ज़ दस्ते तो पैरहने कबूदे मन

4. दिलबर् ओ यारे मन तू-ई, रौनक़े कारे मन तू-ई
बाग़् ओ बहारे मन तू-ई बह्रे तू बूद बूदे मन

5. ख़ाबे शब-म रबूदे ई मूनिसे मन तू बूदे ई
आतशे तो निशाने मन, दर दिले हमचू ऊदे मन

6. जिस्म न बूद् ओ जान बुदम, बा तू बर् आसमान् बुदम
हीच न बूद दर्मियान् गुफ़्ते मन् ओ शुनूदे मन

---

139. छन्द 17—ऽ॥ ऽ।ऽ।ऽ ऽ॥ ऽ।ऽ।ऽ

54. उमीदों का स्वाद

1. तुम्हारी बेवफ़ाई के नाते उठने वाली मेरी आहों का धुँआ आसमान पर छा गया है।
इस तरह अत्याचार न करो कि मुझसे ईर्ष्या करने वाले सुन कर ख़ुश हो जाएँ।

2. इन धुओं को और न बढ़ाओ, दुश्मनों को ख़ुश होने का और मौक़ा न दो।
ज़रा देखो तो, वे मेरे वजूद के बर्बाद होने पर कितने ख़ुश हो रहे हैं।

3. ऐ मेरे सफ़ेद शक्कर जैसे मीठे प्रियतम! मेरी उमीदों के स्वाद को कड़वा मत करो।
कहीं ऐसा न हो कि मुझे तुम्हारे हाथों से अपने काले पहनावों को फाड़ना पड़ जाए।

4. तू मेरा चितचोर है, तू मेरा यार है। मेरे कामों में रौनक़ भी तू ही है।
मेरे बाग़ और उन बाग़ों में जो बहार है, वह तू ही है। मेरा होना ही तुम्हारे लिए है।

5. तुम मेरे अपने हो लेकिन तुमने मेरी रातों की नींदें चुरा लीं हैं।
मेरा दिल, जो धूप बत्ती की तरह जल रहा है वह बता रहा है कि इसमें तुम आग की तरह मौजूद हो।

7. मैं जब जिस्म नहीं था, बल्कि केवल रूह था और आसमान पर तुम्हारे साथ था।
तब केवल हम और तुम थे। हम दोनों के बीच ये कहने सुनने जैसी कोई भी चीज़ नहीं थी।

باب طرب

॥ बाब् ए तरब ॥

(विभूति खंड)

55. निगार मी रसद[140]

1. आब ज़नीद राह रा हीन कि निगार मी रसद
मुज्दे दहीद बाग़ रा बू ए बहार मी रसद

2. राह दहीद यार रा आन् महे दह–चहार रा
क,ज़ रुख़े नूरबख़्शे ऊ नूर निसार मी रसद

3. चाक शुद,स्त आसमान ग़ल्ग़ले ई स्त दर जहान्
अम्बर् ओ मुश्क मी दमद संजुक़े यार मी रसद

4. रौनक़े बाग़ मी रसद, चश्मो चराग़ मी रसद
ग़म बे कनारे मी रवद, मह बे कनार मी रसद

5. तीर रवाने मी रवद, सू ए निशाने मी रवद
मा चे निशस्ते ईम पस, शह ज़ शिकार मी रसद

6. बाग़ सलाम मी कुनद, सर्व क़याम मी कुनद
सब्ज़े पयादे मी रवद, ग़ुंचे सवार मी रसद

7. ख़ल्वतियाने आसमान ता चे शराब मी ख़ुरन्द
रूह ख़राबो मस्त शुद, अक़्ल ख़ुमार मी रसद

8. चून् बेरसी बे कू ए मा, ख़ामुशी अस्त ख़ू ए मा
ज़ा,न् कि ज़ गुफ़्तो गू ए मा गर्दो ग़ुबार मी रसद

140. छन्द 17—S॥ S।S।S S॥ S।S।S

55. मी म्हणे गोपालु आला गे माए[142]

1. ऐ लोगो, रास्तों में पानी का छिड़काव करो क्योंकि मेरा महबूब आ रहा है।
   बाग़ों को ख़ुशख़बरी दे दो कि उन तक बहार की गमक पहुँच रही है।

2. चौदहवीं के चाँद की तरह जा मेरा यार है उसे आने का रास्ता दो।
   क्योंकि उसके नूर बिखेरने वाले चेहरे पर सारी रौशनियाँ निछावर हो रही हैं।

3. आसमान टुकड़े-टुकड़े हो गया है। सारी दुनिया पर शोरो गुल तारी है।
   चारों ओर इत्र और कस्तूरी उग रहे हैं। मेरे यार का डोला पहुँच रहा है।

4. बाग़ की रौनक फिर लौट रही है। आँखों की दृष्टि लौट रही है।
   सारे कष्ट एक किनारे हो जा रहे हैं। वह चाँद मेरे आलिंगन में आ रहा है।

5. तीर सरपट निशाने की ओर आगे बढ़ रहे हैं।
   जब शाह शिकार के लिए निकल रहा है फिर हम बैठे क्यों हैं?

6. उसके आने पर बाग़ उसे सलाम कर रहा है और सर्व का पेड़ बड़े आदर से खड़ा हो गया है।
   हरियाली पैदल चल कर आ रही है और कलियाँ सवारी पर आ रही हैं।

7. आसमान के एकान्तवासी आख़िर कब तक शराब पियेंगे?
   अब तो रूह बदमस्त हो रही है और अक़्ल पर ख़ुमारी छा गई है।

8. जब तुम हमारी गली में पहुँचो तो यह समझ कर आओ कि मौन हम लोगों का स्वभाव है।
   क्योंकि जब हम बातें करते हैं तो धूल धक्कड़ उठती है।

---

141. ज्ञानेश्वर महाराज (मुझे लगा, श्रीकृष्ण आ गए!)

56. अर्ज़ानी ए शक्कर[142]

1. ख़बर-त हस्त कि दर शह्र शकर अर्ज़ान् शुद ?
ख़बर-त हस्त कि दै गुम शुद् ओ ताबिस्तान शुद ?

2. ख़बर-त हस्त कि रैहान् ओ क़रन्फ़ुल दर बाग़
ज़ीरे लब ख़न्देज़नान् अन्द कि कार् आसान शुद ?

3. ख़बर-त हस्त कि बुलबुल ज़े सफ़र बाज़ आमद
दर समा, आमद् ओ सुल्ताने हमे मुर्ग़ान् शुद ?

4. ख़बर-त हस्त कि दर बाग़ कुनून् शाख़े दरख़्त
मुज्दे ए नौ बेशिनीद् अज़ गुल् ओ दस्त् अफ़्शान् शुद ?

5. ख़बर-त हस्त कि जान् मस्त शुद् अज़ जामे बहार
सरख़ुश् ओ रक़्स कुनान् दर हरमे सुल्तान् शुद ?

6. गुलरुख़ानी ज़े अदम चर्ख़जनान् आमदे अन्द
क्, अंजुमे चर्ख़ निसारे क़दमे ईशान् शुद

7. बज़्मे आन् इश्रतियान् बारे दिगर ज़ीब गिरिफ़्त
बाज़ आन् बादे सबा बादे-देहे बुस्तान् शुद

8. नक़्श-हा बूद पसे पर्दे ए दिल पिन्हानी
बाग़-हा आइने ए सिर्रे दिले ईशान् शुद

9. आन् चे बीनी तू ज़ दिल जूय् ज़ आईने मजूय्
आइने नक़्श शवद लीक न तानद जान् शुद

---

142. छन्द 10—ऽ (।) । ऽ ऽ ॥ ऽ ऽ ॥ ऽ ऽ ॥ ऽ

56. सर्वं प्रिये चारुतरं वसन्ते[143]

1. अरे, तुम्हें पता भी है कि शहर में शक्कर सस्ती हो गई है?
   क्या तुम्हें पता है कि पतझड़ चला गया और वसन्त की गमक आ गई?

2. क्या तुम्हें पता है कि बाग़ में रैहान और लौंग के फूल–
   दबे होंठों से मुस्करा रहे हैं कि अब तो हमारा काम आसान हो गया!?

3. क्या तुम्हें पता है कि बुलबुल अपने सफ़र से लौटकर—
   नृत्य में डूब गई और सभी पंछियों की रानी बन बैठी है?

4. क्या तुम्हें पता है कि इस समय बाग़ में पेड़ों की डालियों ने—
   गुल से नई ख़ुशख़बरी पायी और अपनी पत्तियों से तालियाँ बजाना शुरू कर दिया?

5. क्या तुम्हें पता है कि वसन्त के प्याले से प्राण मस्त हो गए हैं।
   वे आह्लादित होकर नृत्य करते हुए सुल्तान के अन्त:पुर तक पहुँच गए?

6. फूलों जैसे चेहरे वालियाँ अनस्तित्व लोक से आकाशचक्र को आन्दोलित करती हुए पहुँच चुकी हैं।
   और आकाश में उगी तारों की माला उनके क़दमों पर निसार हो गई।

7. उन मस्त लोगों की महफ़िल पर फिर से रौनक चढ़ने लगी है।
   फिर से सुबह की हवा गुलिस्तान को शराब से तृप्त करने लगी है।

8. (पहले) सारी निशानियाँ दिल के पर्दे के पीछे छिपी हुई थीं।
   (फिर) खिले-खिले गुलिस्तान उनके दिल के राज़ की तर्जुमानी करने वाले आइने बन गए।

9. जिन चीज़ों को तू बाहर देख रहा है उन्हें अन्दर दिल में खोज, आइने में मत खोज।
   आईना किसी चीज़ का बाहरी नक़्शा तो उतार सकता है लेकिन उसकी आत्मा को नहीं पकड़ सकता।

---

143. कालिदास—ऋतुसंहार (हे प्रिये, वसन्त में सारी वस्तुएँ और सुन्दर हो जाती हैं।)

57. अन्दक अन्दक[144]

1. अन्दक् अन्दक जम्ए मस्तान् मी रसन्द
   अन्दक् अन्दक मै-परस्तान् मी रसन्द

2. दिलनवाज़ान नाज़-नाज़ान दर रह-न्द
   गुल उज़ारान् अज़ गुलिस्तान मी रसन्द

3. अन्दक् अन्दक ज़्,ईन जहाने हस्त् ओ नीस्त
   नीस्तान् रफ़्तन्दो हस्तान् मी रसन्द

4. जुम्ले दामन-हा ए पुरज़र हमचू कान
   अज़् बराये तंगदस्तान् मी रसन्द

5. लाग़राने ख़स्ते अज़ मरआ ए इश्क़
   फ़र्बेहान् ओ तन्दुरुस्तान् मी रसन्द

6. अस्ले-शान् लुत्फ़-स्त् ओ हम वा-गश्त लुत्फ़
   हम ज़े बुस्तान् सू ए बुस्तान् मी रसन्द

---

144. छन्द 12—S I S S S I S S S I S

57. शनैः शनैः

1. धीरे धीरे मस्तों का झुण्ड पहुँच रहा है।
   धीरे धीरे मद्य के उपासक जुट रहे हैं।

2. दिल की नवाज़िश करने वाले प्यारे-प्यारे लोग रास्ते में हैं।
   गुल की तरह गालों वाले गुलिस्तान से चल कर यहाँ पहुँच रहे हैं।

3. धीरे-धीरे इस अस्तित्व और अनस्तित्व से मिश्रित संसार में से—
   अनस्तित्व गुम हो रहा है और अस्तित्वमय लोग पहुँच रहे हैं।

4. खान की तरह सोने से भरे हुए सारे दामन-
   तंगहालों की नवाज़िश के लिए पहुँच रहे हैं।

5. जो कमज़ोर और ख़स्ताहाल थे वे इश्क़ की चरागाह से—
   मोटे-ताज़े और तन्दुरुस्त होकर निकल रहे हैं।

6. उनका मूल स्थान भी प्रेम था और अब वे प्रेम की ओर लौट भी रहे हैं।
   इसका मतलब यह है कि वे गुलिस्तान से चले थे और अब गुलिस्तान की ही ओर पहुँच रहे हैं।

58. मुर्दे बुदम ज़िन्दे शुदम[145]

1. मुर्दे बुदम ज़िन्दे शुदम, गिरिये बुदम ख़न्दे शुदम–दौलते इश्क़ आमदो मन, दौलते पायन्दे शुदम।
2. दीदे ये सीर स्त मरा, जान् दिलीर स्त मरा–ज़ुह्रे ये शीर स्त मरा, ज़ुह्रे ये ताबन्दे शुदम।
3. गुफ़्त के दीवाने ने ई, लायक़े ईन् ख़ाने ने ई–रफ़्तम् ओ दीवाने शुदम, सिलसिले बन्दन्दे शुदम।

4. गुफ़्त कि तू मस्त ने ई, रौ कि अज़ीन् दस्त ने ई–रफ़्तम् ओ सरमस्त शुदम, अज़् ़तरब् आकन्दे शुदम।

5. गुफ़्त कि तू कुश्ते ने ई, दर तरब आग़श्ते ने ई–पीशे रुख़े ज़िन्देकुनश, कुश्ते ओ अफ़्कन्दे शुदम।

6. गुफ़्त कि तू ज़ीरककी, मस्ते ख़याली व शकी–गूल शुदम हूल शुदम, व,ज़ हमे बरकन्दे शुदम।
7. गुफ़्त कि तू शम्अ शुदी, क़िब्ले ये ईन् जम्अ शुदी–जम्अ नियम शम्अ नियम, दूदे पराकन्दे शुदम।

8. गुफ़्त कि शैख़ी व सरी, पीशरवो राहबरी–शैख़ नियम पीश नियम, अम्रे तो रा बन्दे शुदम।
9. गुफ़्त कि बा बालो परी, मन परो बाल–त न दहम–दर हवसे बाल् ओ पर–श, बी परो परकन्दे शुदम।
10 गुफ़्त मरा दौलते नौ, राह म रौ रञ्जे म शौ–ज़्,आन् कि मन् अज़ लुत्फ़् ओ करम सूये तो आयन्दे शुदम।

---

145. छन्द 19—ऽ ।।ऽ ऽ ।।ऽ ऽ ।।ऽ ऽ ।।ऽ

58. वह (गुरु) और मैं (शिष्य)

1. मैं मरा हुआ था—जी उठा, मैं चीत्कार था—उल्लास बन गया। मेरे पास प्रेम की पूँजी आ गई और मैं अविनश्वर राज्य बन गया।
2. मेरी आँखे तृप्त हो गई हैं, मेरे प्राण दिल वाले हो गए हैं। मेरा जिगर शेर का हो गया है, मैं शुक्र ग्रह की तरह चमकने लगा हूँ।
3. उस (मेरे प्रेमास्पद गुरु ने—) कहा कि तू अभी तक बावला नहीं हुआ है इसलिए अभी तू मेरे घर के लायक़ नहीं बन पाया है। बस, क्या था मैं पागल हो आया और अपने शरीर को ज़ञ्जीरों से जकड़ लिया।
4. उसने कहा—कि तू मस्त नहीं है, इसलिए भाग जा तू हमारी जमात में शामिल होने लायक़ नहीं है।

   बस, मैं सरमस्त हो आया और उत्सव से भरपूर हो गया।
5. उसने कहा कि तुम अभी मारे नहीं गए हो, आनन्दातिरेक से भरा नहीं है तुम्हारा अन्तर। बस क्या था, मैं उसके ज़िन्दा कर देने वाले मुखड़े के सामने क़त्ल हो आया।
6. उसने कहा—तुम तो बड़े पण्डिताऊ हो। विचारों और सन्देह में डूबे हुए हो। मैं नादान हो आया और सारे सिद्धान्तों से छूट गया।
7. उसने कहा कि तुम तो ख़ुद राह दिखाने वाले दिये हो गए हो। इतनी बड़ी भीड़ तुम्हारी पूजा करती है।

   नहीं, मैं अब दिया नहीं रहा, भीड़ भी नहीं रहा—धुआँ सा होकर बिखर गया।
8. उसने कहा—तू तो महन्त है, प्रमुख है, पेशवा है,मार्गदर्शक है। नहीं, अब मैं पण्डित नहीं रहा,पेशवा नहीं रहा, उसके हुक्म का ग़ुलाम हो गया।
9. उसने कहा—तुम्हारे पास अपने पंख और डैने हैं, मैं तुम्हें अपने वाले पंख और डैने नहीं दूंगा।

   बस, मैंने उसके पंखों के लोभ में अपने पंख कटवा लिए और असहाय हो गया।
10. उसने कहा मेरे पास ताज़ा दौलत है। अब भटकना और दुख झेलना बन्द करो। क्योंकि मैं करुणावश तुम्हारे पास आ चुका हूँ।

11 गुफ़्त मरा इश्क़े कुहन, अज़ बरे मा नक़्ल मकुन–गुफ़्तम आरी नकुनम, साकिनो बाशन्दे शुदम।

12. चश्म ए ख़ुर्शीद तु ई, सायागहे बीद मनम–चून्कि ज़दी बरसरे मन, पस्तो गुदाज़न्दे शुदम।

13. ताबिशे जान याफ़्त दिलम, वा शुदो बिश्काफ्त दिलम–अत्लसे नौ बाफ़्त दिलम, दुश्मने ईन जिन्दे शुदम।

14. सूरते जान वक्ते सहर, लाफ़ हमी ज़द ज़ बतर–बन्दे ओ ख़रबन्दे बुदम, शाह् ओ ख़ुदावन्दे शुदम।

15. शुक्र कुनद काग़ज़े तू, अज़ शकरे बी हदे तू–क्,आमद ऊ दर बरे मन, बा वै मानन्दे शुदम।

16. शुक्र कुनद ख़ाके दुजम, अज़ फ़लक् ओ चर्ख़् बे ख़म–कज़ नज़रो गर्दिशे ऊ, नूर पज़ीरन्दे शुदम।

17. शुक्र कुनद चर्ख़े फ़लक, अज़ मलिको मुल्को मलक–कज़ करमो बख़्शिशे ऊ, रौशन बख़्शन्दे शुदम।

18. शुक्र कुनद आरिफ़े हक़, कज़् हमे बुर्दीम सबक़–बर ज़बरे हफ़्त तबक़, अख़्तरे रख़्शन्दे शुदम।

19. ज़ुह्रे बुदम माह शुदम, चर्ख़े दो सद ताह शुदम–यूसुफ़ बूदम ज़ कनून, यूसुफ़ज़ायन्दे शुदम।

20. अज़् तो अम ऐ शोह्रे क़मर, दर मनो दर ख़ुद बिन्गार–क,ज़ असरे ख़न्दे ए तो, गुल्शने ख़न्दन्दे शुदम।

21. बाश चु शतरञ्जे रवान्, ख़ामुशो ख़ुद जुम्ले ज़बान्–कज़् रुख़े आन् शाहे जहान्, फ़र्रुख़ो फ़र्ख़न्दे शुदम।

11. उसने कहा कि मेरे पास प्राचीनतम प्रेम है, अब तुम मेरे पास से न जाओ। मैंने कहा—ठीक है, नहीं जाऊँगा। मैं रुक गया और वहीं रह गया।
12. तू हज़ारों सूर्यों का स्रोत है और मैं बेंत के कुञ्जों की छाया। जब तू मेरे ऊपर बरसा मैं पस्त होकर पिघल गया।
13. मेरे हृदय को आत्मा की चमक मिल गई। मेरा हृदय खुल गया और खिल गया। मेरे हृदय ने मेरे लिए एक नया ही हृदय बुन दिया है। ये पुराने चिथड़े अब मेरे दुश्मन लग रहे हैं।
14. मेरे प्राण आज ही सुबह इतराते हुए कह रहे थे—मैं पहले दासों का भी दास था, और अब राजाओं का भी राजा बन गया हूं।
15. तुम्हारा आभार, कि तुमने मुझे अपनी किताब बनाकर उस पर शक्कर की इबारत लिख दी। तुम्हारी मधुरता ने मुझे गले लगाकर अपने जैसा बना लिया।
16. मेरी मुर्झाई ज़मीन तुम्हारे अनुकूल आसमान की आभारी है, जिसके दृष्टिपात से यह प्रकाश की पात्र हो गई।
17. आभारी है मेरा भाग्य चक्र समस्त संसार का, सारे देवों का और परमेश्वर का कि उसकी कृपा से मैं प्रकाशित तथा उदार बन गया।
18. आभारी हूँ, मैंने सचाई को पहचान लिया। सबको पीछे छोड़ दिया मैंने। मैं सातवें आसमान के सर पर चमकने वाला नक्षत्र बन गया।
19. मैं पहले शुक्र ग्रह था और अब परिपूर्ण चन्द्रमा हो गया। अकेला मैं दो सौ आकाशगंगाओं जैसा हो गया।

    अब तक मैं सिर्फ एक यूसुफ़ था और अब यूसुफ़ों को पैदा करने वाला बन गया।
20. हे सम्पूर्ण चन्द्र जैसी कीर्ति वाले, ज़रा मेरी और अपनी ओर एक बार देखो तो। तुम्हारी खिलखिलाहट की बदौलत मैं उपवन की तरह खिल गया हूँ।
21. शतरञ्ज की तरह शान्त मगर बोलती हुई चाल चलो—देखो कि मैं उस संसार सम्राट् के कृपा कटाक्ष से सौभाग्यशाली और आह्लादित हो गया।

59. जाह् ओ जमाले गुल[146]

1. इमरूज़ रूज़े शादी ओ इमसाल साले गुल
नीकू,स्त हाले मा कि निकू बाद हाले गुल

2. गुल रा मदद रसीद ज़ गुलज़ारे रू ए दूस्त
ता चश्मे मा न बीनद दीगर ज़वाले गुल

3. मस्त-स्त चश्मे नर्गिसो ख़न्दान् दहाने बाग़
अज़ कर्रो फ़र्रो रौनक़े लुत्फ़ो कमाले गुल

4. सौसन ज़बान् गुशूदे ओ गुफ़्ते बे गूशे सर्व
असरारे इश्क़े बुलबुलो हुस्ने ख़िसाले गुल

5. जामे-दरान् रसीद गुल अज़ बह्रे दादे मा
ज़्,आन् मी दरीम जामे बे बू ए विसाले गुल

6. गुल आन्-जहानी अस्त न गुंजद दर् ईन् जहान
दर आलमे ख़याल चे गुंजद ख़याले गुल

7. गुल कीस्त ? क़ासिदी,स्त ज़ बुस्ताने अक़्लो जान
गुल चीस्त ? रुक़्ए ई स्त ज़ जाह् ओ जमाले गुल

8. गीरीम दामने गुलो हमराहे गुल शवीम
रक्सान् हमी रवीम बे अस्ल् ओ निहाले गुल

9. ज़िन्दे कुनन्द् ओ बाज़ परो बाले नौ दहन्द
हर चन्द बर कनीद शुमा पर् ओ बाले गुल

10. ख़ामूश बाश् ओ लब म गुशा ख़ाजे ग़ुंचे-वार
मी ख़न्द ज़ीरे लब तू बे ज़ीरे ज़ुलाले गुल

---

146. छन्द 15—ऽ ऽ।ऽ।ऽ॥ऽ ऽ।ऽ।ऽ

59. मोगरा फुलला[147]

1. आज का दिन बहुत ही ख़ुशी का दिन है और इस बार साल गुलों का साल है।
   हमने अपना हाल अच्छा कर रखा है ताकि उस गुल की हालत अच्छी रहे।

2. गुल को यार के मुखड़े के गुलजार से मदद मिली है।
   ताकि हमारी आँखों को गुल की जुदाई न देखनी पड़े।

3. नरगिस की आँखें मस्त हैं और बाग़ का चेहरा खिलखिला रहा है।
   यह सब गुल के जाहो-जलाल-लुत्फ़ और कमाल से हो रहा है।

4. सौसन[148] ने ज़बान खोलकर सर्व के कान में—
   बुलबुल के प्रेम के रहस्य और गुल के सरापा हुस्न का बखान किया।

5. गुल अपने कपड़े फाड़ता हुआ हम पर कृपा बरसाने आया।
   इसी नाते हम भी गुल से मिलने की इच्छा में अपने कपड़े फाड़ रहे हैं।

6. गुल उस जहान से वाबस्ता है। वह इस जहान में नहीं समा सकता।
   ख़यालों की दुनिया में गुल के ख़याल नहीं समा सकते।

7. गुल कौन है? अक्ल और रूह की दुनिया का डाकिया है।
   गुल क्या है? गुलज़ार के जाह (प्रतिष्ठा) और जमाल (सौन्दर्य) का चिट्ठा है।

8. हमें गुल का दामन पकड़कर गुल के साथ हो लेना चाहिये।
   और नाचते गाते गुल के असल की ओर चलना चाहिये।

9. पहले उसमें जान पड़ती है फिर उसे नए पंख मिलते हैं।
   चाहे जितना भी आप गुलों के परो बाल तोड़ डालें (उसको कोई हानि नहीं है।)

10. हे मित्र, कली की तरह खामोश हो जाओ और होठों को मत खोलो।
    गुल की परछाइयों के नीचे होठों होठों में ही मुस्कराओ।

---

147. मोगरा खिल उठा। (ज्ञानेश्वर महाराज)।
148. फूल की एक प्रजाति।

60. ऊ हमेजा,स्त[149]

1. चू अज़् सर बेगीरम बुवद सरवर् ऊ
   चू मन दिल बेजूयम बुवद दिलबर् ऊ॥

2. चू मन सुल्ह जूयम शफ़ीअ् ऊ बुवद
   चू दर जंग आयम बुवद ख़ंजर ऊ

3. चू दर मज्लिस आयम शराब् अस्तो नुक़्ल
   चू दर गुलशन् आयम् बुवद अब्हर् ऊ

4. चू दर कान रवम् ऊ अक़ीक़् अस्तो ला,ल
   चू दर बह्र आयम बुवद गौहर् ऊ

5. चू दर दश्त आयम बुवद रौज़े ऊ
   चू वा चर्ख़ आयम बुवद् अख़्तर् ऊ

6. चू दर सब्र आयम बुवद् सद्र ऊ
   चू अज़ ग़म बेसूज़म बुवद मिज्मर् ऊ

7. चू दर रज़्म आयम बे वक्ते क़िताल
   बुवद सफ़ निगहदारो सर् लश्कर ऊ

8. चू नामे नवीसम् सुये दूस्तान
   बुवद काग़ज़ो ख़ामे ओ मुज्मर् ऊ

9. चू बीदार गर्दम बुवद हूशे नौ
   बेख़ाबम बेयायद बे ख़ाब अन्दर् ऊ

---

149. छन्द 25— I S S I S S I S S I S

60. जेथे जातो तेथे तू माझा सांगाती[150]

1. मेरी सारी शुरुआतों को आगे ले जाने वाला वही है।
   जब भी मैं दिल टटोलता हूँ तो उसी को दिलबर पाता हूँ।

2. जब भी मैं शान्ति चाहता हूँ तो वह मध्यस्थ बन जाता है।
   जब मैं युद्ध के लिए तैयार होता हूँ तो मेरे हाथ का खंजर वही होता है।

3. महफ़िलों में मेरा शराब और मेरा नुक़्ल[151] वही है।
   जब मैं बाग़ में जाता हूँ तो वहाँ वही नरगिस और वही सौसन बन जाता है।

4. जब मैं खानों में जाता हूँ तो वह वहाँ मानिक और अक़ीक़ बन कर बैठा होता है।
   जब मैं समन्दर में ग़ोते लगाता हूँ तो वह वहाँ मोती बना हुआ होता है।

5. जंगलों में जब मैं जाता हूँ तो वहाँ बाग़ की सूरत में वही सोहता है।
   जब मैं ऊपर आसमान में जाता हूँ तो वही सितारा बन कर जगमगाता है।

6. जब मैं धीरज धरता हूँ तो वह मेरा हृदय बन जाता है।
   जब उसके विरह में अधीर होकर जलने लगता हूँ तो वह आतिशदान बन जाता है।

7. जंग और मार-काट के अवसरों पर वह सेनापति और सर-लश्कर बन जाता है।

8. जब मैं अपने मित्रों को पत्र लिखने चलता हूँ उस समय काग़ज़, क़लम और दवात सब वही बन जाता है।

9. जब मैं जागता हूँ तो मेरा अपूर्व चैतन्य वही होता है और जब मैं सोता हूँ तो मेरे सपनों में भी उसी का साम्राज्य होता है।

---

150. सन्त तुकाराम (जहाँ भी मैं जाता हूँ तू मेरा साथी होता है।)

151. शराब के साथ खाई जाने वाली वस्तु।

10. चू जूयम् बराये ग़ज़ल क़ाफ़िये
बे ख़ातिर बुवद क़ाफ़िये-गुस्तर् ऊ

11. तु हर सूरती के मुसव्वर कुनी
चू नक़्क़ाशो ख़ामे बुवद बर सर् ऊ

12. तू चन्दान् कि बरतर नज़र मी कुनी
अज़ान् बरतरे तू बुवद् बरतर् ऊ

13. बोरो तर्के गुफ़्तारो दफ़्तर बेगू
कि आन बेह कि बाशद तोरा दफ़्तर ऊ

10. जब मैं अपनी ग़ज़लों के लिए तुकबन्दियाँ ढूँढने चलता हूँ तो मेरे हृदय में तुकों को वही प्रकाशित करने लगता है।

11. तुम कोई भी चित्र अंकित करो वह चित्रकार और तूलिका की तरह सबसे ऊपर रहता है।

12. तुम कितनी भी बड़ी चीज़ की ओर दृष्टि डालो, तुम्हारी सभी बड़ी चीज़ों से भी बड़ा है वह।

13. चलो जाओ, बातें और किताबें दोनों को छोड़ दो। अगर वही तुम्हारी किताब बन जाये तो श्रेयस्कर है।

61. इश्क़् ओ सौदा मी कुशद[152]

1. दुश्मने ख़ीशीम् ओ यारे आन् कि मारा मी कुशद
   ग़र्क़े दर्या-ईम् ओ मा-रा मौजे दर्या मी कुशद

2. ज़्,आन् चुनीन् ख़न्दान् ओ ख़ुश मा जाने शीरीन् मी दहीम्
   क्,आन् मलिक मा रा ब क़न्दो शह्द् ओ हल्वा मी कुशद

3. हम्चू इस्माईल गर्दन पीशे ख़ञ्जर ख़ुश बेनेह
   दर् म दुज़्द अज़् वै गिलू गर मी कुशद ता मी कुशद

4. नीस्त इज़राईल रा दस्तो रही बर आशिक़ान्
   आशिक़ाने इश्क़ रा हम इश्क़ो सौदा मी कुशद

5. कुश्तगान् नारेज़नान् 'या लैत क़ौमी या,लमून्'
   ख़ुफिये सद जान् मी दहद दिलदार् ओ पैदा मी कुशद

6. हर यकी आशिक़ चू मन्सूरन्द ख़ुद रा मी कुशन्द
   ग़ैरे आशिक़ वा नुमा की ख़ीश अम्दा मी कुशद

7. सद तक़ाज़ा मी कुनद हर रूज़ मर्दुम रा अजल
   आशिक़े हक ख़ीश्तन रा बी तक़ाज़ा मी कुशद

8. बस कुनम या ख़ुद बेगूयम सिर्रे मर्गे आशिक़ान
   गर्चे मुन्किर ख़ीश रा अज़ ख़श्म् ओ सुफ़्रा मी कुशद

9. शम्से तबरीज़ी बर् आमद बर उफ़ुक़ चून् आफ़ताब
   शम्अ-हा ए अख़्तरान् रा बी महाबा मी कुशद

---

152. छन्द 8—ऽ।ऽ ऽ ऽ।ऽ ऽ ऽ।ऽ ऽ ऽ।ऽ

61. नेह किं वधः[153]

1. हम अपने दुश्मन हो गए हैं और उससे यारी कर ली है जो हमें क़त्ल करता है।
हम समन्दर में डूब चुके हैं फिर भी समन्दर की लहरें हमें मार रही हैं।

2. हम इस तरह हँसी-खुशी अपनी जान गँवाने पर आमादा हैं, जानते हो क्यों?
क्योंकि हमारा मालिक हमको हथियार से नहीं बल्कि मिस्री, शहद और हलवे से मारता है।

3. इस्माईल की तरह (अपनी) गर्दन उसकी ख़ंजर के आगे रख दो।
उससे ज़रा भी गर्दन न चुराओ। अगर वह तुम्हें मारना चाहता है तो उसे बेशक मार डालने दो।

4. आशिक़ों को मारने या ज़िन्दा रखने का अधिकार मौत के दूत-इज़राईल को नहीं है।
प्रेम के दीवानों को तो उनका इश्क़ और पागलपन ही मार डालता है।

5. क़त्ल होने वाले पुकार उठते हैं—"ऐ काश हमारे लोग जान पाते कि—
वह प्रिय गुप्त रूप से तो सैकड़ों प्राण प्रदान करता है लेकिन बाहर से मारने का नाटक करता है।"

6. जितने भी प्रेमी होते हैं वे मंसूर की तरह अपनी हत्या खुद ही कर डालते हैं।
प्रेमियों के अलावा और कौन है जो अपने आपको जान बूझ कर मार डाले?

7. मौत हर रोज़ लोगों से जान के लिए सैकड़ों तक़ाज़े करती है।
जबकि सच्चे प्रेमी बिना माँगे ही अपनी जान दे देते हैं।

8. अब मैं चुप रहूँ, या प्रेमियों की मृत्यु का रहस्य बता दूँ।
प्रेम से इन्कार करने वाला तो अपने आप को क्रोध और कुण्ठा से मार डालता है।

9. तबरेज़ प्रान्त के निवासी शम्स (शम्सुद्दीन तबरेज़ी) क्षितिज पर सूरज की तरह उग आए हैं। वे तारों के दियों को बेतकल्लुफ़ी से बुझा दे रहे हैं।

---

153. यह मारना क्या मारना नहीं है? (श्रीमद्भागवत—गोपीगीत 2)

62. कि हमचुनीन्[154]—

1. हर कि ज़े माह पुर्सद-त बाम बर् आ कि हमचुनीन्
हर कि ज़े हूर पुर्सद-त रुख़ बिन्मा कि हमचुनीन्

2. हर कि परी तलब कुनद चेह्रे ए ख़ुद बिदू नुमा
हर कि ज़े मुश्क दम ज़नद जुल्फ़ गुशा कि हमचुनीन्

3. हर कि बिगूयद-त ज़े मह अब्र चेगूने वा शवद
बाज़ गुशा गिरह गिरह, बन्दे क़बा कि हमचुनीन्

4. गर ज़ मसीह पुर्सद-त मुर्दे चिगूने ज़िन्दे कर्द
बूसे बेदेह बे पीशे ऊ जाने मरा कि हमचुनीन्

5. हर कि बिगूयद-त बिगू मुर्दे ए इश्क़ चुन् बुवद
अर्ज़े बेदेह बि पीशे ऊ जाने मरा कि हमचुनीन्

6. जान् ज़ बदन जुदा शवद बाज़ दर् आयद् अन्दरून
हीन् बिनुमा बे मुन्किरान् ख़ाने दर् आ कि हमचुनीन्

7. गुफ़्तम बूये यूसुफ़ी चश्म चेगूने वा दहद
चश्मे मरा नसीमे तो दाद ज़िया कि हमचुनीन्

---

154. छन्द 17—S II S I S I S S II S I S I S

62. इत्थम्भूतगुणो हरि:[155]

1. अगर कोई तुमसे पूछे कि परी कैसी होती है तो अपने मुखड़े को दिखा दो, कि ऐसी। अगर कोई तुमसे पूछे कि चाँद कैसा होता है तो छत पर आ जाओ और बताओ कि ऐसा।

2. जिसे भी अप्सरा देखने की इच्छा हो उसे अपने मुखमण्डल का दर्शन करा दो। और जब कोई पूछे कि कस्तूरी की गन्ध कैसी होती है तो अपनी जुल्फें खोल दो, कि इस तरह।

3. अगर किसी को यह जानने की आकांक्षा हो कि चन्द्रमा बादलों से किस तरह प्रकट होता है—
तो अपने क़बा[156] के बन्धनों की गाँठों को धीरे धीरे खोल कर बताओ कि इस तरह।

4. अगर कोई ईसा मसीह के बारे में सन्देह करे कि वे मुर्दों को कैसे जिला देते थे—
तो उसके सामने मेरे प्राणों को चुम्बन देकर साबित कर दो—इस तरह।

5. कोई भी अगर यह पूछे कि प्रेम का मारा कैसा होता है?
तो उसको मुझे दिखाकर बता दो कि—वह इस तरह होता है।

6. ''प्राण शरीर से अलग होने के बाद फिर से शरीर में आ जाते हैं''—
मेरे घर में आओ ताकि नास्तिक भी विश्वास करने लग जाएँ—कि यह बात सही है।

7. मैंने आशंका की कि यूसुफ़ की सुगन्ध ने (याक़ूब की) आँखों को फिर से कैसे लौटा दिया होगा—
तुम्हारी ओर से आने वाली हवा ने मेरी आँखों को रौशन कर दिया और कहा—
ऐसा इस तरह हुआ!

---

155. श्रीमद्भागवत 1.7.10 (भगवान इस तरह हैं।)

156. ऐसा वस्त्र जिसमें सामने बटन लगे हुए हों।

63. संग् ओ मर्जान्[157]

1. जुम्ले याराने तू संग-न्द् ओ तुई मर्जान् चेरा?
   आसमान बा जुम्ले-गान जिस्म,स्त् ओ बा तू जान् चेरा?

2. चून् तू आई जुज़्व जुज़्व-म जुम्ले दस्तक मी ज़नद
   चून् तू रफ़्ती जुम्ले उफ़्तादन्द दर अफ़ग़ान् चेरा?

3. बा ख़याल-त जुज़्व जुज़्व-म मी शवद ख़न्दान्-लबी
   मी शवद बा दुश्मने तो मू बे मू दन्दान् चेरा?

4. तन हमी गूयद बे जान परहीज़ कुन अज़ इश्क़े ऊ
   जान्-श मी गूयद हज़र अज़ चश्मे ए हैवान् चेरा?

5. रू ए तू पैग़ामबर ख़ूबी व हुस्न-त ईज़द,स्त
   जान् ब तो ईमान् नयारद बा चुनीन् बुर्हान् चेरा?

6. कू यकी बुर्हान कि आन् अज़ रूये तो रौशनतर,स्त
   कफ़ नबुर्दद कुफ़्रहा ज़ीन् यूसुफ़े कन्आन् चेरा?

7. हर कुजा वीरान् बुवद आन् जा उमीदे गंज हस्त
   गंजे हक़ रा मी न जूयी दर दिले वीरान् चेरा?

8. हर तराने अव्वली दारद दिला! ओ आख़िरी
   बस कुन् आख़िर ईन् तराने नीस्त-श पायान् चेरा?

---

157. छन्द 8—ऽ।ऽ ऽ ऽ।ऽ ऽ ऽ।ऽ ऽ ऽ।ऽ

63. कथंकारं ब्रूमः[158]

1. तुम्हारे साथ के सारे लोग पत्थर की तरह हैं, केवल तुम मानिक हो, ऐसा क्यों?
ये आसमान बाक़ी लोगों के साथ जड शरीर जैसा लगता है और तुम्हारे साथ जीवन्त आत्मा जैसा, ऐसा क्यों?

2. जब तुम आते हो, मेरे सब अंग प्रत्यंग दस्तक देने लगते हैं।
जब तुम जाते हो तो ये सारे के सारे आहो ज़ारी में घिर जाते हैं, ऐसा क्यों?

3. तुम्हारी याद आते ही मेरे सारे अंग खिलखिलाने लगते हैं।
जबकि तुम्हारे दुश्मनों को काट खाने के लिए मेरे रोएँ रोएँ दाँत क्यों बन जाते हैं?

4. शरीर प्राणों से कहता है—उसके प्यार से परहेज़ कर।
प्राण पलट कर उससे कहते हैं—अमृत के स्रोत से बचना क्यों?

5. तुम्हारा सौन्दर्य परमेश्वर है और चेहरा उसकी ख़ूबियों का पैग़म्बर।
इतने प्रमाणों के होते हुए भी मेरे प्राण तुम पर ईमान क्यों न ले आएँ, बताओ?

6. वह कौन सा प्रमाण होगा जो तुम्हारे चेहरे से अधिक प्रकट हो?
इस चेहरे के यूसुफ़ को देखकर कुफ़्र अपने हाथ क्यों नहीं काट लेता?[158]

7. जहाँ कहीं भी वीरानी होती है वहीं ख़ज़ाने की उम्मीद होती है।
तुम अपने वीरान दिल में भी ईश्वर का ख़ज़ाना क्यों नहीं ढूँढ़ते?

8. ऐ दिल, हर तराने का आरम्भ और समापन होता है।
अब बस करो, आख़िर इस (इश्क़ के) तराने का अन्त क्यों नहीं है?

---

158. शंकराचार्य—सौन्दर्यलहरी 67 (कैसे कहें?)
159. यूसुफ़ के सौन्दर्य से मोहित होकर मिस्र की औरतों ने नारंगी की जगह अपने हाथ काट डाले थे।

64. सद शबे क़द्र[160]

1. चुनीन् शबहा शबे क़द्र-स्त मा रा
हिलाले दीगरान् बद्र-स्त मा रा

2. शबी का,न् दिलबरे-अय्यार बा मा,स्त
न यक शब, सद शबे क़द्र-स्त मा रा

3. बे गिर्दे मा हवादिस रह न दारद
फ़राग़ अज़ हादिसे दह्र-स्त मा रा

4. ज़ फ़क़्र् ओ फ़ाक़े मा रा आर न,आयद
कि आरे दीगरान् फ़ख़्र-स्त मा रा

5. बे ज़ीरे ख़िर्क़े अम ज़ुन्नारे कुफ़्र-स्त
बेदीन् शुह्रत बे हर शह्र-स्त मा रा

6. दुरी क,न्दर दो आलम मी न गुंजद
फ़तादे दर दिले बह्र-स्त मारा

7. बे हश्रे ख़ुद दरीन् आलम रसीदीम
चे फ़िक्रे महशर् ओ हश्र-स्त मा रा

8. बिशौ क़ाने, ज़ लुत्फ़ो इज़्ज़ते हक़
कि लुत्फ़े दीगरान् क़ह्र-स्त मा रा

---

160. छन्द 5— । ऽ ऽ ऽ । ऽ ऽ ऽ । ऽ ऽ

64. जहँ प्रीतम गलबाँह[161]

1. इस तरह की (प्रिय के साथ वाली) रातें हमारे लिए क़द्र[162] की रातें हैं।
(जिसमें) दूसरों के लिए जो दूज का चाँद है वह हमारे लिए पूनम का चाँद हो गया है।

2. इस रात, जबकि चंचल चितचोर हमारे साथ है।
तो यह एक नहीं बल्कि सैकड़ों क़द्र की रात है।

3. अब हमारे इर्द गिर्द दुर्घटनाओं को रास्ता नहीं मिलता।
हमारी दुनिया हादसों से परे हो गई है।

4. फ़क़ीरी और फ़ाक़े से हमें शर्म नहीं आती।
क्योंकि जो चीज़ दूसरों के लिए लज्जास्पद है वह हमारे लिए गर्व की वस्तु है।

5. मेरे लबादे के नीचे कुफ़्र का जनेऊ छिपा हुआ है।
और सारे शहर में मेरी धार्मिक के रूप में ख्याति हो रही है।

6. वह मोती जो तीनों लोकों में नहीं समाता।
(वह) हमारे हृदय के समुद्र में आकर पड़ गया है।

7. हम इसी दुनिया में अपना अंजाम देख चुके हैं,
हमें न्याय के दिन (क़यामत) और उसकी सज़ाओं की क्या फ़िक्र।

8. परमेश्वर की कृपा और महत्ता से सन्तुष्ट हो जाओ।
उसके अलावा किसी दूसरे की अनुकम्पा हम लोगों के लिए अत्याचार की तरह है।

---

161. अहमद कवि।

162. इस्लाम में क़द्र की रात को 1000 रातों के बराबर माना जाता है। यह रमज़ान महीने की कोई अनिर्दिष्ट रात होती है। यह वही रात है जिसमें क़ुरान उतरा था।

65. साक़ी ए वुजूद[163]

1. गुफ़्ती-शिकार गीरम, रफ़्ती शिकार गश्ती
   गुफ़्ती-क़रार याबम, ख़ुद बी क़रार गश्ती

2. ख़िज़्र-त चेरा न ख़ानम? क्,आबे हयात ख़ुर्दी
   पीश-त चेरा नमीरम? चून् यारे यार गश्ती

3. गिर्द-त चेरा न गर्दम? चून् ख़ाने ए ख़ुदा ई
   पाय-त चेरा न बूसम? चून् पायदार गश्ती

4. जाम-त चेरा न नूशम? चून् साक़ी ए वुजूदी
   नुक़्ल-त चेरा न चीनम? चून् क़न्दबार गश्ती

5. अकनून् तू शह्यारी क्,ऊ रा ग़ुलाम गश्ती
   अकनून शिगर्फ़् ओ ज़ुफ़्ती क्,अज़ ग़म नज़ार गश्ती

6. हम गुलशन-श बेदीदी सद गूने गुल बेचीदी
   हम सुम्बुल-श बेसूदी हम लाले-ज़ार गश्ती

---

163. छन्द 14—ऽ ऽ । ऽ । ऽ ऽ ऽ ऽ । ऽ । ऽ ऽ

65. रामग़ुलाम

1. तुमने कहा था—मैं शिकार करने जा रहा हूँ, पर गए और खुद शिकार हो आए।
   तुमने कहा था—मैं आराम की खोज में जा रहा हूँ, पर ख़ुद बे-क़रार हो आए।

2. तुम्हें प्राणनाथ क्यों न कहूँ? जब तुम प्राणामृत पीकर आए हुए हो।
   तुम्हारे सामने क्यों न मर जाऊँ? जब तुम मेरे प्रिय के भी प्रिय हो गए।

3. तुम्हारी परिक्रमा क्यों न करूँ? जब ईश्वर तुममें निवास करने लगा है।
   तुम्हारे पैरों का चुम्बन क्यों न ले लूँ? जब तुम्हारे पैर उसकी राह में जम गए हैं।

4. तुम्हारा जाम क्यों न पी लूँ? जब तुम अमरता की शराब बांटते हो।
   तुम्हारी मिठाइयाँ क्यों न खा लूँ? जब तुम मधुरता की वर्षा करते हो।

5. अब तुम राजाधिराज हो गए हो जबसे उसके ग़ुलाम बने हो।
   अब तुम हृष्ट पुष्ट हो गए हो जबसे उसके विरह में कृशकाय हो गए हो।

6. तुमने उसकी वाटिका का दर्शन भी किया, सैकड़ों तरह के फूल भी चुने।
   उसके गुलाबों को मसल कर ख़ुद भरे पूरे गुलिस्तान बन गए।

66. दिल बुर्दो निहान् शुद[164]

1. हर लहज़े बे शक्ली बुते अय्यार बर आमद दिल बुर्द् ओ निहान् शुद
हर दम ब लिबासे दिगर् आन् यार बर आमद गह पीर् ओ जवान् शुद

2. गह नूह शुद् ओ कर्द जहानी बे दुआ ग़र्क़ ख़ुद रफ़्त बे किश्ती
गह गश्त ख़लीलो बे दिले नार बरामद आतश गुल् अज़् आन शुद

3. यूसुफ़ शुद् ओ अज़ मिस्र फ़रिस्ताद क़मीसी रौशनगरे आलम
अज़ दीदे ए या,क़ूब चू अनवार बर आमद ता दीदे अयान् शुद

4. हक़्क़ा कि हम् ऊ बूद कि अन्दर यदे बैज़ा मी कर्द शबानी
दर चूब शुद् ओ बर सिफ़ते मार बरामद ज़्,आन् फ़ख़्रे कियान् शुद

5. मी गश्त दमी चन्द बर् ईन् रू ए ज़मीन् ऊ अज़ बह्रे तफ़र्रुज
ईसा शुद् ओ बर गुम्बदे दव्वार बर आमद तस्बीह-कुनान् शुद

---

164. छन्द 4—ऽ ऽ॥ ऽ ऽ॥ ऽ ऽ॥ ऽ ऽ + मुस्तज़ाद

66. यस्मिन्निदं यतश्चेदं येनेदं य इदं स्वयम्[165]

1. वह चालाक महबूब हर बार एक अलग ही शक्ल में प्रकट हुआ और दिल चुराकर छिप गया।
   वह मा,शूक़ हमेशा दूसरों के लिबास में आया किया   कभी बूढ़ा तो कभी जवान बनकर।

2. कभी तो उसने नूह[166] बनकर सारी दुनिया को अपनी दुआओं में डुबो दिया—और ख़ुद नाव पर बैठ गया।
   और, कभी इब्राहीम बन कर उसने आग के बीच प्रवेश किया—उसके प्रभाव से आग फूल बन गई।

3. कभी वह यूसुफ़ बना और मिस्र से अपनी कमीज़ भेजी—वह संसार को आलोकित करने वाला—
   —या,क़ूब की आँखो से नूर की तरह बाहर निकल आया—जिससे आँखें रौशन हो सकीं।

4. सही में वही था जो कि सफ़ेद हाथों से भेड़ों की चरवाही किया करता था। वही लकड़ी में प्रविष्ट होकर साँप बन कर निकल आया इसके नाते राजाओं के लिए भी प्रतिष्ठा का विषय बन गया।

5. वही कुछ क्षणों के लिए इस धरती पर आया था   सैर के लिए—वही ईसा था और इस भ्रमणशील आकाश पर माला फेरते हुए आया।

---

165. यह संसार जिसमें है, जिससे पैदा हुआ है, जिसके द्वारा अस्तित्वमान् है,जो स्वयं संसार रूप है—परमेश्वर (श्रीमद्भागवत 8.3.3)।

166. महाप्रलय झेलने वाला पैग़म्बर।

6. बिल् जुम्ले हम् ऊ बूद कि मी आमद् ओ मी रफ़्त हर क़र्न कि दीदी
ता आक़िबत् आन् शक्ले अरबवार बर आमद दारा ए जहान् शुद

7. नै नै कि हमू बूद कि मी गुफ़्त अनल्हक़ दर सौते इलाही
मन्सूर नबूद आन् कि बरान् दार बरामद नादान् बे गुमान् शुद

8. ख़ुद कूज़े व खुद कूज़ेगरो ख़ुद गिले कूज़े खुद रिन्दे सुबूकश
ख़ुद बर सरे ऑन् कूज़े ख़रीदार बर् आमद बिश्कस्त् ओ रवान् शुद

9. रूमी सुख़ने कुफ़्र न गुफ़्ते,स्त न गूयद मुन्किर म शवीद-श
काफ़िर बुवद् आन् कस कि बे इनकार बर् आमद अज़ दूज़ख़ियान् शुद

6. सारांश यह, कि वह एक ही था जो नबी (पैगम्बर) बनकर आता और जाता रहता था,जिस भी युग में तुमने देखा।
जब तक कि वह अरबों की शक्ल में न आया— और संसार का अधिपति न बन गया।

7. लेकिन यह वह नहीं था जो कि ईश्वरीय लगने वाली आवाज़ में अहं ब्रह्मास्मि कह रहा था।
मंसूर वह नहीं था जो कि फाँसी के तख्ते पर लटकाया गया—वह अल्पज्ञ तो भ्रम में पड़ गया था।

8. वह स्वयं ही घड़ा था, स्वयं ही कुम्भकार था, स्वयं ही घड़े की मिट्टी था, घड़े में शराब पीने वाला भी वह स्वयं ही था।
उस घड़े का ख़रीदार बनकर ख़रीदने भी वही आया था और अन्त में उसे तोड़कर चल भी वही निकला।

9. रूमी ने कुफ़्र की बातें न तो कभी की हैं न अभी करता है उसकी बातों का इनकार न करो।
काफ़िर तो वह होता है जो इनकार पर उतर आता है वह नारकी होता है।

67. मन् ओ तू[167]

1. ख़ुनक् आन दम कि नशीनीम दर् ऐवान् मन् ओ तू
   बे दो नक़्शो बे दो सूरत बे यकी जान मन् ओ तू

2. दादे बाग़ो दमे मुर्ग़ान् बेदहद आबे हयात
   आन ज़मानी कि दर् आयीम बे बुस्तान् मन् ओ तू

3. अख़्तराने फ़लक् आयन्द बे नज़्ज़ारे ए मा
   महे ख़ुद रा बेनुमाईम बेदीशान् मन् ओ तू

4. मन् ओ तू बी मन् ओ तू जम्अ शवीम् अज़ सरे ज़ौक़
   ख़ुश् ओ फ़ारिग़ ज़ ख़ुराफ़ाते परीशान् मन् ओ तू

5. तूतियाने फ़लकी जुम्ले शकरख़ार शवन्द
   दर मुक़ामी कि बख़न्दीम बेदान्सान् मन् ओ तू

---

167. छन्द 10—ऽ (।) । ऽ ऽ ।। ऽ ऽ ।। ऽ ऽ ।। ऽ

67. अहं च त्वं च वृत्रहन्[168]

1. धन्य होता है वह क्षण जब एक महल में साथ बैठते हैं—मैं और तुम।
   दो शरीरों, दो सूरतों और एक जान वाले—मैं और तुम।

2. बाग़ की जान और चिड़ियों की सांसें अमृत का सिञ्चन करने लगती हैं।
   उस समय जबकि बाग़ में दाखिल होते हैं—मैं और तुम।

3. फलक के सारे सितारे हमारा दर्शन करने आते हैं—
   जब अपने मुखचन्द्र का दर्शन कराते हैं—मैं और तुम।

4. मैं और तुम मैं और तुम से अलग होकर आनन्द में मग्न—
   प्रसन्न हो रहे हैं। सारे उपद्रवों से दूर—मैं और तुम।

5. स्वर्ग के सारे तोते शक्कर चुगने वाले हो जाते हैं।
   जिस जगह और जिस समय वह मधुर हंसी हंसते हैं—मैं और तुम।

---

168. तैत्तिरीयसंहिता 7.4.15 (मैं और तुम, हे इन्द्र!)

68. ज़ मै ख़ुशदिलतर[169]

1. आरिफ़ान् रा शम्अ ओ शाहिद नीस्त अज़ बीरूने ख़ीश
ख़ूने अंगूरी न ख़ुर्दे बादे-शान् हम ख़ूने ख़ीश

2. हर कसी अन्दर जहान मजनूने लैली ई शुदन्द
आरिफ़ान् लैली ए ख़ीशो दम बे दम मजनूने ख़ीश

3. साअती मीज़ाने आन्-ई साअती मौज़ूने ईन
बाद अज़् ईन् मीज़ाने ख़ुद शौ ता शवी मौज़ूने ख़ीश

4. गर तू फ़िरऔने मनी अज़ मिस्रे तन बीरून् कुनी
दर दरून हाली बेबीनी मूसी ओ फ़िरऔने ख़ीश

5. लंगरी अज़ गंजे मादून् बस्ते ई बर पा ए जान
ता फ़ुरूतर मी रवी हर रूज़ बा क़ारूने ख़ीश

6. ज़्,ईन् सिपस मारा मगू चूनी व अज़ चून् दर गुज़र
चून् ज़े चूनी दम ज़नद आन् कस कि शुद बी चूने ख़ीश

7. बादे ग़मख़ारान् ख़ुरन्दो मा ज़े मै ख़ुशदिलतर्-ईम
रौ बे महबूसाने ग़म देह साक़िया अफ़्यूने ख़ीश

---

169. छन्द 8—ऽ । ऽ ऽ ऽ । ऽ ऽ ऽ । ऽ ऽ ऽ । ऽ

68. यस्त्वात्मरतिरेव स्यात्[170]

1. ज्ञानियों का चिराग़ और उनके मा,शूक़ उनसे बाहर नहीं होते हैं।
   उनकी शराब अंगूर के ख़ून (रस) से नहीं बल्कि उनके अपने ख़ून से बनी हुई होती है।

2. संसार में लोग लैलाओं के पीछे मजनूँ (पागल) बने रहते हैं।
   ज्ञानी लोग अपनी लैला ख़ुद होते हैं जिसके पीछे वे निरन्तर मजनूँ (जुनून वाले) बने रहते हैं।

3. कभी तुम इसके लिए तराज़ू बन जाते हो और कभी उसके लिए।
   अब के बाद ख़ुद अपने लिए तराज़ू बन जाओ ताकि अपने साथ सन्तुलित हो सको।

4. अगर तुम अहंकार रूपी फ़िरऔन को शरीर रूपी मिस्र से दूर कर पाओ।
   उस समय तुम अपने अन्दर अपने मूसा और फ़िरऔन दोनों को देख पाओगे।

5. तुमने अपनी आत्मा के पैरों पर खानों से निकले खज़ानों का लंगर बाँध रखा है।
   यहाँ तक कि तुम हर रोज़ कारूँ[171] के साथ पतन को प्राप्त हो रहे हो, ऐसा क्यों।

6. आज के बाद मुझसे मत पूछना कि तुम कैसे हो, या कि इस परिस्थिति से दूर हो जाओ।
   क्योंकि, वह व्यक्ति जो सारी परिस्थितियों से दूर हो गया वह किसी भी परिस्थिति के बारे में कोई चर्चा कैसे कर सकता है?

7. शराब तो ग़म के मारे पीते हैं। हमारा हृदय तो शराब से भी अधिक प्रसन्न हो गया है।
   ऐ साक़ी, जा अपनी इस अफ़ीम (= शराब) को उन्हें दे जो दुर्भाग्य के कारागार में बन्दी हैं।

---

170. श्रीमद्भगवद्गीता 3.17 (वह, जो अपने में रमण करने वाला होता है—।)

171. एक लोभी बादशाह जो अपनी सम्पत्ति के साथ ज़मीन में धँस गया।

8. ख़ूने मा बर ग़म हरामो ख़ूने ग़म बर मा हलाल
हर ग़मी कू गिर्दे मा गर्दीद शुद दर ख़ूने ख़ीश

9. बादे गुलगूने,स्त बर रुख़सारे बीमाराने ग़म
मा ख़ुश् अज़ रंगे ख़ुद्-ईम् ओ चेह्रे ए गुलगूने ख़ीश

10. मन नि-अम मौक़ूफ़े नफ़्ख़े सूर हमचू मुर्दगान्
हर ज़मान-म इश्क़ जानी मी दिहद ज़् अफ़्सूने ख़ीश

11. दी मुनज्जिम गुफ़्त-''दीदम ताले ई दारी तू सा,द''
गुफ़्तमश-''आरी, वलीक अज़ माहे रूज़-अफ़ज़ूने ख़ीश''

12. मह की बाशद बा महे मा क,ज़ जमाल् ओ तालेअ-श
नह्से अक्बर सा,दे अक्बर गश्त बर गर्दूने ख़ीश

8. दुख के लिए हमारा ख़ून हराम है जबकि ग़म का ख़ून हमारे लिए हलाल है। जो भी दुख हमारे निकट फटकता है मानो वह अपनी हत्या करवाने की ग़रज़ से आता है।

9. शराब दुख से बीमार लोगों के चेहरे को रंगीन करता है।
हम तो अपने फूलों जैसे चेहरे लिए हुए अपने ही रंग से सुन्दर लगने वाले लोग हैं।

10. मैं पुनर्जीवित होने के लिए सूरे-इसराफ़ील[172] का मुँह नहीं ताकता।
प्रेम अपने जादू से हर क्षण मुझमें प्राण फूँकता रहता है।

11. कल ज्योतिषी ने मुझसे कहा—मैंने देखा तुम्हारा भाग्य बहुत ही शुभ है।
मैंने उससे कहा—हाँ, लेकिन मेरा यह भाग्य मेरे उस चाँद जैसे महबूब के नाते है जो हर दिन बढ़ता रहता है।

12. आसमान का चाँद मेरे चाँद (= प्रिय) की बराबरी कैसे कर सकता है, जिसके सौन्दर्य और प्राकट्य के कारण, आकाशमण्डल की अशुभतम परिस्थितियाँ भी शुभ हो गईं है।

---

172. इस्लामी विश्वास के अनुसार क़यामत के दिन इस्राफ़ील नामक देवदूत ईश्वर की आज्ञा से नरसिंहे जैसा एक वाद्य (सूर) बजाएगा जिससे सभी मृत आत्माएँ क़ब्रों से उठ खड़ी होंगी और हिसाब किताब शुरू होगा।

69. शह्दे बी-ज़म्बूर[173]

1. पीश् अज़ आन् क,न्दर जहान बाग़ो मय् ओ अंगूर बूद
अज़ शराबे ला यज़ाली जाने मा मख़मूर बूद

2. मा बे बग़दादे जहान जाने "अन,ल् हक़" मी ज़दीम
पीश् अज़ान् की,न् दारो गीरो नुक्ते ए मंसूर बूद

3. पीश अज़ान् कीन् नफ़्से कुल दर आबो गिल मे,मार शुद
दर ख़राबाते हक़ायक़ ऐशे मा मा,मूर बूद

4. जाने मा हमचून् जहान् बुद जामे जान् चून् आफ़ताब
अज़ शराबे जान् जहान् ता गर्दन् अन्दर नूर बूद

5. साक़िया ईन् मीज़बाने आबो गिल रा मस्त कुन
ता बेदानद हर यकी कू अज़ चे दौलत दूर बूद

6. जान फ़दा ए साक़ी ई क,ज़ राहे जान् दर मी रसद
ता बर् अन्दाज़द निक़ाब अज़ हर ची आन् मस्तूर बूद

7. मा दहान् हा बाज़ मान्दे पीशे आन् साक़ी क,ज़ू
ख़ुम्र हा ए बी ख़ुमारो शह्दे बी ज़म्बूर बूद

8. या दहाने मा बेगीर ऐ साक़ी वर्ना फ़ाश शुद
आन चि दर हफ्तुम ज़मीन् चून् गंजहा गंजूर बूद

9. शहे तबरीज़ अर ख़बर दारी बेगू आन् अह्द रा
ऑन् ज़मान् के शम्से दीन बी शम्से दीन् मशहूर बूद

---

173. छन्द 8—ऽ । ऽ ऽ ऽ । ऽ ऽ ऽ । ऽ ऽ ऽ । ऽ

69. न त्वेवाहं जातु नासम्[174]

1. इस संसार में बाग़, शराब या अंगूर की पैदाइश के भी बहुत पहले—
   हमारी आत्मा अविनश्वर शराब से मस्त थी।

2. हमने ही संसार रूपी बग़दाद शहर में "अहं ब्रह्मास्मि" का प्राणपूर्ण नारा दिया था।
   यह सब हमने मंसूर की धर-पकड़ से बहुत पहले ही कर लिया था।

3. इससे पहले कि परमेश्वर मिट्टी और पानी से दुनिया की इमारत बना रहा था।
   हमारा आह्लाद उस समय भी ऐश्वर्य की मद्यशाला में व्यस्त था।

4. हमारी आत्मा संसार की तरह थी और प्राणों का प्याला सूरज की तरह था।
   प्राणों की शराब से संसार गर्दन तक प्रकाशित हो उठा था।

5. ऐ साक़ी, इस मिट्टी और पानी के मेज़बान (= भौतिक जगत्) को मस्त कर दे।
   ताकि हर कोई जान सके कि वह आज तक किस सम्पत्ति से वञ्चित था।

6. मेरे प्राण उस साक़ी पर निछावर हो जायें जो प्राणों के रास्ते दरवाज़े पर दस्तक देता है।
   ताकि वह हर उस चीज़ से पर्दा उठा दे जो छिपी हुई है।

7. हम उस साक़ी के सामने सरापा खुले हुए मुँह बन गए, जिसके नाते—
   सारी शराबें सरदर्द की आशंका से दूर और सारे शहद मधुमक्खियों के आतंक से रहित हो गए।

8. ऐ साक़ी, हमारी ज़बान पकड़ ले, वर्ना फ़ाश हो गया समझ—
   —उस ख़ज़ाने के राज़ को, जो सातवें आसमान पर छिपा हुआ है।

9. ऐ तबरेज़ शहर, अगर तुम्हें पता है तो उस युग के बारे में कुछ कहो।
   जब शम्से दीन शम्से दीन (शम्स तबरेज़ी) के बिना मशहूर थे।

---

174. श्रीमद्भगवद्गीता 2.12 (हम और बाक़ी लोग हमेशा से रहे हैं।)

70. दर कार हुशियार[175]

1. मन खुफ्तेवश-म अम्मा बस आगहो बीदार-म
   हर चन्द के बीहूशम् दर कारे तो हुश्यार-म

2. बा शीरे फिशारानत अन्दर चरशे इश्क-म
   पाय् अज़ पये आन् कूबम क्, अंगूरे तो अफ्शारम

3. तो पाय् हमी बीनी अंगूर नमी बीनी
   बिस्तान् कदही शीरे दर्याब के उस्सार-म

4. ज़ी'न् बादे नगर्दद सर ज़ी'न शीरे नशूरद दिल
   हीन चाशनीई बिस्तान जीन् बादे के मन दारम

5. दामी के दर उफ्तादी बिन्गर सुये दाम-अफ्कन
   ता नाज़िरे हक़ बाशी ऐ मुर्गे गिरिफ्तार-म

6. दाम अर तके चह बाशद फिर्दौस कुनद हक़्क़-श
   व,र ख़ारो ख़सक बाशद हक़ साज़द गुलज़ार-म

---

175. छन्द 3—ऽ ऽ ॥ ऽ ऽ ऽ ऽ ऽ ॥ ऽ ऽ ऽ

70. नव्हे दीसतो मी तैसा[176]

1. मैं सोए हुए की तरह लग ज़रूर सकता हूँ लेकिन बहुत ही आगाह और जगा हुआ हूँ।
   अगर्चे मैं बेहोश हूँ लेकिन तुम्हारे काम में होशियार हूँ।

2. तुम्हारे रस निकालने वालों के साथ इश्क़ की चरागाह में हूँ।
   मैं अपने पैरों को (नृत्य के समय) इसलिए पटकता हूँ कि तुम्हारे अंगूर से रस निचोड़ सकूँ।

3. तुम मेरे पैरों को देखते हो, अंगूर को नहीं देखते।
   अरे, मुझसे एक प्याला भर लो, मैं सर से पैर तक रस ही रस हूँ।

4. मेरी वाली शराब सर में चक्कर पैदा नहीं करती।
   जो शराब मेरे पास है उसकी चाशनी से थोड़ा सा चख लो!

5. जिस जाल में तुम फँसे हुए हो उस जाल को फैलाने वाले की ओर भी निगाह करो।
   ताकि ऐ मेरे बन्दी पंछी, तुम सच्चाई को जान पाओ।

6. यह जाल अगर नरक भी हुआ तो भी परमेश्वर उसे स्वर्ग में बदल देगा।
   और अगर जाल काँटे और फूस का भी हुआ तो भी वह उसे गुलज़ार बना देगा।

---

176. जैसा मैं दीखता हूँ, वैसा हूँ नहीं। (सन्त तुकाराम)

71. कज् ओ रास्त[177]

1. हीन् कज् ओ रास्त मी रवी बाज़ चे ख़ुर्दे ई बेगू
   मस्त् ओ ख़राब मी रवी ख़ाने बे ख़ाने कू बे कू

2. बा की हरीफ़ बूदे ई बूसे ज़ की रबूदे ई
   जुल्फ़ के-रा गुशूदे ई हल्क़े ब हल्क़े मू बे मू

3. नै तू हरीफे कै कुनी ऐ हमे चश्मे रौशनी!
   ख़ुफ़िये रवी चू माहियान् हौज़ बे हौज़ जू बे जू

4. रास्त बेगू बे जाने तो ऐ दिलो जानम् आने तो
   ऐ दिले हमचू शीशे अम ख़ुर्दे मय-त कदू कदू

5. रास्त बेगू निहान् मकुन पुश्त बे आशिक़ान् मकुन
   चश्मे कुजा,स्त ता कि मन आब कशम सुबू सुबू

6. दर तलबम ख़याले तू दूश मियाने अंजुमन
   मी न शिनाख़्त बन्दे रा मी निगरी,स्त रू बे रू

7. चून् बेशिनाख़्त बन्दे रा बन्दे ए कज-रवन्दे रा
   गुफ़्त-बिया बे ख़ाने है चन्द रवी तू सू बे सू

---

177. छन्द 17—S ॥ S । S । S S ॥ S । S । S

71. प्रेम मद छाके पग परत कहाँ के कहाँ*

1. यह जो तुम राह पर टेढ़े मेढ़े चल रहे हो, बताओ—फिर तुमने क्या पी लिया है—
   कि बदमस्त होकर घर-घर और गली-गली घूम रहे हो।

2. किससे बातें हो गई हैं तुम्हारी? किसको चोरी से चूम लिया है तुमने?
   किसकी ज़ुल्फ़ों के गिरह-गिरह, बाल-बाल खोल पाए हो तुम?

3. ऐ हर आँखों की रौशनी! तुम किसी को भी अपना हमकलाम नहीं बनाते, क्यों?
   क्यों मछलियों की तरह चुपके से हर हौज़ और हर सोते से गुज़र जाते हो?

4. मेरा दिल और मेरी जान दोनों तुम्हारी सम्पत्ति हैं, तुम्हारी जान की क़सम, इन बातों का सही उत्तर दो।
   मेरे शीशे जैसे दिल ने तुम्हारी शराब को कदू-कदू (कमण्डल भर भर के) पी लिया है।

5. सही बोलो, मुझसे मत छिपाओ। अपने आशिकों की ओर पीठ करके मुँह मत छिपाओ।
   वह जीवन का स्रोत कहाँ है, जिससे मैं भी प्याला भर भर कर रस पी सकूँ?

6. कल रात तुम्हारा ख़याल भरी महफ़िल में मुझे खोज रहा था।
   अजीब है कि मैं उसके रू-ब-रू था फिर भी वह मुझ बन्दे को पहचान नहीं पा रहा था।

7. जब उसने टेढ़ी चाल वाले मुझ बन्दे को देखा—
   तो कह उठा कि—ऐ सुनो, घर चलो! कब तक तुम किनारे किनारे से बच के निकलते रहोगे?

---

* उद्धव शतक—रत्नाकर

8. उम्रे तो रफ़्त दर सफ़र बा बद् ओ नीक् ओ ख़ैरो शर
हमचू ज़नाने ख़ीरे-सर हुज्रे बे हुज्रे शू बे शू

9. गुफ़्तम-श् ऐ रसूले जान! ऐ सबबे नुजूले जान!
ज़्,आन् कि तू ख़ुर्दे ई बदेह चन्द इताब् ओ गुफ्तगू

10. गुफ़्त शरारे ई अज़् आन गर बेबरी सू ए दहान
हल्क़् ओ दहान बसूज़द-त बांग ज़नी गिलू गिलू

11. लुक़्मे ए हर ख़ुरन्दे रा दरख़ुरे ऊ दहद ख़ुदा
आन्-चे गिलू बेगीरद-त हिर्स मकुन मजू मजू

12. गुफ्तम कू शराबे जान, ऐ दिल् ओ जान फ़दा ए तो!
मन नियम् अज़ शुतुरदिलान ता बेरमम बे हायो हू

13. खामुश बाश् ओ मो,तमद महरमे राज़े नीको बद
आन् कि नयाज़मूदी-अश राज़ मगू बे पीशे ऊ

8. तुम्हारी सारी उम्र अच्छे-बुरे, दुष्ट-सज्जनों के साथ सफर में ही बीत गई—जैसे भ्रमित औरतें—एक कमरे से दूसरे कमरे, एक पति से दूसरे पति तक घूमती रहती हैं।

9. मैंने उससे कहा—ऐ आत्मा के सन्देशवाहक! ऐ प्राणों के प्राकट्य के कारण! तुमने जो शराब पी रखी है, उसमें से थोड़ा मुझे भी दो ना! इतनी बहानेबाज़ी और क्रोध आख़िर कब तक?

10. उसने सावधान किया—अगर इस शराब के एक शोले को भी तुमने अपने मुँह में लिया—
तो तुम्हारा मुँह और गला दोनों जल जाएँगे और तुम चिल्लाने लगोगे—हाय मेरा गला! हाय मेरा गला!

11. जो जिस तरह की भी ख़ुराक का अधिकारी होता है ईश्वर उसे वह दे देता है। वह चीज़ जो तुम्हारा गला पकड़ ले उसकी अभिलाषा मत करो। उसकी खोज मत करो, मत करो।

12. मैंने कहा—मेरा हृदय और प्राण दोनों तुम पर न्यौछावर हैं, बताओ वह प्राणप्रद शराब कहाँ है।
मैं उन बुज़दिलों में से नहीं हूँ जो कि हाय हाय का कोलाहल सुन कर मैदान छोड़ दूँ।

13. अच्छे और बुरे सभी लोगों के रहस्यों से वाक़िफ़ रहकर मौन धारण किए रहो और विश्वास से भरे हुए।
लेकिन जिसको तुमने ठीक से आज़माया न हो उसके आगे रहस्य का उद्घाटन न करो।

72. हज़ारान् चंगे दीगर[178]

1. तु बिशकन चंगे मा-रा ऐ मुअल्ला
हज़ारान चंगे दीगर हस्त ईन्-जा

2. चू मा दर चंगे इश्क़् अन्दर फ़तादीम
चे कम आयद बरे मा चंग् ओ सुर्ना

3. रबाबो चंगे आलम गर बेसूज़द
बसी चंगी-ए-पिनहानी-स्त यारा

4. तरंग् ओ तन्तन-श रफ़्ता बे गर्दून्
अगर्चे नायद्-आन् दर गूशे सम्मा

5. चराग़े शम्मे आलम गर बेमीरद
चे ग़म चून् शम्मो आहन हस्त बर जा

6. बे रूये बह्रे ख़ाशाक अस्त अग़ानी
नियायद गौहरी बर रूये दरिया

7. व,लीकन लुत्फ़े ख़ाशाक अज़ गुहर दान्
के अक्से अक्से बर्क़े ऊस्त बर मा

8. दहान् बर बन्द् ओ बुग्शा रौज़ने दिल
अज़् आन रह बाश बा अर्वाह गूया

---

178. छन्द 5— I S S S I S S S I S S

72. अनहद बाजा अन्तर बाजे

1. ऐ बड़े आदमी ! तू अगर मेरा चंग (बाजा) तोड़ भी डाले, तो भी इससे मुझे कोई नुक़सान नहीं होगा।
क्योंकि मेरे अन्दर हज़ारों और भी चंग मौजूद हैं।

2. जब हम प्रेम के चंग (चंगुल) में फँस चुके हैं।
तो हमारे सीने में चंग और सुर्ना[179] की क्या कमी हो सकती है ?

3. ऐ दोस्त, अगर संसार भर के चंग और रुबाब जल भी जाएँ।
तो भी हमें कोई अन्तर नहीं पड़ेगा। क्योंकि हम अपने हृदय में बहुत से चंग छिपाए हुए हैं।

4. मेरे हृदय के उन वाद्यों की तरंगें और तन्तनन की ध्वनि आसमानों तक पहुँच चुकी है।
यह बात और है कि वह ध्वनि तुम लोगों के बाहरी बातों में फँसे कानों तक नहीं पहुँच रही है।

5. संसार भर के दिये और चिराग़ अगर बुझ भी जाएँ।
तो भी क्या परेशानी, जबकि हमारा आहनी चराग़ उसी तरह अपनी जगह पर क़ायम है।

6. हल्के-हल्के तिनके समुद्र के ऊपर आ जाते हैं।
लेकिन आबदार मोती समुद्र के ऊपर कभी नहीं आता।

7. लोग समुद्र के तिनकों को भी मोतियों के कारण सह लेते हैं।
इसी तरह महबूब की चमक का प्रतिबिम्ब हम लोगों पर प्रतिबिम्बित है।

8. अपना मुँह बन्द कर लो, और दिल के झरोखे को खोल लो।
और उस दिल के झरोखे से सारी आत्माओं के साथ संवाद करो।

---

179. एक तरह का ईरानी सुषिर वाद्य

73. आवाज़े दिल ज़् आवाज़े गिल[180]

1. ऐ आशिक़ान्! ऐ आशिक़ान्!! आन कस कि बीनद रू ए ऊ
शूरीदे गर्दद अक़्ले ऊ, आशुफ़्ते गर्दद ख़ू ए ऊ

2. माशूक़ रा जूयान शवद दुक्काने ऊ वीरान् शवद
बर रू व सर पूयान शवद चून् आब अन्दर जू ए ऊ

3. दर इश्क़ चून् मज्नून् शवद सरगश्ते चून् गर्दून शवद
आन् कू चुनीन् रंजूर शुद नायाफ़्त शुद दारू ए ऊ

4. जाने मलक सज्दे कुनद आन रा कि हक़ रा ख़ाक शुद
तुर्के फ़लक चाकर शवद आन रा कि शुद हिन्दू ए ऊ

5. ऐ माह रूय-श दीदे ई? ख़ूबी अज़् ऊ दुज़्दीदे ई?
ऐ शब तू ज़ुल्फ़-श दीदे ई? नै नै व नै यक मू ए ऊ

6. दानद दिले हर पाक दिल आवाज़े दिल ज़् आवाज़े गिल
ग़ुर्रीदने शीर् अस्त ईन दर सूरते आहू ए ऊ

---

180. छन्द 16—ऽ ऽ। ऽ ऽ ऽ। ऽ ऽ ऽ। ऽ ऽ ऽ। ऽ

73. महिमा आवडीची[181]

1. ऐ आशिक़ो! ऐ आशिक़ो!! जो कोई भी उस (प्रिय) के चेहरे को देख लेता है।
   उसकी बुद्धि ख़राब हो जाती है—उसका स्वभाव अस्त-व्यस्त हो जाता है।

2. वह अपने प्रेमास्पद को ढूँढ़ने लगता है, उसकी दुकान लुट जाती है।
   वह उस प्रवाह में जल की तरह आदि से अन्त तक व्याप्त हो जाता है।

3. वह प्रेम में मतवाला हो जाता है, और सात आसमानों की तरह चक्कर खाता रहता है।
   जिसको ऐसा वाला रोग लग जाता है उसको दवा नहीं मिलती।

4. जिसका अस्तित्व ईश्वर के मार्ग में ख़ाक हो गया होता है, देवदूतों के प्राण उसे दण्डवत् प्रणाम करते हैं।
   जो ईश्वर का हिन्दू (ग़ुलाम) हो गया, ब्रह्माण्ड रूपी तुर्क (स्वामी) उसकी सेवा करने लग जाता है।

5. ऐ चाँद! क्या तुमने उसका चेहरा देखा है? कहीं यह ख़ूबसूरती तुमने उसी से तो नहीं चुराई?
   ऐ रात! क्या तुमने उसके ज़ुल्फ़ों को देखा है? अरे नहीं, नहीं—तुमने तो उसका एक बाल भी नहीं देखा होगा।

6. हर शुद्ध-हृदय व्यक्ति का हृदय मिट्टी से उठने वाले इस हृदय की आवाज़ को जानता है।
   यह उसके हिरन जैसी सूरत से शेर जैसी गुर्राहट है।

---

181. प्रेम की महिमा। (सन्त तुकाराम)

7. ईन इश्क़ शुद मिहमाने मन ज़ख़्मी बेज़द बर जाने मन
   स़द रहमतो सद आफ़रीन बर दस्तो बर बाज़ू ए ऊ

8. मन चन्द गुफ़्तम हाय दिल! ख़ामूश अज़् ईन सौदा ए दिल
   सूद-श नदारद हाये मन चून बिश्नवद दिल हू ए ऊ

7. इस इश्क़ ने मेरी मेज़बानी क़ुबूल की और उसने मेरी जान के सितार पर एक मिज़राब मारा।
उस इश्क़ के दस्तो बाज़ू (सामर्थ्य) पर हज़ार कृपाएँ और हज़ार शाबाशियाँ ईश्वर की ओर से हों।

8. मैंने कितनी बार कहा—ऐ हृदय! दिल के इस पागलपन से दूर ही रह।
लेकिन, मेरी चेतावनी का उस समय कोई लाभ नहीं रह जाता जब मेरा दिल उस (प्रिय) के 'हू' की आवाज़ को सुनता है।

74. गिरिफ़्तार[182]

1. ईन्जा कसी,स्त पिन्हान् दामाने मन गिरिफ़्ते
   खुद रा सिपस कशीदे पीशाने मन गिरिफ़्ते

2. ईन् जा कसी,स्त पिन्हान् चून् जानो ख़ुश्तर् अज़ जान
   बाग़ी बे मन नमूदे ऐवाने मन गिरिफ़्ते

3. ईन् जा कसी,स्त पिन्हान् हमचू ख़याल दर दिल
   अम्मा, फ़ुरूग़े रूय-श अरकाने मन गिरिफ़्ते

4. ईन जा कसी,स्त पिनहान् मानन्दे क़न्द दर नै
   शीरीन् शकर-फ़ुरूशी दुक्काने मन गिरिफ़्ते

5. जादू व चश्मबन्दी चश्मे कस-श नबीनद
   सौदागरी,स्त मौज़ून् मीज़ाने मन गिरिफ़्ते

6. चून गुलशिकर मन् ओ ऊ दर हम दिगर सरिश्ते
   मन ख़ू ए ऊ गिरिफ़्ते ऊ आने मन गिरिफ़्ते

7. दर चश्मे मन ने-आयद ख़ूबाने जुम्ले आलम
   बिन्गर ख़याले ख़ूब-श मिजगाने मन गिरिफ़्ते

8. मन ख़स्ते गिर्दे आलम दरमान ज़ कस नदीदम
   ता दर्दे इश्क़ दीदम दरमाने मन गिरिफ़्ते

---

182. छन्द 14—ऽ ऽ। ऽ। ऽ ऽ ऽ ऽ। ऽ। ऽ ऽ

74. तिलेषु तैलं दधनीव सर्पिः[183]

1. इस दिल में कोई छिपा है जिसने मेरा दामन पकड़ रखा है।
उसने अपने आपको पीछे करके मेरी योग्यताओं और शिष्टताओं को पकड़ रखा है।

2. इस दिल में कोई छिपा है जो जान की तरह है। अरे नहीं, वह तो जान से भी अज़ीज़ है।
उसी ने मुझे सब्ज़बाग़ दिखा कर मुझसे मेरे अपने महल छीन लिए हैं।

3. इस दिल में कोई ऐसे छिपा है जैसे दिलों में ख़याल छिपे होते हैं।
लेकिन उसके मुखमण्डल की आभा ने मेरे पाँचों तत्त्वों को धूमिल कर दिया है।

4. इस दिल में कोई ऐसे हिल-मिल गया है जैसे ईंख में शक्कर।
उस शक्कर बेचने वाले मीठे-मीठे प्रियतम ने मेरी दुकान पर क़ब्ज़ा कर लिया है।

5. उसके जादू और नज़रबन्दी के हुनर को किसी की आँख नहीं देख पाती।
वह एक चालाक सौदागर है जिसने मेरी तराजू हड़प ली है।

6. मैं और वह गुलाब और क़न्द की तरह एक दूसरे में लिपट गए हैं।
मैंने उसकी चाल चलन ले ली है और उसने मेरी आत्मा पर क़ब्ज़ा कर लिया है।

7. संसार की किसी भी सुन्दरी की ओर मेरी आँखें चल ही नहीं सकतीं।
ज़रा देखो तो, उसके हसीन ख़यालों ने मेरी बरौनियों को भी पकड़ रखा है।

8. थका-हारा मैं, सारे संसार में किसी के पास अपने दर्द की दवा न पा सका।
मैंने देखा कि प्रेम की पीड़ा ने मेरे इलाज के सारे रास्ते बन्द कर रखे हैं।

---

183. श्वेताश्वतरोपनिषद् 1.15 (तिल में तेल और दही में घी की तरह)

9. तू नीज़ दिल–कबाबी दरमान ज़ दर्द याबी
गर ग़िर्दे दर्द गर्दी फ़रमाने मन गिरिफ़्ते

10. दर बह्रे ना उमीदी अज ख़ुद तम्अ बुरीदी
ज़्,ईन् बह्र सर बर् आरी मर्जाने मन गिरिफ़्ते

11. बिश्कन तिलिस्मे सूरत बुग्शाय चश्मे सीरत
ता शर्क़ों ग़र्ब बीनी सुल्ताने मन गिरिफ़्ते

12. साक़ी ए ग़ैब बीनी पैदा सलाम कर्दे
पैमाने जाम कर्दे पैमाने मन गिरिफ़्ते

13. तबरीज़े शम्से दीन् रा बर चर्ख़े जान् बेबीनी
इशराक़े नूरे रूयश कैहाने मन गिरिफ़्ते

9. अगर तुम्हारा भी दिल जलकर कबाब हो चुका है तो तुम्हें भी अपने दर्द का उपचार मिलेगा—
अगर मेरी आज्ञा मानकर तुम भी इस दर्द की परिक्रमा कर सकोगे।

10. अगर तुम निराशा के समुद्र में हो और अपने ऊपर से तुम्हारा विश्वास उठ चुका है— तो भी हताश मत होना। तुम भी इस दुख के समन्दर से मेरा वाला माणिक्य (प्रेम) हाथ में लिये बाहर आ सकोगे।

11. सूरत के तिलिस्म को तोड़कर सीरत (सदाचार) की आँख को खोलो।
ताकि देख पाओ कि पूरब और पश्चिम दोनों दिशाएँ मेरे सम्राट् के अधीन हैं।

12. तब तुम देख सकोगे कि अदृश्य लोक के साक़ी ने तुम्हें प्रकट रूप में नमस्कार किया है।
मेरे शपथ को स्वीकार करके उसने पैमाने को जाम में बदल दिया है।

13. तब तुम धर्म के सूर्य (शम्सुद्दीन) को प्राणों के आकाश पर आरूढ देख सकोगे।
जिसके मुखमण्डल के प्रताप ने मेरे संसार को चमका दिया है।

75. न मी दानम[184]

1. चे तदबीर ऐ मुसलमानान्! कि मन ख़ुद रा न मीदानम
न तर्सा नै यहूद-म मन न गब्र-म नै मुसलमान-म

2. न शर्क़ी-अम न ग़र्बी-अम न बर्री-अम न बह्री-अम
न अज़ काने तबीई-अम न अज़ अफ़लाके गर्दान-म

3. न अज़ ख़ाक-म न अज़ आब-म न अज़ बाद-म न अज़ आतिश
न अज़ अर्श-म न अज़ फ़र्श-म न अज़ कोनम न अज़ कान-म

4. न अज़ हिन्द-म न अज़ चीन-म न अज़ बलग़ारो सक़्सीन-म
न अज़ मुल्के इराक़ैन-म न अज़ ख़ाके ख़ुरासान-म

5. न अज़ दुनिया न अज़ उक़बा न अज़ जन्नत न अज़ दूज़ख़
न अज़ आदम न अज़ हव्वा न अज़ फ़िरदौसे रिज़वान-म

6. मकान-म लामकान् बाशद निशान-म बेनिशान् बाशद
न तन बाशद न जान् बाशद कि मन अज़ जाने जानान-म

7. दुई अज़ ख़ुद बदर करदम यकी दीदम दो आलम रा
यकी जूयम यकी दानम यकी बीनम यकी ख़ानम

---

184. छन्द संख्या—1— । S S S । S S S । S S S । S S S

75. बुल्ला! की जाणा मैं कौण?

1. अब क्या उपाय हो, ऐ मुसलमानो! मैं ख़ुद को नहीं जान पा रहा हूँ।
न तो मैं ईसाई हूँ, न यहूदी, न पारसी हूँ और न ही मुसलमान।

2. न तो मैं पूरब का हूँ न पच्छिम का, न ज़मीन से हूँ न समन्दर से।
न मैं उस प्रकृति के खान से हूँ और न ही घूमते हुए आसमान से हूँ।

3. न तो मैं मिट्टी से बना हुआ हूँ और न पानी से, न हवा से हूँ और न ही आग से।
न तो मैं सातवें आसमान से हूँ और न ही किसी खान से निकला हुआ द्रव्य हूँ।

4. न तो मैं भारत से हूँ न ही चीन से, न मैं बुल्गारिया से हूँ न ही सक्सीन से।
न ही मैं दोनों इराक़ों से हूँ और न ही ख़ुरासान की धरती से सम्बन्ध रखता हूँ।

5. न मैं इस लोक से हूँ न परलोक से, न तो मैं स्वर्ग से आया हूँ और न ही नरक से।
न तो मैं आदम की सन्तान हूँ न ही हव्वा की, और न ही मैं उच्चतम स्वर्ग से उतरा हुआ हूँ।

6. मेरे रहने की जगह निवास रहित (=परमेश्वर) है, मेरा चिह्न सभी चिह्नों से रहित है।
मेरे पास न तो शरीर है और न ही प्राण, क्योंकि मैं प्राणों के प्राण परमेश्वर से सम्बन्धित हूँ।

7. मैंने दुई को अपने अन्दर से निकाल कर बाहर कर दिया है। दोनों संसारों को मैंने एक ही करके देखा है।
मैं एक की ही खोज में हूँ, एक को ही जानता हूँ, एक को ही देखता हूँ और एक को ही पुकारता हूँ।

8. हुव,ल अव्वल हुव,ल आख़िर हुव,ज़्ज़ाहिर हुव,ल बातिन
बजुज़ 'या हू' व या 'मन हू' कसी दीगर न मीदानम

9. ज़े जामे इश्क़ सर मस्तम दो आलम रफ़्ते अज़ दस्तम
बजुज़ रिन्दी व क़ल्लाशी न बाशद हीच सामान-म

10. अगर दर उम्र ख़ुद रूज़ी दमी बी तू बर आवुर्दम
अज़्,आन् वक़्त् ओ अज़्, आन् साअत ज़े उम्रे ख़ुद पशीमान-म

11. अगर दस्त-म दिहद रूज़ी दमी बा तो दर्, ईन् ख़िल्वत
दो आलम ज़ीरे पा आरम हमी दस्ती बर् अफ़्शानम

12. अला ऐ शम्से तबरीज़ी! चुनीन् मस्त-म दर् ईन् आलम
कि जुज़ मस्ती व क़ल्लाशी न बाशद हीच सामान-म

8. वही (परमेश्वर ही) पहला है, वही अन्तिम है, वही प्रकट है, वही छिपा हुआ है। 'या ख़ुदा' अथवा 'जो ख़ुदा है', उसके अलावा मुझे किसी के बारे में कुछ नहीं मालूम।

9. मैं प्रेम का प्याला पीकर मस्त हो चुका हूँ। लोक और परलोक दोनों मेरे हाथ से जा चुके हैं।
मेरे पास फक्कड़पन और आवारगी के अतिरिक्त और कोई पूँजी नहीं बची है।

10. अगर मैंने अपनी पूरी उम्र में किसी भी दिन तुम्हें भूल कर साँस ली हो—
तो उस समय और उस घड़ी के लिए मैं अब भी शर्मिन्दा हूँ।

11. अगर किसी दिन तुम्हारे साथ एक क्षण भी एकान्त की मुहलत मुझे मिल पाये—
तो मैं दोनों जहानों को अपने पैरों तले मसलकर उनसे हाथ झाड़ लूँगा।

12. ऐ शम्स तबरेज़! मैं इस संसार में इस तरह मस्त हो गया हूँ—
कि मस्ती और आवारगी के अलावा मेरे पास कोई और सामान नहीं बचा है।

76. सर रिश्ते ए इश्क़[185]

1. बाँग ज़दम नीम शबान् कीस्त दर् ईन् ख़ाने-ए-दिल ?
   गुफ़्त मन-म, क्,अज़ रुख़े मन, शुद महो ख़ुर्शीद ख़जिल

2. गुफ़्त के ईन् ख़ाना-ए-दिल पुर हमे नक़्श-स्त चेरा
   गुफ़्तम क्,ईन् अक्से तू अस्त् ऐ रुख़े तो रश्के चिगिल !

3. गुफ़्त कि ईन् नक़्शे दीगर चीस्त पुर् अज़ ख़ूने जिगर
   गुफ़्तम क्,ईन् नक़्शे मने ख़स्ते दिलो पाय ब गिल

4. दाद सरे रिश्ते बे मन, रिश्ता-ए-पुर-फ़ित्ने व फ़न।
   गुफ़्त बकिश ता बकिशम हम बकिश् ओ हम मगुसिल

---

185. छन्द 19—S IIS S IIS S IIS S IIS

76. रहिमन धागा प्रेम का

1. आधी रात मैंने आवाज़ लगाई—"इस दिल के दयार में कौन है?"
उसने कहा—"मैं हूँ जिसके चेहरे से चाँद और सूरज भी शर्मा गए हैं।"

2. उसने पूछा—"यह दिल का सारा का सारा घर किस तरह के निशानों से भरा है।"
मैंने उत्तर दिया—"ऐ चराग़ों के लिए ईर्ष्या के पात्र! यह सब तुम्हारा ही प्रतिबिम्ब है।"

3. उसने पूछा—"ये जिगर के ख़ून से लथपथ यह दूसरा चिह्न क्या है?"
मैंने उत्तर दिया—"यह मुझ टूटे दिल और कीचड़ में फँसे पाँव वाले का चिह्न है।"

4. (तब) उसने मुझे अपने सूत्र का एक सिरा दिया वह सिरा अत्यन्त रहस्यमय और कलात्मक था।
उसने मुझसे कहा कि इसे अपनी ओर खींचो ताकि मैं भी इसे अपनी ओर खींच सकूँ। और इसे इसी तरह खींचते रहना, बीच में तोड़ मत देना।

77. बीरंग् ओ बी निशान्[186]

1. आह बीरंग् ओ बीनिशान् कि मन-म
   केइ बबीनम मरा चुनान् कि मन-म ?

2. गुफ़्ती असरार दर मियान् आवर
   कू मियान् अन्दर् ईन् मियान् कि मन-म ?

3. केइ शवद ईन् रवाने मन साकिन ?
   ईन्-चुनीन साकिने रवान् कि मन-म

4. बह्रे मन ग़र्क़े गश्त हम दर ख़ीश
   बुल्-अजब बह्रे बीकरान् कि मन-म

5. ईन् जहान् व् आन् जहान् मरा तलबद
   की,न् दो गुम शुद दर् आन् जहान् कि मन-म

6. फ़ारिग़् अज़ सूदम् ओ ज़ियान् चू अदम
   तुर्फ़ा बीसूद् ओ बीज़ियान् कि मन-म

7. गुफ़्तम्-ऐ जान् तू ऐने मा-ई, गुफ़्त-
   ऐन् चे बुवद् दर् ईन् अयान् कि मन-म

8. गुफ़्तम्-"आन्-ई", बेगुफ़्त-"हाय ख़मूश!
   दर ज़बान् नामदे,स्त आन् कि मन-म"

---

186. छन्द 77—ऽ ।ऽऽ ।ऽ ।ऽ ।।ऽ / ऽऽ

77. निरगुन निरबिकार

1. यह बात है मेरे अस्तित्व की, जो सभी रंगों और निशानों से ऊपर है।
मैं अपने आप को वैसे कब देख पाऊँगा, जैसे मैं असल में हूँ।

2. तुमने कहा—"अपने राज़ हमारे भी बीच लेकर आओ।"
मैंने कहा—मैं जहाँ हूँ उस बीच 'बीच' की गुंजाइश ही कहाँ है?

3. मेरा हृदय उस तरह शान्त कब हो पाएगा।
जिस तरह मेरी आत्मा शान्त और निःस्पन्द है।

4. मेरा समन्दर भी ख़ुद अपने अन्दर डूब गया।
कैसा अद्‌भुत और असीम समुद्र हूँ मैं।

5. इहलोक और परलोक दोनों मुझे खोज रहे हैं।
जिस लोक में मैं हूँ उस लोक में दोनों गुम हो चुके हैं।

6. अस्तित्वविहीनता की तरह मैं हानि और लाभ से छूट गया हूँ।
अद्‌भुत हूँ मैं—हानि और लाभ दोनों से रहित।

7. मैंने उससे कहा—ऐ मेरे प्रिय, तू बिल्कुल मेरे समान है, उसने कहा—
मेरी इन द्वैत विहीन आँखों में समानता शब्द का कोई मतलब ही नहीं है।

8. मैंने कहा—"अच्छा, मैं समझ गया, तुम तो वह हो!?" उसने कहा—"ख़ामोश!
मैं वह हूँ जो संज्ञा या सर्वनाम की सीमा में नहीं समा सकता।"

78. मक़सदे पीरो बुरना[187]

1. मन आन् रूज़ बूदम कि अस्मा न बूद।
   निशान् अज़ वजूदे मुसम्मा न बूद॥

2. ज़े मा शुद मुसम्मा व अस्मा पदीद।
   दर् आन् रूज़ क्,आन्जा मन् ओ मा न बूद॥

3. शुदम् तूरे सीना बेगश्तम तमाम
   शब् ओ-रूज़ दर तूरे सीना न बूद

4. चलीपा व नसरानियान् सर बसर।
   बेपूयीदम् अन्दर चलीपा न बूद॥

5. बे बुत्ख़ाने रफ़्तम् ब बुत्ख़ाने दर
   दर् ऊ हीच रंगी हुवैदा न बूद॥

6. बे कूहे हिरा रफ़्तम् ओ क़ंदहार।
   बदीदम दर् आन् ज़ीरो बाला न बूद

7. बे अम्दन शुदम् बर सरे कूहे क़ाफ़।
   दर्, आन् जाय् जुज़ जा ए अन्क़ा न बूद॥

---

187. छन्द 16—ऽ ऽ। ऽ ऽ ऽ। ऽ ऽ ऽ। ऽ ऽ ऽ। ऽ

78. नासदासीत् नो सदासीत् तदानीम्[188]

1. मैं उस दिन भी था जब दुनिया में नाम नहीं थे।
   और न ही नामों से पुकारे जाने वाली चीज़ों का नामो-निशान था।

2. नाम और नामी दोनों उस दिन हमसे ही प्रकट हुए थे।
   लेकिन तब वहाँ न तो मैं था और न ही हम।

3. मैं सिनाई[189] के पहाड़ पर भी गया।
   वहाँ न तो रात थी और न ही दिन।

4. वहाँ मैंने सलीब और ईसाइयों को हर जगह खोजा।
   लेकिन तब न सलीब थी और न ही ईसाई।

5. मैं मन्दिर के दरवाज़े से मन्दिर के अन्दर गया।
   मन्दिर के अन्दर कोई भी रंग प्रकट नहीं हो रहा था।

6. मैं हिरा[190] और क़न्दहार के पहाड़ों के पास गया।
   मैंने देखा—उस जगह कोई भी ऊँचाई—नीचाई नहीं थी, सब कुछ समतल था।

7. जान बूझ कर मैं क़ाफ़[191] नामक पहाड़ की चोटी पर पहुँचा।
   वहाँ अन्क़ा की जगह के अतिरिक्त और कोई भी चीज़ नहीं थी।

---

188. ऋग्वेद 10.129.01 (तब न तो सत् था, तब न ही असत् था।)
189. यह वह पहाड़ है जहाँ मूसा ने ईश्वरीय ज्योति के दर्शन किए थे।
190. अरब की वह गुफ़ा जहाँ मुहम्मद साहब को तत्त्वज्ञान हुआ था।
191. काल्पनिक पर्वत है जो सम्भवत: विश्व के दूरतम बिन्दु पर अवस्थित है।

8. बे का,बे कशीदम् इनाने तलब।
दर् आन् मक़्सदे पीरो बरना न बूद॥

9. बेपुर्सीदम् अज़ इब्ने सीना-श हाल।
बर् अन्दाज़े ए इब्ने सीना न बूद॥

10. निगह करदम अन्दर दिले ख़ीश्तन।
बेदीदम दर् आन्जा-श् ओ आन्जा न बूद॥

8. अपने तलब के घोड़े को मैंने का,बे तक दौड़ाया।
लेकिन वहाँ बूढ़ों और जवानों का प्राप्तव्य (अर्थात् ख़ुद का,बा) अनुपस्थित था।

9. मैंने इब्ने सीना[192] से इन सभी रहस्यों के बारे में जानना चाहा।
लेकिन इन रहस्यों की व्याख्या इब्ने सीना के सामर्थ्य से बाहर की बात थी।

10. मैंने अपने दिल के अन्दर निगाह डाली।
मैंने दिल को वहाँ ढूँढ़ा—मेरा दिल भी वहाँ नहीं था।

---

192. ईरान के महान तत्त्वदर्शी तथा वैज्ञानिक। इनका समय 980 ई. से 1037 ई. तक है।

79. ख़ाने-पर्दाज़ी[193]

1. सूरतगरे नक़्क़ाश-म्,हर लह्ज़े बुती साज़म
   व्,आन गह हमे बुतहा-रा दर पीशे तू बुगज़ारम

2. सद नक़्श बर् अंगीज़म् बा रूह दर् आमीज़म
   चून नक़्शे तुरा बीनम, दर आतिश-श् अन्दाज़म

3. तू साक़ी ए ख़म्मारी, या दुश्मने हुश्यारी
   या आन् कि कुनी वीरान्, हर ख़ाने कि बर साज़म

4. जान् रीख़्ते शुद बर तू, आमीख़्ते शुद बा तू
   चून बूए तु दारद जान, जान रा हिले बेन्वाज़म

5. हर ख़ून कि ज़ मन रूयद, बा ख़ाके तु मी गोयद
   बा मेहे तू हम रंगम, बा इश्क़े तू हम्बाज़म

6. दर खाने ए आबो-गिल, बी तू-स्त ख़राब् ईन् दिल
   या ख़ाने दर आ ऐ जान! या ख़ाने बेपर्दाज़म

---

193. छन्द 3—ऽ ऽ॥ ऽ ऽ ऽ ऽ ऽ॥ ऽ ऽ ऽ

79. आवाप उद्वाप[194]

1. मैं चेहरे बनाने वाला मूर्तिकार हूँ। हर क्षण नयी नयी मूरतें गढ़ता रहता हूँ। और फिर उसके बाद सभी मूर्तियों को तुम्हारे सामने लाकर रख छोड़ता हूँ।

2. मैं सैकड़ों चेहरे उभारता हूँ। फिर ये चेहरे मेरी आत्मा के साथ एकमेक हो जाते हैं। लेकिन एक बार तुम्हारा चेहरा देख लेने के बाद मैं इन सबको आग के हवाले कर देता हूँ।

3. तू मयख़ाने का साक़ी है, या मेरा चालाक दुश्मन है।
   या फिर तू वह है, जो मेरे बनाये सारे घरों को ढहा देता है।

4. मेरे प्राण तुम पर निसार हो गए हैं, मेरी आत्मा तुममें मिलकर एक हो गई है। मैं अब ख़ुद से प्यार करने लगा हूँ क्योंकि मुझसे अब तुम्हारी सुगन्ध आने लगी है।

5. मेरे ख़ून का एक एक क़तरा तुम्हारे अस्तित्व के साथ मिलकर कहता है— मेरा रंग और तुम्हारी करुणा का रंग एक ही है, मेरा रंग और तुम्हारे प्रेम का रंग एक ही है।

6. इस मिट्टी और पानी से बने घर (शरीर) के अन्दर तुम्हारे बिना मेरे दिल की हालत बुरी है।
   ऐ महबूब, या तो तुम ही इस घर में आ जाओ, या फिर मैं ही इसे ख़ाली कर दूँ।

---

194. वेदान्त की प्रसिद्ध प्रविधि जिसके अनुसार वे ईश्वर पर विशेषणों का आरोप करते हैं फिर उससे सभी विशेषणों का निरास करते हैं।

80. ज़ही इश्क़ ज़ही इश्क़[195]

1. ज़ही इश्क़ ज़ही इश्क़ कि मारा-स्त ख़ुदा या!
   चे नग़्ज़-स्त् ओ चे ख़ूब-स्त् ओ चे ज़ीबा-स्त, ख़ुदाया!

2. चे गर्मी-म चे गर्मी-म अज़् आन इश्क़ चु ख़ुर्शीद्
   चे पिन्हान् ओ चे पिन्हान् ओ चे पैदा-स्त, ख़ुदा या!

3. ज़ही माह ज़ही माह, ज़ही बादे ए हम-राह
   कि जान् रा व जहान् रा, बियारा,स्त, ख़ुदा या!

4. ज़ही शूर ज़ही शूर किं अन्गीख़्ते आलम्
   ज़ही कार ज़ही बार कि आन्जा-स्त ख़ुदा या!

5. फ़ुरू रीख़्त फ़ुरी रीख़्त शहन्शाहे सवारान्
   ज़ही गर्द ज़ही गर्द, कि बर् ख़ास्त ख़ुदा या!

6. फ़तादीम् फ़तादीम् बेदान्-सान् के नख़ीज़ीम्
   नदानीम् नदानीम् चे ग़ौग़ा-स्त, ख़ुदा या!

7. ज़े हर कूय् ज़े हर कूय् यकी दूदे दिगरगून्
   दिगर बार दिगर बार, चे सौदा-स्त ख़ुदा या!

---

195. छन्द संख्या—2— । ऽ ऽ॥ ऽ ऽ॥ ऽ ऽ॥ ऽ ऽ

80. इश्क़ अलैहिस्सलाम[196]

1. क्या कहना है उस इश्क़ का, जो हमें हुआ है, ऐ ख़ुदा!
   यह कितना प्यारा है, कितना अच्छा है, कितना सुन्दर है, ऐ ख़ुदा!

2. इस सूरज जैसे इश्क़ की सोहबत में हम कितने ऊर्जावान् और उत्साही हो गए हैं।
   यह इश्क़ कितना अधिक छिपा हुआ है फिर भी कितना अधिक प्रकट है, ऐ ख़ुदा!

3. हमारे चाँद जैसे प्यारे इश्क़ का क्या पूछना, यह तो हमारे सफ़र में हमेशा साथ रहने वाली शराब जैसा है।
   इसने हमारे प्राणों और इस संसार, दोनों को सजा दिया है, ऐ ख़ुदा!

4. यह कैसा शोर है, यह अद्‌भुत शोर है, जिसने सारी दुनिया में हलचल मचा दी है।
   इश्क़ के दरबार में सारे कारोबार अजीब और अद्‌भुत हैं, ऐ ख़ुदा!

5. कितने ही शहसवार इस इश्क़ के मैदान में गिर गए, पड़ गए।
   उनके गिर पड़ने से क्या अद्‌भुत गर्द उड़ी, ऐ ख़ुदा!

6. हम भी गिरे, और ऐसे गिरे कि अब फिर कभी नहीं उठ पायेंगे।
   हम नहीं जानते, हमें नहीं पता कि ये कैसा उत्पात है, ऐ ख़ुदा!

7. हर गली से, हर कूचे से एक अलग तरह का ही धुँआ उठ रहा है।
   हर एक बार, हर एक बार, यह कैसा फ़ितूर है, ऐ ख़ुदा!

---

196. आधुनिक ईरानी कवि डॉ. अली रज़ा क़ज़्वे (1960—) के एक काव्य संग्रह का नाम। (इश्क़ जिस पर सलामती हो)।

8. न दामी-स्त न ज़न्जीर, हमे बस्ते चेरा ईम्
चे बन्द-स्त चे ज़न्जीर के बर पा-स्त, ख़ुदा या!

9. चे नक़्शी-स्त चे नक़्शी-स्त दर् ईन् ताबे ए दिल-हा
ग़रीब-स्त ग़रीब-स्त, ज़ बाला-स्त, ख़ुदा या!

10. ख़मूशीद् ख़मूशीद्, के ता फ़ाश् न गर्दीद्
कि अग़्यार् गिरिफ़्ते-स्त् चप् ओ रास्त, ख़ुदा या!

8. न कोई जाल है न कोई ज़ंजीर, फिर भी हम बँधे हुए क्यों हैं?
यह कौन सा बन्धन है, ये कौन सी ज़ंजीर है जो कि हमारे पैरों में पड़ी हुई है, ऐ ख़ुदा!

9. दिलों के शीशमहल में यह कौन सी आकृति है, यह कैसा नक़्श है?
यह बिल्कुल जाना पहचाना नहीं लग रहा है। यह किसी अलौकिक जगत से आया है, ऐ ख़ुदा!

10. चुप रहो, ख़ामोश हो जाओ, कहीं तुम लोगों का राज़ फ़ाश न हो जाए।
क्योंकि तुम्हारे दुश्मन दायें-बायें चारों ओर जाल बिछाये बैठे हैं।

81. चे कुनद[197]

1. गुले ख़न्दान कि न ख़न्दद चे कुनद?
   अलम् अज़ मुश्क न बन्दद चे कुनद?

2. नारे ख़न्दान् के दहान् बुग्शादे-स्त
   चून् कि दर पूस्त न गुंजद, चे कुनद?

3. महे ताबान् कि बजुज़ ख़ूबी ओ नाज़
   चे नुमायद, चे पसन्दद, चे कुनद?

4. आफ़ताब् अर न दहद ताबिश् ओ नूर
   पस दर् ईन् नादिरे गुम्बद चे कुनद?

5. साये अर तलअते ख़ुर्शीद बेदीद
   न कुनद सज्दे, नख़न्दद, चे कुनद?

6. आशिक़् अज़ बू ए ख़ुशे पैरहन-त
   पैरहन रा न दरानद, चे कुनद?

7. तने मुर्दे कि बर् ऊ बर् गुज़री
   न शवद ज़िन्दे, न ख़न्दद, चे कुनद?

8. दिल-म् अज़ चंगे ग़म-त गश्त चु चंग
   न ख़ुरूशद, न तरंगद्, चे कुनद?

---

197. छन्द 13— IISS IISS IIS

81. स्वभाव एवैष[198]

1. खिला हुआ फूल अगर न खिलखिलाए, तो और क्या करे?
   चतुर्दिक् अपने सुगन्ध की पताका न फहराए, तो और क्या करे?

2. हँसता हुआ (पका) अनार जिसका मुँह खुल गया है—
   —जब वह अपनी खोल में न समा पाये, तो इसके अलावा क्या करे?

3. चमकता हुआ पूरा चाँद अपने गुणों और सौन्दर्य के अलावा—
   —क्या दिखाए, क्या पसन्द करे, और क्या करे?

4. अगर सूरज ताप और प्रकाश न दे—
   —तो इस लम्बे चौड़े आसमान पर और क्या करे?

5. जब छाया को सूरज का उदय दीख गया—
   —तो वह उसे साष्टांग दण्डवत् न करे तो और क्या करे?

6. तुम्हारा आशिक़ तुम्हारे कपड़े की ख़ुशबू से मचलकर—
   —अपने कपड़े न फ़ाड़ने लगे, तो क्या करे?

7. वह मुर्दा तन जिसपर तुम गुज़र जाओ—
   —वह ज़िन्दा होकर हँसने न लग जाए तो और क्या करे?

8. मेरा दिल तुम्हारे विरह के चंगुल में आकर चंग बन गया है।
   अब यह शोर न करे, आवाज़ न करे, तो और क्या करे?

---

198. यह तो स्वाभाविक ही है।

82. जुदा शुद ज़ दर्द[199]

1. गुफ़्त कसी ख़ाजे सनाई बेमुर्द
मर्गे चुनीन् ख़ाजे, न कारी-स्त ख़ुर्द

2. काह नबूद् ऊ कि बे बादी परीद
आब न बूद् ऊ कि बे सरमा फ़िसुर्द

3. शाने न बूद् ऊ कि बे मूई शिकस्त
दाने न बूद् ऊ कि ज़मीन-श फ़िशुर्द

4. गंजे ज़री बूद दर् ईन् ख़ाकदान
कू दो जहान् रा बे जवी मी शुमुर्द

5. क़ालिबे ख़ाकी सू ए ख़ाकी फ़िकन्द
जाने ख़िरद सू ए समावात बुर्द

6. साफ़ दर् आमीख़्त बे दुर्दी ए मै
बर सरे ख़ुम रफ़्त, जुदा शुद ज़ दुर्द

---

199. छन्द 26—ऽ।।ऽ ऽ।।ऽ ऽ।ऽ

82. पण्डियमरण[200]

1. किसी ने ख़बर दी—''ख़्वाजा सनाई[201] मर गए।''
(रूमी का कहना है—) वैसे महान् स्वामी का मरना भी एक बड़ी घटना है।

2. वे कोई तिनका नहीं थे जो हवा के साथ उड़ जाते।
वे पानी नहीं थे जो सर्दी से सिकुड़ जाते।

3. वे कंघी नहीं थे जो बालों से टूट जाते।
वे अनाज के दाने नहीं थे जिन्हें ज़मीन छिपा लेती।

4. वे तो इस धरती पर सोने की खान थे।
जो दोनों लोकों को एक जौ के दाने जैसा तुच्छ मानते थे।

5. उन्होंने अपने मिट्टी के बदन को मिट्टी में छोड़ दिया।
और अपनी रूह को आसमानों की ओर ले गए।

6. उन्होंने अपने रस को तलछट में मिला दिया।
और ख़ुद शराब के मटके (मूल स्रोत) की ओर बढ़कर तलछटों से छूट गए।

---

200. होशियार मौत (जैन मत में प्रतिपादित मृत्यु का उत्तम प्रकार।)

201. सनाई ग़ज़नवी (1080—1131 ई.) रूमी के पूर्ववर्ती एक बड़े सूफ़ी सन्त थे

83. आबे हयात मौज ज़द[202]

1. सीर न मीशवम ज़ तू नीस्त जुज़ ईन गुनाहे मन
   सीर मशौ ज़ ज़हमत-म, ऐ दो-जहान्-पनाहे मन

2. सीर् ओ मलूल शुद ज़े मन ख़ुम्ब् ओ सक़ा ओ मश्के ऊ
   तश्नेतर-स्त हर ज़मान् माही ए आबख़ाहे मन

3. दर शिकनीद कूज़े रा, पारे कुनीद मश्क रा
   जानिबे बह्र मी रवम, पाक कुनीद राहे मन

4. आबे हयात मौज ज़द, दूश ज़ सह्ने ख़ाने-अम
   यूसुफ़े मन फ़ताद, दी, हमचू क़मर बे चाहे मन

5. सैल रसीद नागहान्, जुम्ले बेबुर्द ख़िर्मन-म
   दूद बर् आमद् अज़ दिलम, दाने बेसूख़्त् ओ काहे मन

6. दर दिले मन दर् आमद् ऊ, बूद ख़याल-श् आतशीन
   आतश रफ़्त बर सर-म, सूख़्ते शुद कुलाहे मन

7. गुफ़्त कि अज़ समाअ-हा हुर्मत् ओ जाह कम शवद
   जाह तु-रा, कि इश्क़े ऊ, बख़्ते मन-स्त् ओ जाहे मन

8. अज़ पये हर ग़ज़ल दिल-म, तोबे कुनद ज़ गुफ़्त् ओ गू
   राह ज़नद दिले मरा दाइए ए इलाहे मन

---

202. छन्द 17—S II S I S I S S II S I S I S

83. स्यन्दति चेतसि निर्वृतिधारा *

1. मेरा अपराध बस इतना है कि मेरा मन उससे नहीं भरता।
ऐ दोनों लोकों को शरण देने वाले मेरे प्रिय! तुम भी मेरे आयासों से तृप्त न होना।

2. शराब के घड़े, साक़ी और उसकी मशक, ये सब मुझसे उकता गए हैं।
मैं वह मछली हूँ, जिसकी प्यास हर पल तीव्र से तीव्रतर होती जाती है।

3. ऐसे घड़ों को तोड़ दो, ऐसे मसक़ों को फाड़ दो।
मैं अब महासागर की ओर जा रहा हूँ, मेरे रास्ते से परे हट जाओ।

4. मेरे घर के अहाते से अमृत रस की बाढ़ उमड़ चली है।
क्योंकि कल रात मेरा यूसुफ़ (प्रिय) चाँद की तरह मेरे कुएँ में गिर पड़ा था।[203]

5. वह बाढ़ अचानक आई और मेरा खलिहान बहा कर ले गई।
मेरे दिल से धुँआ बाहर निकला और मेरे सारे दाने और डाँठ को जला डाला।

6. मेरा प्रियतम मेरे ख़याल में आया, उसका ख़याल इस क़दर ज्वलनशील था—
कि वह आग मेरे सर तक पहुँच गई और उसने मेरी टोपी तक जला डाली।

7. किसी ने सलाह दी कि, इस तरह नाचने गाने से पवित्रता और प्रतिष्ठा कम होती है।
(मैंने कहा) वह प्रतिष्ठा तुम्हें ही मुबारक हो। मेरे लिए तो उसका प्रेम ही सौभाग्य है और प्रतिष्ठा है।

8. हर ग़ज़ल कहने के लिए मेरे दिल को गुफ़्तगू से तोबा करनी पड़ती है।
परमेश्वर का निमंत्रण मेरे दिल को लूटने लगता है।

---

* अभिनवगुप्त (भैरवस्तोत्र)

203. कहानी है कि यूसुफ़ को उनके भाइयों ने ईर्ष्यावश कुएँ में धकेल दिया था।

84. मन हमगी तुरा-स्तम[204]

1. दूश चे ख़ुर्दे ई दिला रास्त बेगू निहान् मकुन
चून् ख़मुशाने बी गुनह रूय् बर् आसमान् मकुन

2. बादे ए ख़ास ख़ुर्दे ई, नुक़्ले ख़लास ख़ुर्दे ई
बू ए शराब मी ज़नद ख़रबुज़े दर दहान् मकुन

3. रूज़े अलस्त जाने तू ख़ुर्द मेई ज़ ख़ाने तू
ख़ाजे ए ला-मकान् तूई, बन्दगी ए मकान् मकुन

4. दूश शराब रीख़्ती, व्,अज़ बरे मा गुरीख़्ती
बारे दिगर गिरिफ़्तम-त, बारे दिगर चुनान् मकुन

5. मन हमगी तुरा-स्तम, मस्ते मये वफ़ा-स्तम
बा तु चू तीरे रास्त-म, तीरे मरा कमान् मकुन

6. बादे बेनूश मात शौ, जुम्ले तने हयात शौ
बादे ए चून् अक़ीक़ बीन, यादे अक़ीक़दान मकुन

7. बादे ए आम अज़ बिरून्, बादे ए आरिफ़् अज़ दरून
बू ए दहान् बयान् कुनद, तू बे ज़बान बयान मकुन

8. अज़ तबरीज़ शम्से दीन मी रसद-म चू माहे नौ
चश्म सू ए चराग़ कुन, सू ए चराग़दान मकुन

---

204. छन्द 17—ऽ॥ ऽ। ऽ। ऽ ऽ॥ ऽ। ऽ। ऽ

84. मैं सारा का सारा तुम्हारा!

1. ऐ मेरे दिल, तुमने कल रात क्या पिया था? सही सही बोलो, छिपाओ मत
   बेगुनाहों की तरह ख़ामोशी से अपना मुँह आसमान की ओर मत किये रहो

2. तुमने ज़रूर कोई ख़ास शराब पी ली है और उसके साथ कोई ख़ालिस चीज़ भी खाई है
   तुमसे शराब की गन्ध आ रही है। अपने मुँह पर ख़रबूज़ा रख कर उसे छिपाने की कोशिश न करो।

3. सृष्टि के प्रारम्भ में ही जिसके प्राणों ने अपने ही दस्तरख़ान पर बैठ कर दिव्य शराब पी थी
   वह निवास विहीन अनिकेत तुम्हीं हो। किसी घर में एक नौकर की तरह फँसे न रहो।

4. कल रात तुमने मेरे प्याले में शराब तो उड़ेल दी थी, लेकिन फिर मेरे पहलू से भाग निकले थे
   तुमको मैंने फिर से पकड़ लिया। अब फिर से तुम वही काम मत करना

5. मैं सारा का सारा तुम्हारा हूँ। मैं प्रेम की मदिरा से मस्त हूँ
   तुम्हारे साथ मैं तीर की तरह सीधा सीधा बर्ताव कर रहा हूँ, मुझे तुम कमान की तरह टेढ़ा न कर देना।

6. प्रेम की शराब पियो और लोट जाओ। मूर्तिमान् जीवन्तता बन जाओ।
   अक़ीक़ के रंग की शराब देखो, खान से निकले अक़ीक़ की याद न करो

7. आम लोगों की शराब बाहर से आती है, लेकिन ज्ञानी अपने अन्दर की शराब पीते हैं।
   तुम्हारे शराब का वर्णन तुम्हारे मुँह से निकलने वाली गन्ध करती है, तुम अपनी ज़बान से इसका वर्णन मत करो।

8. मेरे गुरु शम्सुद्दीन, तबरेज़ से बिल्कुल ऐसे चले आ रहे हैं, जैसे नया नया चाँद हो
   तुम अपनी नज़र चराग़ की ओर रखो, चराग़दान की तरफ़ मत देखो

85. लज़्ज़ते जान[205]

1. मन मस्त् ओ तू दीवाने मा-रा की बरद ख़ाने
सद बार तु-रा गुफ़्तम कम ज़न दो से पैमाने

2. दर शह्र यकी कस रा हुशियार न मीबीनम
हर यक बतर् अज़ दीगर शूरीदे व दीवाने

3. जाना बे ख़राबात् आ, ता लज़्ज़ते जान् बीनी
जान् रा चे ख़ुशी बाशद बी सोहबते जानाने

4. तू वक़्फ़े ख़राबाती दख़्ल-त मय् ओ ख़र्ज-त मय
ज़् ईन् वक़्फ़ बे हुश्यारान्, मसिपार यकी दाने

5. ऐ लूली ए बर्बत-ज़न! तू मस्ततरी या मन?
ऐ पीशे चू तू मस्ती अफ़सूने मन् अफ़्साने

6. अज़ ख़ाने बिरून् रफ़्तम मस्ती-म बे पीश् आमद
दर हर नज़र-श मुज़्मर सद गुलशन् ओ काशाने

7. चून् कश्ती ए बी लंगर कज मी शुदो मज मीशुद
व,ज़ हसरते ऊ मुर्दे सद आक़िल् ओ फ़र्ज़ाने

---

205. छन्द 3—ऽ ऽ॥ ऽ ऽ ऽ ऽ ऽ॥ ऽ ऽ ऽ

85. आत्मानन्द

1. देखो, शराब पी पीकर मैं मस्त हो गया और तू भी दीवाना हो गया, अब हम दोनों को घर कौन छोड़ेगा?
मैंने तुमसे सौ बार कहा था कि दो, तीन प्याले कम पिलाओ।

2. इस शहर में मुझे एक भी होशियार आदमी दिखाई नहीं पड़ता,
हर आदमी दीवानगी और बदहाली में एक दूसरे से बदतर है।

3. हे प्रिय, अगर आत्मा का आनन्द पाना चाहते हो तो मधुशाला में आओ।
प्राणेश्वर की संगति के बिना प्राणों को क्या आनन्द मिल सकेगा?

4. तुम मधुशाला के लिए दान की हुई सम्पत्ति हो, तुम्हारा आय और व्यय दोनों शराब ही शराब हैं।
चतुर-चालाक लोगों को इस सम्पत्ति का एक भी दाना लेने मत देना।

5. ऐ बर्बत बजाने वाली लूली (संगीतकार) ज़रा यह बताओ कि तुम अधिक मस्त हो या मैं?
तुझ मस्त के सामने तो मेरा सारा जादू अफ़्साने की तरह है।

6. मैं ज्यों ही अपने घर से बाहर निकला, मेरे सामने एक मस्त आदमी आया।
जिसकी हर नज़र में सैकड़ों गुलिस्तान और महल घुले हुए थे।

7. जब लंगर के बिना नाव डगमगा रही थी,
और उसकी हसरत में सैकड़ों बुद्धिमान् और विद्वान् लोग मरे जा रहे थे—

8. गुफ़्तम ज़ कुजाई तू तस़्खर ज़द् ओ गुफ़्त्–ऐ जान
नीमी–म ज़ हिन्दुस्तान नीमी–म ज़ फ़र्ग़ाने

9. नीमी–म ज़ आब् ओ गिल नीमी–म ज़ जान् ओ दिल
नीमी–म लबे दरिया नीमी हमे दुर्दाने

10. गुफ़्तम कि रफ़ीक़ी कुन, बा मन कि मन–म ख़ीश–त
गुफ़्ता कि बेनश्नासम मन ख़ीश ज़ बीगाने

11. मन बीदिल् ओ दस्तार–म, दर ख़ाने ए ख़म्मार–म
यक सीने सुख़न दारम, हीन् शर्ह देहम या ने

8. (ऐसी हालत में) मैंने उससे पूछा कि तुम कहाँ से हो ? तो उसने मज़ाक करते हुए कहा—
आधा तो मैं हिन्दुस्तान से हूँ और आधा फ़रग़ाना* से हूँ।

9. मेरा आधा हिस्सा पानी—मिट्टी से बना है, और आधा हिस्सा आत्मा और हृदय से निर्मित है।
आधा मैं समुद्र का किनारा हूँ और आधा उच्च कोटि के मोतियों का समूह।

10. मैंने उससे कहा कि मेरी सहायता करो क्योंकि मैं तुम्हारा अपना हूँ।
उसने कहा कि मुझे अपने और पराये की पहचान नहीं है।

11. मेरे पास न तो हृदय है और न ही मुकुट। मैं तो मद्यशाला में पड़ा हुआ हूँ।
मेरे पास हृदय भर बातें ज़रूर हैं। तुम बताओ, तुमसे इनका वर्णन करूँ या नहीं।

---

* यह जगह अब उज़बेकिस्तान में है।

86. तश्नेतरी[206]

1. तू दीदी हीच आशिक़ रा कि सैरी बूद अज़ सौदा?
तू दीदी हीच माही रा कि ऊ शुद सीर अज़्,ईन् दर्या?

2. तू दीदी हीच नक़्शी रा कि अज़ नक़्क़ाश बुगरीज़द?
तू दीदी हीच वामिक़ रा कि उज़रा ख़ाहद अज़ उज़रा?

3. बुवद आशिक़ फ़िराक़् अन्दर, चू इस्मी ख़ाली अज़ मा,नी
वली मा,नी चू मा,शूक़ी, फ़राग़त दारद् अज़ अस्मा

4. तू-ई दर्या, मन-म माही, चुनान् दारम कि मी ख़ाही
बेकुन रह्मत, बेकुन शाही कि अज़ तू मान्दे-अम तनहा

5. अगर आतश तु-रा बीनद, चुनान् दर गूशे बेन्शीनद
क्,अज़् आतश हर कि गुल चीनद, देहद आतश गुले रा,ना

6. अज़ाब-स्त ईन् जहान् बी तू, मबादा यक ज़मान् बी तू
बे जाने तू, कि जान् बी तू शिकंजे ओ बला बर मा

7. ज़ही दिलशाद मुर्ग़ी कू, मक़ामी याफ़्त अन्दर इश्क़
बे कूहे क़ाफ़ कै याबद मक़ाम् ओ जाय जुज़ अन्क़ा

8. ज़ही अन्क़ा ए रब्बानी शहंशह शम्से तबरीज़ी
कि ऊ शम्स-स्त, नै शर्क़ी व नै ग़र्बी व नै दर जा

---

206. छन्द संख्या—1— । S S S । S S S । S S S । S S S

86. राम कथा के सुनत अघाहीं ?[207]

1. तुमने किसी ऐसे प्रेमी को देखा है जो प्रेम से तृप्त हो गया हो?
   तुमने किसी ऐसी मछली को देखा है जो समुद्र से सन्तुष्ट हो गई हो?

2. तुमने किसी ऐसे चित्र को देखा जो चित्रकार से बच भागता हो?
   तुमने किसी ऐसे वामिक़ (आशिक़) को देखा जो उज़रा (कुमारी) से तनहाई चाहता हो?[208]

3. विरह में प्रेमी अर्थ से रहित शब्द की तरह हो जाता है,
   लेकिन जब उसका प्रिय उसे अर्थ की तरह प्राप्त हो जाता है, तब वह शब्द से भी छूट जाता है।

4. तुम समुद्र की तरह हो और मैं मछली की तरह हूँ। मैं वैसा ही बर्ताव करूँगा जैसा कि तुम चाहते हो।
   तुम मुझ पर कृपा करो, मेरे राजा बन जाओ। मैं तुम्हारे बिना अकेला रह गया हूँ।

5. अगर आग तुम्हें देख ले तो वह इस तरह शान्त होकर एक कोने में बैठ जाएगा—कि सारे लोग उस आतिश से फूल चुनेंगे, और आग से विकसित पुष्प निकलने लगेंगे।

6. यह संसार तुम्हारे बिना आफ़त का पिटारा है, मेरा एक क्षण भी तुम्हारे बिना न हो,
   तुम्हारी जान की क़सम कि तुम्हारे बिना मेरी जान मेरे लिए बन्धन और बला है।

7. उस सौभाग्यशाली पंछी का क्या कहना जिसने प्रेम के राज्य में जगह पा ली,
   अन्यथा, उस क़ाफ़ पर्वत पर अन्क़ा के अलावा और किसको जगह मिल सकती है?

8. हमारे सम्राट् शम्स तबरेज़ी का क्या कहना! वे ईश्वर के अन्क़ा पक्षी हैं।
   वे एक ऐसे सूरज हैं जो पूरब, पश्चिम या किसी दिशा विशेष में सीमित नहीं हैं।

---

207. श्रीरामचरितमानस 7.52.1 (राम चरित जे सुनत अघाहीं। रस बिसेष जाना तिन्ह नाहीं॥)

208. वामिक़ तथा उज़रा फ़ारसी साहित्य में लैला—मजनूँ की तरह प्रसिद्ध प्रेमीयुगल भी हैं।

87. हीच कस हुशियार नीस्त[209]

1. सारबाना! उश्तुरान् बीन् सर बे सर क़त्तार मस्त
मीर मस्त् ओ ख़ाजे मस्त् ओ यार मस्त् अग़यार मस्त

2. बाग़बाना! रा,द मुत्रिब, अब्र साक़ी गश्त् ओ शुद
बाग़ मस्त् ओ राग़ मस्त् ओ ग़ुंचे मस्त् ओ ख़ार मस्त

3. आसमाना! चन्द गर्दी, गर्दिशे उन्सुर बेबीन
आब मस्त् ओ बाद मस्त् ओ ख़ाक मस्त् ओ नार मस्त

4. हाले सूरत ईन् चुनीन् ओ हाले मा,नी ख़ुद मपुर्स
रूह मस्त् ओ अक़्ल मस्त् ओ वह्म मस्त् असरार मस्त

5. साक़िया, बादे यकी कुन, चन्द बाशद अरबदे
दूस्तान् ज़,इक़रार मस्त् ओ दुश्मनान् ज़,इन्कार मस्त

6. शम्से तबरीज़ी बे दौर-त हीच कस हुशियार नीस्त
काफ़िर् ओ मोमिन ख़राब् ओ ज़हिद् ओ ख़म्मार मस्त

---

209. छन्द 8—ऽ। ऽ ऽ ऽ। ऽ ऽ ऽ। ऽ ऽ ऽ। ऽ

87. कूपहिँ में यहँ भंग परी है*

1. ऐ ऊँट चलाने वाले! ऊँटों को देखो, वे कतार के कतार मस्त हुए जा रहे हैं। कारवाँ का सरदार मस्त है, स्वामी मस्त है, यार मस्त हैं और दुश्मन भी मस्त हो रहे हैं।

2. ऐ बाग़बाँ! बिजली संगीतकार बन गई है और बादल साक़ी बन गया है। जिससे बाग़ मस्त हो गए हैं, रेगिस्तान मस्त हैं, कलियाँ मस्त हो गई हैं और काँटे भी मस्त हैं।

3. ऐ आसमान! तू अकेले कब तक घूमता रहेगा, ज़रा इन पञ्चतत्त्वों** की गर्दिश को भी देख ले।
पानी मस्त है, हवा मस्त है, मिट्टी मस्त है और आग भी मस्त है।

4. सूरत (बाह्य प्रकृति) की हालत तो इस तरह है, मा,नी (आन्तरिक प्रकृति) की हालत तो बिल्कुल न पूछो।
आत्मा मस्त है, बुद्धि मस्त है, भ्रम मस्त है और रहस्य मस्त हैं।

5. ऐ साक़ी! दोनों शराबों को मिला दो, ये झगड़ा कब तक होता रहेगा? दोस्त इक़रार में मस्त हैं और दुश्मन इन्कार में मस्त हैं।

6. ऐ शम्से तबरेज़! तुम्हारे दौर में कोई भी आदमी होश में नहीं है। काफ़िर हों या मोमिन, सन्त हों चाहे शराबख़ाने वाले, सब मस्त हैं।

---

* भारतेन्दु हरिश्चन्द्र

** इस्लामी तत्त्वशास्त्र में के 4 तत्त्व स्वीकार किए गए हैं

88. शम्स् ओ क़मर-म आमद[210]

1. शम्स् ओ क़मर-म आमद सम्ओ बसर-म आमद
   व्,आन् सीमबर-म आमद व्,आन् काने ज़र-म आमद

2. मस्ती ए सर-म आमद, नूरे नज़र-म आमद
   चीज़े दिगर् अर ख़ाही चीज़े दिगर-म आमद

3. आन राहज़न-म आमद, तोबेशिकन-म आमद
   आन् यूसुफ़े सीमीन्बर, नागह बे बर-म आमद

4. आन् कस कि हमी जुस्तम, दी मन बे चराग़् ऊ रा
   इमरूज़ चू तंगे गुल, बर रहगुज़र-म आमद

5. दो दस्त कमर कर्द् ऊ, बेगिरिफ़्त मरा दर बर
   ज़्,आन् ताजे निकूरूयान् नादिरकमर-म आमद

6. अज़ मर्ग चेरा तर्सम, कू आबे हयात आमद
   व,ज़ ता,ने चेरा तर्सम चून् ऊ सिपरन्म आमद

7. अज़ हद चु बेशुद दर्द-म, दर इश्क़ सफ़र कर्दम
   या रब चे सआदत-हा, कि ज़्,ईन् सफ़र-म आमद

8. वक़्त-स्त कि मै नूशम ता बर्क़ ज़नद हूश-म
   वक़्त-स्त कि बर पर्रम चून् बालो पर-म आमद

---

210. छन्द 3—ऽ ऽ॥ ऽ ऽ ऽ ऽ ऽ॥ ऽ ऽ ऽ

88. रामदेव मोरे पाहुन आए[211]

1. मेरा सूरज, मेरा चाँद आ पहुँचा। मेरा कान, मेरी आँख आ पहुँचा।
वह मेरा चाँदी जैसे सीने वाला आ गया, वह मेरे सोने की खान (मेरा प्रिय) आ गया।

2. वह मेरे दिमाग़ का सुरूर आ गया। वह मेरी आँखों का नूर आ गया।
अगर तुम्हें किसी और के भी आने की इच्छा थी तो इसके आने से वह सब कुछ आ गया।

3. वह मेरी राहों का लुटेरा आन पहुँचा। मेरे तोबे को तोड़ डालने वाला आ गया।
वह चाँदी की तरह सीने वाला यूसुफ़ अचानक आकर मेरे सीने से लग गया।

4. कल रात तक मैं जिसे चिराग़ लेकर ढूँढ़ रहा था—
आज वही फूल के एक गुच्छे की तरह मेरे रास्ते में मुझे आ मिला।

5. उसने मेरी कमर में अपनी बाहों की करधनी बना दी, और मुझे सीने से लगा लिया—
मेरी कमर को एक ऐसी करधनी मिल गई जो सुन्दरियों के ताज से भी ज्यादा अद्भुत थी।

6. अब मैं मौत से क्यों डरूँ जब मेरा अमृततुल्य प्रिय मेरे पास आ गया।
और तानों से भी क्यों डरूँ जब उसे मैंने ढाल की तरह सीने से लगा लिया।

7. जब सांसारिक कष्ट हद से बढ़ गए तो मैंने प्रेम की यात्रा प्रारम्भ की।
केवल परमेश्वर जानता है कि मुझे इस सफ़र में कितनी सौभाग्यपूर्ण उपलब्धियाँ हुईं।

8. अब वह समय आ गया है कि मैं शराब पिऊँ ताकि मेरी चेतना बिजली की तरह चमक उठे।
अब वह क्षण आ पहुँचा है कि उड़ चलूँ क्योंकि मेरे पंख और डैने दोनों उग आए हैं।

---

211. कबीरदास

89. ग़म मी गुरीज़द[212]

1. चेसान् क,ज़ ग़म दिले दाना गुरीज़द
   दुचन्दान् ग़म ज़ पीशे मा गुरीज़द

2. मगर मा शह्रे ईम् ओ ग़म चु दुज़्द-स्त
   चु मा रा दीद जा अज़ गुरीज़द

3. बेग़ुर्द शीरे इश्क़ो ग़ल्ले ए ग़म
   चूं सैद् अज़ शीर दर सहरा गुरीज़द

4. ज़े नाबीना बरह्ले ग़म न दारद
   ज़े पीशे दीदे ए बीना गुरीज़द

5. मरा सौदा-स्त ता ग़म रा बेबीनम
   वलीकन ग़म अज़् ईन् सौदा गुरीज़द

6. हमे आलम बे दस्ते ग़म ज़बून-न्द
   चू ऊ बीनद मरा तनहा गुरीज़द

7. अगर बाला रवम पस्ती गुरीज़द
   व,गर पस्ती रवम बाला गुरीज़द

---

212. छन्द 5— । ऽ ऽ ऽ । ऽ ऽ ऽ । ऽ ऽ

89. सर्वदु:खानां हानि:[213]

1. जिस तरह चालाक (संसारी) लोगों का दिल दुख से बचकर भागता फिरता है,
   उससे भी दुगुनी चाल से दुख मेरे सामने पड़ते ही ख़ुद भाग जाता है।

2. जान पड़ता है कि मैं एक सिपाही होऊँ और दुख कोई चोर हो।
   क्योंकि वह जब भी मुझको देख लेता है एक जगह से दूसरी जगह भागता फिरता है।

3. जब इश्क़ का शेर गुर्राता है तो दुख के रेवड़—
   —रेगिस्तानों में वैसे ही भागते हैं जैसे शेर से उसका शिकार।

4. नंगे आदमी को अन्धे से कोई कष्ट नहीं होता,
   वह तो आँखों वाले से भागता फिरता है।

5. मुझे उत्सुकता है कि मैं दुख को देख सकूँ,
   लेकिन शायद दुख मेरी इसी उत्सुकता के नाते भाग जाता है।

6. सारी दुनिया दुख के हाथों त्रस्त है,
   लेकिन वही दुख अगर मुझे अकेला भी देख ले, तो भाग निकलता है।

7. अगर मैं ऊपर जाऊँ तो वह नीचे भाग जाता है,
   और अगर मैं नीचे जाऊँ तो वह ऊपर भाग निकलता है।

---

213. प्रसादे सर्वदु:खानां हानिरस्योपजायते॥ श्रीमद्‌भगवद्‌गीता 2.65 = चित्त के स्वच्छ हो जाने पर सभी दु:ख नष्ट हो जाते हैं।

90. मर्गे आशिक़ान्[214]

1. आशिक़ानी कि बा ख़बर मीरन्द
   पीशे मा,शूक़ चून् शकर मीरन्द

2. अज़ अलस्त् आबे ज़िन्दगी ख़ुर्दन्द
   लाजरम शीवे ए दिगर मीरन्द

3. अज़ फ़रिश्ते गुज़श्ते अन्द बे लुत्फ़
   दूर अज़् ईशान् कि चून् बशर मीरन्द

4. तू गुमान मी बरी कि शीरान् नीज़
   चून् सगान् अज़ बुरूने दर मीरन्द?

5. हमे रौशन शवन्द, चून् ख़ुर्शीद
   चून् कि दर पा ए आन् क़मर मीरन्द

6. आशिक़ानी कि जाने यकदिगर-न्द
   हमे दर इश्क़े यकदिगर मीरन्द

7. आशिक़ान् जानिबे फ़लक पर्रन्द
   मुन्किरान् दर तके सक़र मीरन्द

8. आशिक़ान् चश्मे ग़ैब बुग्शायन्द
   बाक़ियान् जुम्ले कूर् ओ कर मीरन्द

9. शाहे-शान् बर किनारे लुत्फ़ निहद
   नै चुनीन् ख़्वार् ओ मुह्तज़र मीरन्द

10. दूर अज़् ईशान फ़ना व मर्ग वलीक
    ईन बे तक़दीर गुफ़्तम् अर मीरन्द

---

214. छन्द 77—S ISS IS IS IIS / SS

90. मौत आशिक़ों की

1. प्रेम करने वाले पूरे होशो हवास में मरते हैं,
उनकी मौत शक्कर जैसी मीठी होती है। क्योंकि वे अपने माशूक़ के सामने मरते हैं।

2. उन्होंने अनादि स्रोत से अमृत का पान कर लिया होता है,
इसलिए अनिवार्यतः उनकी मौत एक अलग तरीक़े की होती है।

3. अपने सद्‌गुणों में वे फ़रिश्तों से भी आगे बढ़े हुए होते हैं।
इसलिए वे किसी ऐरे ग़ैरे आदमी की तरह मरें, यह असम्भव है।

4. क्या तुम सोच भी कर सकते हो कि शेर भी—
—कुत्तों की तरह दर ब दर भटकते हुए मरता होगा?

5. वे सारे आशिक़ सूरज की तरह चमकदार हो जाते हैं।
क्योंकि वे उस चाँद (=महबूब) के पावों पर प्राण छोड़ते हैं।

6. प्रेमी लोग चूँकि एक दूसरे के अपने रूप होते हैं।
इसलिए वे एक दूसरे के प्रेम में ही मर जाते हैं।

7. आशिक़ लोग तो अन्ततः आकाश की ओर उड़ जाते हैं।
जबकि प्रेम से इनकार करने वालों को नरक की गहराइयों में मरना पड़ता है।

8. केवल प्रेमी ही अपनी तीसरी आँख खोल पाते हैं।
बाक़ी तो अन्धे और बहरे ही मर जाते हैं।

9. सम्राट् प्रेमियों को अपनी कृपा के निकट रखता है,
वे कभी भी अपमानित और दुखी हालत में नहीं मरने पाते।

10. नाश और मृत्यु प्रेमियों के पास भी नहीं फटकने पाते
''वे मर जाते हैं'', मेरा यह वाक्य केवल व्याकरणिक रीति से सही है। वस्तुतः नहीं।

91. आन दिलबरे मन[215]

1. आन दिलबरे मन आमद बरे मन
ज़िन्दे शुद् अज़् ऊ बामो दरे मन

2. गुफ़्तम-कुनुक़ी इमशब तू मरा
ऐ फ़ित्ने ए मन, शूर् ओ शरे मन

3. गुफ़्ता बेरवम, कारी-स्त मुहिम
दर शह्रे मरा जानो सरे मन!

4. गुफ़्तम् बे ख़ुदा गर तू बेरवी
इमशब न ज़ियद ईन् पैकरे मन

5. आख़िर तू शबी रह्मी नकुनी
बर रंग् ओ रुख़े हमचू ज़रे मन

6. रह्मी न कुनद चश्मे ख़ुशे तो
बर नौहे ओ ईन् चश्मे तरे मन

7. गुफ़्ता—"चेकुनम, चून् रीख़्त क़ज़ा
ख़ूने हमे रा दर साग़रे मन"

8. ख़ामुश, कि अगर ख़ामुश न कुनी
दर बीशे फ़तद ईन् आज़रे मन

---

215. छन्द 27—ऽऽ ।।ऽ ऽऽ ।।ऽ

91. चितचोर

1. वह मेरा चितचोर, रात मेरे आग़ोश में आया,
   मेरे दरवाज़े और मेरी अटारी उसके आने से ज़िन्दा हो उठे।

2. मैंने उससे कहा—ऐ मेरी जान की आफ़त!, मेरी व्याकुलता!
   आज रात तू मेरा मेहमान बन!

3. उसने कहा—मेरे जानो सर की क़सम, आज रात शहर में-
   —एक बड़ा ज़रूरी काम है, मुझे जाना होगा!

4. मैंने कहा—ख़ुदा की क़सम, अगर आज रात तू गया
   तो मेरा यह तन ज़िन्दा नहीं बचेगा।

5. आख़िर तू एक रात भी मेरे इस—
   —सोने जैसे पीले पड़े चेहरे पर दया नहीं कर सकता?

6. तुम्हारी सुन्दर आँखें मेरी नम आँखों के—
   —विलाप पर थोड़ा सा भी रहम नहीं कर सकतीं?

7. उसने कहा—''मैं क्या करूँ। जब दुर्दैव ने
   सभी लोगों के ख़ून को मेरे ही प्याले में डाल दिया है।''

8. चुप हो जाओ, क्योंकि अगर तुम चुप नहीं हुए तो
   मेरी यह आग तुम्हारे घर में भी लग जाएगी।

92. ख़न्दीदन[216]

1. जन्नती कर्द जहान् रा ज़ शकर ख़न्दीदन
   आन् के आमूख़्त मरा हमचू शरर ख़न्दीदन

2. गर्चे मन ख़ुद ज़ अदम दिलख़ुश् ओ ख़न्दान् ज़ादम
   इश्क़ आमूख़्त मरा शक्ले दिगर ख़न्दीदन

3. बे सदफ़ मानम, ख़न्दम चू मरा दर शिकनद
   कारे ख़ामान् बुवद् अज़ फ़त्ह् ओ ज़फ़र ख़न्दीदन

4. यक शब् आमद बे विसाक़े मन् ओ आमूख़्त मरा
   जाने हर सुब्ह् ओ सहर, हमचू सहर ख़न्दीदन

5. गर तुरुशरूइ चू अब्र-म, ज़ दरून खन्दान-म
   आदते बर्क़ बुवद वक़्ते मतर ख़न्दीदन

6. ज़र दर् आतश चू बेख़न्दीद, तु-रा मी गूयद
   गर न क़ल्बी, बेनुमा वक़्ते ज़रर ख़न्दीदन

7. गर तू मीरे अजली, अज़् अजल् आमूज़ कुनून
   बे शहे आरियत् ओ ताज् ओ कमर ख़न्दीदन

8. हमचू ग़ुंचे तू निहान ख़न्द् ओ मकुन हमचू नबात
   वक़्ते इश्क़ूफ़े बे बाला ए सफ़र ख़न्दीदन

---

216. छन्द 9—ऽ।ऽऽ॥ऽऽ॥ऽऽऽऽ

92. हसितव्यमेव[217]

1. जिसने मुझे चिनगारी की तरह चिटक कर हँसना सिखाया है,
उसी ने सारी दुनियाँ को अपनी शक्कर जैसी हँसी से स्वर्ग बना दिया है।

2. वैसे तो मैं शुरू से ही प्रसन्न हृदय और हँसता हुआ पैदा हुआ था,
फिर भी प्रेम ने मुझे कुछ अलग ही ढंग से हँसना सिखा दिया।

3. मैं सीपी में ही छिपा रहता हूँ। और अपनी शिकस्त पर (तोड़ने पर) भी हँस पड़ता हूँ।
जो केवल अपनी जीत और सफलता पर हँसते हैं वे कच्चे लोग होते हैं।

4. वह प्रिय, जो हर सुबह सवेरों की जान है, सिर्फ़ एक रात मेरे घर आया—
और मुझे हर सुबह, सुबह की तरह खिलखिलाकर हँसना सिखा गया।

5. यद्यपि मैं बाहर से बादल की तरह गम्भीर लग सकता हूँ, पर अपने अन्दर खिलखिलाता रहता हूँ
बिजली की आदत होती है कि वह केवल बारिश के समय ही खिलखिलाती है।

6. आग में डाला गया सोना हँसता हुआ तुमसे कहता है—
"अगर तुम मिलावटी नहीं हो तो कठिनाइयों में खिलखिला कर दिखाओ।"

7. अगर तुम सेनापति हो तो मौत से सीख लो—
—बदलते रहने वाले राजाओं के ताजों और कमरबन्दों पर हँसना।

8. तुम बड़े पेड़ों की कलियों की तरह छिप छिपकर मुस्कुराओ,
उन घास के तिनकों की तरह नहीं जो खिलते समय अपने पौधे के ऊपर आकर हँसने लगते हैं।

---

217. तस्मात् प्रतीतमनसा हसितव्यमेव ('इस नाते ख़ुश होकर खिलखिलाना चाहिए—' हास्यविनोदवाटिका)

93. हिकायती[218]

1. शुनीदम क्,उश्तुरी गुम शुद ज़ कुर्दी दर बयाबानी
बसी उश्तुर बजुस्त् अज़ हर सुई कुर्दे बयाबानी

2. चू उश्तुर रा न दीद् अज़ ग़म बेख़ुफ़्त् अन्दर किनारे रह
दिल-श अज़ हसरते-उश्तुर, मियाने सद परीशानी

3. दर् आख़िर, चून् दर् आमद शब, बेजस्त अज़ ख़ाब् ओ दिल पुर ग़म
बर् आमद गू ए मह् ताबान्, ज़ रू ए चर्ख़े चौगानी

4. बे नूरे मह बेदीद् उश्तुर, मियाने राह इस्तादे
ज़ शादी आमद-श गिरिये बेसाने अब्रे नैसानी

5. रुख़् अन्दर माहे रौशन कर्द् ओ गुफ़्ता-चून् देहम शर्ह-त
कि हम ख़ूबी ओ हम नीकी ओ हम ज़ीबा ओ ताबानी

6. ख़ुदावन्दा! दर् ईन् मंज़िल, बर् अफ़रूज़् अज़ करम नूरी
कि ता गुम कर्दे ए ख़ुद रा बियाबद अक़्ले-इन्सानी

7. शबे क़द्र-स्त दर जान-त चेरा क़द्र-श नमी दानी
तु-रा मी शूरद् ऊ हरदम, चेरा ऊ-रा न शूरानी

---

218. छन्द संख्या—1— । S S S । S S S । S S S । S S S

93. एक कहानी

1. मैंने सुना है कि एक चरवाहे का ऊँट रेगिस्तान में खो गया था,
   उस रेगिस्तानी चरवाहे ने अपने ऊँट को चारों ओर खूब खोजा।

2. जब उसको ऊँट कहीं नहीं मिला तो बेचारा दुखी होकर रास्ते के किनारे सो गया।
   ऊँट की चिन्ता में उसका दिल सैकड़ों परेशानियों से घिर गया था।

3. अन्ततः, जब रात आई तो वह दुखी दिल लेकर नींद से उठा,
   तब तक चौगान के मैदान जैसे आसमान में गेंद की तरह चमकता चाँद निकल आया था।

4. चाँद के प्रकाश में उसने देखा कि उसका ऊँट रास्ते के बीच में खड़ा है।
   ख़ुशी के मारे वह बरसाती बादलों की तरह रो पड़ा।

5. उसने अपने चेहरे को चाँद की ओर उठाया और बोला—मैं तुम्हारी प्रशंसा कैसे करूँ?
   तुम अच्छे भी हो, भले भी हो, सुन्दर भी हो और चमकदार भी हो।

6. हे परमेश्वर, हम लोगों पर भी अपनी कृपा की वह रौशनी फैला दो,
   ताकि, हम मनुष्यों की बुद्धि भी अपना खोया हुआ स्वरूप पा जाए।

7. तुम्हारी आत्मा के अन्दर एक उजियारी रात है, तुम उसकी क़ीमत क्यों नहीं समझते?
   वह तुम्हें निरन्तर उत्तेजित करती रहती है, तुम उसके संकेतों को क्यों नहीं जान पाते?

8. तु-रा दीवाने कर्दे-स्त् ऊ, क़रारे जान्-त बुर्दे-स्त् ऊ
ग़मे जाने तू ख़ुर्दे-स्त् ऊ, चेरा दर जान्-श न निशानी

9. चू ऊ आब-स्त तू जूई, चेरा ख़ुद रा न मी जूई
चू ऊ मुश्क-स्त् ओ तू बूई, चेरा ख़ुद रा न अफ़्शानी

8. तुमको उसने दीवाना कर डाला है, तुम्हारे प्राणों का चैन उसने छीन लिया है तुम्हारे प्राणों के दुखों की चिन्ता है उसको, तुम उसको अपने प्राणों में बिठा क्यों नहीं लेते ?

9. अगर तुम धारा हो तो वह तुम्हारा जल है, तुम अपने आप की खोज क्यों नहीं करते ?
अगर वह कस्तूरी तो तुम गन्ध हो, फिर तुम अपने आप को फैला क्यों नहीं देते ?

بابِ وصال

॥ बाबे विसाल ॥

(भरत वाक्य)

94. मुतरिबान् रा[219]

1. ख़ुदाया मुतरिबान् रा अंगबीन देह
बराये ज़र्ब दस्ते आहनीन् देह

2. चू दस्त् ओ पाय् वक़्फ़े इश्क़ कर्दन्द
तू हम्-शान् दस्त् ओ पा ए रास्तीन देह

3. चू पुर कर्दन्द गूशे मा ज़े पैग़ाम
तु-शान् सद चश्मे बख़्ते शाहबीन् देह

4. कबूतरवार नालान्-अन्द दर इश्क़
तु-शान् अज़ लुत्फ़े ख़ुद बुर्जे हसीन देह

5. ज़ मद्हो आफ़रीन-त हूश-हा रा
चू ख़ुश कर्दन्द, हम्-शान् आफ़रीन देह

6. जिगर-हा रा ज़ नग़्मे आब दादन्द
ज़ कौसर-शान् तू हम मा ए मईन देह

7. ख़मुश कर्दम करीमा! हाजत-त नीस्त
कि गूयन्द-त चुनान् बख़्शो चुनीन् देह

---

219. छन्द संख्या 5— । ऽ ऽ ऽ । ऽ ऽ ऽ । ऽ ऽ

94. एक प्रार्थना, संगीतकारों के लिए

1. हे परमेश्वर! संगीत की सृष्टि करने वालों को शहद अता फ़रमा!
   वे ताल दे सकें, इसके लिए उन्हें लोहे के हाथ तोहफ़े में दे।

2. इन्होंने अपने हाथों और पाँवों को प्रेम के रास्ते में न्यौछावर कर दिया है।
   तू भी इन्हें असली वाले हाथ और पैर प्रदान कर दे।

3. इन्होंने हमारे कानों को तुम्हारे दिव्य सन्देश से परिपूर्ण कर दिया है।
   तू भी इन्हें अपना दर्शन करा सकने वाले सैकड़ों नेत्रों वाला भाग्य प्रदान कर दे!

4. ये प्रेम विवश होकर तुम्हें कबूतरों की तरह पुकारते रहते हैं।
   तू भी इन्हें कृपा के बस अपनी मज़बूत बुर्ज पर जगह दे।

5. तुम्हारी प्रशंसा तथा प्रतिष्ठा के बयान से इन्होंने हमारी चेतनाओं को—
   प्रसन्न कर दिया है, तू भी इन्हें शाबाशी दे।

6. इन्होंने हमारे जिगर को अपने गीतों से सींचा है।
   तू भी स्वर्ग के तालाब से इनको ख़ुशगवार पानी अता कर दे।

7. ऐ दानवीर, हम शान्त हो गए। अब हमें तुम्हारी कोई ज़रूरत नहीं है।
   कि तुमसे कहते फिरें—"ऐसे दान करो और इतना दान करो।"

95. साग़रे दर कार[220]

1. फ़ख़्रे जुम्ले साक़ियानी! साग़र-त दर कार बाद
चश्मे तू मख़्मूर बाद् ओ जाने मा ख़म्मार बाद

2. ऐ ज़े नूशानूशे बज़्म-त हूश-हा बीहूश बाद
व्,ऐ ज़े जूशाजूशे इश्क़-त अक़्ल बी-दस्तार बाद

3. चून् ज़नाने मिस्र जान् रा जान् ओ दिल मजरूह बाद
यूसुफ़े मिस्री हमीशे शूरिशे बाज़ार बाद

4. साक़िया! अज़ दस्ते तू बस दस्त-हा अज़ दस्त शुद
मस्ते तू अज़ दस्ते तू पैवस्ते बरख़ुर्दार बाद

5. शाहे ख़ूबान् मीरे मा ओ इश्क़े गीरागीरे मा
जाने दौलत यारे मा ओ बख़्त् ओ दौलत यार बाद

6. सरकशी-म् ओ सरख़ुशी-म् ओ यकदिगर रा मी कशीम
ईन वजूदे मा हमीशे जाज़िबे असरार बाद

---

220. छन्द 8—ऽ।ऽ ऽ ऽ।ऽ ऽ ऽ।ऽ ऽ ऽ।ऽ

95. कारसाज़ प्याला

1. ऐ सारे साक़ियों के लिए फ़ख़्र, मेरे प्यारे साक़ी! तुम्हारा प्याला कारसाज़ रहे।
   तुम्हारी आँखें नशीली रहें और हमारी जान मयख़ाना बना रहे।

2. तुम्हारी महफ़िल के निरन्तर पीने और पिलाने की वजह से सारे होश बेहोश पड़े रहें।
   और तुम्हारे इश्क़ की उबाल के नाते अक़्ल के सर से पगड़ी जाती रहे।

3. मिस्र की औरतों की तरह आत्मा के प्राण और हृदय दोनों घायल हो जायँ।
   और मिस्र के यूसुफ़ का दाम बाज़ार में लगातार बढ़ता रहे।

4. ऐ साक़ी, तुम्हारे हाथों बहुत सारे हाथ हाथों से हाथ धो बैठे हैं।
   तुम्हारे मतवाले तुम्हारे हाथों से निरन्तर रसपान करते रहें।

5. सुन्दर लोगों का शाहंशाह हमारा सम्राट् बन जाए। इश्क़ हम लोगों की व्यस्तता बना रहे।
   वैभव का सारतत्त्व (प्रिय) हमारा यार बना रहे और सौभाग्य तथा सम्पत्ति हमारे मित्र बने रहें।

6. हम बग़ावत करने वाले और बदमस्त लोग हैं। हम एक दूसरे को अपनी ओर खींचने वाले हैं।
   हमारा यह अस्तित्व हमेशा रहस्यों को आकर्षित करता रहे।

96. हंगामे कूच[221]

1. ऐ आशिक़ान्! ऐ आशिक़ान्! हंगामे कूच-स्त अज़ जहान्
दर गूशे जानम मी रसद तब्ले रहील् अज़ आसमान्

2. न,क सारेबान् बरख़ास्ते क़त्तारहा आरास्ते
अज़ मा हलाली ख़ास्ते चे ख़ुफ़्ते-ईद् ऐ कारवान्

3. ईन् बाग़-हा अज़ पीश् ओ पस बाँगे रहील् अस्त् ओ जरस
हर लहज़े ई नफ़्स् ओ नफ़स सर मीकुनद दर लामकान्

4. ज़्,ईन् शम्मा-हा ए सरनिगून् ज़्,ईन् पर्दा-हा ए नीलगून्
ख़ल्क़ी अजब आमद बरून् ता ग़ैब-हा गर्दद अयान्

5. ज़्,ईन् चर्खे़ दूलाबी तुरा आमद गरान् ख़ाबी तुरा
फ़र्याद् अज़ीन् उम्रे सुबुक ज़िन्हार अज़ीन् ख़ाबे गरान्

6. ऐ दिल! सु ए दिलदार शौ ऐ यार! सू ए यार शौ
ऐ पासबान बीदार शौ ख़ुफ़्ते न शायद पासबान

---

221. छन्द 16—ऽ ऽ। ऽ ऽ ऽ। ऽ ऽ ऽ। ऽ ऽ ऽ। ऽ

96. प्रयाणकाले[222]

1. ऐ प्रेम करने वालो! अब इस संसार से कूच करने का मेरा समय आ पहुँचा है। मेरी आत्मा के कान में आसमान से आने वाली कूच के नगाड़े सुनाई पड़ रहे हैं।

2. ऊँटों को चलाने वालों ने उठकर अपनी क़तारें सजा ली हैं। उन्होंने मुझसे अपनी गुनाहों की बख़्शिश भी करवा ली है।[223] ऐ काफ़िले वालो! तुम अब भी सोये हुए क्यों हो?

3. ये आवाज़ें आगे या पीछे से केवल कूच और घण्टों की आवाज़ें हैं। यह कारवाँ प्रतिक्षण उस जगह की ओर जा रहा है, जहाँ न तो प्राण है और न ही आत्मा।

4. इन औंधे दीपकों (=तारों) और इन नीले रंग के पर्दों से— —अद्भुत विलक्षणताएँ प्रकट हो रही हैं, ताकि अदृश्य लोक के रहस्य तुम पर स्पष्ट हो सकें

5. इस रहट जैसे चक्र (भाग्यचक्र) ने तुम्हें गहरी नींद में डाल दिया है। इस सरपट दौड़ने वाले उम्र से सावधान रहने की फ़रियाद है, इस गहरी नींद से बचने की गुहार है।

6. हे हृदय! हृदयेश्वर के निकट चलो, हे मेरे मित्र! अपने प्रियतम के पास चलो। हे प्रहरी! तुरन्त जग जाओ। क्योंकि प्रहरी का सोना शोभा नहीं देता।

---

222. भगवद्गीता 8.10

223. मुस्लिमों में यह प्रथा है कि मरते समय वे किसी के प्रति किए गए अपराधों को क्षमा कराते हैं।

7. हर सू ए बांग् ओ मश़गले हर कूए शम्म् ओ मश्अले
क्,इम्-शब जहाने हामिले ज़ायद जहाने जाविदान्

8. तू गिल बुदी ओ दिल शुदी, जाहिल बुदी आक़िल शुदी
आन् क्,ऊ किशीद-त ईन् चुनीन् आन् सू किशानद किश-किशान्

9. अन्दर कशाकश-हा ए ऊ, नूश-स्त नाखुश-हा ए ऊ
आब-स्त आतश-हा ए ऊ बर वै मकुन रू रा गिरान्

10. दर जान निशस्तन कारे ऊ, तोबे शिकस्तन कारे ऊ।
अज़ हीले ए बिस्यारे ऊ चून् ज़र्रा-हा लर्ज़ान् दिलान्

11. दर मन कसी दीगर बुवद कीन् च (ख़)श्म-हा अज़ वै जेहद।
गर आब सूज़ानी कुनद ज़्, आतश बुवद ईन् रा बेदान्

12. दर कफ़ न दारम संग मन बा कस न दारम जंग मन
बर कस न गीरम तंग मन ज़ीरा ख़ुशम चून् गुल्सितान्

13. पस च(ख़)श्मे मन ज़्,आन् सर बुवद व,ज़ आलमे दीगर बुवद
ईन सू जहान आन सू जहान बिन्शस्ते मन बर आस्तान्

14. बर आस्तान आन् कस बुवद क्,ऊ नातिक़े अख़रस बुवद
ईन रम्ज़ गुफ़्तन बस बुवद दीगर मगू दर किश ज़बान्

7. आज हर तरफ़ दिये और मसालें जल रही हैं, और हर तरफ़ एक कोलाहल और हर्षध्वनि है—
कि आज रात यह गर्भवती नाशवान् सृष्टि एक अविनश्वर संसार को पैदा करेगी।

8. तुम पहले मिट्टी थे अब साक्षात् हृदय बन गए हो। पहले मूर्ख थे अब होशियार हो गए हो।
जिसने तुम्हें इस तरह आकर्षित किया है, वही तुम्हें वहाँ तक खींचते हुए ले जाएगा।

9. उसकी इस खींचतान में तुम्हें जो कष्ट मिलें वे बहुत ही मधुर होंगे।
उसकी आग वस्तुतः जल जैसी शीतल हैं। उससे मुँह मत फेरो।

10. उस (प्रिय) का काम है दिल में बैठ जाना, उसका व्यापार है तोबे को तोड़ डालना।
उसके इतने सारे फ़रेबों से दिल धूल के कणों की तरह लरज़ने लगता है।

11. मेरे अन्दर कोई और ही है जिस तक लोगों की आँखें नहीं पहुँच पातीं।
अगर पानी में जलाने की शक्ति आ जाती है तो समझ लो कि यह सामर्थ्य अग्नि का ही है।

12. मैं अपने हाथों में पत्थर नहीं रखता। किसी के साथ मेरी लड़ाई नहीं है।
किसी के प्रति मैं संकुचित नहीं हूँ—क्योंकि मैं एक बाग़ की तरह प्रसन्न हूँ।

13. यानी मेरी आँख उस सर से सम्बन्धित है। इसका सम्बन्ध किसी दूसरी दुनिया से है।
इधर उधर भटकने के बाद मैं इस चौखट तक आ पहुँचा हूँ।

14. इस चौखट पर वही आ सकता है जो वाचाल मूक हो।
इतना रहस्य बताना ही काफ़ी होंगा। इससे ज़्यादा मत बोलो। अपनी ज़बान पीछे खींच लो।

97. ख़लासे जान[224]

1. बे रूज़े मर्ग चु ताबूते मन रवान् बाशद
   गुमान मबर के मरा दर्दे ईन जहान् बाशद

2. बराये मन मगिरिय् ओ मगू दरीग़ दरीग़
   बे दामे दीव दर् उफ़्ती दरीग़ आन् बाशद

3. जनाज़े-अम चु बेबीनी मगू फ़िराक़ फ़िराक़
   मरा विसाल् ओ मुलाक़ात आन ज़मान् बाशद

4. मरा बे गूर सपारी मगू विदाअ विदाअ
   कि गूर पर्द ए जम्ईअते जिनान् बाशद

5. फ़ुरू शुदन चु बेदीदी बरामदन बिनगर
   ग़ुरूबे शम्स् ओ क़मर रा चेरा ज़ियान् बाशद

6. तुरा ग़ुरूब नमायद व लीक शर्क़ बुवद
   लहद चु हब्स नुमायद ख़लासे जान् बाशद

224. छन्द 21 ।ऽ ।ऽ ।।ऽऽ ।ऽ ।ऽ ऽऽ

97. मरिष्येति पशुबुद्धिमिमां जहि[225]

1. मृत्यु के दिन जब मेरी अर्थी उठे—
—तो तुम्हें यह भ्रम नहीं होना चाहिए कि मुझमें इस संसार की वासनाएँ और कष्ट बाक़ी रहेंगे

2. मेरे लिए रोना मत और शोक में आकर हाय हाय न करना।
शोक तो उसके लिए किया जाता है जो आसुरी जाल में फँसा हुआ हो।

3. जब तुम मेरी अर्थी को देखो तो, विछोह-विछोह न कहो!
वह क्षण तो मेरे लिए (प्रियतम से) मिलन और संसर्ग का होगा।

4. मुझे क़ब्र के सुपुर्द करते हुए मुझसे विदा-विदा न कहना!
क्योंकि वह क़ब्र तो सारी जन्नतों और मेरे बीच बस एक आख़िरी पर्दा है।

5. अगर तुमने मेरा अन्दर जाना देखा है तो बाहर निकलना भी देखोगे!
अस्त होने से सूर्य या चन्द्रमा को भला क्या हानि होती है?

6. तुमको लगता है कि वे डूब रहे हैं लेकिन वस्तुतः वे उग रहे होते हैं।
कब्र तुमको कारागार लगती होगी लेकिन वस्तुतः वह तो आत्मा की मुक्ति का मार्ग है।

---

225. श्रीमद्भागवत—12.05.02 (पशुओं की तरह यह सोचना छोड़ दो कि मैं मर जाऊँगा।)

98. दफ़्ए अज्दहा[226]

1. रौ सर बेनेह बे बालीन्, तनहा मरा रिहा कुन
तर्के मने ख़राबे शबगर्दे मुब्तला कुन

2. मा–ईम् ओ मौजे सौदा, शब ता बे रूज़ तनहा
ख़ाही बिया बेबख़्शा, ख़ाही बोरो जफ़ा कुन

3. अज़ मन गुरीज़, ता तू हम दर बला न उफ़्ती
बुग्ज़ीन रहे सलामत, तर्के रहे बला कुन

4. ख़ीरेकुशी–स्त मा–रा दारद दिली चू ख़ारा
बुक्शद, कस–श न गूयद–तदबीरे ख़ून्बहा कुन

5. बर शाहे ख़ूबरूयान् वाजिब वफ़ा नबाशद
ऐ ज़र्दरू ए आशिक़ तू सब्र कुन, वफ़ा कुन

6. दर्दी–स्त ग़ैरे मुर्दन, कु,ऊ–रा दवा नबाशद
पस मन चेगूने गूयम ईन् दर्द रा दवा कुन

7. दर ख़ाब, दूश पीरी दर कू ए इश्क़ दीदम
बा दस्त इशारतम कर्द, के अज़्म सू ए मा कुन

8. गर अज्दहा–स्त बर रह, इश्क़–स्त चून् ज़मुर्रद
अज़ बर्क़े ईन् ज़मुर्रद, हीन दफ़्ए अज्दहा कुन

---

226. छन्द 14—ऽ ऽ। ऽ। ऽ ऽ ऽ ऽ। ऽ। ऽ ऽ

98. आख़िरी अर्दास

1. जाओ, तुम भी अपने सर को तकिए पर रखकर सो जाओ, और मुझे अकेला छोड़ दो!
मुझ उजड़े, रात में घूमने वाले और आविष्ट व्यक्ति को ऐसे ही रहने दो।

2. हम हैं और रात दिन अकेले अकेले पागलपन की मौज है।
चाहे आकर मुझे बख़्श जाओ या मुझ पर अत्याचार ही करते रहो।

3. मुझसे दूर ही रहो ताकि तुम को भी यह इश्क़ की बला न लग जाये।
अच्छा यह होगा कि सलामती के रास्ते को चुनो और इस आफ़त के रास्ते को छोड़ दो।

4. बहुत ही निर्दय क़ातिल है वह (प्रिय)। उसके पास पत्थर का दिल है।
जब वह मार डालता है तो कोई उसे यह भी नहीं कह पाता है कि इस क़त्ल का हर्ज़ाना भरो।

5. सुन्दर लोगों का सम्राट् है वह। उससे प्रेम में एकनिष्ठता की आकांक्षा न रखो।
ऐ पीले पड़े चेहरे वाले आशिक़! तू अपनी ओर से सब्र कर और वफ़ा कर।

6. संसार में मौत के अलावा और कोई दर्द नहीं है जिसकी दवा न हो।
फिर मैं कैसे कहूँ कि इस मौत के दर्द की दवा करो।

7. कल रात मैंने अपने सपने में एक बूढ़े आदमी को देखा।
वह मुझे अपने हाथ से इशारा कर रहा था कि मेरी ओर आओ।

8. अगर तुम्हारे रास्ते में अजगर है तो कोई बात नहीं, तुम्हारे पास भी प्रेम रूपी पन्ना मणि रहनी चाहिए।
इस पन्ने की चमक से उस अजगर को रास्ते से हटा दो[227]

227. यह काव्यरूढ़ि है कि पन्ने की चमक से साँप अन्धा हो जाता है।

99. वस्ल रा हिज्रान् मकुन[228]

1. ऐ ख़ुदा! ईन् वस्ल रा हिज्रान् मकुन
   सरख़ुशाने इश्क़ रा नालान् मकुन

2. बाग़े जान रा ताज़े ओ सरसब्ज़ दार
   क़स्दे ईन् मस्तान् ओ ईन् बुस्तान् मकुन

3. चून् ख़ज़ान् बर शाख़् ओ बर्गे दिल मज़न
   ख़ल्क़ रा मिस्कीन् ओ सरगर्दान् मकुन

4. बर दरख़्ती क्,आशियाने मुर्ग़े तू-स्त
   शाख़ मशिकन, मुर्ग़ रा पर्रान् मकुन

5. ईन् तनाबे ख़ेमे रा बर हम मज़न
   ख़ेमे ए तू-स्त् आख़िर ऐ सुलतान्! मकुन

6. नीस्त दर आलम ज़ हिज्रान् तल्ख़तर
   हर चे ख़ाही कुन वलीकन आन् मकुन

---

228. छन्द 12—ऽ। ऽ ऽ ऽ। ऽ ऽ ऽ। ऽ

99. प्रेमियों के लिए प्रार्थना

1. ऐ ख़ुदा! इस मिलन को जुदाई में मत बदलने देना
   प्रेम में प्रसन्न लोगों को चीत्कार करने पर विवश न कर देना

2. प्राणों की वाटिका को ताज़ा और हरा भरा बनाये रखना
   इन मस्त लोगों और इनके गुलिस्तान को नाबूद करने का मन न बना लेना

3. दिल की डालियों और पत्तों पर पतझड़ की तरह हमलावर मत होना
   जो तुम्हारे लोग हैं उन्हें दुखी और परेशान मत बनाना

4. जिस पेड़ पर तुम्हारी अपनी चिड़ियों का आशियाना है
   उसकी डाल को न तोड़ देना कि सारे पंछियों को उड़ जाना पड़े

5. ऐ सुल्तान, इस तम्बू की रस्सियों को दरहम बरहम न करना।
   यह ध्यान में रहे कि इन रस्सियों पर टिके सारे ख़ेमे तुम्हारे हैं।

6. सारे संसार में विरह से अधिक कड़वा कुछ भी नहीं होता।
   चाहे और कुछ भी कर देना, लेकिन वह (विरह का प्रसंग उपस्थित) मत करना।

100. इश्क़ जुम्ले सूद बाद[229]

1. ऐ ख़ुदा! अज़ आशिक़ान् ख़ुशनूद बाद
आशिक़ान् रा आक़िबत महमूद बाद

2. आशिक़ान् रा अज़ जमाल-त ईद बाद
जाने-शान दर आतिश-त चून् ऊद बाद

3. हर के गूयद कि—"ख़लास-श देह ज़ इश्क़"
आन् दुआ अज़ आसमान् मरदूद बाद

4. मह कम् आयद मुद्दती दर राहे इश्क़
आन् कमी ए इश्क़ जुम्ले सूद बाद

5. दीगरान् अज़ मर्ग मुहलत ख़ास्तन्द
आशिक़ान् गूयन्द-नै नै ज़ूद बाद

6. आसमान अज़ दूदे आशिक़ साख़्ते-स्त
आफ़रीन् बर साहिबे ईन् दूद बा

---

229. छन्द 12—ऽ । ऽ ऽ ऽ । ऽ ऽ ऽ । ऽ

100. प्रेमियों के लिए दुआ

1. हे प्रभु आप प्रेम करने वालों से हमेशा ख़ुश-प्रसन्न रहें!
   प्रेमियों का अन्त हमेशा भला और प्रशंसित हो।

2. तुम्हारे सौन्दर्य को देख देख कर आशिक़ों की ईद होती रहे।
   तुम्हारी आग में उनके प्राण अगर की तरह सुलगते रहें।

3. यदि कोई दयावश उनके लिए प्रार्थना करे कि इनको प्रेम के कष्टों से मुक्ति मिल जाए—
   —तो वह दुआ आसमान से टकराकर नीचे लौट आए। स्वीकार ही न हो।

4. प्रेम के रास्ते में चाँद कुछ मुद्दत के लिए घट भी जाता है।
   प्रेम के मार्ग का वह सारा घाटा उसके लिए मुनाफ़ा हो जाए।

5. दूसरे लोग मौत से थोड़ी मुहलत माँगते हैं।
   प्रेमी लोग कहते हैं—नहीं नहीं, मृत्यु बाद में क्यों, अभी आ जाए।

6. आसमान, प्रेमियों के आहों से निकलने वाले धुँए से बना हैं।
   जिनके धुँए से यह आसमान बना है उनको शाबाशी हो।

मूल फ़ारसी पाठ

1. طرب یا طلب

اگر تو یار نداری چرا طلب نکنی
وگر به یار رسیدی چرا طرب نکنی
به کاهلی بنشینی که این عجب کاریست
عجب تویی که هوای چنان عجب نکنی
شب وجود تو را در کمین چنان ماهیست
چرا دعا و مناجات نیم شب نکنی
اگر چه مست قدیمی و نوشراب نه‌ای
شراب حق نگذارد که تو شغب نکنی
اگر چه موج سخن می‌زند ولیک آن به
که شرح آن به دل و جان کنی به لب نکنی

2 . از کجا آمده ام؟

روزها فکر من این است و همه شب سخنم
که چرا غافل احوال دل خویشتنم
از کجا آمده ام آمدنم بهر چه بود
به کجا میروم آخر ننمایی وطنم
مانده ام سخت عجب کز چه سبب ساخت مرا
یا چه بوده است مراد وی از این ساختنم
مرغ باغ ملکوتم نیم از عالم خاک
چند روزی قفسی ساخته اند از بدنم
کیست آن گوش که او می شنود آوازم
یا کدام است سخن می کند اندر دهنم
کیست در دیده که از دیده برون می نگرد
یا چه جان است نگویی که منش پیرهنم
تا به تحقیق مرا منزل و ره ننمایی
یک دم آرام نگیرم نفسی دم نزنم
می وصلم بچشان تا در زندان ابد
به یکی عربده مستانه به هم درشکنم
من به خود نامدم اینجا که به خود باز روم
آنکه آورد مرا باز برد تا وطنم

حج اکبر.3

ای قوم به حج رفته کجایید کجایید
معشوق همین جاست بیایید بیایید
معشوق تو همسایه ی دیوار به دیوار
در بادیه سرگشته شما در چه هوایید
گر صورت بی صورت معشوق ببینید
هم خواجه و هم خانه و هم کعبه شمایید
ده بار از آن راه بدان خانه برفتید
یک بار از این خانه بر این بام برآیید
آن خانه لطیفست نشان هاش بگفتید
از خواجه آن خانه نشانی بنمایید
یک دسته گل کو اگر آن باغ بدیدیت
یک گوهر جان کو اگر از بحر خدایید
با این همه آن رنج شما گنج شما باد
افسوس که بر گنج شما پرده شمایید

4 . بی ما

ما را سفری فتاد بی‌ما
آن جا دل ما گشاد بی‌ما
آن مه که ز ما نهان همی شد
رخ بر رخ ما نهاد بی‌ما
چون در غم دوست جان بدادیم
ما را غم او بزاد بی‌ما
ماییم همیشه مست بیمی
ماییم همیشه شاد بی‌ما
مارا مکنید یاد هرگز
ما خود هستیم یاد بی‌ما
بی‌ما شده ایم شاد گوییم
ای ما که همیشه باد بی‌ما

5 . خودبوس

جان و سر تو ای پسر نیست کسی به پای تو
آینه بین به خود نگر کیست دگر ورای تو
بوسه بده به روی خود راز بگو به گوش خود
هم تو ببین جمال خود هم تو بگو ثنای تو
نیست مجاز راز تو نیست گزاف ناز تو
راز برای گوش تو ناز تو هم برای تو
خیز ز پیشم ای خرد تا برهم ز نیك و بد
خیز دلا تو نیز هم تا نکنم سزای تو
هم پدری و هم پسر هم تو نبی و هم شکر
کیست کسی بگو دگر کیست کسی به جای تو
بسته لب تو برگشا چیست عقیق بی بها
کان عقیق هم تویی من چه دهم بهای تو
سایه توست ای پسر هر چه برست ای پسر
سایه فکند ای پسر در دو جهان همای تو

6 . هیچ مگو

من غلام قمرم غیر قمر هیچ مگو
پیش من جز سخن شمع و شکر هیچ مگو
سخن رنج مگو جز سخن گنج مگو
ور ازین بیخبری رنج مبر هیچ مگو
دوش دیوانه شدم عشق مرا دید و بگفت
آمدم نعره مزن جامه مدر هیچ مگو
گفتم ای عشق من از چیز دگر می ترسم
گفت آن چیز دگر نیست دگر هیچ مگو
من به گوش تو سخن های نهان خواهم گفت
سر بجنبان که بلی جز که به سر هیچ مگو
قمری جان صفتی در ره دل پیدا شد
در ره دل چه لطیف است سفر هیچ مگو
گفتم ای دل چه مه‌است این دل اشارت می کرد
که نه اندازه توست این بگذر هیچ مگو
گفتم این چیست بگو زیر و زبر خواهم شد
گفت می باش چنین زیر و زبر هیچ مگو
ای نشسته تو در این خانه‌ی پرنقش و خیال
خیز از این خانه برو رخت ببر هیچ مگو

7. قدر هم دیگر

بیا تا قدر هم دیگر بدانیم
که تا ناگه ز یک دیگر نمانیم
چو مؤمن آینه مؤمن یقین شد
چرا با آینه ما روگرانیم
کریمان جان فدای دوست کردند
سگی بگذار ما هم مردمانیم
غرض‌ها تیره دارد دوستی را
غرض‌ها را چرا از دل نرانیم
گهی خوشدل شوی از من که میرم
چرا مرده پرست و خصم جانیم
چو بعد از مرگ خواهی آشتی کرد
همه عمر از غمت در امتحانیم
کنون پندار مردم آشتی کن
که در تسلیم ما چون مردگانیم
چو بر گورم بخواهی بوسه دادن
رخم را بوسه ده کاکنون همانیم
خمش کن مرده وار ای دل ازیرا
ز هستی متهم ما زین زبانیم

8 . آرزوست

بنمای رخ که باغ و گلستانم آرزوست
بگشای لب که قند فراوانم آرزوست
ای آفتاب حسن برون آ دمی ز ابر
کان چهره مشعشع تابانم آرزوست
گفتی ز ناز بیش مرنجان مرا برو
آن گفتنت که بیش مرنجانم آرزوست
وان دفع گفتنت که برو شه به خانه نیست
وان ناز و باز و تندی دربانم آرزوست
والله که شهر بیتو مرا حبس می شود
آوارگی و کوه و بیابانم آرزوست
زین همرهان سست عناصر دلم گرفت
شیر خدا و رستم دستانم آرزوست

جانم ملول گشت ز فرعون و ظلم او
آن نور روی موسی عمرانم آرزوست
زین خلق پرشکایت گریان شدم ملول
آن های هوی و نعره مستانم آرزوست
دی شیخ با چراغ همی گشت گردشهر
کز دیو و دد ملولم و انسانم آرزوست

گفتند یافت می نشود جسته ایم ما
گفت آنک یافت می نشود آنم آرزوست
هر چند مفلسم نپذیرم عقیق خرد
کان عقیق نادر ارزانم آرزو است
پنهان ز دیده‌ها و همه دیده ها ازاو است
آن آشکار صنعت پنهانم آرزوست
یک دست جام باده و یک دست جعد یار
رقصی چنین میانه میدانم آرزوست
من هم رباب عشقم و عشقم ربابی است
وآن لطفها ی زخمه ی رحمانم آرزو است

9 . از عشق نپرهیزم

من عاشق جانبازم از عشق نپرهیزم
من مست سراندازم، از عربده نگریزم
گویند رفیقانم: «از عشق نپرهیزی؟»
در عشق بپرهیزیم، پس با چه در آمیزیم؟
پروانه ی دمسازم می سوزم و می سازم
در بیخودی و مستی می افتم و می خیزم
گر سر طلبی من سر در پای تو اندازم
وز زر طلبی من زر اندر قدمت ریزم
فردا که خلایق را از خاک برانگیزند
بیچاره من مسکین از خاک تو برخیزم
گر دفتر حسنت را در حشر فرو خوانند
اندر عرصات آن روز شوری دگر انگیزم
گو در عرصات آید شمس الحق تبریزی
من خاک سر کویش با مشک بیامیزم

10 . مبارکست

پنهان مشو که روی تو بر ما مبارکست
نظاره تو بر همه جان ها مبارکست
یک لحظه سایه از سر ما دورتر مکن
دانسته ای که سایه‌ی عنقا مبارکست
ای نوبهار حسن بیا کان هوای خوش
بر باغ و راغ و گلشن و صحرا مبارکست
سوداییم از تو و بطال کو به کو
ما را چنین بطالت و سودا مبارکست
چون برگ و چون درخت بگفتند بی زبان
بی گوش بشنوید که اینها مبارکست
سجده برم به خاک تو بر سر چو افسرست
پا درنهم که راه تو بر پا مبارکست
هر دل که با هوای تو امشب شود حریف
او را یقین بدان تو که فردا مبارکست
بفزا شراب خامش و ما را خموش کن
کاندر درون نهفتن اشیاء مبارکست

11.سخن عشق

وای آن دل که بدو از تو نشانی نرسد
مرده آن تن که بدو مژده جانی نرسد
سیه آن روز که بی نور جمالت گذرد
هیچ از مطبخ تو کاسه و خوانی نرسد
وای آن دل که ز عشق تو در آتش نرود
همچو زر خرج شود هیچ به کانی نرسد
سخن عشق چو بی درد بود بر ندهد
جز به گوش هوس و جز به زبانی نرسد
مریم دل نشود حامل انوار مسیح
تا امانت ز نهانی به نهانی نرسد
حس چو بیدار بود خواب نبیند هرگز
از جهان تا نرود دل به جهانی نرسد
این زمان جهد بکن تا ز زمان بازرهی
پیش از آن دم که زمانی به زمانی نرسد
تیره صبحی که مرا از تو سلامی نرسد

تلخ روزی که ز شهد تو بیانی نرسد

12 . واسوخت

ای خداوند یکی یار جفاکارش ده
دلبری عشوه گر سرکش خونخوارش ده
تا بداند که شب ما به چه سان می گذرد
غم عشقش ده و عشقش ده و بسیارش ده
چند روزی جهت تجربه بیمارش کن
با طبیبی دغلی پیشه سر و کارش ده
ببرش سوی بیابان و کن او را تشنه
یک سقایی حجری سینه سبکسارش ده
گمرهش کن که ره راست نداند سوی شهر
پس قلاوز کژ بیهده رفتارش ده
عالم از سرکشی آن مه سرگشته شدند
مدتی گردش این گنبد دوارش ده
منکر یار شده است او که مرا یار نماند
ببر انکار از او و دم اقرارش ده
بس کن ای ساقی و کس را چو رهی مست مکن
ور کنی مست بدین حد ره هموارش ده

13 . عقل و عشق

در میان پرده خون عشق را گلزارها
عاشقان را با جمال عشق بي چون کارها
عقل گوید شش جهت حدست و بیرون راه نیست
عشق گوید راه هست و رفته ام من بارها
عقل بازاري بدید و تاجري آغاز کرد
عشق دیده زآن سوی بازار او بازارها
اي بسا منصور پنهان ز اعتماد جان عشق
ترک منبرها بگفته برشده بر دارها
عاشقان دردکش را در درونه ذوق ها
عاقلان تیره دل را در درون انکارها
عقل گوید پا منه کاندر فنا جز خار نیست
عشق گوید عقل را کاندر تو است آن خارها
شمس تبریزی تویی خورشید اندر ابر حرف

چون برآمد آفتابت محو شد گفتارها

14 . باخودی و بیخودی

آن نفسی که باخودی یار چو خار آیدت
وان نفسی که بیخودی یار چه کار آیدت
آن نفسی که باخودی خود تو شکار پشه ای
وان نفسی که بیخودی پیل شکار آیدت
آن نفسی که باخودی بسته ابر غصه ای
وان نفسی که بیخودی مه به کنار آیدت
آن نفسی که باخودی یار کناره می کند
وان نفسی که بیخودی بادهٔ یار آیدت
آن نفسی که باخودی همچو خزان فسرده ای
وان نفسی که بیخودی دی چو بهار آیدت
جمله بی قراریت از طلب قرار تست
طالب بیقرار شو تا که قرار آیدت
جمله ناگواریت از طلب گوارش است
ترک گوارش ار کنی زهر گوار آیدت
جمله بی مرادیت از طلب مراد تست
ور نه همه مرادها همچو نثار آیدت
عاشق جور یار شو عاشق مهر یار نی
تا که نگار نازگر عاشق زار آیدت
خسرو شرق شمس دین از تبریز چون رسد
از مه و از ستاره ها والله عار آیدت

15 . یار خویش باش!

ای سنایی گر نیابی یار یار خویش باش
در جهان هر مرد و کاری مرد کار خویش باش
هر یکی زین کاروان مر رخت خود را رهزنند
خویشتن را پس نشان و پیش بار خویش باش
حس فانی می دهند و عشق فانی می خرند
زین دو جوی خشك بگذر جویبار خویش باش
می کشندت دست دست این دوستان تا نیستی
دست دزد از دستشان و دستیار خویش باش
این نگاران نقش پرده آن نگاران دلند

پرده را بردار و دررو با نگار خویش باش
با نگار خویش باش و خوب خوب اندیش باش
از دو عالم بیش باش و در دیار خویش باش
رو مکن مستی از آن خمری کز او زاید غرور
غره آن روی ببین و هوشیار خویش باش

16 . عشق حقیقی

آن روح را که عشق حقیقي شعار نیست
نابوده به که بودن او غیر عار نیست
در عشق مست باش که عشق است هر چه هست
بي کار و بار عشق بر دوست بار نیست
گویند عشق چیست بگو ترک اختیار
هر کو ز اختیار نرست اختیار نیست
عاشق شهنشهیست دو عالم بر او نثار
هیچ التفات شاه به سوي نثار نیست
عشقست و عاشقست که باقیست تا ابد
دل بر جز این منه که بجز مستعار نیست
تا کي کنار گیري معشوق مرده را
جان را کنار گیر که او را کنار نیست
آن کز بهار زاد بمیرد گه خزان
گلزار عشق را مدد از نوبهار نیست
آن گل که از بهار بود خار یار اوست
وان مي که از عصیر بود بي خمار نیست
نظاره گو مباش در این راه و منتظر
والله که هیچ مرگ بتر ز انتظار نیست
بر نقد قلب زن تو اگر قلب نیستي
این نکته گوش کن اگرت گوشوار نیست
بر اسب تن ملرز سبکتر پیاده شو
پرش دهد خداي که بر تن سوار نیست
اندیشه را رها کن و دل ساده شو تمام
چون روي آینه که به نقش و نگار نیست
چون ساده شد ز نقش همه نقش ها در اوست
آن ساده رو ز روي کسي شرمسار نیست
چون روي آهنین ز صفا این هنر بیافت

تا روي دل چه یابد کو را غبار نیست
گویم چه یابد او نه نگویم خمش به است
تا دلستان نگوید کو رازدار نیست

17.رخ اندر رخ

آنان که طلبکار خدایید، خود آیید
حاجت به طلب نیست شمایید، شمایید
چیزی که نکردید گم از بهر چه جویید؟
کس غیر شما نیست،کجایید،کجایید؟
در خانه نشینید و مگردید به هر در
زیرا که شما خانه و هم خانه خدایید
ذاتید و صفایید گهی عرش و گهی فرش
در عین بقایید و مبرا ز فنایید
اسمید و حروفید و کلامید و کتابید
جبریل امینید و رسولان سمایید
خواهید ببینید رخ اندر رخ معشوق
زنگار ز آیینه به صیقل بزدایید
هر رمز که مولا بسراید بحقیقت
می دان که بدان رمز سزا اید سزا اید
شمس الحق تبریز چو سلطان جهانی
آنها که طلبکار سخا اید کجا اید؟

18. اعجوبه ی ربانی

جانا به غریبستان چندین به چه مي ماني
بازآ تو از این غربت تا چند پریشاني
صد نامه فرستادم صد راه نشان دادم
یا نامه نمی خوانی یا راه نمی دانی
گر نامه نمي خواني خود نامه تو را خواند
ور راه نمي داني در پنجه ره داني
بازآ که در آن محبس قدر تو نداند کس
با سنگ دلان منشین چون گوهر این کاني
اي از دل و جان رسته دست از دل و جان شسته
از دام جهان جسته بازآ که ز بازاني
هم آبي و هم جويي هم آب همي جويي

هم شیر و هم آهویی هم بهتر از ایشانی
چند است ز تو تا جان تو طرفه تري يا جان
آميخته اي با جان يا پرتو جاناني
نور قمري در شب قند و شكري در لب
يا رب چه كسي يا رب اعجوبه رباني
هر دم ز تو زيب و فر از ما دل و جان و سر
بازار چنين خوشتر خوش بدهي و بستاني
از عشق تو جان بردن وز ما چو شكر مردن
زهر از كف تو خوردن سرچشمه حيواني

19. بمیرید بمیرید

بمیرید بمیرید در این عشق بمیرید
در این عشق چو مردید همه روح پذیرید
بمیرید بمیرید و زین مرگ مترسید
کز این خاك برآیید سماوات بگیرید
بمیرید بمیرید و زین نفس ببرید
که این نفس چو بندست و شما همچو اسیرید
یکی تیشه بگیرید پی حفره زندان
چو زندان بشکستید همه شاه و امیرید
بمیرید بمیرید به پیش شه زیبا
بر شاه چو مردید همه شاه و شهیرید
بمیرید بمیرید و زین ابر برآیید
چو زین ابر برآیید همه بدر منیرید

20 . بی ساجد سجودی

داد جاروبی به دستم آن نگار
گفت کز دریا برانگیزان غبار
باز آن جاروب را ز آتش بسوخت
گفت کز آتش تو جاروبی برآر
کردم از حیرت سجودی پیش او

گفت بی ساجد سجودی خوش بیار
آه بی ساجد سجودی چون بود
گفت بی چون باشد و بی خارخار
گردنك را پیش کردم گفتمش
ساجدی را سر ببر از ذوالفقار
تیغ تا او بیش زد سر بیش شد
تا برست از گردنم سر صد هزار
من چراغ و هر سرم همچون فتیل
هر طرف اندر گرفته از شرار
شمع ها می ورشد از سرهای من
شرق تا مغرب گرفته از قطار

21 . گلها ی تر

دلا نزد کسی بنشین که او از دل خبر دارد
به زیر آن درختی رو که او گل‌های تر دارد
در این بازار عطاران مرو هر سو چو بی‌کاران
به دکان کسی بنشین که در دکان شکر دارد
ترازو گر نداری پس تو را زو رهزند هر کس
یکی قلبی بیاراید تو پنداری که زر دارد
تو را بر در نشاند او به طراری که می‌آید
تو منشین منتظر بر در که آن خانه دو در دارد
به هر دیگی که می‌جوشد میاور کاسه و منشین
که هر دیگی که می‌جوشد درون چیزی دگر دارد
نه هر کلکی شکر دارد نه هر زیری زبر دارد
نه هر چشمی نظر دارد نه هر بحری گهر دارد
بنال ای بلبل دستان ازیرا ناله مستان
میان صخره و خارا اثر دارد اثر دارد
بنه سر گر نمی‌گنجی که اندر چشمه سوزن
اگر رشته نمی‌گنجد از آن باشد که سر دارد
چراغست این دل بیدار به زیر دامنش می‌دار
از این باد و هوا بگذر هوایش شور و شر دارد
چو تو از باد بگذشتی مقیم چشمه‌ای گشتی
حریف همدمی گشتی که آبی بر جگر دارد
چو آبت بر جگر باشد درخت سبز را مانی

که میوه نو دهد دایم درون دل سفر دارد

22 . دیده ی دلدیده

عاشق شده ای ای دل سودات مبارک باد
از جان و مکان رستی آن جات مبارک باد
از هر دو جهان بگذر تنها زن و تنها خور
تا ملک ملک گویند تنهات مبارک باد
کفرت همگی دین شد تلخت همه شیرین شد
حلوا شده ای کلی حلوات مبارک باد
در خانقه سینه غوغاست فقیران را
ای سینه بی‌کینه غوغات مبارک باد
این دیده دل دیده اشکی بد و دریا شد
دریاش همی‌گوید دریات مبارک باد
ای عاشق پنهانی آن یار قرینت باد
ای طالب بالایی بالات مبارک باد
ای جان پسندیده جوییده و کوشیده
پرهات بروییده پرهات مبارک باد
خامش کن و پنهان کن بازار نکو کردی
کالای عجب بردی کالات مبارک باد

23 . آب حیات عشق

آب حیات عشق را در رگ ما روانه کن
آینه صبوح را ترجمه شبانه کن
ای پدر نشاط نو بر رگ جان ما برو
جام فلک نمای شو وز دو جهان کرانه کن
ای خردم شکار تو تیر زدن شعار تو
شست دلم به دست کن جان مرا نشانه کن
گر عسس خرد تو را منع کند از این روش
حیله کن و ازو بجه دفع دهش بهانه کن
ای که ز لعب اختران مات و پیاده گشته‌ای
اسپ گزین فروز رخ جانب شه دوانه کن
خیز کلاه کژ بنه وز همه دام‌ها بجه
بر رخ روح بوسه ده زلف نشاط شانه کن
چونک خیال خوب او خانه گرفت در دلت

چون تو خیال گشته‌ای در دل و عقل خانه کن
شش جهت است این وطن قبله در او یکی مجو
بی وطنی است قبله گه در عدم آشیانه کن
کهنه گر است این زمان عمر ابد مجو در آن
مرتع عمر خلد را خارج این زمانه کن
هست زبان برون در حلقه در چه می شوی
در بشکن به جان تو سوی روان روانه کن

24 . من و او

گفتا که کیست بر در گفتم کمین غلامت
گفتا چه کار داری گفتم مها سلامت
گفتا که چند رانی گفتم که تا بخوانی
گفتا که چند جوشی گفتم که تا قیامت
دعوه ی عشق کردم سوگندها بخوردم
کز عشق یاوه کردم من ملکت و شهامت
گفتا برای دعوی قاضی گواه خواهد
گفتم گواه اشکم زردی رخ علامت
گفتا گواه جرحست تردامنست چشمت
گفتم به فر عدلت عدلند و بی غرامت
گفتا چه عزم داری؟ گفتم- وفا و یاری
گفتا ز من چه خواهی گفتم که لطف عامت
گفتا که بود همره گفتم خیالت ای شه
گفتا که خواندت این جا گفتم که بوی جامت
خامش که گر بگویم من نکته های او را
از خویشتن برآیی نی در بود نه بامت

25 . چنین و چنان

من از عالم تو را تنها گزینم
روا داری که من غمگین نشینم
دل من چون قلم اندر کف توست
ز توست ار شادمان وگر حزینم
بجز آنچه تو خواهی من چه باشم
بجز آنچه نمایی من چه بینم
گه از من خار رویانی گهی گل

گهی گل بویم و گه خار چینم
مرا تو چون چنان داری چنانم
مرا تو چون چنین خواهی چنینم
چو تو پنهان شوی از اهل کفرم
چو تو پیدا شوی از اهل دینم
بجز چیزی که دادی من چه دارم
چه می جویی ز جیب و آستینم

26. روز و شب

در هوایت بی‌قرارم روز و شب
سر ز پایت برندارم روز و شب
روز و شب را همچو خود مجنون کنم
روز و شب را کی گذارم روز و شب
جان و دل از عاشقان می‌خواستند
جان و دل را می‌سپارم روز و شب
تا که عشقت مطربی آغاز کرد
گاه چنگم گاه تارم روز و شب
می‌زنی تو زخمه و بر می‌رود
تا به گردون زیر و زارم روز و شب
تا بنگشایی به قندت روزه‌ام
تا قیامت روزه دارم روز و شب
چون ز خوان فضل روزه بشکنم
عید باشد روزگارم روز و شب
جان روز و جان شب ای جان تو
انتظارم انتظارم روز و شب
زان شبی که وعده کردی روز بعد
روز و شب را می‌شمارم روز و شب

27. چون غرق بی چون

چه دانستم که این سودا مرا زین سان کند مجنون
دلم را دوزخی سازد دو چشمم را کند جیحون
چه دانستم که سیلابی مرا ناگاه برباید
چو کشتی ام در اندازد میان قلزم پرخون
زند موجی بر آن کشتی که تخته تخته بشکافد

که هر تخته فروریزد ز گردش‌های گوناگون
نهنگی هم برآرد سر خورد آن آب دریا را
چنان دریای بی‌پایان شود بی‌آب چون هامون
شکافد نیز آن هامون نهنگ بحرفرسا را
کشد در قعر ناگاهان به دست قهر چون قارون
چو این تبدیل‌ها آمد نه هامون ماند و نه دریا
چه دانم من دگر چون شد که چون غرق است در بی‌چون
چه دانم‌های بسیار است لیکن من نمی‌دانم
که خوردم از دهان بندی در آن دریا کفی افیون

28. چشمه حیات

نگفتمت مرو آن جا که آشنات منم
در این سراب فنا چشمه حیات منم
وگر به خشم روی صد هزار سال ز من
به عاقبت به من آیی که منتهات منم
نگفتمت که به نقش جهان مشو راضی
که نقش بند سراپرده رضات منم
نگفتمت که منم بحر و تو یکی ماهی
مرو به خشک که دریای باصفات منم
نگفتمت که چو مرغان به سوی دام مرو
بیا که قدرت پرواز و پرّ و پات منم
نگفتمت که تو را ره زنند و سرد کنند
که آتش و تبش و گرمی هوات منم
نگفتمت که صفت‌های زشت در تو نهند
که گم کنی که سرچشمه صفات منم
نگفتمت که مگو کار بنده از چه جهت
نظام گیرد خلاق بی‌جهات منم
اگر چراغ دلی دان که راه خانه کجاست
وگر خداصفتی دان که کدخدات منم

29. دیوانه شو دیوانه شو

حیلت رها کن عاشقا دیوانه شو دیوانه شو

و اندر دل آتش درآ پروانه شو پروانه شو
هم خویش را بیگانه کن هم خانه را ویرانه کن
وآنگه بیا با عاشقان هم خانه شو هم خانه شو
رو سینه را چون سینه‌ها هفت آب شو از کینه‌ها
وآنگه شراب عشق را پیمانه شو پیمانه شو
باید که جمله جان شوی تا لایق جانان شوی
گر سوی مستان می‌روی مستانه شو مستانه شو
آن گوشوار شاهدان هم صحبت عارض شده
آن گوش و عارض بایدت دردانه شو دردانه شو
چون جان تو شد در هوا ز افسانه شیرین ما
فانی شو و چون عاشقان افسانه شو افسانه شو
اندیشه‌ات جایی رود وآنگه تو را آن جا کشد
ز اندیشه بگذر چون قضا پیشانه شو پیشانه شو
قفلی بود میل و هوا بنهاده بر دل‌های ما
مفتاح شو مفتاح را دندانه شو دندانه شو
گر چهره بنماید صنم پر شو از او چون آینه
ور زلف بگشاید صنم رو شانه شو رو شانه شو
شکرانه دادی عشق را از تحفه‌ها و مال‌ها
هل مال را خود را بده شکرانه شو شکرانه شو
یک مدتی ارکان بدی یک مدتی حیوان بدی
یک مدتی چون جان شدی جانانه شو جانانه شو

30. دوش کجا بوده‌ای

جان و جهان! دوش کجا بوده‌ای
نی غلطم، در دل ما بوده‌ای
آه که من دوش چه سان بوده‌ام
آه که تو دوش کرا بوده‌ای
رشک برم کاش قبا بودمی
چونک در آغوش قبا بوده‌ای
زهره ندارم که بگویم ترا
»بی من بیچاره چرا بوده‌ای؟«
یار سبک روح! به وقت گریز

تیزتر از باد صبا بوده‌ای
رنگ رخ خوب تو آخر گواست
در حرم لطف خدا بوده‌ای
آینهٔ رنگ تو عکس کسیست
تو ز همه رنگ جدا بوده‌ای

31. شیرین ذقنم
تلخی نکند شیرین ذقنم
خالی نکند از می دهنم
در خانه جهد مهلت ندهد
او بس نکند پس من چه کنم
از ساغر او گیج است سرم
از دیدن او جان است تنم
تنگ است بر او هر هفت فلک
چون می رود او در پیرهنم
از شیره او من شیردلم
در عربده‌اش شیرین سخنم
می گفت که تو در چنگ منی
من ساختمت چونت نزنم
من چنگ توام بر هر رگ من
تو زخمه زنی من تن تننم

32. جام چو گلنار
ساقی فرخ رخ من جام چو گلنار بده
بهر من ار می‌ندهی بهر دل یار بده
ساقی دلدار تویی چاره بیمار تویی
شربت شادی و شفا زود به بیمار بده
باده در آن جام فکن گردن اندیشه بزن
هین دل ما را مشکن ای دل و دلدار بده
باز کن آن میکده را ترک کن این عربده را
عاشق تشنه زده را از خم خمار بده
جان بهار و چمنی رونق سرو و سمنی
هین که بهانه نکنی ای بت عیار بده
پای چو در حیله نهی وز کف مستان بجهی

دشمن ما شاد شود کوری اغیار بده
غم مده و آه مده جز به طرب راه مده
آه ز بیراه بود ره بگشا بار بده
تشنه دیرینه منم گرم دل و سینه منم
جام و قدح را بشکن بی‌حد و بسیار بده

33. به جان تو

دگرباره بشوریدم بدان سانم به جان تو
که هر بندی که بربندی بدرانم به جان تو
نخواهم عمر فانی را تویی عمر عزیز من
نخواهم جان پرغم را تویی جانم به جان تو
چو تو پنهان شوی از من همه تاریکی و کفرم
چو تو پیدا شوی بر من مسلمانم به جان تو
گر آبی خوردم از کوزه خیال تو در او دیدم
وگر یک دم زدم بی‌تو پشیمانم به جان تو
اگر بی‌تو بر افلاکم چو ابر تیره غمناکم
وگر بی‌تو به گلزارم به زندانم به جان تو
سماع گوش من نامت سماع هوش من جامت
عمارت کن مرا آخر که ویرانم به جان تو
درون صومعه و مسجد تویی مقصودم ای مرشد
به هر سو رو بگردانی بگردانم به جان تو
سخن با عشق می‌گویم که او شیر و من آهویم
چه آهویم که شیران را نگهبانم به جان تو
چه خویشی کرد آن بی‌چون عجب با این دل پرخون
که ببریده‌ست آن خویشی ز خویشانم به جان تو

34. خروش در خاموشی

جان به فدای عاشقان خوش هوسی است عاشقی
عشق پرست ای پسر باد هواست مابقی
از می عشق سرخوشم آتش عشق مفرشم
پای بنه در آتشم چند از این منافقی
از سوی چرخ تا زمین سلسله‌ای است آتشین
سلسله را بگیر اگر در ره خود محققی
راه تو چون فنا بود خصم تو را کجا بود

طاقت تو که را بود کآتش تیز مطلقی
جان مرا تو بنده کن عیش مرا تو زنده کن
مست کن و بیافرین بازنمای خالقی
یک نفسی خموش کن در خمشی خروش کن
وقت سخن تو خامشی در خمشی تو ناطقی

35. نردبان مغفرت

هر نقش را که دیدی جنسش ز لامکان است
گر نقش رفت غم نیست اصلش چو جاودان است
هر صورتی که دیدی هر نکته که شنیدی
بد دل مشو که رفت آن ، زیرا نه آنچنان است
چون اصل چشمه باقیست ، فرعش همیشه ساقیست
چون هر دو بی زوالند ، از چه ترا فغان است
غم را برون کن از سر واین آب جو همی خور
از فوت آب مندیش کین آب بیکران است
زآن دم که آمدستی اندر جهان هستی
پیشت که تا برستی بنهاده نردبان است
اول جماد بودی آخر نبات گشتی
آن گه شدی تو حیوان این بر تو چون نهان است
گشتی ازآن پس انسان با علم و عقل و ایمان
بنگر چه گل شد آن تن کاو جزو خاکدان است
زانسان تو سیر کردی بیشک فرشته گردی
بی این زمین ازآن پس جایت بر آسمان است
باز از فرشتگی هم بگذر برو در آن یم
تا قطره ی تو بهری گردد که صد عمان است

36. گریزپا

بگیر دامن لطفش که ناگهان بگریزد
ولی مکش تو چو تیرش که از کمان بگریزد
چه نقش‌ها که ببازد چه حیله‌ها که بسازد
به نقش حاضر باشد ز راه جان بگریزد
بر آسمانش بجویی چو مه ز آب بتابد
در آب چونکه درآیی بر آسمان بگریزد

ز لامکانش بخوانی نشان دهد به مکانت
چو در مکانش بجویی به لامکان بگریزد
از این و آن بگریزم ز ترس نی ز ملولی
که آن نگار لطیفم از این و آن بگریزد
گریزپای چو بادم ز عشق گل نه گلی که
ز بیم باد خزانی ز بوستان بگریزد
چنان گریزد نامش چو قصد گفتن بیند
که گفت نیز نتانی که آن فلان بگریزد
چنان گریزد از تو که گر نویسی نقشش
ز لوح نقش بپرد ز دل نشان بگریزد

37. گره بر آب

بروید ای حریفان بکشید یار ما را
به من آورید آخر صنم گریزپا را
به ترانه‌های شیرین به بهانه‌های زرین
بکشید سوی خانه مه خوب خوش لقا را
وگر او به وعده گوید که دمی دگر بیایم
همه وعده مکر باشد بفریبد او شما را
دم سخت گرم دارد که به جادوی و افسون
بزند گره بر آب او و ببندد او هوا را
به مبارکی و شادی چو نگار من درآید
بنشین نظاره می‌کن تو عجایب خدا را
چو جمال او بتابد چه بود جمال خوبان
که رخ چو آفتابش بکشد چراغ‌ها را

38. بی باده مست

آنک بی‌باده کند جان مرا مست کجاست
و آنک بیرون کند از جان و دلم دست کجاست
و آنک سوگند خورم جز به سر او نخورم
و آنک سوگند من و توبه‌ام اشکست کجاست
و آنک جان‌ها به سحر نعره زنانند از او
و آنک ما را غمش از جای ببرده‌ست کجاست
جان جان‌ست وگر جای ندارد چه عجب
این که جا می‌طلبد در تن ما هست کجاست

عقل تا مست نشد چون و چرا پست نشد
و آنک او مست شد از چون و چرا رست کجاست

39. بی تو بسر نمی شود

بی همگان به سر شود بی‌تو به سر نمی‌شود
داغ تو دارد این دلم جای دگر نمی‌شود
دیده عقل مست تو چرخه چرخ پست تو
گوش طرب به دست تو بی‌تو به سر نمی‌شود
جان ز تو جوش می‌کند دل ز تو نوش می‌کند
عقل خروش می‌کند بی‌تو به سر نمی‌شود
خمر من و خمار من باغ من و بهار من
خواب من و قرار من بی‌تو به سر نمی‌شود
جاه و جلال من تویی ملکت و مال من تویی
آب زلال من تویی بی‌تو به سر نمی‌شود
گاه سوی وفا روی گاه سوی جفا روی
آن منی کجا روی بی‌تو به سر نمی‌شود
دل بنهند برکنی توبه کنند بشکنی
این همه خود تو می‌کنی بی‌تو به سر نمی‌شود
بی تو اگر به سر شدی زیر جهان زبر شدی
باغ ارم سقر شدی بی‌تو به سر نمی‌شود
گر تو سری قدم شوم ور تو کفی علم شوم
ور بروی عدم شوم بی‌تو به سر نمی‌شود
بی تو نه زندگی خوشم بی‌تو نه مردگی خوشم
سر ز غم تو چون کشم بی‌تو به سر نمی‌شود
هر چه بگویم ای سند نیست جدا ز نیک و بد
هم تو بگو به لطف خود بی‌تو به سر نمی‌شود

40. از گوش بصر

ای دوست شکر خوشتر یا آن که شکر سازد
ای دوست قمر خوشتر یا آن که قمر سازد
بگذار شکرها را بگذار قمرها را
او چیز دگر داند او چیز دگر سازد
در بهر عجایبها باشد بجز از گوهر
اما نه چو سلطانی کاو بحر و درر سازد

جانها است بر آشفته ناخورده و نا خفته
از بحر عجب بزمی کاو وقت سحر سازد
بس کردم و بس کردم من ترک نفس کردم
خود گوید جانانی کز گوش بصر سازد

41. هله نومید نباشی

هله نومید نباشی که تو را یار براند
گرت امروز براند نه که فردات بخواند
در اگر بر تو ببندد مرو و صبر کن آن جا
ز پس صبر تو را او به سر صدر نشاند
در اگر بر تو ببندد همه رهها و گذرها
ره پنهان بنماید که کس آن راه نداند
همگی ملک سلیمان به یکی مور ببخشد
بدهد هر دو جهان را و دلی را نرماند
دل من گرد جهان گشت و نیابید مثالش
به کی ماند به کی ماند به کی ماند به کی ماند
هله خاموش که بیگفت از این می همگان را
بچشاند بچشاند بچشاند بچشاند

42. آب حیاتست عشق

عمر که بیعشق رفت هیچ حسابش مگیر
آب حیاتست عشق در دل و جانش پذیر
هر که بجز عاشقان ماهی بیآب دان
مرده و پژمرده است گر چه بود او وزیر
عشق چو بگشاد رخت سبز شود هر درخت
برگ جوان بردمد هر نفس از شاخ پیر
هر که شود صید عشق کی شود او صید مرگ
چون سپرش مه بود کی رسدش زخم تیر
جمله جانهای پاک گشته اسیران خاک
عشق فروریخت زر تا برهاند اسیر
ای که به زنبیل تو هیچ کسی نان نریخت
در بن زنبیل خود هم بطلب ای فقیر
چست شو و مرد باش حق دهدت صد قماش
خاک سیه گشت زر خون سیه گشت شیر

43. دیده ی خویش را دیدن

عشق است بر آسمان پریدن
صد پرده به هر نفس دریدن
اول نفس از نفس گسستن
اول قدم از قدم بریدن
نادیده گرفتن این جهان را
مر دیده خویش را بدیدن
گفتم که دلا مبارکت باد
در حلقه عاشقان رسیدن
ز آن سوی نظر نظاره کردن
در کوچه سینه‌ها دویدن
ای مرغ بگو زبان مرغان
من دانم رمز تو شنیدن
دل گفت به کار خانه بودم
تا خانه آب و گل پریدن
از خانه صنع می پریدم
تا خانه صنع آفریدن

44. تو مرو

گر رود دیده و عقل و خرد و جان تو مرو
که مرا دیدن تو بهتر از ایشان تو مرو
آفتاب و فلک اندر کنف سایه توست
گر رود این فلک و اختر تابان تو مرو
ای که درد سخنت صافتر از طبع لطیف
گر رود صفوت این طبع سخندان تو مرو
اهل ایمان همه در خوف دم خاتمتند
خوفم از رفتن توست ای شه ایمان تو مرو
تو مرو گر بروی جان مرا با خود بر
ور مرا می‌نبری با خود از این خوان تو مرو
با تو هر جزو جهان باغچه و بستان است
در خزان گر برود رونق بستان تو مرو
هجر خویشم منما هجر تو بس سنگ دل است
ای شده لعل ز تو سنگ بدخشان تو مرو

کی بود ذره که گوید تو مرو ای خورشید
کی بود بنده که گوید به تو سلطان تو مرو
لیک تو آب حیاتی همه خلقان ماهی
از کمال کرم و رحمت و احسان تو مرو
هست طومار دل من به درازی ابد
برنوشته ز سرش تا سوی پایان تو مرو

45. تدبیر خلاص ما

ای وصل تو آب زندگانی
تدبیر خلاص ما تو دانی
از دیده برون مشو که نوری
وز سینه جدا مشو که جانی
من خود چه کسم که وصل جویم
از لطف توم همی کشانی
ای دل تو مرو سوی خرابات
هر چند قلندر جهانی
کان جا همه پاکباز باشند
ترسم که تو کم زنی بمانی
پرسید یکی که عاشقی چیست
گفتم که مپرس از این معانی
آنگه که چو من شوی ببینی
آنگه که بخواندت به خوانی

46. چندان بنال

ای دل چه اندیشیده‌ای در عذر آن تقصیرها
زان سوی او چندان وفا زین سوی تو چندین جفا
زان سوی او چندان کرم زین سو خلاف و بیش و کم
زان سوی او چندان نعم زین سوی تو چندین خطا
زین سوی تو چندین حسد چندین خیال و ظن بد
زان سوی او چندان کشش چندان چشش چندان عطا
چندین چشش از بهر چه تا جان تلخت خوش شود
چندین کشش از بهر چه تا دررسی در اولیا
از بد پشیمان می شوی الله گویان می شوی
آن دم تو را او می کشد تا وارهاند مر تو را

از جرم ترسان می‌شوی وز چاره پرسان می‌شوی
آن لحظه ترساننده را با خود نمی‌بینی چرا
چندان دعا کن در نهان چندان بنال اندر شبان
کز گنبد هفت آسمان در گوش تو آید صدا

47. ساقیا!

من از کجا پند از کجا باده بگردان ساقیا
آن جام جان افزای را برریز بر جان ساقیا
بر دست من نه جام جان ای دستگیر عاشقان
دور از لب بیگانگان پیش آر پنهان ساقیا
ای جان جان جان جان ما نامدیم از بهر نان
برجه گدارویی مکن در بزم سلطان ساقیا
اول بگیر آن جام مه بر کفه آن پیر نه
چون مست گردد پیر ده رو سوی مستان ساقیا
رو سخت کن ای مرتجا مست از کجا شرم از کجا
ور شرم داری یک قدح بر شرم افشان ساقیا
برخیز ای ساقی بیا ای دشمن شرم و حیا
تا بخت ما خندان شود پیش آی خندان ساقیا

48. به ساقی درنگر در مست منگر

به ساقی درنگر در مست منگر
به یوسف درنگر در دست منگر
بدان گلزار بی‌پایان نظر کن
بدین خاری که پایت خست منگر
چو در جویت روان شد آب حیوان
به خم و کوزه گر اشکست منگر
به هستی بخش و مستی بخش بگرو
منال از نیست و اندر هست منگر
تو صافان بین که بر بالا دویدند
به دردی کان به بن بنشست منگر
جهان پر بین ز صورت‌های قدسی
بدان صورت که راهت بست منگر
به دام عشق مرغان شگرفند

به بومی که ز دامش رست منگر
به از تو ناطقی اندر کمین هست
در آن کاین لحظه خاموشست منگر

49. ای پسر!

عقل بند ره روان و عاشقانست ای پسر
بند بشکن ره عیان اندر عیانست ای پسر
عقل بند و دل فریب و تن غرور و جان حجاب
راه از این جمله گرانی‌ها نهانست ای پسر
چون ز عقل و جان و دل برخاستی بیرون شدی
این یقین و این عیان هم در گمانست ای پسر
گر روی بر آسمان هفتمین ادریس وار
عشق جانان سخت نیکونردبانست ای پسر
سایه افکندست عشقش همچو دامی بر زمین
عشق چون صیاد او بر آسمانست ای پسر
عشق را از من مپرس از کس مپرس از عشق پرس
عشق در گفتن چو ابر درفشانست ای پسر
ترجمانی من و صد چون منش محتاج نیست
در حقایق عشق خود را ترجمانست ای پسر

50. مترس!

بیا که دانه لطیفست رو ز دام مترس
قمارخانه درآ و ز ننگ وام مترس
شنیده‌ای که در این راه بیم جان و سر است
چو یار آب حیاتست از این پیام مترس
چو عشق عیسی وقتست و مرده می‌جوید
بمیر پیش جمالش چو من تمام مترس
حریف ماه شدی از عسس چه غم داری
صبوح روح چو دیدی ز صبح و شام مترس
خیال دوست بیاورد سوی من جامی
که گیر باده خاص و ز خاص و عام مترس
بگفتمش مه روزه‌ست و روز گفت خموش
که نشکند می جان روزه و صیام مترس

51. نگنجی

تو آن ماهی که در گردون نگنجی
تو آن آبی که در جیحون نگنجی
تو آن دری که از دریا فزونی
تو آن کوهی که در هامون نگنجی
چه خوانم من فسون ای شاه پریان!
که تو در شیشه و افسون نگنجی
تو خورشیدی قبایت نور سینه است
تو اندر اطلس و اکسون نگنجی
تویی شاگرد جان افزا طبیبی
در استدلال افلاطون نگنجی
تو معجونی که نبود در ذخیره
ذخیره چیست در قانون نگنجی
بگوید خصم تا خود چون بود این
تو از بی‌چونی و در چون نگنجی

52. بر خیز

برخیز که جان است و جهان است و جوانی
خورشید برآمد بنگر نورفشانی
آن حسن که در خواب همی‌جست زلیخا
ای یوسف ایام به صد ره به از آنی
برخیز که آویخت ترازوی قیامت
برسنج ببین که سبکی یا تو گرانی
هر سوی نشانی است ز مخلوق به خالق
قانع نشود عاشق بی‌دل به نشانی
برخیز و بیا دبدبه عمر ابد بین
تا بازرهی زود از این عالم فانی
او عمر عزیزی است از او چاره نداری
او جان جهان آمد و تو نقش جهانی
بر صورت سنگین بزند روح پذیرد
حیف است کز این روح تو محروم بمانی
او کان عقیق آمد و سرمایه کان‌ها
در کان عقیق آی چه دربند دکانی

53. جان گلستان منم

گفت لبم ناگهان نام گل و گلستان
آمد آن گلعذار کوفت مرا بر دهان
گفت که سلطان منم جان گلستان منم
حضرت چون من شهی وآنگه یاد فلان
دف منی هین مخور سیلی هر ناکسی
نای منی هین مکن از دم هر کس فغان
پیش چو من کیقباد چشم بدم دور باد
شرم ندارد کسی یاد کند از کهان
جغد بود کو به باغ یاد خرابه کند
زاغ بود کو بهار یاد کند از خزان
پشت جهان دیده‌ای روی جهان را ببین
پشت به خود کن که تا روی نماید جهان
ای قمر زیر میغ خویش ندیدی دریغ
چند چو سایه دوی در پی این دیگران

54. جسم نبود و جان بدم

ای شده از جفای تو جانب چرخ دود من
جور مکن که بشنود شاد شود حسود من
بیش مکن تو دود را شاد مکن حسود را
وه که چه شاد می شود از تلف وجود من
تلخ مکن امید من ای شکر سپید من
تا ندرم ز دست تو پیرهن کبود من
دلبر و یار من تویی رونق کار من تویی
باغ و بهار من تویی بهر تو بود بود من
خواب شبم ربوده‌ای مونس من تو بوده‌ای
آتش تو نشان من در دل همچو عود من
جسم نبود و جان بدم با تو بر آسمان بدم
هیچ نبود در میان گفت من و شنود من

باب طرب

55 . نگار می رسد-

آب زنید راه را هین که نگار می‌رسد
مژده دهید باغ را بوی بهار می‌رسد
راه دهید یار را آن مه ده چهار را
کز رخ نوربخش او نور نثار می‌رسد
چاک شدست آسمان غلغله ایست در جهان
عنبر و مشک می‌دمد سنجق یار می‌رسد
رونق باغ می‌رسد چشم و چراغ می‌رسد
غم به کناره می‌رود مه به کنار می‌رسد
تیر روانه می‌رود سوی نشانه می‌رود
ما چه نشسته‌ایم پس شه ز شکار می‌رسد
باغ سلام می‌کند سرو قیام می‌کند
سبزه پیاده می‌رود غنچه سوار می‌رسد
خلوتیان آسمان تا چه شراب می‌خورند
روح خراب و مست شد عقل خمار می‌رسد
چون برسی به کوی ما خامشی است خوی ما
زان که ز گفت و گوی ما گرد و غبار می‌رسد

56. نقش و جان

خبرت هست که در شهر شکر ارزان شد
خبرت هست که دی گم شد و تابستان شد
خبرت هست که ریحان و قرنفل در باغ
زیر لب خنده زنانند که کار آسان شد
خبرت هست که بلبل ز سفر بازرسید
در سماع آمد و استاد همه مرغان شد
خبرت هست که در باغ کنون شاخ درخت
مژده نو بشنید از گل و دست افشان شد
خبرت هست که جان مست شد از جام بهار
سرخوش و رقص کنان در حرم سلطان شد
گلرخانی ز عدم چرخ زنان آمده‌اند
کانجم چرخ نثار قدم ایشان شد
بزم آن عشرتیان بار دگر زیب گرفت

باز آن باد صبا باده ده بستان شد
نقش‌ها بود پس پرده دل پنهانی
باغ‌ها آینه سر دل ایشان شد
آنچ بینی تو ز دل جوی ز آیینه مجوی
آینه نقش شود لیک نتاند جان شد

57. اندک اندک

اندک اندک جمع مستان می‌رسند
اندک اندک می پرستان می‌رسند
دلنوازان نازنازان در ره اند
گلعذاران از گلستان می‌رسند
اندک اندک زین جهان هست و نیست
نیستان رفتند و هستان می‌رسند
جمله دامن‌های پرزر همچو کان
از برای تنگدستان می‌رسند
لاغران خسته از مرعای عشق
فربهان و تندرستان می‌رسند
اصلشان لطفست و هم واگشت لطف
هم ز بستان سوی بستان می‌رسند

58. مرده بدم زنده شدم

مرده بدم زنده شدم گریه بدم خنده شدمم
دولت عشق آمد و من دولت پاینده شدم
دیده سیر است مرا جان دلیر است مرا
زهره شیر است مرا زهره تابنده شدم
گفت که دیوانه نه ای لایق این خانه نهای
رفتم دیوانه شدم سلسله بندنده شدم
گفت که سرمست نه ای رو که از این دست نه ای
رفتم و سرمست شدم وز طرب آکنده شدم
گفت که تو کشته نه ای در طرب آغشته نه ای
پیش رخ زنده کنش کشته و افکنده شدم
گفت که تو زیرککی مست خیالی و شکی
گول شدم هول شدم وز همه برکنده شدم

گفت که تو شمع شدی قبله این جمع شدی
جمع نیم شمع نیم دود پراکنده شدم
گفت که شیخی و سری پیشرو رابری
شیخ نیم پیش نیم امر تو را بنده شدم
گفت که با بال و پری من پر و بالت ندهم
در هوس بال و پرش بی پر و پرکنده شدم
گفت مرا دولت نو راه مرو رنجه مشو
زانک من از لطف و کرم سوی تو آینده شدم
گفت مرا عشق کهن از بر ما نقل مکن
گفتم آری نکنم ساکن و باشنده شدم
چشمه خورشید تویی سایه گه بید منم
چونک زدی بر سر من پست و گدازنده شدم
تابش جان یافت دلم وا شد و بشکافت دلم
اطلس نو بافت دلم دشمن این ژنده شدم
صورت جان وقت سحر لاف همی زد ز بطر
بنده و خربنده بدم شاه و خداونده شدم
شکر کند ساغر تو از شکر بی حد تو
کآمد او در بر من با وی ماننده شدم
شکر کند خاک دژم از فلک و چرخ به خم
کز نظر وگردش او نورپذیرنده شدم
شکر کند چرخ فلک از ملک و ملک و ملک
کز کرم و بخشش او روشن بخشنده شدم
شکر کند عارف حق کز همه بردیم سبق
بر زبر هفت طبق اختر رخشنده شدم
زهره بدم ماه شدم چرخ دو صد تاه شدم
یوسف بودم ز کنون یوسف زاینده شدم
از توام ای شهره قمر در من و در خود بنگر
کز اثر خنده تو گلشن خندنده شدم
باش چو شطرنج روان خامش و خود جمله زبان
کز رخ آن شاه جهان فرخ و فرخنده شدم

59. جاه و جمال گل

امروز روز شادی و امسال سال گل
نیکوست حال ما که نکو باد حال گل

گل را مدد رسید ز گلزار روی دوست
تا چشم ما نبیند دیگر زوال گل
مستست چشم نرگس و خندان دهان باغ
از کر و فر و رونق و لطف و کمال گل
سوسن زبان گشاده و گفته به گوش سرو
اسرار عشق بلبل و حسن خصال گل
جامه دران رسید گل از بهر داد ما
زان می‌دریم جامه به بوی وصال گل
گل آن جهانیست نگنجد در این جهان
در عالم خیال چه گنجد خیال گل
گل کیست قاصدیست ز بستان عقل و جان
گل چیست رقعه ایست ز جاه و جمال گل
گیریم دامن گل و همراه گل شویم
رقصان همی‌رویم به اصل و نهال گل
زنده کنند و باز پر و بال نو دهند
هر چند برکنید شما پر و بال گل
خاموش باش و لب مگشا خواجه غنچه وار
می‌خند زیر لب تو به زیر ظلال گل

60. او همه جا است

چو از سر بگیرم بود سرور او
چو من دل بجویم بود دلبر او
چو من صلح جویم شفیع او بود
چو در جنگ آیم بود خنجر او
چو در مجلس آیم شراب است و نقل
چو در گلشن آیم بود عبهر او
چو در کان روم او عقیق است و لعل
چو در بحر آیم بود گوهر او
چو در دشت آیم بود روضه او
چو وا چرخ آیم بود اختر او
چو در صبر آیم بود صدر او
چو از غم بسوزم بود مجمر او
چو در رزم آیم به وقت قتال
بود صف نگهدار و سرلشکر او

چو در بزم آیم به وقت نشاط
بود ساقی و مطرب و ساغر او
چو نامه نویسم سوی دوستان
بود کاغذ و خامه و محبر او
چون بیدار گردم بود هوش نو
چو خوابم بیاید به خواب اندر او
چو جویم برای غزل قافیه
به خاطر بود قافیه گستر او
تو هر صورتی که مصور کنی
چو نقاش و خامه بود بر سر او
تو چندانک برتر نظر میکنی
از آن برتر تو بود برتر او
برو ترک گفتار و دفتر بگو
که آن به که باشد تو را دفتر او

61. عشق و سودا می کشد

دشمن خویشیم و یار آنک ما را می‌کشد
غرق دریاییم و ما را موج دریا می‌کشد
زان چنین خندان و خوش ما جان شیرین می‌دهیم
کان ملک ما را به شهد و قند و حلوا می‌کشد
همچو اسماعیل گردن پیش خنجر خوش بنه
درمدزد از وی گلو گر می‌کشد تا می‌کشد
نیست عزرائیل را دست و رهی بر عاشقان
عاشقان عشق را هم عشق و سودا می‌کشد
کشتگان نعره زنان یا لیت قومی یعلمون
خفیه صد جان می‌دهد دلدار و پیدا می‌کشد
هر یکی عاشق چو منصورند خود را می‌کشند
غیر عاشق وانما که خویش عمدا می‌کشد
صد تقاضا می‌کند هر روز مردم را اجل
عاشق حق خویشتن را بی‌تقاضا می‌کشد
بس کنم یا خود بگویم سر مرگ عاشقان
گر چه منکر خویش را از خشم و صفرا می‌کشد
شمس تبریزی برآمد بر افق چون آفتاب
شمع‌های اختران را بی‌محابا می‌کشد

62. که همچنین

هر کی ز حور پرسدت رخ بنما که همچنین
هر کی ز ماه گویدت بام برآ که همچنین
هر کی پری طلب کند چهره خود بدو نما
هر کی ز مشک دم زند زلف گشا که همچنین
هر کی بگویدت ز مه ابر چگونه وا شود
باز گشا گره گره بند قبا که همچنین
گر ز مسیح پرسدت مرده چگونه زنده کرد
بوسه بده به پیش او جان مرا که همچنین
هر کی بگویدت بگو کشته عشق چون بود
عرضه بده به پیش او جان مرا که همچنین
جان ز بدن جدا شود باز درآید اندرون
هین بنما به منکران خانه درآ که همچنین
گفتم بوی یوسفی چشم چگونه وادهد
چشم مرا نسیم تو داد ضیا که همچنین

63. سنگ و مرجان

جمله یاران تو سنگند و توی مرجان چرا
آسمان با جملگان جسمست و با تو جان چرا
چون تو آیی جزو جزوم جمله دستک می زنند
چون تو رفتی جمله افتادند در افغان چرا
با خیالت جزو جزوم می شود خندان لبی
می شود با دشمن تو مو به مو دندان چرا
روی تو پیغمبر خوبی و حسنت ایزد است
جان به تو ایمان نیارد با چنین برهان چرا
کو یکی برهان که آن از روی تو روشنترست
کف نبرد کفرها زین یوسف کنعان چرا
هر کجا ویران بود آن جا امید گنج هست
گنج حق را می نجویی در دل ویران چرا؟
هر ترانه اولی دارد دلا و آخری
بس کن آخر این ترانه نیستش پایان چرا

64. صد شب قدر

چنین شب ها شب قدر است مارا
هلال دیگران بدر است ما را
شبی کان دلبر عیار با ماست
نه یک شب صد شب قدر است ما را
به گرد ما حوادث ره ندارد
فراغ از حادثه دهر است ما را
ز فقر و فاقه ما را آر نآید
که آر دیگران فخر است ما را
به زیر خرقه ام زنار کفر است
به دین شهرت به هر شهر است ما را
دری کاندر دو عالم می نگنجد
فتاده در دل بحر است ما را
به حشر خود درین عالم رسیدیم
چه فکر محشر و حشر است ما را
بشو قانع ز لطف و عزت حق
که لطف دیگران قحر است ما را

65. ساقی ی وجود

گفتی شکار گیرم رفتی شکار گشتی
گفتی قرار یابم خود بی قرار گشتی
خضرت چرا نخوانم کآب حیات خوردی
پیشت چرا نمیرم چون یار یار گشتی
گردت چرا نگردم چون خانه خدایی
پایت چرا نبوسم چون پایدار گشتی
جامت چرا ننوشم؟ چون ساقی وجودی
نقلت چرا نچینیم چون قندبار گشتی
اکنون تو شهریاری کو را غلام گشتی
اکنون شگرف و زفتی کز غم نزار گشتی
هم گلشنش بدیدی صد گونه گل بچیدی
هم سنبلش بسودی هم لاله زار گشتی

66. دل برد و نهان شد

هر لحظه به شکلی بت عیار بر آمد

دل برد و نهان شد

هر دم به لباس دگران یار برآمد

گه پیر و جوان شد

گه نوح شد و کرد جهانی به دعا غرق

خود رفت به کشتی

گه گشت خلیل و به دل نار بر آمد

آتش گل از آن شد

یوسف شد و از مصر فرستاد قمیصی

روشنگر عالم

از دیده یعقوب چو انوار بر آمد

تا دیده عیان شد

حقا که هم او بود کاندر ید بیضا

میکرد شبانی

در چوب شد و بر صفت مار بر آمد

زان فخر کیان شد

می گشت دمی چند بر این روی زمین او

از بهر تفرج

عیسی شد و بر گنبد دوار بر آمد

تسبیح کنان شد

بالجمله هم او بود که می آمد و می رفت

هر قرن که دیدی

تا عاقبت آن شکل عرب وار بر آمد

دارای جهان شد

نی نی که هم او بود که می گفت انا الحق

در صوت الهی

منصور نبود آن که بر آن دار بر آمد

نادان به گمان شد

خود کوزه و خود کزه گرو خود گل کوزه

خود رند صبو کش

خود بر سر آن کوزه خریدار برآمد

بشکست و روان شد

رومی سخن کفر نگفته ست و نگوید

منکر مشویدش

کافر بود آن کس که به انکار بر آمد

از دوزخیان شد

67. من و تو

خنک آن دم که نشینیم در ایوان من و تو

به دو نقش و به دو صورت به یکی جان من و تو

داد باغ و دم مرغان بدهد آب حیات

آن زمانی که درآییم به بستان من و تو

اختران فلک آیند به نظاره ما

مه خود را بنماییم بدیشان من و تو

من و تو بی من و تو جمع شویم از سر ذوق

خوش و فارغ ز خرافات پریشان من و تو

طوطیان فلکی جمله شکرخوار شوند

در مقامی که بخندیم بدان سان من و تو

68. ز می خوشدلتر

عارفان را شمع و شاهد نیست از بیرون خویش

خون انگوری نخورده باده شان هم خون خویش

هر کسی اندر جهان مجنون لیلی ای شدند

عارفان لیلی خویش و دم به دم مجنون خویش

ساعتی میزان آنی ساعتی موزون این

بعد از این میزان خود شو تا شوی موزون خویش

گر تو فرعون منی از مصر تن بیرون کنی

در درون حالی ببینی موسی و هارون خویش

لنگری از گنج مادون بسته ای بر پای جان

تا فروتر می روی هر روز با قارون خویش

زین سپس ما را مگو چونی و از چون درگذر

چون ز چونی دم زند آن کس که شد بی چون خویش

باده غمگینان خورند و ما ز می خوش دلتریم

رو به محبوسان غم ده ساقیا افیون خویش

خون ما بر غم حرام و خون غم بر ما حلال

هر غمی کو گرد ما گردید شد در خون خویش

باده گلگونه ست بر رخسار بیماران غم

ما خوش از رنگ خودیم و چهره گلگون خویش

من نیم موقوف نفخ صور همچون مردگان
هر زمانم عشق جانی می دهد ز افسون خویش
دی منجم گفت دیدم طالعی داری تو سعد
گفتمش آری ولیک از ماه روزافزون خویش
مه کی باشد با مه ما کز جمال و طالعش
نحس اکبر سعد اکبر گشت بر گردون خویش

69. شهد بی زنبور

پیش از آن کاندر جهان باغ و می و انگور بود
از شراب لایزالی جان ما مخمور بود
ما به بغداد جهان جان اناالحق می زدیم
پیش از آن کاین دار و گیر و نکته منصور بود
پیش از آن کاین نفس کل در آب و گل معمار شد
در خرابات حقایق عیش ما معمور بود
جان ما همچون جهان بد جام جان چون آفتاب
از شراب جان جهان تا گردن اندر نور بود
ساقیا این میزبان آب و گل را مست کن
تا بداند هر یکی کو از چه دولت دور بود
ما دهانها باز مانده پیش آن ساقی کز او
خمرهای بی خمار و شهد بی زنبور بود
یا دهان ما بگیر ای ساقی ور نی فاش شد
آنچه در هفتم زمین در گنجها گنجور بود
شهر تبریز ار خبر داری بگو آن عهد را
آن زمان کی شمس دین بی شمس دین مشهور بود

70. در کار هشیار

من خفته وشم اما بس آگه و بیدارم
هر چند که بي هوشم در کار تو هشیارم
با شیره فشارانت اندر چرش عشقم
پاي از پي آن کوبم کانگور تو افشارم
تو پاي همي بيني و انگور نمي بيني
بستان قدحي شيره درياب که عصارم
زين باده نگردد سر زين شيره نشورد دل
هين چاشنيي بستان زين باده که من دارم

دامي كه در افتادي بنگر سوي دام افكن
تا ناظر حق باشي اي مرغ گرفتارم
دام ار تک چه باشد فردوس كند حقش
ور خار خسک باشد حق سازد گلزارم

71. كج و راست

هين كژ و راست مي روي باز چه خورده اي بگو
مست و خراب مي روي خانه به خانه كو به كو
با كي حريف بوده اي بوسه ز كي ربوده اي
زلف كه را گشوده اي حلقه به حلقه مو به مو
ني تو حريف كي كني اي همه چشم و روشني
خفيه روي چو ماهيان حوض به حوض جو به جو
راست بگو به جان تو اي دل و جانم آن تو
اي دل همچو شيشه ام خورده ميت كدو كدو
راست بگو نهان مكن پشت به عاشقان مكن
چشمه كجاست تا كه من آب كشم سبو سبو
در طلبم خيال تو دوش ميان انجمن
مي نشناخت بنده را مي نگريست رو به رو
چون بشناخت بنده را بنده كژرونده را
گفت بيا به خانه هي چند روي تو سو به سو
عمر تو رفت در سفر با بد و نيک و خير و شر
همچو زنان خيره سر حجره به حجره شو به شو
گفتمش اي رسول جان اي سبب نزول جان
ز آنک تو خورده اي بده چند عتاب و گفت و گو
گفت شراره اي از آن گر ببري سوي دهان
حلق و دهان بسوزدت بانگ زني گلو گلو
لقمه هر خورنده را درخور او دهد خدا
آنچ گلو بگيردت حرص مكن مجو مجو
گفتم كو شراب جان اي دل و جان فداي آن
من نه ام از شتردلان تا برمم به هاي و هو
خامش باش و معتمد محرم راز نيک و بد
آنک نيازموديش راز مگو به پيش او

72. هزاران چنگ دیگر

تو بشکن چنگ ما را ای معلا
هزاران چنگ دیگر هست این جا
چو ما در چنگ عشق اندرفتادیم
چه کم آید بر ما چنگ و سرنا
رباب و چنگ عالم گر بسوزد
بسی چنگی پنهانیست یارا
ترنگ و تنتنش رفته به گردون
اگر چه ناید آن در گوش صما
چراغ و شمع عالم گر بمیرد
چه غم چون سنگ و آهن هست برجا
به روی بحر خاشاکست اغانی
نیاید گوهری بر روی دریا
ولیکن لطف خاشاک از گهر دان
که عکس عکس برق اوست بر ما
دهان بربند و بگشا روزن دل
از آن ره باش با ارواح گویا

73. آواز دل زآواز گل

ای عاشقان ای عاشقان آن کس که بیند روی او
شوریده گردد عقل او آشفته گردد خوی او
معشوق را جویان شود دکان او ویران شود
بر رو و سر پویان شود چون آب اندر جوی او
در عشق چون مجنون شود سرگشته چون گردون شود
آن کو چنین رنجور شد نایافت شد داروی او
جان ملک سجده کند آن را که حق را خاک شد
ترک فلک چاکر شود آن را که شد هندوی او
ای ماه رویش دیده‌ای خوبی از او دزدیده‌ای
ای شب تو زلفش دیده‌ای نی نی و نی یک موی او
داند دل هر پاک دل آواز دل ز آواز گل
غریدن شیر است این در صورت آهوی او
این عشق شد مهمان من زخمی بزد بر جان من
صد رحمت و صد آفرین بر دست و بر بازوی او
من چند گفتم های دل خاموش از این سودای دل

سودش ندارد های من چون بشنود دل هوی او

74. گرفتار

این جا کسي است پنهان دامان من گرفته

خود را سپس کشیده پیشان من گرفته

این جا کسي است پنهان چون جان و خوشتر از جان

باغي به من نموده ایوان من گرفته

این جا کسي است پنهان همچون خیال در دل

اما فروغ رویش ارکان من گرفته

این جا کسي است پنهان مانند قند در نې

شیرین شکرفروشي دکان من گرفته

جادو و چشم بندي چشم کسش نبیند

سوداگري است موزون میزان من گرفته

چون گلشکر من و او در همدگر سرشته

من خوي او گرفته او آن من گرفته

در چشم من نیاید خوبان جمله عالم

بنگر خیال خوبش مژگان من گرفته

من خسته گرد عالم درمان ز کس ندیدم

تا درد عشق دیدم درمان من گرفته

تو نیز دل کبابي درمان ز درد یابي

گر گرد درد گردي فرمان من گرفته

در بحر ناامیدي از خود طمع بریدي

زین بحر سر برآري مرجان من گرفته

بشکن طلسم صورت بگشاي چشم سیرت

تا شرق و غرب بیني سلطان من گرفته

ساقي غیب بیني پیدا سلام کرده

پیمانه جام کرده پیمان من گرفته

تبریز شمس دین را بر چرخ جان ببیني

اشراق نور رویش کیهان من گرفته

75. نمی دانم

چه تدبیر ای مسلمانان که من خود را نمیدانم

نه ترسا نه یهودم من نه گبرم نه مسلمانم

نه شرقیم نه غربیم نه بریم نه بحریم

نه از ارکان طبیعیم نه از افلاک گردانم

نه از هندم نه از چینم نه از بلغار و سقسینم

نه از ملک عراقینم نه از خاک خراسانم

نه از خاکم نه از آبم نه از بادم نه از آتش

نه از عرشم نه از فرشم نه ازکونم نه از کانم

نه از دنیا نه از عقبی نه از جنت نه دوزخ

نه از آدم نه از حوا نه از فردوس و رضوانم

هوالاول هوالاخر هوالظاهر هوالباطن

که من جز هو و یا من هو کس دیگر نمیدانم

مکانم لا مکان باشد نشانم بی نشان باشد

نه تن باشد نه جان باشد که من از جان جانانم

دوئی را چون برون کردم دو عالم را یکی دیدم

یکی بینم یکی جویم یکی دانم یکی خوانم

اگر در عمر خود روزی دمی بی تو برآوردم

از آن روز و از آن ساعت پشیمانم پشیمانم

زجام عشق سر مستم دو عالم رفته ازدستم

به جز رندی و قلاشی نباشد هیچ سامانم

اگر دستم دهد روزی دمی با تو در این خلوت

دو عالم زیر پای آرم همی دستی بر افشانم

الا ای شمس تبریزی چنان مستم در این عالم

که جزمستی و سرمستی دگر چیزی نمی دانم

76. سررشته ی عشق

بانگ زدم نیم شبان کیست در این خانه دل

گفت منم کز رخ من شد مه و خورشید خجل

گفت که این خانه دل پر همه نقشست چرا

گفتم این عکس تو است ای رخ تو رشک چگل

گفت که این نقش دگر چیست پر از خون جگر

گفتم این نقش من خسته دل و پای به گل

داد سر رشته به من رشته پرفتنه و فن

گفت بکش تا بکشم هم بکش و هم مگسل

77. بی‌رنگ و بی‌نشان

اه چه بی‌رنگ و بی‌نشان که منم
کی ببینم مرا چنان که منم
گفتی اسرار در میان آور
کو میان اندر این میان که منم
کی شود این روان من ساکن
این چنین ساکن روان که منم
بحر من غرقه گشت هم در خویش
بوالعجب بحر بی‌کران که منم
این جهان و آن جهان مرا مطلب
کاین دو گم شد در آن جهان که منم
فارغ از سودم و زیان چو عدم
طرفه بی‌سود و بی‌زیان که منم
گفتم ای جان تو عین مایی گفت
عین چه بود در این عیان که منم
گفتم آنی بگفت‌های خموش
در زبان نامدست آن که منم

78. مقصد پیر و برنا

من آن روز بودم که اسما نبود
نشان از وجود و مسما نبود
ز ما شد مسما و اسما پدید
در آن روز کانجا من و ما نبود
چلیپا و نصرانیان سر به سر
بپیمودم اندر چلیپا نبود
به بتخانه رفتم به دیر کهن
درو هیچ رنگی هویدا نبود
به کوه حرا رفتم و قندهار
که نزدیک او زیر و بالا نبود
به عمدا شدم بر سر کوه قاف
در آن جای جز جای عنقا نبود
به کعبه کشیدم عنان طلب
درو مقصد پیر و برنا نبود

بپرسیدم از این سیناش حال
به اندازهء ابن سینا نبود
نگه کردم اندر دل خویشتن
در آنجاش دیدم دگرجا نبود

79. خانه پردازی

صورتگر نقاشم هر لحظه بتی سازم
وانگه همه بتها را در پیش تو بگدازم
صد نقش برانگیزم با روح درآمیزم
چون نقش تو را بینم در آتشش اندازم
جان ریخته شد بر تو آمیخته شد با تو
چون بوی تو دارد جان جان را هله بنوازم
هر خون که ز من روید با خاک تو می گوید
با مهر تو همرنگم با عشق تو هنبازم
ست خراب این دلدر خانه آب و گل بیتو
یا خانه درآ جانا یا خانه بپردازم

80. زهی عشق زهی عشق

زهی عشق زهی عشق که ما راست خدایا
چه نغزست و چه خوبست و چه زیباست خدایا
چه گرمیم چه گرمیم از این عشق چو خورشید
چه پنهان و چه پنهان و چه پیداست خدایا
زهی ماه زهی ماه زهی باده همراه
که جان را و جهان را بیاراست خدایا
زهی شور زهی شور که انگیخته عالم
زهی کار زهی بار که آن جاست خدایا
فروریخت فروریخت شهنشاه سواران
زهی گرد زهی گرد که برخاست خدایا
فتادیم فتادیم بدان سان که نخیزیم
ندانیم ندانیم چه غوغاست خدایا
ز هر کوی ز هر کوی یکی دود دگرگون
دگربار دگربار چه سوداست خدایا
نه دامیست نه زنجیر همه بسته چراییم

چه بندست چه زنجیر که برپاست خدایا
چه نقشیست چه نقشیست در این تابه دل‌ها
غریبست غریبست ز بالاست خدایا
خموشید خموشید که تا فاش نگردید
که اغیار گرفتست چپ و راست خدایا

81. چه کند؟

گل خندان که نخندد چه کند
علم از مشک نبندد چه کند
نار خندان که دهان بگشادست
چونک در پوست نگنجد چه کند
مه تابان به جز از خوبی و ناز
چه نماید چه پسندد چه کند
آفتاب ار ندهد تابش و نور
پس بدین نادره گنبد چه کند
سایه چون طلعت خورشید بدید
نکند سجده نخنبد چه کند
عاشق از بوی خوش پیرهنت
پیرهن را ندراند چه کند
تن مرده که بر او برگذری
نشود زنده نجنبد چه کند
دلم از چنگ غمت گشت چو چنگ
نخروشد نترنگد چه کند

82. جدا شد ز درد

گفت کسی خواجه سنایی بمرد
مرگ چنین خواجه نه کاریست خرد
کاه نبود او که به بادی پرید
آب نبود او که به سرما فسرد
شانه نبود او که به مویی شکست
دانه نبود او که زمینش فشرد
گنج زری بود در این خاکدان
کو دو جهان را بجوی می‌شمرد
قالب خاکی سوی خاکی فکند

جان خرد سوی سماوات برد
صاف درآمیخت به دردی می
بر سر خم رفت جدا شد ز درد

83. آب حیات موج زد

سیر نمی‌شوم ز تو نیست جز این گناه من
سیر مشو ز رحمتم ای دو جهان پناه من
سیر و ملول شد ز من خنب و سقا و مشک او
تشنه‌تر است هر زمان ماهی آب خواه من
درشکنید کوزه را پاره کنید مشک را
جانب بحر می روم پاک کنید راه من
آب حیات موج زد دوش ز صحن خانه‌ام
یوسف من فتاد دی همچو قمر به چاه من
سیل رسید ناگهان جمله ببرد خرمنم
دود برآمد از دلم دانه بسوخت و کاه من
در دل من درآمد او بود خیالش آتشین
آتش رفت بر سرم سوخته شد کلاه من
گفت که از سماع‌ها حرمت و جاه کم شود
جاه تو را که عشق او بخت من است و جاه من
از پی هر غزل دلم توبه کند ز گفت و گو
راه زند دل مرا داعیه اله من

84. من همگی توراستم

دوش چه خورده‌ای دلا راست بگو نهان مکن
چون خمشان بی‌گنه روی بر آسمان مکن
باده خاص خورده‌ای نقل خلاص خورده‌ای
بوی شراب می زند خربزه در دهان مکن
روز الست جان تو خورد میی ز خوان تو
خواجه لامکان تویی بندگی مکان مکن
دوش شراب ریختی وز بر ما گریختی
بار دگر گرفتمت بار دگر چنان مکن
من همگی تراستم مست می وفاستم
با تو چو تیر راستم تیر مرا کمان مکن
ای دل پاره پاره‌ام دیدن او است چاره‌ام

او است پناه و پشت من تکیه بر این جهان مکن
از تبریز شمس دین می رسدم چو ماه نو
چشم سوی چراغ کن سوی چراغدان مکن

85. لذت جان

من مست و تو دیوانه ما را کی برد خانه
صد بار تو را گفتم کم خور دو سه پیمانه
در شهر یکی کس را هشیار نمی‌بینم
هر یک بتر از دیگر شوریده و دیوانه
جانا به خرابات آ تا لذت جان بینی
جان را چه خوشی باشد بی‌صحبت جانانه
تو وقف خراباتی دخلت می و خرجت می
زین وقف به هشیاران مسپار یکی دانه
ای لولی بربط زن تو مستتری یا من
ای پیش چو تو مستی افسون من افسانه
از خانه برون رفتم مستیم به پیش آمد
در هر نظرش مضمر صد گلشن و کاشانه
چون کشتی بی‌لنگر کژ می‌شد و مژ می‌شد
وز حسرت او مرده صد عاقل و فرزانه
گفتم ز کجایی تو تسخر زد و گفت ای جان
نیمیم ز هندستان نیمیم ز فرغانه
نیمیم ز آب و گل نیمیم ز جان و دل
نیمیم لب دریا نیمی همه دردانه
گفتم که رفیقی کن با من که منم خویشت
گفتا که بنشناسم من خویش ز بیگانه
من بی‌دل و دستارم در خانه خمارم
یک سینه سخن دارم هین شرح دهم یا نه

86. تشنه تری

تو دیدی هیچ عاشق را که سیری بود از این سودا
تو دیدی هیچ ماهی را که او شد سیر از این دریا
تو دیدی هیچ نقشی را که از نقاش بگریزد
تو دیدی هیچ وامق را که عذرا خواهد از عذرا
بود عاشق فراق اندر چو اسمی خالی از معنی
ولی معنی چو معشوقی فراغت دارد از اسما

تویی دریا منم ماهی چنان دارم که می‌خواهی
بکن رحمت بکن شاهی که از تو مانده‌ام تنها
اگر آتش تو را بیند چنان در گوشه بنشیند
کز آتش هر که گل چیند دهد آتش گل رعنا
عذابست این جهان بی‌تو مبادا یک زمان بی‌تو
به جان تو که جان بی‌تو شکنجه‌ست و بلا بر ما
زهی دلشاد مرغی کو مقامی یافت اندر عشق
به کوه قاف کی یابد مقام و جای جز عنقا
زهی عنقای ربانی شهنشه شمس تبریزی
که او شمسیست نی شرقی و نی غربی و نی در جا

87. هیچ کس هشیار نیست

ساربانا اشتران بین سر به سر قطار مست
میر مست و خواجه مست و یار مست اغیار مست
باغبانا رعد مطرب ابر ساقی گشت و شد
باغ مست و راغ مست و غنچه مست و خار مست
آسمانا چند گردی گردش عنصر ببین
آب مست و باد مست و خاک مست و نار مست
حال صورت این چنین و حال معنی خود مپرس
روح مست و عقل مست و خاک مست اسرار مست
ساقیا باده یکی کن چند باشد عربده
دوستان ز اقرار مست و دشمنان ز انکار مست
شمس تبریزی به دورت هیچ کس هشیار نیست
کافر و مؤمن خراب و زاهد و خمار مست

88. شمس و قمرم آمد

شمس و قمرم آمد سمع و بصرم آمد
وان سیمبرم آمد وان کان زرم آمد
مستی سرم آمد نور نظرم آمد
چیز دگر ار خواهی چیز دگرم آمد
آن راه زنم آمد توبه شکنم آمد
وان یوسف سیمین بر ناگه به برم آمد
آن کس که همی‌جستم دی من به چراغ او را
امروز چو تنگ گل بر ره گذرم آمد

دو دست کمر کرد او بگرفت مرا در بر
زان تاج نکورویان نادر کمرم آمد
از مرگ چرا ترسم کو آب حیات آمد
وز طعنه چرا ترسم چون او سپرم آمد
از حد چو بشد دردم در عشق سفر کردم
یا رب چه سعادت‌ها که زین سفرم آمد
وقتست که می نوشم تا برق زند هوشم
وقتست که برپرم چون بال و پرم آمد

89. غم می گریزد

چنان کز غم دل دانا گریزد
دو چندان غم ز پیش ما گریزد
مگر ما شحنه‌ایم و غم چو دزدست
چو ما را دید جا از جا گریزد
بغرد شیر عشق و گله غم
چو صید از شیر در صحرا گریزد
ز نابینا برهنه غم ندارد
ز پیش دیده بینا گریزد
مرا سوداست تا غم را ببینم
ولیکن غم از این سودا گریزد
همه عالم به دست غم زبونند
چو او بیند مرا تنها گریزد
اگر بالا روم پستی گریزد
وگر پستی روم بالا گریزد

90 . مرگ عاشقان

عاشقانی که باخبر میرند
پیش معشوق چون شکر میرند
از الست آب زندگی خوردند
لاجرم شیوه دگر میرند
چونک در عاشقی حشر کردند
نی چو این مردم حشر میرند
از فرشته گذشته‌اند به لطف
دور از ایشان که چون بشر میرند

تو گمان می‌بری که شیران نیز
چون سگان از برون در میرند
همه روشن شوند چون خورشید
چونک در پای آن قمر میرند
عاشقانی که جان یک دگرند
همه در عشق همدگر میرند
عاشقان جانب فلک پرند
منکران در تک سقر میرند
عاشقان چشم غیب بگشایند
باقیان جمله کور و کر میرند
شاهشان بر کنار لطف نهد
نی چنین خوار و محتضر میرند
دور از ایشان فنا و مرگ ولیک
این به تقدیر گفتم ار میرند

91. آن دلبر من

آن دلبر من آمد بر من
زنده شد از او بام و در من
گفتم قنقی امشب تو مرا
ای فتنه من شور و شر من
گفتا بروم کاری است مهم
در شهر مرا جان و سر من
گفتم به خدا گر تو بروی
امشب نزید این پیکر من
آخر تو شبی رحمی نکنی
بر رنگ و رخ همچون زر من
رحمی نکند چشم خوش تو
بر نوحه و این چشم تر من
گفتا چه کنم چون ریخت قضا
خون همه را در ساغر من
خامش که اگر خامش کنی
در بیشه فتد این آزر من

92. خندیدن

جنتی کرد جهان را ز شکر خندیدن
آنک آموخت مرا همچو شرر خندیدن
گر چه من خود ز عدم دلخوش و خندان زادم
عشق آموخت مرا شکل دگر خندیدن
به صدف مانم خندم چو مرا درشکنند
کار خامان بود از فتح و ظفر خندیدن
یک شب آمد به وثاق من و آموخت مرا
جان هر صبح و سحر همچو سحر خندیدن
گر ترش روی چو ابرم ز درون خندانم
عادت برق بود وقت مطر خندید
زر در آتش چو بخندید تو را می گوید
گر نه قلبی بنما وقت ضرر خندیدن
گر تو میر اجلی از اجل آموز کنون
بر شه عاریت و تاج و کمر خندیدن
همچو غنچه تو نهان خند و مکن همچو نبات
وقت اشکوفه به بالای شجر خندیدن

93. حکایتی

شنیدم کاشتری گم شد ز کردی در بیابانی
بسی اشتر بجست از هر سوی کرد بیابانی
چو اشتر را ندید از غم بخفت اندر کنار ره
دلش از حسرت اشتر میان صد پریشانی
در آخر چون درآمد شب بجست از خواب و دل پرغم
برآمد گوی مه تابان ز روی چرخ چوگانی
به نور مه بدید اشتر میان راه استاده
ز شادی آمدش گریه به سان ابر نیسانی
رخ اندر ماه روشن کرد و گفتا چون دهم شرحت
که هم خوبی و نیکویی و هم زیبا و تابانی
خداوندا در این منزل برافروز از کرم نوری
که تا گم کرده خود را بیابد عقل انسانی
شب قدر است در جانب چرا قدرش نمی‌دانی
تو را می‌شورد او هر دم چرا او را نشورانی
تو را دیوانه کردست او قرار جانت بردست او

غم جان تو خوردست او چرا در جانش ننشانی
چو او آب است و تو جویی چرا خود را نمی‌جویی
چو او مشک است و تو بویی چرا خود را نیفشانی

باب وصال

94. مطربان را

خدایا مطربان را انگبین ده
برای ضرب دست آهنین ده
چو دست و پای وقف عشق کردند
تو همشان دست و پای راستین ده
چو پر کردند گوش ما ز پیغام
توشان صد چشم بخت شاه بین ده
کبوتروار نالانند در عشق
توشان از لطف خود برج حصین ده
ز مدح و آفرینت هوش‌ها را
چو خوش کردند همشان آفرین ده
جگرها را ز نغمه آب دادند
ز کوثرشان تو هم ماء معین ده
خمش کردم کریما حاجتت نیست
که گویندت چنان بخش و چنین ده

95. ساغر در کار

فخر جمله ساقیانی ساغرت در کار باد
چشم تو مخمور باد و جان ما خمار باد
ای ز نوشانوش بزمت هوش‌ها بی‌هوش باد
وی ز جوشاجوش عشقت عقل بی‌دستار باد
چون زنان مصر جان را دست و دل مجروح باد
یوسف مصری همیشه شورش بازار باد
ساقیا از دست تو بس دست‌ها از دست شد
مست تو از دست تو پیوسته برخوردار باد
شاه خوبان میر ما و عشق گیراگیر ما
جان دولت یار ما و بخت و دولت یار باد

سرکشیم و سرخوشیم و یک دگر را می‌کشیم
این وجود ماٍ همیشه جاذب اسرار باد

96. هنگام کوچ

ای عاشقان ای عاشقان هنگام کوچ است از جهان
در گوش جانم می رسد طبل رحیل از آسمان
نک ساربان برخاسته قطارها آراسته
از ما حلالی خواسته چه خفته اید ای کاروان
این بانگها از پیش و پس بانگ رحیل است و جرس
هر لحظه ای نفس و نفس سر می کشد در لامکان
زین شمعهای سرنگون زین پردههای نیلگون
خلقی عجب آید برون تا غیبها گردد عیان
زین چرخ دولابی تو را آمد گران خوابی تو را
فریاد از این عمر سبک زنهار از این خواب گران
ای دل سوی دلدار شو ای یار سوی یار شو
ای پاسبان بیدار شو خفته نشاید پاسبان
هر سوی شمع و مشعله هر سوی بانگ و مشغله
کامشب جهان حامله زاید جهان جاودان
تو گل بدی و دل شدی جاهل بدی عاقل شدی
آن کو کشیدت این چنین آن سو کشاند کش کشان
اندر کشاکشهای او نوش است ناخوشهای او
آب است آتشهای او بر وی مکن رو را گران
در جان نشستن کار او توبه شکستن کار او
از حیله بسیار او این ذره ها لرزان دلان
در من کسی دیگر بود کاین خشمها از وی جهد
گر آب سوزانی کند ز آتش بود این را بدان
در کف ندارم سنگ من با کس ندارم جنگ من
با کس نگیرم تنگ من زیرا خوشم چون گلستان

97. خلاص جان

بروز مرگ چو تابوت من روان باشد
گمان مبر که مرا درد این جهان باشد
براي من مگري و مگو دريغ دريغ
به دام ديو درافتي دريغ آن باشد

جنازه ام چو ببيني مگو فراق فراق
مرا وصال و ملاقات آن زمان باشد
مرا به گور سپاري مگو وداع وداع
که گور پرده جمعيت جنان باشد
فروشدن چو بديدي برآمدن بنگر
غروب شمس و قمر را چرا زيان باشد
تو را غروب نمايد وليک شرق بود
لحد چو حبس نمايد خلاص جان باشد

98. دفع اژدها

رو سر بنه به بالین تنها مرا رها کن
ترک من خراب شب گرد مبتلا کن
ماییم و موج سودا شب تا به روز تنها
خواهی بیا ببخشا خواهی برو جفا کن
از من گریز تا تو هم در بلا نیفتی
بگزین ره سلامت ترک ره بلا کن
خیره کشی است ما را دارد دلی چو خارا
بکشد کسش نگوید تدبیر خونبها کن
بر شاه خوبرویان واجب وفا نباشد
ای زردروی عاشق تو صبر کن وفا کن
دردی است غیر مردن آن را دوا نباشد
پس من چگونه گویم کاین درد را دوا کن
در خواب دوش پیری در کوی عشق دیدم
با دست اشارتم کرد که عزم سوی ما کن
گر اژدهاست بر ره عشقی است چون زمرد
از برق این زمرد هی دفع اژدها کن

99. وصل را هجران مکن

ای خدا این وصل را هجران مکن
سرخوشان عشق را نالان مکن
باغ جان را تازه و سرسبز دار
قصد این مستان و این بستان مکن
چون خزان بر شاخ و برگ دل مزن
خلق را مسکین و سرگردان مکن

بر درختی کاشیانه مرغ توست
شاخ مشکن مرغ را پران مکن
این طناب خیمه را برهم مزن
خیمه توست آخر ای سلطان مکن
نیست در عالم ز هجران تلختر
هرچه خواهی کن ولیکن آن مکن

100. عشق جمله سود باد!

ای خدا از عاشقان خشنود باد
عاشقان را عاقبت محمود باد
عاشقان را از جمالت عید باد
جانشان در آتشت چون عود باد
هر که گوید که خلاصش ده ز عشق
آن دعا از آسمان مردود باد
مه کم آید مدتی در راه عشق
آن کمی عشق جمله سود باد
دیگران از مرگ مهلت خواستند
عاشقان گویند نی نی زود باد
آسمان از دود عاشق ساختهست
آفرین بر صاحب این دود باد

परिशिष्ट

परिशिष्ट-1

ग़ज़लों की अनुक्रमणिका

परिशिष्ट–2

प्रयुक्त छन्द

फ़ारसी साहित्य में लगभग 300 छन्द प्राप्त होते हैं। परन्तु संगीतात्मक तथा प्रचलित छन्द वही हैं जिन्हें मौलाना रूमी तथा हाफ़िज़ शीराज़ी आदि कवियों ने अपनी कविताओं के लिए चुना है। फ़ारसी में 90 प्रतिशत से अधिक कविताओं में प्राय: 31 छन्द ही प्रयुक्त किए गए हैं।[230] मौलाना फ़ारसी में सर्वाधिक छन्दों का प्रयोग करने वाले कवि हैं। इसका कारण यह है कि उन्होंने पारम्परिक छन्दों से अतिरिक्त वाद्य की तालों पर बैठ सकने वाले नए संगीतोपयोगी छन्दों की भी सृष्टि की है। आगे इन छन्दों को पारम्परिक फ़ारसी नाम (जो मूलत: अरबी के हैं) तथा गणनिर्देश के साथ भारतीय शैली में भी गणनिर्देश किया जा रहा है ताकि भारतीय छन्द:शास्त्र से परिचित व्यक्ति के लिए फ़ारसीके छन्द स्पष्टतर हो सकें। जहाँ जहाँ भारतीय छन्द फ़ारसी छन्दों से निकटता रखते हैं वहाँ वहाँ उनका निर्देश भी किया जा रहा है। इससे पाठकों को दोनों वाङ्मय में छन्दोविधान की अन्तर्निहित एकता का भी ज्ञान हो सकेगा। छन्दों का निर्देश करने में हमारा उद्देश्य यह है रूमी की ग़ज़लों के देवनागरी पाठ को रसिक जन लयबद्ध रीति से उच्चारण कर सकें तथा उसके नादसौन्दर्य से परिचित हो सकें। नीचे सबसे पहले 1. छन्दों का यथाशास्त्र फ़ारसी छन्द:शास्त्रानुकूल नाम निर्देश किया गया है, तत्पश्चात् 2. प्रस्तुत संग्रह में जिन ग़ज़लों में उस छन्द का प्रयोग है उनकी संख्याओं का निर्देश है, फिर 3. फ़ारसी छन्द:शास्त्रानुसार गणनिर्देश, तथा अन्त में 4. भारतीय छन्द:शास्त्रानुसार गणनिर्देश का क्रम रखा गया है। अन्त में छन्द के स्वरूप के बारे में कुछ सम्बद्ध बातें भी बतायी गई हैं।

1. हज़ज मुसम्मन सालिम

(ग़ज़ल संख्या–21,27,33,75,86,93)

मफ़ाईलुन् मफ़ाईलुन् मफ़ाईलुन् मफ़ाईलुन्

। ऽ ऽ ऽ । ऽ ऽ ऽ । ऽ ऽ ऽ । ऽ ऽ ऽ = 16 अक्षर

---

230. समीशा पृ. 39—

यमाता राजभा ताराज मातारा यमाता गा (अथवा, यमाता राजभा गा गा X4, या यमाता गा X8) मूलगण मफ़ाईलुन् को चार बार दुहराने से इस छन्द की संरचना बनती है। मफ़ाईलुन् गण एक लघु तथा लगातार तीन गुरु अक्षरों से संघटित है। इस प्रकार इस छन्द में चार लघु होते हैं तथा प्रत्येक के बाद तीन तीन (कुल बारह) गुरु वर्ण आते हैं।

भारतीय पिङ्गलशास्त्रियों के द्वारा परिलक्षित क्रीडा[231] छन्द इससे बहुत मिलता जुलता है। परन्तु यह बहुत छोटा—चार अक्षरों वाला छन्द है। अगर इसी को दुगुना कर दिया जाय तो प्रकृत छन्द प्राप्त हो सकता है। इस द्विगुणित रूप वाले छन्द को जगन्नाथ प्रसाद भानु नेअपने छन्दप्रभाकर में शुद्धना कहा है।[232] जगन्नाथ प्रसाद 'भानु' ने इसके मात्रिक रूप को भी मान्यता दी है तथा उसे विधाता नाम से लक्षित किया है।[233] जयकीर्ति (छन्दोऽनुशासन 2-17) तथा हेमचन्द्र (छन्दोऽनुशासन 2-20) ने 4 अक्षरों वाले एक छन्द का लक्षण दिया है तथा क्रमशः उसे वृद्धि (यगौ वृद्धिः) तथा व्रीडा (यगौ व्रीडा) का नाम दिया है। जैसा कि लक्षणों से स्पष्ट होता है इसमें एक यगण तथा एक गुरु माने गए हैं। इसी छन्द को अगर चार बार आवृत्त कर दिया जाये तो विधाता छन्द की प्राप्ति हो जाती है। इसका यह छोटा वाला रूप निश्चित रूप से लोक में विद्यमान रहा होगा फिर भी 16 मात्राओं वाला प्रकृत छन्द अनुमानतः फ़ारसी से ही आया हुआ होगा। इसका कारण यह है कि विद्यापति,सूर, तुलसी आदि कवियों की कविता में यह यह छन्द प्राप्त नहीं होता। इसका सर्वप्रथम प्रयोग बहुत बाद में भारतेन्दु ने किया है।

2. हज़ज मुसम्मन मकफ़ूफ महज़ूफ़

(ग़ज़ल संख्या-19,80)

मफ़ाईलु मफ़ाईलु मफ़ाईलु फ़ऊलुन्[234]

। ऽ ऽ।। ऽ ऽ।। ऽ ऽ।। ऽ ऽ =15 अक्षर

यमाता सलगा भानस ताराज यमाता

231. युगै चारो। हरी तारो॥ करो क्रीडा। रखो व्रीडा॥ (छन्दप्रभाकर, पृ. 118)

232. छन्दप्रभाकर पृ.—118

233. लहौ विद्या लहौ रत्नै लखौ रचना विधाता की (छन्दप्रभाकर, पृ. 70)

234. इसे—इलातुन् फ़इलातुन् फ़इलातुन् फ़इलातुन् के रूप में भी कह देते हैं।

3. हज़ज मुसम्मन अख़रब
(अथवा, हज़ज मुसम्मन मकफ़ूफ़ अख़रम)

(ग़ज़ल संख्या–9,18,22,40,70,79,85,88)

मफ़ऊलु मफ़ाईलुन् मफ़ऊलु मफ़ाईलुन्

ऽ ऽ ॥ ऽ ऽ ऽ ऽ ऽ ॥ ऽ ऽ ऽ = 14 अक्षर

ताराज यमाता मा,तारा सलगा गा गा
(अथवा, ताराज यमाता गा X4)

इसके हर मिसरे में 14 अक्षर होते हैं तथा 7–7 पर यति हुआ करती है।

4. हज़ज मुसम्मन अख़रब मकफ़ूफ़ महज़ूफ़

(ग़ज़ल संख्या–17,52,66 + मुस्तज़ाद)

मफ़ऊलु मफ़ाईलु मफ़ाईलु फ़ऊलुन्[235]

ऽ ऽ ॥ ऽ ऽ ॥ ऽ ऽ ॥ ऽ ऽ = 14 अक्षर

ताराज यमाता सलगा भानस गा गा
(तगण,यगण, सगण, भगण + दो गुरु)

छन्दप्रभाकर में जगन्नाथ प्रसाद भानु ने इसके मात्रिक रूप को स्वीकार करते हुए इसे बिहारी नाम दिया है।[236] परन्तु फ़ारसी में यह छन्द सर्वत्र वार्णिक रूप में ही प्रयुक्त है।

यदि इसी छन्द के बाद एक व्यञ्जन वर्ण और हो तो इसको एक अलग नाम से जाना जाता है—हज़ज मुसम्मन अख़रम मकफ़ूफ़।

5. हज़ज मुसद्दस महज़ूफ़

(ग़ज़ल संख्या–7,25,48,51,64,72,89,94)

मफ़ाईलुन् मफ़ाईलुन् फ़ऊलुन्

। ऽ ऽ ऽ । ऽ ऽ ऽ । ऽ ऽ = 11 अक्षर

यमाता राजभा ताराज गा गा

---

235. मुस्तफ़अलु मुस्तफ़अलु मुस्तफ़अलु मुस्तफ़् (फ़ेलुन्) या लातुन् फ़अलातुन् फ़अलातुन् फ़अलातुन् इन गणों से भी माप सकते हैं।

236. द्वै चार छहौ आठ रचे रास बिहारी। (छन्दप्रभाकर, पृ. 60)

यह छन्द पूर्वोक्त मूल छन्द से निकला हुआ है। मफ़ाईलुन् को तीन बार आवृत्त करके अन्तिम गुरु को यदि निकाल दें तो यह छन्द प्राप्त हो जाता है—

इसे तराने (गीत) का छन्द भी कहते हैं। इसका नाम हज़ज इसलिए है कि इसका प्रकृतिभूत गण मफ़ाईलुन् है। यह मुसद्दस इसलिए है कि एक शेर में ये गण कुल 6 बार आवृत्त होते हैं।

इस छन्द के मात्रिक रूप को भारतीय पिङ्गलविदों ने सुमेरु नाम दिया है।[237] उपर्युक्त (देखिये विधाता) वृद्धि या व्रीडा छन्द की मात्राओं को तीन बार आवृत्त करके गुरु निकाल दें तो सुमेरु छन्द प्राप्त हो जाता है।

यदि इस छन्द के अन्त में एक व्यञ्जन अधिक आ रहा हो तो उसे मापने के लिए फ़ारसी छन्दःशास्त्रियों ने अन्तिम गण में परिवर्तन करके उसे नया नाम *हज़ज मुसद्दस मक़्सूर या हज़ज मुसद्दस मक़्तूअ* दिया है—

मफ़ाईलुन्   मफ़ाईलुन्   मफ़ाईल्

यद्यपि इस परिवर्तन से मात्रा में कोई भी फेर बदल नहीं होता। कवि भी एक ही शे,र के एक मिसरे के अन्त में फ़ऊलुन् और दूसरे के अन्त में मफ़ाईल् का प्रयोग कर सकता है।[238] इस गण विन्यास से विशिष्ट छन्द के मात्रिक रूप का नाम भारतीय छन्दःशास्त्रियों ने **शास्त्र** रखा है।[239] फ़ारसी काव्य की एक प्रसिद्ध विधा दुबैती है। दुबैती में इसी छन्द का प्रयोग किया जाता है। बाबा ताहिर उरियाँ की दुबैतियाँ प्रसिद्ध हैं।

6. हज़ज मुसद्दस अख़रब मक़्बूज़ महज़ूफ़

(ग़ज़ल सं. 4,43,45)

मफ़्ऊलु मफ़ाइलुन् फ़ऊलुन्

ऽ ऽ ॥ ऽ । ऽ । ऽ ऽ =10 अक्षर

ताराज जभान राजभा गा (तगण + जगण + रगण + 1 गुरु)

7. रमल मुसम्मन मख़बून

(ग़ज़ल संख्या-41)

फ़इलातुन् फ़इलातुन् फ़इलातुन् फ़इलातुन

॥ ऽ ऽ ॥ ऽ ऽ ॥ ऽ ऽ ॥ ऽ ऽ =16 अक्षर

सलगा भानस ताराज यमाता सलगा गा

237. लहै रवि लोक सोभा यह सुमेरू। (छन्दप्रभाकर, पृ. 55)

238. जदीद इल्मे उरूज़, पृ. 34

239. मुनी के लोक लहिये शास्त्र आनन्द (छन्दप्रभाकर, पृ. 57)

8. रमल मुसम्मन महज़ूफ़

(ग़ज़ल संख्या–13,15,49, 61,63,68,69,87,95)

फ़ाइलातुन् फ़ाइलातुन् फ़ाइलातुन् फ़ाइलुन्

ऽ। ऽ ऽ ऽ। ऽ ऽ ऽ। ऽ ऽ ऽ। ऽ = 15 अक्षर

राजभा ताराज मातारा यमाता राजभा
(रगण + तगण + मगण + यगण + रगण)

इस छन्द को भारतीय छन्द:शास्त्रियों ने शुद्धगीता नाम दिया है।[240] इसके वर्णिक रूप को भानु (1936) ने सीता[241] कहा है। वस्तुतः हिन्दी में प्रयुक्त 24 मात्राओं वाले छन्द रूपमाला के अन्त में एक गुरु जोड देने से इस छन्द की प्राप्ति हो सकती है। यह छन्द संस्कृत वृत्त चञ्चरी(र स ज ज भ र) का मात्रिक रूप है अथवा हरिगीतिका के प्रारम्भिक दो मात्राओं को कम कर देने से भी यह छन्द निष्पन्न हो जाता है।

इस छन्द के अन्त में यदि एक व्यञ्जन अधिक हो तो उसे छन्द:शास्त्री रमल मुसम्मन मक़्तूअ का नाम देकर उसके गण की व्यवस्था निम्नवत् दिखाते हैं—

फ़ाइलातुन् फ़ाइलातुन् फ़ाइलातुन् फ़ाइलात्

9. रमल मुसम्मन मख़बून महज़ूफ़ मक़्तूअ

(ग़ज़ल सं. 2,6,12,92,)

फ़ाइलातुन् फ़इलातुन् फ़इलातुन् फ़ेलुन्

ऽ। ऽ ऽ॥ ऽ ऽ॥ ऽ ऽ ऽ ऽ =14 अक्षर

राजभा भानस ताराज यमाता गा गा
(अथवा, राजभा गा सलगा गा सलगा मा ता रा)

इस छन्द के हर मिसरे में चार गण, तथा 14 अक्षर प्रयुक्त किए जाते है। 4-4-4 तथा 2 अक्षरों पर यति का अनुभव होता है। इस छन्द का प्रयोग करते हुए अक्सर देखा जाता है कि कविगण प्रथम गुरु को लघु करके (अर्थात् राजभा को सलगा करके) भी प्रयोग करते हैं। एक ही मिसरे में दोनों प्रकार के गणों का प्रयोग भी

240. मत्त चौदा और तेरा शुद्धगीता ग्वाल धार (छन्दप्रभाकर, पृ. 68)

241. छन्द प्रभाकर—पृ. 172

मान्य है। प्रस्तुत छन्द के अन्त में यदि एक व्यञ्जन वर्ण अधिक हो तो छन्द:शास्त्री इसे एक नया नाम देते हैं—रमल मुसम्मन मख़बून मक़्तूअ।

10. रमल मुसम्मन मख़बून महज़ूफ़

(ग़ज़ल संख्या-11, 38, 44, 56, 67)

उपर्युक्त छन्द के उपान्त्य गुरु को अगर दो लघु अक्षरों के साथ बदल दिया जाये तो इस छन्द की प्राप्ति होती है। पूर्वोक्त की अपेक्षा इस छन्द की गणव्यवस्था निम्नवत् होगी।

फ़ा(फ़)इलातुन् फ़इलातुन् फ़इलातुन् फ़इलुन्

ऽ (I) I ऽ ऽ II ऽ ऽ II ऽ ऽ II ऽ = 15 अक्षर

राजभा भानस ताराज यमाता सलगा
(अथवा, राजभा गा सलगा गा सलगा गा सलगा)

पूर्वोक्त छन्द की ही भाँति इस छन्द के प्रारम्भ में गुरु तथा लघु दोनों वर्ण आ सकते हैं। इससे छन्द में कोई परिवर्तन नहीं माना जाता है। दोनों प्रकार के मिसरे एक ही शेर में देखे जा सकते हैं।

11. रमल मुसम्मन मख़बून मकफ़ूफ़

(ग़ज़ल संख्या-37)

पूर्वोक्त छन्द के पहले तथा तीसरे गण में स्थित गुरु के स्थान पर यदि दो लघु रख दिये जाएँ तो प्रस्तुत छन्द प्राप्त होता है। इसकी गणव्यवस्था इस प्रकार होगी—

फ़इलातु फ़ाइलातुन् फ़इलातु फ़ाइलातुन्

II ऽ I ऽ I ऽ ऽ II ऽ I ऽ I ऽ ऽ = 16 अक्षर

सलगा जभान ताराज जभान राजभा गा
(अथवा, सलगा जभान गागा × 4)

इस प्रकार पूर्वोक्त छन्द की अपेक्षा इस छन्द में 2 अक्षर बढ़ जाते हैं मात्राएँ तो उतनी ही रहती हैं। यति प्रत्येक 8 अक्षरों पर होती है।

12. रमल मुसद्दस महज़ूफ़ या बह्रे मस्नवी

(ग़ज़ल संख्या-20,26,57,99,100)

ऽ I ऽ ऽ ऽ I ऽ ऽ ऽ I ऽ = 11 अक्षर

राजभा ताराज मातारा लगा (रगण + तगण + मगण + 1 लघु + 1 गुरु)

फ़ाइलातुन् फ़ाइलातुन् फ़ाइलुन्

इस छन्द को भारतीय छन्द:शास्त्रियों ने पीयूषवर्ष नाम दिया है[242]

दोनों पङ्क्तियों में 6 बार आवृत्त होने के कारण इसे मुसद्दस कहा गया है। फ़ाइलुन् में फ़ाइलातुन् का एक गुरु लुप्त (हज़्फ़) है इसलिए इसे महज़ूफ़ कहा गया है।

इस छन्द के अन्त में यदि एक व्यञ्जन अधिक हो तो इसे ही रमल मुसद्दस मक़्सूर का नाम दे देते हैं।

13. रमल मुसद्दस मख़बून महज़ूफ़

(ग़ज़लसंख्या-81)

फ़इलातुन् फ़इलातुन् फ़इलुन्

IISS IISS IIS = 11 अक्षर

सलगा भानस ताराज लगा

14. मुज़ार,अ मुसम्मन् अख़रब

(ग़ज़ल संख्या-24,35,65,74,98)

मफ़्ऊलु फ़ाइलातुन् मफ़्ऊलु फ़ाइलातुन्[243]

S S I S I S S S S I S I S S = 14 अक्षर

ताराज राजभा मातारा जभान गा गा

(अथवा, ताराज राजभा गा × 4, तगण + रगण + 1 गुरु)

यह 14 अक्षरों से बना हुआ छन्द है जिसके हर 7 अक्षर पर यति होती है। इस प्रकार यह एक समवृत्त छन्द है। मफ़ाईलुन् तथा फ़ाइलातुन् के समन्वय से बने छन्द को मुज़ार,अ कहते हैं।

15. मुज़ार,अ मुसम्मन् अख़रब मकफ़ूफ़ महज़ूफ़

(ग़ज़ल संख्या-8, 10,16, 59)

मफ़्ऊलु फ़ाइलातु मफ़ाईलु फ़ाइलुन्[244]

S S I S I S II S S I S I S = 14 अक्षर

ताराज राजभा सलगा राजभा ल गा

(तगण + रगण + सगण + रगण + 1 लघु + 1 गुरु)

---

242. दिसि निधी पीयूष वर्षत झरि लगा। (छन्द प्रभाकर, पृ. 54)

243. इसे मुस्तफ़्अलुन् फ़ऊलुन् मुस्तफ़्अलुन् फ़ऊलुन् के रूप में भी माप सकते हैं। तब इसका नाम होगा—रजज़ मुसम्मन मख़बून मक़्तूअ।

244. इसे लातुन् मफ़ाइलुन् फ़इलातुन् मफ़ाइलुन् के रूप में भी मापा जाता है।

16. रजज़ मुसम्मन सालिम

(ग़ज़ल संख्या–29,46,47,73,78,96)

यह एक मुफ़रद (प्रकृतिभूत) छन्द है जो 'मुस्तफ़अलुन्' गण की चार अखंड आवृत्तियों से बनता है—

मुस्तफ़अलुन् मुस्तफ़अलुन् मुस्तफ़अलुन् मुस्तफ़अलुन्

S S I S S S I S S S I S S S I S = 16 अक्षर

ताराज मातारा यमाता राजभा ताराज गा (त म य र त ग)

फ़ारसी में यह छन्द वार्णिक है जबकि भारतीय पिङ्गलविदों ने इसके मात्रिक रूप को भी मान्यता दी है तथा इसकी धुन बहुत ही प्रसिद्ध तथा प्राचीन है।[245] प्राकृतपैंगलम् में इसका नाम **हरिगीता**[246] तथा जगन्नाथ प्रसाद भानु ने इसका नाम हरिगीतिका[247] रखा है।

17. रजज़ मुसम्मन मत्वा मख़्बून

(ग़ज़ल संख्या–5,14,23,34, 40,54,55,62,71,83,84)

मुफ़्तइलुन् मफ़ाइलुन् मुफ़्तइलुन् मफ़ाइलुन्

S II S I S I S S II S I S I S = 16 अक्षर

भानस राजभा लगा भानस राजभा लगा

यह एक समवृत्त छन्द है जिसमें 8–8 पर यति होती है तथा कुल मिलाकर एक मिसरे में 16 मात्राएँ होती हैं।

18. रजज़ मुसम्मन मत्वा

(ग़ज़ल संख्या–32)

मुफ़्तइलुन् मुफ़्तइलुन् मुफ़्तइलुन् मुफ़्तइलुन्

S II S S II S S II S S II S = 16 अक्षर

भानस ताराज लगा भानस ताराज लगा

---

245. तुलसीदासकृत *श्रीरामचन्द्र कृपालु भज मनहरण भव भय दारुणम्* तथा *गोपाल गोकुल वल्लवीप्रिय गोप गोसुत वल्लभम् (दोनों गीतावली)* आदि इसी छन्द के विभिन्न वार्णिक रूप हैं।

246. प्राकृतपैंगलम् 1–191

247. शृङ्गार भूषण अन्त लग जन गाइये हरिगीतिका (छन्द प्रभाकर, पृ. 69)

19. रजज़ मुसम्मन मत्वा

(ग़ज़लसंख्या-58,76,)

मुफ़्तइलुन् मुफ़्तइलुन् मुफ़्तइलुन् मुफ़्तइलुन्

S IIS S IIS S IIS S IIS = 16

भानसगा भानसगा भानसगा भानसगा

20. मुज्तस मुसम्मन मख़्बून

(ग़ज़लसंख्या-36)

मफ़ाइलुन् फ़इलातुन् मफ़ाइलुन् फ़इलातुन्

IS IS IISS IS IS IISS = 16 अक्षर

जभान भानस गा गा जभान भानस गा गा

21. मुज्तस मुसम्मन मख़्बून महज़ूफ़

(ग़ज़लसंख्या-28,97)

मफ़ाइलुन् फ़इलातुन् मफ़ाइलुन् फ़ेलुन्

IS IS IISS IS IS SS = 14 अक्षर

जभान भानस गा गा जभान मातारा

22. मुज्तस मुसम्मन महज़ूफ़ मख़्बून

(ग़ज़ल संख्या-50)

मफ़ाइलुन् फ़इलातुन् मफ़ाइलुन् फ़ेलुन्

IS IS IISS IS IS SS = 14 अक्षर

जभान भानस ताराज राजभा गा गा

23. मुंसरह मत्वा मक्शूफ़

(ग़ज़ल संख्या-42,53)

मुफ़्तइलुन् फ़ाइलुन् मुफ़्तइलुन् फ़ाइलुन्

S II SS I S S II SS I S = 14 अक्षर

भानस ताराज गा भानस ताराज गा

24. ख़फ़ीफ़ मुसद्दस मख़बून

(ग़ज़लसंख्या-77,90)

फ़ाइलातुन् मफ़ाइलुन् फ़इलुन् / फ़ेलुन्

ऽ ।ऽऽ ।ऽ ।ऽ ।।ऽ / ऽऽ = 11/10 अक्षर

राजभा राजभा यमाता गा

25. बह्रे मुतक़ारिब मुसम्मन महज़ूफ़

(ग़ज़ल संख्या-60)

फ़ऊलुन् गण को चार बार आवृत्त करके अन्तिम गुरु को हटा देने से यह छन्द निर्मित होता है। इसकी गणयोजना निम्नवत् है—

फ़ऊलुन् फ़ऊलुन् फ़ऊलुन् फ़ऊल्

। ऽ ऽ । ऽ ऽ । ऽ ऽ । ऽ = 11 अक्षर

यमाता यमाता यमाता ल गा

यह एक समवृत्त छन्द है जिसमें 11 मात्राएँ होती हैं। इसमें आभ्यन्तर यति की सत्ता स्वीकार नहीं की जाती है। फ़ारसी में यह छन्द अपने प्रकृतिभूत छन्द (सालिम, भुजंगप्रयात) की अपेक्षा अधिक प्रचलित है। फ़िरदौसी का सम्पूर्ण शाहनामाके 60000 पद्य इसी छन्द में निबद्ध है। ध्यातव्य है कि भारतीय पिङ्गलशास्त्रियों ने इसके मात्रिक संस्करण का नाम **सगुण** रखा है।[248] जबकि वार्णिक रूप में इसका नाम **भुजङ्गी**[249] है। फ़ऊल् में फ़ऊलुन् का एक गुरु लुप्त (हज़्फ़) है इसलिए इसे महज़ूफ़ कहा गया है।

26. सरीअ मत्वा मक्शूफ़

(ग़ज़लसंख्या-30,82)

मुफ़्तइलुन् मुफ़्तइलुन् फ़ाइलुन्

ऽ ।।ऽ ऽ ।।ऽ ऽ ।ऽ = 11 अक्षर

भानस ताराज यमाता लगा

27. मुतदारिक मुसम्मन मक़्तूअ मख़्बून

(ग़ज़लसंख्या-31,91)

फ़अ लुन् फ़इलुन् फ़अ लुन् फ़इलुन्

ऽऽ ।।ऽ ऽऽ ।ऽ = 9 अक्षर

ताराज लगा ताराज लगा

248. सगुण पंच चारौं जुगन बन्दनीय। (छन्द प्रभाकर, पृष्ठ 55)

249. (छन्द प्रभाकर—पृष्ठ 136)

परिशिष्ट-3

अतिसंक्षिप्त फ़ारसी व्याकरण

फ़ारसी भाषा सामान्यत: तथा भारतीयों के लिए विशेषत: सरल भाषा है। इसमें लिंग आदि व्याकरणिक कोटियों की पेचीदगियाँ नहीं हैं। पारम्परिक फ़ारसी का व्याकरण अरबी व्याकरण लेखन से अत्यन्त दुष्प्रभावित है। इसके कारण इसके व्याकरण में कठिनता आ गई है। आगे के पृष्ठों में फ़ारसी भाषा का संक्षिप्त व्याकरण लिखा जा रहा है। इसे जोड़े जाने का उद्देश्य यह है कि पाठक पुस्तक में आई ग़ज़लों को इस व्याकरण की सहायता से मूल रूप में भी समझने की ओर प्रवण हो सकें। इस कारण इसमें फ़ारसी काव्य में प्रयुक्त अथवा व्याकरण के विचलित नियमों को विशेष रूप से स्थान दिया गया है। प्रस्तुत व्याकरण में उदाहरण यथासम्भव पुस्तक में आई ग़ज़लों से ही दिए गए हैं। पुस्तक से दिए गए उदाहरणों के साथ उद्धरण भी दे दिए गए हैं—जैसे-2.3/1 का तात्पर्य है दूसरी ग़ज़ल के तीसरे शेर का पहला मिसरा।

फ़ारसी वर्णमाला

स्वर

अ आ इ ई उ ऊ ए ऐ औ

स्वरों के उच्चारण सम्बन्धी वैशिष्ट्य

1. फ़ारसी में अकार का उच्चारण ज्याद विवृत होता है। इस विवृतता का झुकाव आ की ओर न होकर ह्रस्व ए की ओर होता है।
2. आ का उच्चारण औ की तरह होता है। फ़ारसी में औ का उच्चारण अ एवम् ह्रस्व (कम प्रयत्न) ओ के सम्मिलित उच्चारण जैसा होता है। उदाहरण के लिए नाम का उच्चारण नओम की तरह होता है।
3. इ एवम् ई का उच्चारण बिल्कुल देवनागरी की तरह ही होता है।
4. उ एवम् ऊ का उच्चारण भी बिल्कुल देवनागरी की तरह ही होता है।

5. आधुनिक फ़ारसी में ए का उच्चारण दीर्घ ई की तरह किया जाता है।[250] उदाहरणार्थ शम्शेर का उच्चारण शम्शीर किया जाएगा।[251]
6. किसी व्यजन के बाद यदि उरस्य ह[252] आता है तो ह का उच्चारण दीर्घ ए की तरह होता है।[253] जैसे,

दीवान: = दीवाने। परवान: = परवाने।

6. ऐ का उच्चारण ह्रस्व ए एवम् ह्रस्व इ के सम्मिलित उच्चारण की तरह होता है। उदाहरणार्थ मै का उच्चारण मेइ की तरह किया जाता है।
7. आधुनिक फ़ारसी में ओ का उच्चारण दीर्घ ऊ की तरह किया जाता है।[254] देवनागरी की ओ ध्वनि का यहाँ नितान्त अभाव है। उदाहरणार्थ शुकोह का उच्चारण शुकूह किया जाएगा।[255]
8. औ का उच्चारण ह्रस्व ओ एवम् ह्रस्व उ के सम्मिलित उच्चारण की तरह होता है। उदाहरणार्थ गौहर का उच्चारण गोउहर की तरह किया जाता है।

व्यञ्जन

क	क़	ख़	ग	ग़
च	ज	ज़		
त	द	न		
प	फ़	ब	म	
य	र	ल	व	
स	श	ह		

---

250. वस्तुत: फ़ारसी लिपि में ई एवम् ए के लिए एक ही चिह्न है। परन्तु वे इसका ए का उच्चारण नहीं करते।

251. ध्यातव्य है कि अ फगानी फ़ारसी (= दरी) एवम् पारम्परिक हिन्दुस्तानी फ़ारसी दोनों में ए उच्चारण प्रचलित है। उदाहरणार्थ एक ही शब्द को ईरानी नवीद एवम् अफ़ग़ानी नवेद पढ़ेंगे।

252. यह संस्कृत के विसर्ग की तरह माना जा सकता है।

253. अफ़ग़ानी फारसी (= दरी) एवम् पारम्परिक हिन्दुस्तानी फ़ारसी में इसका उच्चारण आ होता है—दीवाना, परवाना

254. वस्तुत: फारसी लिपि में ओ एवम् ऊ के लिए एक ही चिह्न है। परन्तु वे इसका ओ का उच्चारण नहीं करते।

255. ध्यातव्य है कि अफ़ग़ानी फारसी (=दरी) एवम् पारम्परिक हिन्दुस्तानी फारसी दोनों में ऊ उच्चारण प्रचलित है। उदाहरणार्थ एक ही शब्द को ईरानी अन्दूह एवम् अफ़ग़ानी अन्दोह पढेंगे। उर्दू में इन शब्दों का उच्चारण भी अफ़ग़ानी दरी की ही भाँति किया जाता है।

विशेष

फ़ारसी में वर्गीय व्यञ्जनों में से द्वितीय एवं चतुर्थ (=महाप्राण) ध्वनियाँ नहीं हैं। पञ्चम अनुनासिक ध्वनियों में से भी केवल दो—न एवं म की ही सत्ता है।

1. क का उच्चारण कुछ महाप्राणता लिए हुए होता है। यह देवनागरी की तरह शुद्ध अल्पप्राण नहीं होता।
   इसका उच्चारण देवनागरी के क एवम् ख दोनों ध्वनियों के मिश्रण जैसा होता है। उदाहरणार्थ—कबूतर, काम।
   यदि क किसी शब्द में प्रारम्भ में न होकर स्वर के बाद हो तो उसका उच्चारण कुछ कुछ च एवम् छ की ओर झुका होता है।[256] उदाहरणार्थ—अकबर, अकनून, फ़लक।
2. फ़ारसी में क के अतिरिक्त क़ ध्वनि भी होती है।[257] परन्तु इसका उच्चारण ग़ की तरह किया जाता है। जैसे—क़वी = ग़वी, औक़ात=औग़ात, वरक़ = वरग़
3. फ़ारसी में हमें स्पर्श संघर्षी ख़ ध्वनि उपलब्ध होती है। देवनागरी का ख यहाँ अनुपस्थित है। देवनागरी ख का उच्चारण यदि इस तरह किया जाए कि उच्चारण के दौरान भी मुख से हवा का प्रवाह हो (= अर्थात् स्पर्श के साथ संघर्ष की भी स्थिति हो) तो इस ध्वनि का उच्चारण सम्भव होता है। उदाहरण—ख़ारिज, आख़िर, फ़राख़।
4. इसी तरह फ़ारसी में स्पर्श ग[258] के अतिरिक्त स्पर्शसंघर्षी ग़ भी प्राप्त होता है। परन्तु इसका उच्चारण क़ की तरह करते हैं। अर्थात् सामान्य क की अपेक्षा अधिक नीचे से तथा स्पृष्टतर। उदाहरण—(क) गुल, (ख) ग़ज़ल= क़जल, ग़ुबार= क़ुबार, मग़रिब=मक़रिब, चराग़=चराक़
5. फ़ारसी में ज (स्पर्श) के अतिरिक्त ज़ (स्पर्श संघर्षी) भी विद्यमान है।[259]
6. फ़ारसी में एक विशिष्ट ज है जो तालव्य न होकर मूर्धन्य तथा संघर्षी है।[260] उदाहरण—जाले, मुज्दे, मिजगान

256. अर्थात् यह शुद्ध कण्ठ्य न रहकर तालव्य जैसा हो जाता है।

257. यह ध्वनि मूलत: अरबी से आई हुई है। फलत: इससे घटित शब्द मूलत: अरबी के हैं।

258. यह ध्वनि अरबी में नहीं है।

259. यह भारत आर्य ध्वनि नहीं है तथा फ़ारसी अरबी एवं दोनों में मूलत: विद्यमान है। अरबी में चार भिन्न भिन्न ध्वनियाँ हैं। उच्चारण के असामर्थ्य के कारण ईरानी सबको ज़ ही बोलते हैं।

260. यह ध्वनि भी अरबी में नहीं है। इसका उच्चारण अंग्रेजी के Vision के अन्तर्गत sio (इस अंश) के उच्चारण की तरह होता है।

5. त का उच्चारण कुछ कुछ थ की ओर मुड़ा होता है। उदाहरण—तीर, सतीज़, सतवत।
6. इसी प्रकार प[261] का उच्चारण फ[262] की ओर प्रवण होता है—पर, सिपास,
7. फ़ारसी में स्पर्शसंघर्षी फ़ भी है जिसे आधुनिक हिन्दी में फ़ लिखा जाता है,[263] जैसे—फ़र्द,रफ़्तार,कफ़।
8. सकार के लिए यद्यपि अरबी लिपि में कुल तीन चिह्न हैं, परन्तु फ़ारसी में उन सभी का उच्चारण एक जैसा ही होता है।

खंड 1

(फ़ारसी क्रिया व्यवस्था, वर्तमानकालिक तथा भूतकालिकमूल, वर्तमान काल, प्रवर्तनाएँ, निषेधात्मक वाक्य, कुछ वर्तमानकालिक कृदन्त)

फ़ारसी व्याकरण में प्रत्येक क्रिया के दो मूलों की कल्पना की गई है—

1. वर्तमानकालिक मूल
2. भूतकालिक मूल

1. वर्तमानकालिक मूल

इसे हम मूल धातु भी कह सकते हैं। क्रिया के वर्तमानकालिक मूल के प्रयोग से वर्तमान काल, विधि, आदेश, इच्छा आदि वृत्तियों तथा अनेक कृदन्तों का निष्पादन किया जाता है। ऐसे मूलों के उदाहरण हैं—ख़न्द् (हंसना), बीन् (देखना)

2. भूतकालिक मूल

भूतकालिक मूल प्रायः वर्तमानकालिक मूल से निष्पन्न होता है। कई बार यह उससे भिन्न प्रकार से भी व्युत्पादित किया जाता है। भूतकालिक मूल का प्रयोग करके भूतकाल के अनेक लकारों, भविष्यत्काल तथा अनेक कृदन्तों का भी निष्पादन किया जाता है।

उदाहरण—ख़न्दीद् (हंसना), दीद् (देखना)

---

261. यह ध्वनि अरबी में नहीं है।
262. स्पृष्ट फ की ओर न कि संघर्षी फ़ की ओर।
263. मूल संस्कृत एवं अधिकतर अर्वाचीन भारतीय भाषाओं में यह ध्वनि नहीं है। फ़ारसी एवम् अंगरेजी के प्रभाव के कारण आजकल हिन्दी में यह ध्वनि बहुत ही प्रचलित हो गई है।

प्रमुख क्रियाओं के भूतकालिक एवं वर्तमानकालिक मूलों की सूची—

अर्थ	भू०का० मूल	व०का० मूल	अर्थ	भू०का० मूल	व०का० मूल
सोचना	अन्दीशीद	अन्दीश	पैदाकरना	आफ़रीद	आफ़रीन
काटना	बुर्द	बुर	तोड़ना	चीद	चीन
पूछना	पुर्सीद	पुर्स	देखना	दीद	बीन
डरना	तर्सीद	तर्स	सुनना	शनीद	शिन्व
चबाना	जवीद	जव	चुनना	गुज़ीद	गुज़ीन
स्वाद लेना	चशीद	चश	आना	आमद	आ (इ)
ख़रीदना	ख़रीद	ख़र	दबाना	अफ़्शुर्द	अफ़्शार
पहुँचना	रसीद	रस	मारना	ज़द	ज़न
समझना	फ़हमीद	फ़हम	वापिस देना	सिपुर्द	सिपार
काँपना	लर्ज़ीद	लर्ज़	दबाना	फ़िशुर्द	फ़िशार
लाना	आवुर्द	आवर	करना	कर्द	कुन
फ़ेंकना	अफ़्कन्द	अफ़्कन्दन	मरना	मुर्द	मीर
ले जाना	बुर्द	बर	गिनना	शुमुर्द	शुमार
मोड़ना	पीचान्द	पीचान	होना	शुद	शव
डराना	तर्सान्द	तर्सान	लेना	बुर्द	बर
घुमाना	चर्ख़ीद	चर्ख़ान	पकाना	पुख़्त	पज़
पढ़ना, गाना, बुलाना	ख़ान्द	ख़ान	परखना	आज़मूद	आज़मा (ई)
खाना, पीना	ख़ुर्द	ख़ुर	जोड़ना, बढ़ाना	अफ़्ज़ूद	अफ़्ज़ा (ई)
गाड़ी चलाना,	रान्द	रान	मापना,नापना	पैमूद	पैमा (ई)
रखना, छोड़ना	गुज़ारद	गुज़ार	अपहरण करना	रुबूद	रुबा (ई)
रहना, रुकना	मान्द	मान	गाना	सुरूद	सरा (य्)
होना	बूद	बाश/हस्त/अस्त	गिरना	उफ़्ताद	उफ़्त
खड़ा होना	ईस्ताद	ईस्त	प्रशंसा करना	सुतूद	सता (य्)
भेजना	फ़िरिस्ताद	फ़िरस्त	घिसना	फ़र्सूद	फ़र्सा (य्)
रखना	निहाद	नेह	आज्ञा देना	फ़र्मूद	फ़र्मा (य्)
सीखना	आमूख़्त	आमूज़	खोलना	गुशूद	गुशा (य्)
फेंकना	अन्दाख़्त	अन्दाज़	दिखाना	नुमूद	नुमा (य्)
गवाँ देना, खेलना	बाख़्त	बाज़	मानना	इन्गाश्त	इन्गार
पकाना	पुख़्त	पज़	कल्पना	पिन्दाश्त	पिन्दार
आक्रमण करना	ताख़्त	ताज़	पास होना	दाश्त	दार
सीलना	दूज़	दूख़्त	रोपना	काश्त	कार

बहना	रीज़	रीख़्त	रखना, छोड़ना	गुज़ाश्त	गुज़ार
बनाना	साख़्त	साज़	नियुक्त करना	गुमाश्त	गुमार
भागना	गुरीख़्त	गुरीज़	लिखना	निगाश्त	निगार
बजाना	नवाख़्त	नवाज़			
चमकना	ताफ़्त	ताब			
शीघ्रता करना	शिताफ़्त	शिताब			
खोजना	याफ़्त	याब			
बुनना	बाफ़्त	बाफ़			
फ़टना	शिकाफ़्त	शिकाफ़			
परेशान होना	आशुफ़्त	आशूब			
झाड़ू लगाना	रुफ़्त	रूब			
कूँचना	कूफ़्त	कूब			
स्वीकारना	पज़ीरुफ़्त	पज़ीर			
सोना	ख़ुफ़्त	ख़ाब			
खिलना	शुकुफ़्त	शिकाफ़			
कहना	गुफ़्त	गू (य्)			
पकड़ना	गिरफ़्त	गीर			
जाना	रफ़्त	रव			
छेद करना	सुफ़्त	सुन्ब			
धोका देना	फ़रीफ़्त	फ़रीब			
सजाना	आरास्त	आरा (य)			
पहनना	पीरास्त	पीरा (य)			
उचित होना	शायस्त	शा (य)			
उठना, उगना	ख़ास्त	ख़ीज़			
चाहना	ख़ास्त	ख़ाह			
कम होना	कास्त	काह			
ढूँढ़ना	जुस्त	जू (य)			
उगना, उगाना	रुस्त	रू (य)			
धोना	शुस्त	शू (य)			
बंद करना	बस्त	बन्द			
जुड़ना	पेयवस्त	पेयवन्द			
उछलना	जस्त	जह			
जानना	दानिस्त	दान	मिलाना	सिरीश्त	सिरीश
छूटना	रस्त	रह	मारना	कुश्त	कुश्

कातना	रीस्त	रीस	गुज़रना	गुज़श्त	गुज़र
जीना	ज़ीस्त	ज़िय	घुमना	गश्त	गर्द
रोना	गिरीस्त	गिरि(य)	लिखना	निविश्त	निवीस
बैठना	निशस्त	निशीन			
देखना	निगरिस्त	निगर			
तोड़ना	शिकस्त	शिकन			

क्रियारूपों की विशेषताएँ—

1. सभी भाषाओं की तरह फ़ारसी क्रियाओं से भी काल तथा वृत्ति दोनों द्योतित होते हैं।
2. फ़ारसी क्रियाओं में केवल एकवचन तथा बहुवचन होते हैं। द्विवचन लुप्त हो चुका है।
3. भाषिक लिङ्ग किसी भी तरह क्रियाओं को प्रभावित नहीं करते। अतः क्रियाओं के तिङन्त या कृदन्त कोई भी रूप लिङ्ग के आधार पर परिवर्तित नहीं होते।
4. पुरुष स्वभावतः तीन हैं—प्रथम, मध्यम तथा उत्तम।
5. विधि, निषेध, आदेश, इच्छा, प्रार्थना आदि वृत्तियों का बोध यथाप्रसंग एक ही क्रियारूप से होता है।
   आवश्यकतानुसार इसी में कुछ अव्ययों का प्रयोग करके अर्थवैचित्र्य उत्पन्न कर लिया जाता है।
6. हेतुहेतुमद्भाव वाली वृत्ति को भूतकालिक मूल के प्रयोग से व्यक्त किया जाता है।

क्रियारूपों में लगने वाले प्रत्यय—

तीन पुरुषों तथा दो वचनों के आधार पर फ़ारसी क्रियाओं में लगने वाले कुल छः प्रत्यय हैं। सभी प्रकार के कालों तथा वृत्तियों का बोध कराने के लिए प्रायः इन्हीं छः प्रत्ययों का प्रयोग किया जाता है। ये प्रत्यय भूतकालिक तथा वर्तमानकालिक सभी क्रियामूलों के साथ समान रूप से प्रयुक्त होते हैं। ये निम्नवत् हैं—

तालिका-1 : प्रत्यय

पुरुष	एकवचन	बहुवचन
प्रथम पुरुष	अद	अन्द
मध्यम पुरुष	ई	ईद
उत्तम पुरुष	अम	ईम

उपर्युक्त प्रत्ययों को वर्तमानकालिक मूल धातु ख़न्द् के साथ जोड़कर देखें। इसे जोड़ते समय हमें निम्नोक्त तथ्यों का ध्यान रखना चाहिए—

1.1 वर्तमान काल

1.1.1—वर्तमानकाल को द्योतित करने के लिए निष्पन्न क्रियारूप से पहले मी शब्द उपसर्ग की भांति अवश्य लगता है।[264]

1.1.2—निष्पन्न शब्द सामान्य तथा सतत दोनों प्रकार के वर्तमानकालिक क्रियाओं का बोधक होता है।

तालिका-2 : वर्तमानकालिक रूप

पुरुष	एकवचन	बहुवचन
प्रथम पुरुष	(मी) ख़न्दद	(मी) ख़न्दन्द
मध्यम पुरुष	(मी) ख़न्दी	(मी)ख़न्दीद
उत्तम पुरुष	(मी) ख़न्दम	(मी)ख़न्दीम

इस प्रकार **मी खन्दद्** एक पूर्ण लघु वाक्य हुआ जिसका अर्थ है—वह हँसता है अथवा हँस रहा है। इसी तरह बाक़ी रूपों के अर्थ समझने चाहिए। न मी दानम चे मंज़िल बूद।

1.1.3—फ़ारसी कविता में हम पाते हैं कि छन्द के अनुरोध के कारण अनेक बार मी से रहित क्रियारूप भी वर्तमान काल का अर्थ प्रदान कर देते हैं। उदाहरण के लिए—गूयन्द रक़ीबान-म(13.2), अख़्तराने फ़लक आयन्द (20.3), इश्क़ गूयद (27.2), जाने मलक सज्दे कुनद (73.4), तुर्के फ़लक चाकर शवद (73.4), गुफ़्ती शिकार गीरम (65.1), गुफ़्ती क़रार याबम (65.1)।

1.1.4—वर्तमानकालिक मूल धातु में यदि हम 'आन' प्रत्यय जोड़ दें तो इससे क्रिया की वर्तमानता का द्योतन करने वाला कर्ता शब्द निष्पन्न हो जाएगा। संस्कृत व्याकरण में हम इसे शत्रन्त शब्द कहते हैं। उदाहरण के लिए ताब् = चमकना, ताब् + आन = ताबान (93.3), अर्थात् चमकता हुआ। इसी प्रकार गिरियान, उफ़्तान, ख़ीज़ान, नारे ज़नान (61.5/1), आदि बहुत सारे शब्द बनते हैं।

264. वर्तमानकालिक मूल से निष्पन्न होने वाली तिङन्त क्रियाओं में पूर्वसर्ग (उपसर्ग) अवश्य लगता है।

1.1.5—धातु के वर्तमानकालिक मूल में ही यदि हम 'अन्दे' जोड़ दें तो कर्ता का अर्थ बताने वाला शब्द निष्पन्न हो जाता है। इस शब्द में पहले (1.1.4) की तरह काल का भान नहीं होता है। उदाहरण के लिए—पज़ीर=स्वीकार करना, पज़ीर्+अन्दे= पज़ीरन्दे, अर्थात् स्वीकार करने वाला। इसी प्रकार—बाशन्दे, बन्दन्दे, कारन्दे, गुदाज़न्दे, ख़न्दन्दे, रवन्दे, ख़ुरन्दे आदि शब्द भी निष्पन्न होते हैं। ध्यान रखना चाहिए कि अब इन प्रकार के शब्दों का प्रयोग बोलचाल की फ़ारसी में अब कम होता है।

1.2 प्रवर्तनाएँ अथवा वृत्तियाँ

1.2.1—जब क्रिया समय से विशेषित होती है तो उसे काल कहते हैं तथा जब वह मानसिक अवस्थाओं से विशेषित होती है तो उसे वृत्ति (Moods) कहते हैं। उदाहरण के लिए मैं जाता हूँ, इस उदाहरण में क्रिया काल से विशेषित है जबकि मैं जाऊँ, इस वाक्य में क्रिया अनुमति आदि जैसी मानसिक इच्छा से विशेषित है। ये इच्छाएँ बहुत प्रकार की हो सकती हैं। इसके अन्तर्गत आज्ञा, अनुनय, आमंत्रण, निमंत्रण आदि सारे भाव आ जाते हैं।

1.2.2—इन वृत्तियों को द्योतित करने के लिए ऊपर तालिका संख्या 2 में दिए गए क्रिया रूपों में से पहले लगे मी को हटाकर बे लगा देते हैं।[265] केवल इतना करने से सारे क्रिया रूप प्रवर्तना का द्योतन करने लगते हैं—

तालिका-3 : प्रवर्तनात्मक क्रिया रूप

पुरुष	एकवचन	बहुवचन
प्रथम पुरुष	बेख़न्दद् (वह हँसे)	बेख़न्दन्द् (वे सब हँसें)
मध्यम पुरुष	बेख़न्दी (तुम हँसो)	बेख़न्दीद् (तुम सब हँसो)
उत्तम पुरुष	बेख़न्दम् (मैं हँसूँ)	बेख़न्दीम् (हम सब हँसें)

1.2.3—इन रूपों में से केवल मध्यम पुरुष के 2 रूप शुद्ध रूप से आज्ञार्थक होते हैं। क्योंकि आज्ञा हम सामान्यतः सामने स्थित व्यक्ति को ही दे पाते हैं। आज्ञा के अर्थ में मध्यम पुरुष एकवचन के प्रत्यय ई का प्रयोग नहीं करते हैं, अर्थात् बे के साथ केवल मूल वर्तमानकालिक धातु रूप का ही प्रयोग होता है। उदाहरण के लिए बेख़न्द् = हँसो। बाज़ चे ख़ुर्दे ई बेगू (71.1/1), अज़ ईन् ख़ाने बोरो (बेरव्) (6.10/2),

265. ध्यान रहे कि 'बे' में 'ए' का उच्चारण दीर्घ न होकर ह्रस्व होता है। जैसे Intermediate (इंटरमीडिएट) का 'ए'।

ध्यान रहे कि मध्यम पुरुष बहुवचन में इस प्रकार का अप्रयोग नहीं होता—बेमीरीद बेमीरीद दर् ईन् इश्क़ बेमीरीद (19.1/1)—मरो, मरो, इस प्रेम में मरो।

1.2.4—आज्ञा के अलावा किसी और भावना को व्यक्त करना हो तब इस प्रत्यय का लोप नहीं होता है। जैसे बेख़न्दी= (मैं चाहता हूँ कि—) तुम हँसो। सम्भावना—बेफ़रीबद् ऊ शुमा रा (37.3/2)। सामर्थ्य—दर दरून हाली **बेबीनी** मूसी ओ फ़िरऔने ख़ीश (68.4/2)।

1.2.5—सामान्यतः प्रथमपुरुष तथा उत्तमपुरुष के क्रिया रूप आज्ञा को व्यक्त नहीं करते। इनका अर्थ इच्छा करना अथवा आज्ञा माँगना होता है। उदाहरण के लिए—बेरवद्=वह जाये, बेरवम्=मैं जाऊँ। **इच्छा**—बिया ता क़द्रे हमदीगर **बेदानीम** (7.1/1)। **अनुमति**—बस **कुनम** या ख़ुद **बेगूयम** सिर्रे मर्गे आशिक़ान (61.8/1)। सम्भावना—रबाबो चंगे आलम गर **बेसूज़द** (72.3/1), चराग़ो शम्से आलम गर **बेमीरद** (72.5/1)।

1.2.6—अगर हमें इन भावनाओं का निषेधात्मक रूप बनाना हो तो केवल बे की जगह न लगा देते हैं। जैसे—न ख़न्दद = न हँसे (81.1/1), इत्यादि। ता चश्मे मा **न बीनद** दीगर ज़वाले गुल (59.2/2)।

1.2.7—निषेधात्मक वाक्यों के लिए कविता में न की जगह **म** अव्यय का भी प्रयोग होता है। वस्तुतः यह संस्कृत के निषेधार्थक मा का ही अवशिष्ट रूप है। उदाहरण के लिए—**मरव्** आन्जा = मत जाओ वहाँ (28.1/1), हीच **मगू** (6.1/1), हिर्स मकुन **मजू मजू** (71.11/2)। यक लहज़े साये अज़ सरे मा दूरतर **मकुन** (10.2/1)।

1.2.8—फ़ारसी कविता के प्रयोगों में सामान्यतः हम देखते हैं कि उपर्युक्त सारे अर्थों को व्यक्त करने के लिए इन रूपों का बे के बिना भी प्रयोग होता है। यह अप्रयोग छन्द के अनुरोध से किया जाता है। उदाहरण के लिए—अस्ब **गुज़ीन, फ़रूज़** रुख़, जानिबे शह रवाने **कुन** (23.5/2)। परहीज़ **कुन** अज़ इश्क़े ऊ (63.4/1)।

विशेष—पिछले वर्तमानकाल सम्बन्धी नियम (1.1.3) तथा इस नियम (1.2.8) को ध्यान में रखें तो स्पष्ट होता है कि वर्तमान कालिक रूप अगर मी अथवा बे से रहित हो तो वे वर्तमान काल तथा प्रवर्तना दोनों ही अर्थों को दे सकते हैं। उदाहरण के लिए रवद् का अर्थ जाता है तथा जाये दोनों ही हो सकता है। ऐसे रूपों के आने पर हम प्रसंग के अनुसार किसी एक अर्थ का निर्धारण करते हैं।

1.2.9—तालिका संख्या 3 में प्रदत्त प्रवर्तनात्मक क्रिया रूपों के पहले अगर **बायद** लगा दिया जाये तो बाध्यता (अवश्यकर्तव्यता) द्योतित होती है। **बायद बेरवद** = उसे जाना ही चाहिए या उसे जाना ही होगा। **बायद** कि जुम्ले जान् **शवी**

(29.4/1)= तुम्हें प्राणमय बनना होगा। यह बायद के प्रयोग में मूल क्रियारूप बे के बिना भी आ सकता है, तथा क्रिया एवं बायद के बीच में अनेक शब्दों का व्यवधान भी हो सकता है।

1.2.10—कई बार कविताओं में आदेश के अर्थ में 'बे' के अतिरिक्त 'मी' का प्रयोग भी देखा जाता है। उदाहरण के लिए—चराग़—स्त ईन दिले बीदार ज़ीरे दामन—श **मी दार** (21.9/1)।

1.3 शब्द + अस्तित्व वाचक प्रत्यय

तालिका 1 में दिए गए सभी प्रत्यय[266] मूल धातुओं के साथ तो लगते ही हैं, इसके अतिरिक्त वे शब्दों के साथ भी लग सकते हैं। शब्दों के साथ लगने पर वे उन शब्दों के अस्तित्व वाचक अर्थ को देते हैं। उदाहरण से यह बात और स्पष्ट होगी—

तालिका-4 : शब्द + अस्तित्व वाचक प्रत्यय

पुरुष	एकवचन	बहुवचन
प्रथम पुरुष	यार + अस्त= यार-स्त (मित्र है)	यारान् + अन्द्=यारान-न्द (मित्र हैं)
मध्यम पुरुष	यार + ई= यार्-ई (मित्र हो)	यारान् + ईद्=यारान्-ईद (आप/तुम सब मित्र हैं/हो)
उत्तम पुरुष	यार + अम्= यार-म (मित्र हूँ)	यार + ईम्=यारी-म (हम मित्र हैं)

इस प्रकार ये शब्द अकेले पूर्ण वाक्यार्थ प्रदान करने वाले होते हैं। जैसे शागिर्द-म् = मैं शिष्य हूँ। इसके अन्य उदाहरण हैं—हरचन्द के **बीहूश-म** दर कारे तो **हुशियार-म** (70.1/2)। न तर्सा नै **यहूद-म** मन न **गब्र-म** नै **मुसलमान-म** (75.1/2)।

1.4 व्यक्तिवाचक सर्वनाम

अब पूर्ण निराकांक्ष वाक्य बनाने के लिए तालिका संख्या 5 में दिए व्यक्तिवाचक सर्वनामों को सीखते हैं—

266. प्रथम पुरुष एवचन के अद् प्रत्यय को छोड़कर। उसके स्थान पर अस्त का प्रयोग होता है।

तालिका-5 : व्यक्तिवाचक सर्वनाम

पुरुष	एकवचन	बहुवचन
प्रथम पुरुष	ईन्[267] /आन्[268] / ऊ[269] (वह)	ईन्हा/ आन्हा /ईशान् (वे सब)
मध्यम पुरुष	तू (तुम)	शुमा[270] (तुम सब, आप)
उत्तम पुरुष	मन् (मैं)	मा (हम सब)

उपर्युक्त व्यक्तिवाचक सर्वनामों के साथ वर्तमानकाल के क्रियारूपों को जोड़ने पर स्पष्ट तथा पूर्ण वाक्य इस प्रकार बन जाएँगे—

पुरुष	एकवचन	बहुवचन
प्रथम पुरुष	ऊ मी ख़न्दद	ईशान् मी ख़न्दन्द
मध्यम पुरुष	तू मी ख़न्दी	शुमा मी ख़न्दीद
उत्तम पुरुष	मन् मी ख़न्दम	मा मी ख़न्दीम

ऊ मी ख़न्दद अर्थात् वह हँस रहा है अथवा वह हँसता है। इसी प्रकार अन्य वाक्यों के अर्थ तालिका संख्या 2 की तरह समझने चाहिए।

1.5 निषेधात्मक वाक्य

1.5.1—सामान्य वाक्यों को निषेधपरक बनाने के लिए मी से पहले 'न' अव्यय जोड देते हैं—

मन न मी रवम—मैं नहीं जाता हूं। चे तदबीर ऐ मुसलमानान्, कि मन ख़ुद रा **न मी दानम** (75.1/1)।

बी तू बसर **न मी शवद** (39.1/1)—तुम्हारे बिना बसर नहीं होता।

1.5.2. न का प्रयोग क्रिया से पहले करते हैं। यदि क्रिया से पहले कोई सहायक अव्यय हो तो न का प्रयोग उस अव्यय से भी पहले होता है। न बायद रफ़्त, न ख़ाहद कर्द आदि।

1.5.3—अनेक बार काव्यों में छन्द के अनुरोध की पूर्ति करने के लिए मी का प्रयोग न के पहले भी दिखाई पड़ जाता है। उदाहरण के लिए—बहरे मन अर **मी न देही** (32.1/1)।

267. निकटवर्ती निर्जीव, सजीव दोनों तरह की वस्तुओं के लिए प्रयुक्त (यह) सर्वनाम।
268. दूरवर्ती निर्जीव वस्तु के लिए प्रयुक्त (वह) सर्वनाम।
269. दूरवर्ती सजीव वस्तु के लिए प्रयुक्त (वह) सर्वनाम।
270. शुमा का प्रयोग किसी एक सम्माननीय व्यक्ति के लिए भी हो सकता है। हिन्दी में इसका अनुवाद आप होगा।

1.6 वर्तमानकालिक कृदन्त

1.6.1—कर्ता का अर्थ देने वाले वर्तमानकालिक कृदन्त बनाने के लिए उपर्युक्त वर्तमानकालिक मूल में आन् प्रत्यय लगा देते हैं। उदाहरण के लिए—ख़न्द + आन् = ख़न्दान्। ख़न्दान् ज़ादम् (92.2/2) = मैं हँसता हुआ पैदा हुआ।

1.6.2—इसी अर्थ में वर्तमानकालिक मूल में अन्दे प्रत्यय भी लगाया जाता है। बन्द् + अन्दे = बन्दन्दे। सिलसिले बन्दन्दे शुदम् (58.3/2)।

द्वितीय खंड
(सामान्य भूतकाल, कर्मकारक, बहुवचन)

2.1 सामान्य भूतकाल

सामान्य भूतकाल का निष्पादन क्रियाओं के भूतकालिक मूल में पूर्वोक्त प्रत्यय लगाकर किया जाता है। ध्यातव्य है कि केवल प्रथम पुरुष एकवचन के लिए किसी भी प्रत्यय (अद्) की आवश्यकता नहीं होती है। उदाहरण के लिए—ऊ ख़न्दीद्—वह हँसा। (खन्दीद् + 0), ईशान् खन्दीदन्द्—वे हँसे। (खन्दीद् + अन्द्)। पूर्वोक्त खंड में बताये गए शेष प्रत्ययों तथा सर्वनामों का यथोचित प्रयोग करके अन्यान्य वाक्यों का निर्माण कर सकते हैं, जैसे—शुमा ख़न्दीदीद।

भूतकाल के सभी क्रियारूपों के लिए प्रत्यय की सूची निम्नवत् है[271]—

तालिका-6 : भूतकालिक मूल में लगने वाले प्रत्यय

पुरुष	एकवचन	बहुवचन
प्रथम पुरुष	0	अन्द्
मध्यम पुरुष	ई	ईद्
उत्तम पुरुष	अम्	ईम्

भूतकाल में बन सकने वाले सारे वाक्यों के साथ सूची निम्नवत् है—

तालिका-7 : भूतकालिक क्रियारूप

पुरुष	एकवचन	बहुवचन
प्रथम पुरुष	ऊ ख़न्दीद्	ईशान् ख़न्दीदन्द्
मध्यम पुरुष	तो ख़न्दीदी	शुमा ख़न्दीदीद्
उत्तम पुरुष	मन् ख़न्दीदम्	मा ख़न्दीदीम्

271. ध्यान से देखें—प्रथम पुरुष एकवचन को छोड़कर सारे प्रत्यय यथावस्थ हैं। प्रथम पुरुष एकवचन में कोई प्रत्यय नहीं लगता।

2.1.1—प्राचीन काव्यों में सामान्य भूतकाल को बताने के लिए भूतकालिक क्रियारूपों के पहले बे का प्रयोग भी मिलता है। उदाहरण के लिए—गुल बेख़न्दीद। बेपैमूदम (78.4/2), बेपुर्सीदम (78.9/2), बेमुर्द (82.1/1)।

2.1.2—उपर्युक्त तालिका में दिए गए भूतकालिक क्रिया रूपों में से प्रथम पुरुष एकवचन के पहले यदि हम 'बायद' अव्यय का प्रयोग कर दें तो उसका अर्थ पूर्ववत् (1.2.9) बाध्यता अथवा अवश्यकर्तव्यता का बोध होता है। जैसे—बायद रफ़्त = अवश्य जाना चाहिए। यह प्रयोग प्राय: पुरुष निरपेक्ष होता है।

2.2 कर्म कारक

2.2.1—फ़ारसी वाक्य विन्यास में हिन्दी की ही भांति कर्म का स्थान कर्ता के बाद तथा क्रिया से पहले होता है।

2.2.2—सामान्यतः, कर्म को द्योतित करने के लिए पूर्वसर्ग बे अथवा रा का प्रयोग करते हैं। बे हमेशा कर्म के पहले प्रयुक्त होता है जबकि रा हमेशा कर्म के बाद प्रयुक्त होता है—

उदाहरण—1. ऐ क़ौम, **बे हज** रफ़्ते कुजा ईद (3.1/1)।

2. **गुल रा** मदद रसीद (59.2/1)। बेफ़रीबद् ऊ **शुमा रा** (37.3/2)।

2.2.3—अनेक बार कर्म के लिए किसी भी चिह्न की आवश्यकता नहीं होती। उदाहरण के लिए—चून् दर ग़मे दूस्त **जान** बेदादीम (4.3/1)। बर रुख़े रूह **बूसे** देह (23.6/2)।

2.2.4—कविता में अनेक बार ऐसा देखा जाता है कि 'रा' की आवश्यकता होने पर भी छन्दोऽनुरोध के कारण उसका प्रयोग नहीं किया जाता है। उदाहरण के लिए—तू **साफ़ान** बीन कि बर बाला दवीदन्द (48.5/1)।

2.3 बहुवचन

2.3.1—फ़ारसी में बहुवचन बनाने के लिए दो प्रत्ययों का प्रयोग होता है—आन् तथा हा।

2.3.2—सामान्यतया आन् का प्रयोग सजीव सञ्ज्ञाओं के बहुवचन बनाने के लिए किया जाता है—पादशाह—पादशाहान्, अस्ब—अस्बान्, उस्ताद—उस्तादान

2.3.3—वे संज्ञाएँ जिनका अन्त ह् से होता है उनमें आन जोड़ते समय बीच में ग ध्वनि का आगम हो जाता है।

उदाहरण के लिए बच्चे: = बच्चेगान, दीवाने: = दीवानेगान् आदि।

2.3.4—सामान्यतया निर्जीव सञ्ज्ञाओं से बहुवचन बनाने के लिए हा प्रत्यय का प्रयोग किया जाता है—किताब—किताब-हा, दफ्तर—दफ्तर-हा, दरख़्त—दरख़्त-हा

2.3.5—साहित्य में उपर्युक्त सामान्य नियम के बहुत से विपर्यय देखे जाते हैं। बहुत बार सजीवों के साथ **हा** और निर्जीवों के साथ **आन्** का प्रयोग करके बहुवचन का प्रयोग देखा जाता है। जैसे—बच्चे—बच्चे-हा, अस्ब—अस्ब-हा, दरख़्त—दरख़्तान

तृतीय खंड
(सतत भूतकाल, हेतुहेतुमद्भाव, करण—सम्प्रदान—अपादान—अधिकरण कारक)

3.1 सतत भूतकाल

3.1.1—भूतकाल में क्रिया की असमाप्ति (सततता) द्योतित करने के लिए इस काल का प्रयोग किया जाता है। जैसे—मैं खा रहा था। तुम सो रहे थे। इसे निष्पन्न करने के लिए सामान्य भूतकाल (देखिए खंड दो की तालिका नं. 7) की क्रिया रूप से पहले केवल मी जोड़ देते हैं। अर्थात् क्रिया के भूतकालिक मूल में पूर्वोक्त प्रत्ययों को लगाकर निष्पन्न किए गए रूप के पहले मी लगा देते हैं। जैसे—मन रफ्तम = मैं गया। मन मी रफ्तम = मैं जा रहा था। खन्दीद् धातु के साथ बनने वाले सम्पूर्ण रूप निम्नवत् होंगे—

तालिका-8 : सतत भूतकाल

पुरुष	एकवचन	बहुवचन
प्रथम पुरुष	ऊ मी खन्दीद्	ईशान् मी खन्दीदन्द्
मध्यम पुरुष	तो मी खन्दीदी	शुमा मी खन्दीदीद्
उत्तम पुरुष	मन् मी खन्दीदम्	मा मी खन्दीदीम्

ऊ मी ख़न्दीद् अर्थात् वह हँस रहा था। इसी तरह अन्य रूपों के अर्थों को जानें।

3.1.2—पुरानी कविताओं में 'मी' का प्राचीन रूप 'हमी' भी उपलब्ध होता है। उदाहरण के लिए—आन कस कि हमी जुस्तम (84.4/1)।

3.2. हेतुहेतुमद्भाव

3.2.1—कार्य के हो चुकने के बाद जब उसके अन्यथाभाव की आशंका की जाय तब उस भाव (वृत्ति) को हेतुहेतुमद्भाव कहते हैं। उदाहरण के लिए-अगर मैंने पढ़ाई की होती तो परीक्षा में सफल हुआ होता। इन वाक्यों में सामान्यतः दो क्रियाएँ होती हैं। पहली क्रिया किसी शर्त को बताती है दूसरी क्रिया उस शर्त का जवाब होती है।

3.2.2—सतत भूतकाल के उपर्युक्त (3.1) जो जो रूप होते हैं बिल्कुल वे ही क्रिया रूप बिना किसी परिवर्तन के हेतुहेतुमद्भाव में भी प्रयुक्त होते हैं। उदाहरण के लिए—मी ख़न्दीद् का अर्थ 'वह हँस रहा था' के साथ साथ 'अगर वह हँसता' भी हो सकता है।

3.2.2—यद्यपि सतत भूतकाल तथा हेतुहेतुमद्भाव को द्योतित करने वाली क्रियाएँ बिल्कुल एक जैसी होती हैं फिर भी वाक्य की संरचना तथा वाक्य के प्रसंगों के द्वारा हम दोनों रूपों में अन्तर आसानी से कर सकते हैं—

1. हेतुहेतुमद्भाव के वाक्यों में वस्तुतः दो वाक्यों से मिलकर बनी हुई एक जटिल संरचना होती है। इनमें वाक्य के प्रारम्भ में शर्त को बताने वाले अगर, गर, काश, ऐ काश जैसे शब्द स्वरूपतः अथवा अर्थतः उपस्थित रहते हैं। जैसे—'अगर मी आमदम तुरा मी दीदम'—अगर मैं आया होता तो तुम्हें देख पाता।

2. प्रायः ये वाक्य विस्मयादिबोधक चिह्नों से समाप्त होते हैं। ऐ काश, मी आमदी!—ऐ काश, तुम आते!

3.3 करण कारक

3.3.1—क्रिया के निष्पादन में जिस साधन की आवश्यकता सबसे अधिक होती है उसे करण कहते हैं। करण का द्योतन फ़ारसी में बे पूर्वसर्ग के द्वारा करते हैं। यह वाक्य में करणवाचक शब्द से तुरन्त पहले आता है। जैसे—बे दस्ते साक़ी ए कौसर रसीद जामे मुहम्मद।

3.2.2—बा पूर्वसर्ग के द्वारा साथ अर्थ का बोधन भी होता है—बा मन=मेरे साथ। अन्य उदाहरण—बा निगारे ख़ीश बाशो ख़ूबे ख़ूब अन्दीश बाश (15.5/2)। आस्मान बा जुम्लेगान जिस्म-स्तो बा तू जान चेरा (63. 1/2)।

3.2.3—उपर्युक्त दोनों अर्थ फ़ारसी कविताओं में बा के अतिरिक्त बे पूर्वसर्ग के द्वारा भी द्योतित होते हैं। **बे में ए हमेशा ह्रस्व उच्चरित होता है।** उदाहरण के लिए—कि बे शुक्रे पादशाही (हाफ़िज़)।

3.2.4—बा अथवा बे का अर्थ करण कारक के अतिरिक्त क़सम वाचक भी होता है। उदाहरण के लिए बा ख़ुदा = ईश्वर की शपथ। **बे ख़ुदा** कि जुरए ई देह तू बे हाफ़िज़े सहरख़ीज (हाफ़िज़)।

3.4 सम्प्रदान कारक

3.4.1—कर्ता क्रिया मात्र के द्वारा जिसे लाभ पहुँचाता है या अपनी क्रिया से जिसको सम्बद्ध करना चाहता है उसे सम्प्रदान कारक कहते हैं।

3.4.2—सम्प्रदानता को द्योतित करने के लिए फ़ारसी में मुख्यतः **बराये** अव्यय का प्रयोग किया जाता है।

इसे सम्प्रदान वाचक पद के पहले लगाया जाता है। जैसे—

मादर बराये बच्चे-हा नान मी पुख़्त—मां बच्चों के लिए रोटी बना रही थी।

राम बराये माशीन बेंज़ीन मी ख़रीद—राम कार के लिए पेट्रोल खरीद रहा था।

3.4.3—कविता तथा प्राचीन फ़ारसी गद्य में सम्प्रदान के दो और द्योतक—**अज़् बराये** तथा **अज़् बह्रे** भी मिलते हैं। जैसे—अज़् बराये तो—तुम्हारे लिए। आवुर्दे अम् सराये दिगर अज़् बराये तू। (फैज़ अहमद फैज़)।

मा नामदीम (ने + आमदीम) अज़ बह्रे नान् (47.3/1)—हम लोग रोटी के लिए नहीं आए (हैं)।[272] आधुनिक फ़ारसी में इसका प्रयोग बहुत कम है।

3.4.4—काव्यों में सम्प्रदान को द्योतित करने के लिए कई बार रा का भी प्रयोग होता है। रा प्रयोग का हमेशा ही सम्प्रदान के बाद होता है, पहले कभी भी नहीं। उदाहरण के लिए—

3.4.5—कई बार सम्प्रदान के लिए बे का भी प्रयोग होता है—बे ख़ुदा कि जुरए ई देह तू **बे हाफ़िज़े** सहरख़ीज।

3.5 अपादान कारक

3.5.1—जिस बिन्दु से कर्ता का शारीरिक अथवा मानसिक विश्लेष विवक्षित होता है उसे अपादान कारक कहते हैं।

3.5.2—फ़ारसी में इसे द्योतित करने के लिए अपादान वाचक पद से पहले **अज़** पूर्वसर्ग का प्रयोग किया जाता है। जैसे—दानिशजू **अज़ दानिशगाह** बे ख़ाने रसीद—छात्र विश्वविद्यालय से घर पहुँचा। चराग़ **अज़ आतश** रौशन मी शवद—दीपक अग्नि से प्रज्वलित होता है। अन्य उदाहरण—यक लहज़े साये **अज़ सरे मा** दूरतर मकुन (10.1/1)। **अज़ इश्क़** न परहीज़म (9.1/1)।

3.5.3—फ़ारसी कविताओं में अनेक बार (छन्दःपूर्ति के लिए) अज़ के स्थान पर ज़ मात्र का भी प्रयोग किया जाता है। चूँकि अ का उच्चारण आधुनिक फ़ारसी में ह्रस्व ए की उच्चरित होता हे, इसलिए इस पुस्तक में अज़ के संक्षिप्त रूप ज़ को प्रायः ज़े लिखा गया है। उदाहरण के लिए, जान **ज़े बदन** जुदा शवद (62.6/1)। कि ता नागह **ज़े यकदीगर** न मानीम (7.1/1)। आन मह कि **ज़ मा** निहान् हमी शुद (4.2/1)।

3.6 अधिकरण कारक

3.6.1—कर्ता अथवा कर्म में स्थित क्रिया के आधार को अधिकरण कहते हैं।

3.6.2—फ़ारसी में अधिकरण को व्यक्त करने के लिए सामान्यतः दर का प्रयोग होता है। जहाँ हिन्दी में अधिकरण का चिह्न में होता है वहाँ उसका फ़ारसी में दर

273. ऐ जाने जाने जाने जान्—मा नामदीम अज् बह्रे नान् (मौलाना—दीवाने शम्स)

के साथ अनुवाद करते हैं। जैसे—मन् **दर ख़ाने** नीस्तम्—मैं घर में नहीं हूँ। **दर शह्र** बीमारिस्तान् हस्त—शहर में अस्पताल है। अन्य उदाहरण—ऐ नशिस्ते **दर् ईन् ख़ाने** (6.10/1)। ग़ल्ााले ई—स्त **दर जहान्** (55.3/2)।

3.6.3—ऊपर या पर के अर्थ को बताने के लिए लिए फ़ारसी में बर पूर्वसर्ग का प्रयोग करते हैं। जैसे—किताब **बर मीज़** हस्त—किताब मेज पर है। कबूतर **बर बाद** मी परद—कबूतर हवा में उड़ता है। उन्य उदाहरण—अफ़सूस कि **बर गंजे** शुमा पर्दे शुमा ईद (3.7/2)। मी गश्त दमी चन्द **बर् ईन् रू ए ज़मीन्** ऊ (66.5/1)।

3.6.4—अनेक बार अधिकरण के अर्थ में बे इस पूर्वसर्ग का प्रयोग भी देखा जाता है। उदाहरण के लिए—शह **बे ख़ाने** नीस्त=राजा महल में नहीं है। मन **बे गूशे** तू सुख़न—हा ए निहान् ख़ाहम गुफ़्त (6.5/1)। ख़ुद रफ़्त **बे किश्ती** (66.2/1)।

चतुर्थ खंड

(आसन्न, दूरवर्ती, सम्भावनावाची भूतकाल)

4.1 आसन्न भूतकाल

4.1.1—आसन्न भूतकाल निकट भूतकाल में क्रिया की सम्पन्नता को बतलाता है। जैसे—राम घर चला गया है।

4.1.2—फ़ारसी में इसे क्रिया के भूतकालिक मूल (देखिए खंड-2) से निष्पन्न किया जाता है।

4.1.3—इसके निष्पन्न करने की यह विधि है कि सर्वप्रथम भूतकालिक मूल में ए जोड़ देते हैं। जैसे—

ख़न्दीद् + ए=ख़न्दीदे, रफ़्ते,दीदे, दुज़्दीदे* आदि। उसके बाद उस क्रियारूप में हस्त (होना) धातु के संक्षिप्त रूप को सहायक क्रिया के रूप में लगा देते हैं। ये रूप बिल्कुल वे ही हैं जो पहले तालिका नं. 4 में अस्तित्व वाचक प्रत्ययों के रूप में बताये जा चुके हैं—

तालिका-4 : वर्तमानकालिक परसर्ग

पुरुष	**एकवचन**	**बहुवचन**
प्रथमपुरुष	अस्त/हस्त	अन्द
मध्यमपुरुष	ई	ईद्
उत्तमपुरुष	अम्	ईम्

* इनका भारतीय उच्चारण क्रमशः होगा—ख़न्दीदा, रफ़्ता, दीदा तथा दुज़्दीदा।

4.1.4—इस प्रकार दोनों खंडों को जोड़ देने से प्रस्तुत क्रिया निष्पन्न हो जाएगी। जैसे—रफ़्ते अस्त = गया है।

रफ़्ते अन्द = गए हैं।

सारे रूपों की तालिका निम्नोक्तप्रकार से है—

तालिका-9 : आसन्न भूतकालिक क्रियारूप

पुरुष	एकवचन	बहुवचन
प्रथमपुरुष	रफ़्ते अस्त/हस्त	रफ़्ते अन्द
मध्यमपुरुष	रफ़्ते ई	रफ़्ते ईद्
उत्तमपुरुष	रफ़्ते अम्	रफ़्ते ईम्

अन्य वाक्यात्मक उदाहरण—दूश चे खुर्दे ई (84.1/1)—कल रात तुमने क्या खाया है। बी मा शुदे ईम शाद (4.4/1)। अज़ कुजा आमदे अम (2.2/1)।

4.1.5—अनेक बार प्रथम पुरुष एकवचन का भाव बिना **अस्त** सहायक क्रिया लगाए ही व्यक्त हो जाता है।

4.1.6—प्राचीन कविताओं में आसन्न भूतकाल के उपर्युक्त क्रियारूपों के प्रारम्भ में बे भी लगा दिया जाता है—पर-हा-त **बेरूईदे** (22.12/2)।

4.2 दूरवर्ती भूतकाल

4.2.1—कार्य के सुदूर भूतकाल में सम्पादित होने की अवस्था को इस भूतकाल के द्वारा बताया जाता है। उदाहरण के लिए—तुमने खाना खाया था।

4.2.2—इन क्रिया रूपों को बनाने के लिए धातु से आसन्न भूतकाल की तरह रूप बना कर (ऊपर 4.1.3 देखें) उसमें भूतकालिक परसर्ग जोड़ देते हैं।

4.2.3—भूतकालिक परसर्ग बनाने के लिए बूद् धातु से पूर्वोक्त (देखें तालिका 6) 6 प्रत्ययों को लगा देते हैं—

तालिका-10 : भूतकालिक परसर्ग

पुरुष	एकवचन	बहुवचन
प्रथम पुरुष	बूद् + 0 = बूद	बूद् + अन्द् = बूदन्द
मध्यम पुरुष	बूद् + ई = बूदी	बूद् + ईद् = बूदीद
उत्तम पुरुष	बूद् + अम् = बूदम	बूद् + ईम् = बूदीम

4.2.4—उपरिनिर्दिष्ट भूतकालिक परसर्गों के साथ सारे रूप इस प्रकार होंगे—

तालिका-11 : दूरवर्ती भूतकालिक क्रियारूप

पुरुष	एकवचन	बहुवचन
प्रथमपुरुष	रफ़्ते बूद्	रफ़्ते बूदन्द
मध्यमपुरुष	रफ़्ते बूदी	रफ़्ते बूदीद्
उत्तमपुरुष	रफ़्ते बूदम्	रफ़्ते बूदीम्

रफ़्ते बूद का अर्थ होगा वह गया था। इसी प्रकार अन्य रूपों के अर्थ समझ लेने चाहिए।

4.3 सम्भावनावाची भूतकाल

4.3.1—जिस भूतकाल की क्रिया से सम्भावना अथवा आशंका व्यक्त होती है उसे सम्भावनावाची भूतकाल के नाम से जाना गया है। उदाहरण के लिए—वह गया होगा, उसने खाया होगा आदि।

4.3.2—इन क्रिया रूपों को बनाने के लिए धातु से आसन्न भूतकाल की तरह रूप बना कर (ऊपर 4.1.3 देखें) उसमें सम्भावनावाची परसर्ग जोड़ देते हैं।

4.3.3—सम्भावनावाची परसर्ग बनाने के लिए बाश् धातु से वर्तमान काल के 6 प्रत्यय (देखिए तालिका 1) लगा दिए जाते हैं—

तालिका-12 : सम्भावनावाची परसर्ग

पुरुष	एकवचन	बहुवचन
प्रथम पुरुष	बाश् + अद=बाशद	बाश् + अन्द=बाशन्द
मध्यम पुरुष	बाश् + ई=बाशी	बाश् + ईद = बाशीद
उत्तम पुरुष	बाश् + अम=बाशम	बाश् + ईम=बाशीम

4.3.4—उपर्युक्त 6 सम्भावनावाची परसर्गों को यथास्थान जोड़ देने के बाद निम्नवत् रूप प्राप्त होंगे—

तालिका-13 : सम्भावनावाची भूतकालिक क्रियारूप

पुरुष	एकवचन	बहुवचन
प्रथमपुरुष	रफ़्ते बाशद्	रफ़्ते बाशन्द
मध्यमपुरुष	रफ़्ते बाशी	रफ़्ते बाशीद्
उत्तमपुरुष	रफ़्ते बाशम्	रफ़्ते बाशीम्

रफ़्ते बाशद् का अर्थ होगा—वह गया होगा। इसी प्रकार शेष सारे रूपों के सम्भावनात्मक या आशंकात्मक अर्थों को समझ लेना चाहिए।

4.3.5—एक विशेष बात यहाँ अतिरिक्त यह समझ लेनी चाहिए कि तालिका 12 में दिए गए रूपों का सम्भावनावादी परसर्ग के तौर पर प्रयोग न करके स्वतंत्र रूप से भी प्रयोग किया जा सकता है। तब उनका अर्थ आशीर्वाद अथवा शुभाशंसा होता है। उदाहरण के लिए—ख़ुशहाल बाशीद—आप प्रसन्न रहिए। ज़िन्दे बाशद—वह जीता रहे।

4.3.6—कई बार मध्यम पुरुष में इसका प्रयोग चेतावनी देने के लिए भी होता है। ऐसी स्थिति में उसके प्रथम पुरुष के प्रत्यय (ई) का लोप हो जाता है—बाश चु शतरंज रवान् (58.21/1)। बा ख़ुदा दीवाने बाश् ओ बा मुहम्मद होशियार। दूर बाश (दूर रहो)।

4.3.7—उपर्युक्त क्रियारूपों के लिए जिस भूतकालिक मूल (रफ़्ते, दानिस्ते आदि) को निष्पन्न किया जाता है उसका प्रयोग वाक्य में पूर्वकालिक कृदन्त के रूप में भी किया जाता है। उदाहरण के लिए—मन **गिरिफ़्ते** मी रवम= मैं लिए हुए जा रहा हूँ या मैं लेकर जा रहा हूँ। **दानिस्ते** अज़ जान मी रवी=मेरी जान से जानबूझकर जा रहे हो।

पञ्चम खंड

(सम्बन्ध विभक्ति, संक्षिप्त रूप, कर्मधारय)

5.1 सम्बन्ध विभक्ति

5.1.1—दो क्रियेतर शब्दों के बीच के सम्बन्ध को सम्बन्ध विभक्ति द्वारा व्यक्त किया जाता है। ये सम्बन्ध अनेकानेक प्रकार के हो सकते हैं, जैसे जन्यजनकभाव, स्वस्वामिभावसम्बन्ध,अङ्गाङ्गिभाव आदि। उदाहरण—बच्चे का पिता, छात्र की क़लम, मेरा हाथ अदि।

5.1.2—फ़ारसी में इसे इज़ाफत की प्रक्रिया से व्यक्त करते हैं। जैसे—बच्चे का पिता—पिदरे बच्चे (पिदर् ए=पिदरे), छात्र की क़लम—क़लमे दानिशजू (क़लम् + ए=क़लमे), मेरा हाथ—दस्ते मन् (दस्त + ए=दस्ते)

5.1.3—आ, ई, उ,ऊ तथा ए से समाप्त होने वाले सम्बन्धी शब्दों के अन्त में लगाया गया ए ये की तरह सुनाई पड़ता है। जैसे—हवा ये गुलशन—बाग की हवा, बाजुये कातिल—हत्यारे का हाथ, नाले ये दिल—हृदय का विलाप। ऐसी स्थितियों में ऊ, ए का उच्चारण ह्रस्व की तरह होता है।

5.1.4—छन्दोऽनुरोध आदि की विवशता न होने पर इजाफत के ए अथवा ये में स्वर का उच्चारण एकमात्रिक अर्थात् ह्रस्व ही होता है।

इज़ाफ़त के अन्य उदाहरण इस प्रकार हैं—दर्दे दिल—हृदय की व्यथा, बूये गुल—पुष्प की गन्ध, चराग़े महफिल—सभा का दीपक, जाने मन—मेरी आत्मा, दीने बरहमन्—ब्राह्मण धर्म, आदि आदि।

5.1.5—इज़ाफ़त के इस प्रकार के प्रयोग की तुलना हम षष्ठी तत्पुरुष के साथ कर सकते हैं। इज़ाफ़त का यह रूप फ़ारसी भाषा की अपनी विशेषता है जो उसके सौन्दर्य का एक महत्त्वपूर्ण उपादान है। उर्दू आदि भाषाओं में यह प्रवृत्ति फ़ारसी से ही आई है।

5.2 विशेष वक्तव्य (व्यक्तिवाचक सर्वनामों के सम्बन्ध में)

5.2.1—व्यक्तिवाचक सर्वनामों (देखिए तालिका 5) में इज़ाफ़त पूर्वोक्त प्रकार से तो लगता ही है, साथ ही साथ उनका एक संक्षिप्त रूप भी विकल्पत: व्यवहार में आता है जो पहले सम्बन्धी के साथ ही प्रविष्ट हो जाता है। इन संक्षिप्त रूपों की तालिका निम्नवत् है—

तालिका-14 : व्यक्तिवाचक सर्वनामों के संक्षिप्त रूप)

पुरुष	एकवचन	बहुवचन
प्रथम पुरुष	अश्	ए + शान्
मध्यम पुरुष	अम्	ए + तान्
उत्तम पुरुष	अम्	ए + मान्

5.2.2—ध्यान रहे, ये छहों रूप व्यक्तिवाचक सर्वनामों (तालिका 5) के विकल्प हैं लेकिन ये कभी भी स्वतंत्र प्रयुक्त न होकर हमेशा समस्त रूप में ही प्राप्त होते हैं। उदाहरण के लिए—जाने ऊ = जान-श = उसकी आत्मा, जाने ईशान = जाने-शान = उनकी आत्मा, जाने तो = जान-त = तुम्हारी आत्मा, जाने शुमा = जाने-तान= तुम लोगों की आत्मा, जाने मन = जान-म = मेरी आत्मा, जाने मा = जाने-मान = हमारी आत्मा

5.2.3—कविता में छन्द के अनुरोध से अत् तथा अश् आदि के अ का लोप भी देखा जाता है। अर्थात् जानश्—जान्श, जानेशान—जान्शान्, जानत—जान्त, जानेतान्—जान्तान, ये दोनों रूप दिखाई देते हैं। अन्य उदाहरण—जान्श मी गूयद हज़र अज़ चश्मे ए हैवान चेरा (63.4/2)। ज़े आसमान्श बेजूई (36.3/1)। चू दर मकान्श बेजूई (36.3/2)।

5.2.4—आ, ई, उ, ऊ तथा ए से समाप्त होने वाले सम्बन्धी शब्दों के अन्त में लगाया गया इन प्रत्ययों में सुनाई पड़ता है। अर्थात् ये प्रत्यय निम्नवत् हो जाते हैं—

तालिका-15 : वैकल्पिक रूप)

पुरुष	एकवचन	बहुवचन
प्रथम पुरुष	यश्	ये + शान्
मध्यम पुरुष	यत्	ये + तान्
उत्तम पुरुष	यम्	ये + मान्

उदाहरण के लिए उपर्युक्त प्रत्ययों को बाज़ू (बाहु, हाथ) के साथ लगाकर देखते हैं। (ध्यान रहे, इन सर्वनामों के प्रयोग करते समय दीर्घान्त शब्द सामान्यत: ह्रस्व हो जाता है तथा काव्य के अनुरोध से अनेकत्र उसे दीर्घ भी पढा जाता है।)

5.2.3—अनेक बार उपर्युक्त संक्षिप्त रूप (दे. तालिका 14) सम्बन्ध के अलावा कई अन्य कारकों को भी बताते हैं। उदाहरण के लिए—

1. कर्म—ख़िज़्र—त चेरा न ख़ानम (65.2/1) = तुमको ख़िज़्र क्यों न कह दूँ। (यहाँ 'तुम्हारा ख़िज़्र' यह अर्थ नहीं होगा।)

2. सम्प्रदान—गुलिस्तान—म आरज़ू,स्त (8.1/1) = मुझे गुलिस्तान चाहिए। (यहाँ 'मेरा गुलिस्तान' यह अर्थ नहीं होगा।)

5.2.4—ये संक्षिप्त सार्वनामिक रूप संज्ञाओं के ही नहीं अपितु क्रियारूपों अथवा अव्ययों के भी बाद भी लग कर भिन्न भिन्न अर्थों को देते हैं। उदाहरण के लिए—

1. गर ज़े मसीह पुर्सद-त (62.4/1) = अगर कोई तुमसे मसीह के बारे में पूछे।
2. चून-त न ज़नम (31.6/2) = तुमको क्यों न मारूँ।
3. यार चू ख़ार आयद-त (14.1/1) = यार तुम्हें काँटे की तरह लगता है।

तालिका-15 : व्यक्तिवाचकसर्वनाम के साथ समास)

पुरुष	एकवचन	बहुवचन
प्रथम पुरुष	बाज़ुय-श्	बाज़ुये + शान्
मध्यम पुरुष	बाज़ुय-त्	बाज़ुये + तान्
उत्तम पुरुष	बाज़ुय-म्	बाज़ुये + मान्

5.2.3—आवश्यकता होने पर अनेकानेक इज़ाफ़तों का यथावसर प्रयोग किया जा सकता है। उदाहरण के लिए—पिसरे मन—मेरा बच्चा, दुख़्तरे बरादरे शुमा—आपके भाई की बेटी, दर्दे दिले आशिके तू—तुम्हारे प्रेमी हृदय का कष्ट, आदि आदि।

5.3 कर्मधारय

5.3.1—उपर्युक्त इज़ाफ़त की प्रक्रिया से षष्ठी तत्पुरुष समास के अतिरिक्त कर्मधारय समास भी द्योतित होता है। कर्मधारय समास की स्थिति वहाँ होती है जहाँ पहला पद विशेषण तथा दूसरा पद विशेष्य होता है। जैसे सुन्दर बच्ची, मोटा हाथी आदि।

5.3.2—लेकिन, जैसे कि ऊपर बताया जा चुका है (देखें 5.1.2), इसके लिए सबसे पहले हिन्दी में दोनों विशेषण विशेष्य के क्रम को उलट देते हैं। अर्थात् विशेष्य पहले एवं विशेषण बाद में रखते हैं। विशेषण वाचक पद में इज़ाफ़त लगाते हैं, अर्थात् उसके अन्त में ए जोड़ देते हैं। इस प्रकार रूप बनता है—

सुन्दर बच्ची= दुख़्तरे ज़ीबा, पीले फ़र्बेह—आदि।

षष्ठ खंड
(भविष्यत् काल)

6.1.1—फ़ारसी में भविष्यत् काल का निर्माण एक सामासिक प्रक्रिया है। इसके रूपों के निर्माण में भूतकाल तथा वर्तमान का दोनों अंशों का यथावसर प्रयोग होता है।

6.1.2—जिस धातु का भविष्यत् काल बनाना होता है, हम उस धातु का भूतकालिक मूल (प्रथमपुरुष एकवचन) लेते हैं। जैसे, यदि जाने की क्रिया का भविष्यत् काल बनाना है तो हम **रफ़्त** का प्रयोग करेंगे। ध्यान रहे कि भविष्यत् काल की सारी स्थितियों में यही रूप स्थिर रहता है।

6.1.3—इसके बाद हम ख़ाह (चाहना) धातु के वर्तमानकालिक मूल (ख़ाह) में पूर्वोक्त 6 प्रत्ययों (देखें तालिका 1) को लगा कर सहायक क्रिया प्राप्त करते हैं, जिसे उपर्युक्त भूतकालिक क्रिया से पहले लगा देते हैं। इसके फलस्वरूप निम्नोक्त रूप निष्पन्न होते हैं—

तालिका-16 : भविष्यत्काल की सहायक क्रिया)

पुरुष	एकवचन	बहुवचन
प्रथम पुरुष	ख़ाह् + अद् = ख़ाहद्	ख़ाह् + अन्द् = ख़ाहन्द्
मध्यम पुरुष	ख़ाह् + ई = ख़ाही	ख़ाह् + ईद् = ख़ाहीद्
उत्तम पुरुष	ख़ाह् + अम् = ख़ाहम्	ख़ाह् + ईम् = ख़ाहीम्

6.1.4—इस सहायक क्रिया को भूतकालिक मूल के साथ लगाकर भविष्यत् काल के रूप निम्नोक्त प्रकार से प्राप्त होते हैं—

तालिका-17 : भविष्यत्काल के क्रियारूप)

पुरुष	एकवचन	बहुवचन
प्रथम पुरुष	ख़ाहद् रफ़्त = वह जाएगा	ख़ाहन्द् रफ़्त = हम जाएँगे
मध्यम पुरुष	ख़ाही रफ़्त = तुम जाओगे	ख़ाहीद् रफ़्त = तुम सब जाओगे
उत्तम पुरुष	ख़ाहम् रफ़्त = मैं जाऊँगा	ख़ाहीम् रफ़्त = हम सब जाएँगे

6.1.5—ध्यान रहे कि सारे प्रत्यय सहायक क्रिया ख़ाह् में ही लगेंगे जबकि भूतकालिक रूप (रफ़्त आदि) अपरिवर्तित रहेंगे। ख़ाह् का अर्थ इच्छा है, लेकिन इस प्रसंग में उसका कोई अनुगमन नहीं है।

परिशिष्ट-4

शब्दार्थानुक्रमणी

संकेत

(सर्व०) = सर्वनाम, (आलं०) = आलंकारिक प्रयोग, (व०) = भिन्न वर्तनी (प्रत्य०) = प्रत्ययान्त, (पूर्व०) = पूर्वसर्ग, (ब०व०) = बहुवचन, (सम्बो०) = सम्बोधन, (स०पू०) = समास में पूर्वपद

अंगबीन = शहद, मधु
अक़ीक़ = सुलेमानी पत्थर
अक्नून = फ़िलहाल
अख़रस = मूक
अख़्तर् = सितारा, तारा
अग़यार = (ब०व० ग़ैर) शत्रु
अगर = यदि
अज़ = (पूर्व०) से
अजब = अजीब, अद्‌भुत
अजल = मृत्यु, मौत
अजायब = (ब०व०)अद्‌भुत चीज़ें
अज़ीज़ = प्रिय
अज्दहा = अजगर
अज़्म = नीयत, सोच
अत्तारान् = पंसारी
अत्लस = रेशमी कपड़ा
अदम् = अनस्तित्व
अद्‌ल = न्याय
अनल्हक़ = अहं ब्रह्मास्मि
अनासिर = (ब०व०) उन्सुर, पंचतत्त्व
अन्क़ा = एक पौराणिक पक्षी जिसके बारे में विश्वास किया जाता है कि उसकी छाया जिसके सिर पर पड़ जाये वह राजा हो जाता है।
अन्दक अन्दक = थोड़ा थोड़ा
अन्दर = अन्दर, अन्त
अन्दाज़े = कल्पना
अफ़सून = टोना, जादू
अफ़्यून् = अफ़ीम
अफ़्सर = ताज, मुकुट
अफ़्साने = कहानी
अबद = अनन्त, आजीवन, अनन्तकाल
अब्र = बादल, मेघ, आवरण
अब्हर् =
अमानत = न्यास, धरोहर
अमीन् = धरोहर का रक्षक
अम्मा = लेकिन
अम्दा = जानबूझ कर
अयान् = प्रकाश, आशा, ज्योति

अय्यार = चंचल
अरबदे = कलह
अरसात = (ब०व० अरसे) समय
अर्कान = (ब०व० रुक्न) पंचमहाभूत
अर्वाह = आत्मा
अर्श = कभी उच्चतम आकाश
अलम = ध्वज, झण्डा
अलामत = लक्षण
अशिया = (ब०व० शै) वस्तुएँ
असरार = (ब०व० सिर्र) रहस्य
असस = (ब०व० इस्सत)पहरेदार
असीर = 1. रस, सत्त्व, 2. (व०) बन्दी
अस्ब = घोड़ा
अस्मा = (ब०व०) नाम
अस्ल = मूल-स्थान, मातृभूमि, वास्तविक
अहवाल = परिस्थितियाँ
अह्ल = जन, (स०पू०) वाला
आइने = दर्पण
आक़िल = 1. विद्वान्, बुद्धिमान्, (आलं०) कुतर्की
आख़िर = आख़िर, अन्त
आगह = आगाह, सावधान
आग़ूश = आग़ोश
आज़र = आग
आतश = आग
आन् (सर्व०) = वह
आफ़ताब = सूर्य, सूरज
आब = जल
आबख़ाह = पिपासा, तृष्णा
आबे जू = जलधारा
आबे हयात = अमृत
आबे हैवान = अमृत
आम = सर्वसाधारण
आर = शर्म, लज्जा

आराम = आराम, आनंद, सुख
आरिज़ = गाल, कपोल
आलम = संसार, दुनिया, विश्व
आवाज़ = ध्वनि, पुकार
आवारगी = निष्प्रयोजन भ्रमण
आशकार = प्रकट
आशना = परिचित, सम्बन्धी
आशियाने = घर
आश्ती = मित्रता, लगाव
आहनीन् = लोहा से बना हुआ
आहू = हिरन
इक़रार = स्वीकृति
इख़्तियार = अधिकार, अधिपत्य
इज़राईल = इज़राईल, मौत के दूत
इदरीस = एक पैगम्बर का नाम
इनकार = अस्वीकार
इन्तज़ार = प्रतीक्षा
इरम = स्वर्ग
इल्तिफ़ात = (ब०व० लुत्फ़) कृपा
इशराक़ = प्रताप, यश
इशारत = इशारा
इश्क़ = इश्क, प्रेम
इश्कूफ़े = सकूफ़ा, कली
इश्रती = आनन्दमग्न, प्रसन्न
इश्वेगरे = बहानेबाज़
इस्म = नाम, संज्ञा
इस्माईल = इस्माईल (नाम)
ईन्जा = यहाँ, इधर
ईमान् = श्रद्धा, आस्था
उक़बा = परलोक
उज़्र = आपत्ति
उफ़ुक़ = क्षितिज, आकाश
ऊ = (सर्व०) वह
ऐतिमाद = विश्वास, आस्था
ऐवान् = महल, भवन
ऐश = आनन्द

शह = शाहंशाह, (आलं०) प्रिय
औलिया = (ब०व०) सन्त, ईश्वर के लोग
कंदहार = कन्धार
कज = टेढ़ा, (आलं०) दुष्ट
क़ज़ा = भाग्य
क़तरे = बूँद
क़त्तार = पंक्ति, कतार
क़दख़ुदा = घर का मालिक, गृहस्वामी
क़दम = 1. चरण 2. पग
क़दह = पात्र, प्याला
क़दीमी = पुराना, प्राचीन
कदू = लौकी (से बना कमण्डल)
क़द्र = मूल्य, प्रतिष्ठा
कनफ़ = जूट, सन, भाँग, सुतली
क़न्द = मिस्री
कफ़ = हथेली, हाथ, तल
कफ़े = तवा, कड़ाही, पल्ला
क़फ़स = पिंजरा, साँचा
क़बा = ऐसा वस्त्र जो सामने से खुलता हो
क़मर = चाँद
कमाल = भाव
कमीन् = तुच्छ
कमीन = घात, (आलं०)प्रतीक्षा
क़मीस = क़मीज, कुर्ता
क़याम = स्थित होना
कर = बधिर, बहरा
क़रन्फ़ुल = लौंग का फूल
करम = कृपा, दया
क़रार = चैन
क़रीन = निकट
करीम = करम करने वाला, उदार
क़र्न = युग
क़लन्दर = त्यागी—तपस्वी
कलाम = शब्द, वाक्य
कलावज़ = लश्कर का सिपाही

क़ल्ब = नकली
क़ल्बी = मिलावटी, मिश्रित
क़ल्लाशी = आवारगी
कश्ती = नाव, पतवार
कस = कोई
कसी = कोई एक
क़ह्र = खाई, दुःख
क़ाज़ी = न्यायधीश (क़ाज़ी)
क़ाफ़ = एक काल्पनिक पर्वत
क़ाफ़िये = तुक या तुकबन्दी
कान = खान, आकर
क़ाने = सन्तोषी
कारवान = सार्थवाह
काला = चीज़ें
क़ालिब = शरीर, देह, बदन
कासे = प्याला, पात्र, कटोरी
काह = डाँठ, डंठल
काहिली = आलस
क़िताल = मार-काट
किनार = सीमा, हद
किनार = 1. किनारा, 2. अँकवार
क़िब्ले = प्रार्थना की दिशा, क़िब्ला
किल्क = 1. लेखनी 2.गन्ना
की = कौन
कीने = ईर्ष्या, बैर
कुजा = कहाँ
क़ुदरत = शक्ति
कुदाम = कौन सा
कुफ़्र = अधर्म
क़ुफ़्ल = ताला
क़ुमारख़ाने = जुआघर, द्यूतस्थान
क़ुमाश = रेशमी परिधान
कुलाह = टोपी, कुलही
क़ुल्ज़ुम = समन्दर
कुल्ली हल्वा = नख से सिख तक हल्वा
कुहने = बूढ़ा

कू = गली, कूचा
कूज़े = कुंभ, घड़ा, गागर
कूज़ेगर = कंभकार
कूर = दृष्टिहीन, अन्धा
कूह = कोह, पर्वत, पहाड़
केहान = जहान, दुनिया
कै = कब
कैक़ुबाद = एक प्राचीन सम्राट्
क़ौम = वंश
कौसर = स्वर्ग का तालाब
ख़ज़ान = पतझड़
ख़जिल = शर्मिन्दा, लज्जित
ख़न्दे = उल्लास, हर्ष
ख़न्देज़नान् = हसता हुआ
ख़बर = वार्ता, बात
ख़म्मार = शराबख़ाना
ख़म्र = शराब, मदिरा
ख़राबात = मयखाना, मदिरालय
ख़रूश = शोर
ख़लाफ = विरोध
ख़लायक़ = संसारिक लोग
ख़लास = मुक्ति
ख़ल्क = संसार
ख़ल्लाक़े = स्त्रष्टा
ख़ल्वती = एकान्तवासी
ख़सक = घास-फूस
ख़स्म = शत्रु, दुश्मन
ख़ाक = मिट्टी, धरती
ख़ाक़दान = कूड़ादान
ख़ाजे = मालिक, स्वामी
ख़ाजे सनाई = एक सूफ़ी सन्त
ख़ान = दस्तरख़ान
ख़ानक़ह, ख़ानक़ाह = मस्जिद, दरगाह
ख़ाने = घर
ख़ाब = नींद, स्वप्न
ख़ामे = क़लम, लेखनी
ख़ामोशी = मौन, नि:शब्द
ख़ार = काँटा
ख़ारा = कंकड़
ख़ालिक़ = सृष्टिकर्त्ता, ब्रह्म
ख़ाशाक = तिनके, तृण
ख़िरद = 1. बुद्धि, अक़्ल, तर्कबुद्धि, 2. (आलं०) दार्शनिक
खिर्क़ = लबादा, वेशभूषा
ख़िर्मन = खलिहान
ख़िल्क़ान् = प्राणी, जीव
ख़िल्वत = एकान्त
ख़िसाल = सरापा
ख़ीरेकुश = निर्दय हत्यारा
ख़ीश = अपना
ख़ीशी = अपनापन
ख़ुद = स्वयं
ख़ुफिये = गुप्त रूप से
ख़ुम = मटकी
ख़ुमार = नशा, मस्ती
ख़ुम्म = घड़ा
ख़ुर्शीद = सूरज, आफ़ताब
ख़ुल्द = स्वर्ग, निरन्तरता
ख़ुश—लक़ा = सुन्दर चेहरे वाला
ख़ुश्क = सूखा
ख़ू = स्वभाव, प्रकृति
ख़ून्ख़ार = ख़ून पीने वाला, निर्दय
ख़ूबे ख़ूब = शुभतम
गंज = खजाना, धन
गदारूई = भिखारियों जैसा चेहरा
गब्र = पारसी
ग़म = दुख, कष्ट
ग़मनाक = ग़मगीन, दु:खी
ग़रज़ = स्वार्थ
गरान = भारी भरकम
ग़रीबिस्तान = उजाड़
गर्दिश = भँवर

गर्मी = गर्मजोशी
ग़ल़ाले = शोर गुल
ग़ल्ल = रेवड़, माँद, मैल
गह, गाह = 1. कई बार 2. जगह
गवारा = अनुकूल
गवारिश = अनुकूलता
ग़ाफ़िल = अनभिज्ञ, अनजान
गिरह = गाँठ
गिरियान् = रोने वाले
गिरिये = चीत्कार, रुदन
गिर्द = चारों ओर, सर्वत्र
गिल = मिट्टी
गिलू = गर्दन, कंठ, गला
गीज = ख़ुमार से भरा हुआ
गुंचे = कली
गुफ़्तार = बातें
ग़ुबार = धूल
गुमरह = गुमराह, पथभ्रष्ट
गुरीज़पा = भागने वाला
ग़ुरूर = अहंकार, घमण्ड
ग़ुर्बत = परदेस
गुल = पुष्प, फूल
ग़ुलाम = कैदी, बंदी, बन्धक
गुल—इज़ार = फूल जैसे गालों वाला
गुलगून = रंग-बिरंगे
गुलजार = पुष्पवाटिका
गुलज़ार = वाटिका, उद्यान
गुलनार = लाल रंग का एक फूल
गुलरुख़ = फुल जैसे मुख वाली
गूनागून = अनेकों प्रकार
गूर = गोर, समाधिस्थल, क़ब्र, मकबरा, मंदिर
गूश = कान
गूशवार = कर्णाभूषण
ग़ैब = अदृश्य लोक
ग़ैर = पृथक्, अलग, अन्य

ग़ौग़ा = शोरगुल, कोलाहल
गौहर = मोती
चंग = चंगुल, बंधन
चंग = चंग
चंद = कुछ, थोड़ा, कितना
चन्दीन = कब तक
चरश = चारागाह
चराग़ = दीपक, चिराग
चर्ख़ = (आकाश)चक्र
चलीपा = सलीब
चश्मे = झील, जलस्रोत
चश्मे ए हैवानी = अमृत का स्रोत
चाकर = सेवक, नौकर
चारे = औषधि
चिगिल = दिये जलाने का पात्र
चीज़ = वस्तु, पदार्थ
चुनान = उस प्रकार
चू = 1. की तरह, 2.जब
चून = 1. जब, 2. कैसे
चे = क्या
चेरा = क्यों
चेसान = किस तरह
चौगान = चौगान का खेल
ज़ंगार = ज़ंग, मुर्चा
ज़क़न = ठुड्ढी
ज़ख़ीरे = संग्रह
ज़ ख़ीशान = अपनों से
ज़ख़्मे = मिज़राब की चोट
ज़फ़र = सफलता
ज़फ़ा = अत्याचार
ज़फ़ाकार = ज़ालिम
ज़बान = 1. जीभ 2. भाषा
जमाद = पत्थर
ज़मान = समय
जमाल = सौन्दर्य, सुन्दरता
ज़मुर्रद = पन्ना, मरकत मणि

ज़म्बील	= झोली	ज़ीरो ज़बर	= उलट—पलट, नीचे—उपर
ज़म्बूर	= मधुमक्खी	जुग़्द	= उल्लू, मूर्ख
जम्म	= भीड़, लोगों का समूह	जुज़्व	= प्रत्येक कण
ज़र	= सोना	जुज़्व जुज़्व	= अंग-प्रत्यंग
ज़रर	= कठिनाई	जुन्नार	= जनेऊ
जरस	= घण्टा	जुम्बा-	= हिलता हुआ
ज़र्दरू	= पीले मुँह वाला	जुर्म	= अपराध
ज़र्दी	= पीलापन	जुलाल	= पारदर्शी
ज़र्ब	= थाप	ज़ुल्फ़िक़ार	= दो मुँही तलवार
जवान	= युवा	ज़ुहे	= हृदय, शुक्र तारा
ज़वाल	= नाश	ज़ुहे	= जिगर, (आलं०) हिम्मत
जहान, जहान्	= संसार, लोक	जूय	= पानी का सोता
ज़ह	= जहर, विष	ज़ौक़	= आनन्द
जा	= स्थान, जगह	जौर	= अत्याचार, जुल्म
ज़ाग़	= कौआ	जैहून	= जैहून नदी
जाज़िब	= आकर्षक	तंग	= संकुचित, छोटा
जा,दे	= गुँथी हुई चोटी,	तंगदस्त	= दरिद्र, ग़रीब
जान	= आत्मा, प्राण	तक	= तह
जाना!	= हे प्रिये!, मेरे प्यारे!	तक़्सीर	= गलती, त्रुटि
जानाने	= प्रेमास्पद	तख़्ते	= पटरा
जान्बाज़	= जान पर खेलने वाला, वीर	तदबीर	= उपाय
जामे	= कपड़ा, वेशभूषा, वस्त्र	तनाब	= तम्बू की रस्सियाँ
जाय, जा	= 1.जगह, 2. हैसियत	तन्तनन	= तन्तनन की ध्वनि
जारूब	= झाड़ू	तब्अ	= तबीअत, प्रकृति
जाह	= प्रतिष्ठा, गौरव, मर्यादा	तबरीज़	= ईरान का एक प्रान्त जो तुर्की देश से लगता है।
जाह् ओ जलाल	= प्रतिष्ठा और ऐश्वर्य		
ज़ाहिद	= सन्त, संन्यासी	तबीब	= वैद्य
ज़िन्दान	= जेल, कारागार	तब्दील	= परिवर्तन, बदलाव
जिन्स	= सामग्री	तब्ल	= नगाड़ा
ज़िन्हार	= ख़बरदार	तर	= ताजा
ज़ियन्न	= हानि	तरब	= आनन्दोत्सव, पर्व
ज़िश्त	= बुरा	तराज़ू	= तराजू, परिमापक
जिहत	= 1. दिशा 2. के लिए	तराने	= गीत
ज़ीब	= सौन्दर्य	तर्जुमान	= प्रवक्ता
ज़ीरकक	= पण्डिताऊ	तर्जुमे	= अनुवाद
ज़ीरा	= क्योंकि	तर्रार	= चालाक

तर्सा = ईसाई
तलअत = उदय
तलफ़ = विनष्ट, बर्बाद
तलब = इच्छा, कामना
तलबकार = खोजने वाला, अन्वेषक
तल्ख़ = कटु
तस्ख़र = मज़ाक
तस्लीम = समर्पण
तहक़ीक़ = खोज, अन्वेषण
ता = 1. ताकि, 2.तब तक
ताक़त = सामर्थ्य, शक्ति
ता क़यामत = क़यामत (प्रलय) तक
ता चन्द = कब तक
ताबूत = अर्थी, मृत्युशय्या
तारीकी = अँधेरा
तीग़ = तलवार
तीज़ = तेज़, तीव्र
तीशे = फावड़ा
तुरुशरूइ = गम्भीर
तुर्फ़े = आश्चर्यजनक
तुह्फ़े—हा = उपहार, भेंट
तुन्दी = शीघ्रता, तेजी, जल्दी
तू = तुम
तोबे = प्रायश्चित्त, तौबा
दग़ल = अवैध, नकली, फ़र्जी
दद = राक्षस
दन्दाने = दाँत
दफ़अ = हटाना
दफ़्तर = लेख, चिट्ठा
दफ़्फ़ = डफ, डफली, खँझरी
दम = क्षण, पल, श्वाँस
दमसाज़ = सहायक
दयारे = (ब०व० दंार) घर
दर = 1. दरवाजा 2.(पूर्व ?) में
दरमियान = मध्य में
दरीग़ = अफसोस
दरून = अन्दर, अन्त
दर्दकश = दु:ख सहने वाला
दर्या = समुद्र
दवान = दौड़ता हुआ
दव्वार = घूमने वाला
दस्त = समूह, वर्ग
दस्त दस्त = हाथों हाथ
दह = दस (संख्यावाचक)
दहन = मेरा मुँह
दहान—बन्दी = मौन, चुप्पी
दह्र = संसार
दाइए = निमंत्रण, न्यौता
दाग़ = जले का धब्बा
दाम = जाल
दामन = आँचल
दारा = अधिपति, शासक
दारो गीर = धर-पकड़
दावा = कलह
दिगर, दीगर = अन्य, दूसरा
दिगरगून = अलग तरह
दिल = हृदय
दिलबर = चितचोर
दिलसिता- = दिल चुराने वाला, महबूब
दिला = (सम्बो०) ऐ दिल!
दीग = कड़ाह, कड़ाही, पतीली
दीदे = आँख, नेत्र
दीन = धर्म
दीव = राक्षस, दानव
दुर—फ़िशान् = मोती बरसाने करने वाला
दुरर = (ब०व०) मोती
दुर्द = तलछट, ऋजीष
दुर्दाने = अभिजात, समृद्ध मोती
दूज़ख़ = जहन्नम, नरक
दूज़ख़ी = नारकी
दूद = धुँआ
दूरतर = अधिक दूर

दूलाब = रहट
दूश = 1. कल रात, 2. कन्धा
दूस्त = दोस्त, मित्र
दै = पतझड़
दैरीने = चिरन्तन
नक़्द = सम्पत्ति
नक़्श = निशान, साँचा, ढाँचा
नग़्ज़ = प्यारा, प्रिय
नज़ार = कृशकाय, पतला
नज़्ज़ारे = नज़ारा, दीदार, दर्शन
नफ़स = श्वाँस, प्राण, क्षण
नफ़्ख़ = फूँक
नफ़्स = आत्मा
नबात = वनस्पति
नर्गिस = नरगिस का फूल
नर्दबान = सीढ़ी, सोपान
नसरानी = ईसाई
नहानी = छिपी हुई
नह्स = अशुभ
नागह = अनजान
नागहान = ख़तरनाक
नागाह = अकस्मात्, अचानक
नाज़ = नख़रा
नाज़गर = नखरे वाला, घमण्डी
नातिक़ = उत्तम वक्ता, अच्छा बोलने वाला
नादिर = विरल, कमयाब
नाबीना = अंधा, नेत्रहीन
नामे = पत्र, चिट्ठी
नाय = बाँसुरी
नार = 1. आग 2. अनार
निअम = नेमत
निक़ाब = पर्दा, आवरण
निगार = 1. सुन्दर 2. (आलं०) प्रिय
निज़ाम = व्यवस्था
निशात = आनन्द
निशान = चिह्न, संकेत
निसार = न्यौछावर, समर्पण
निहान = अदृश्य, छिपा हुआ
निहाल = पौधा
निहंग = मगरमच्छ
नीक = नेक, अच्छा
नीज़ = (अ०) भी
नीम = आधा
नीस्तान = (ब०व०)अस्तित्वहीन
नीस्ती = नाश
नुक्ता = रहस्यों को
नुक्ते = बात, विषय, बिन्दु
नुक़्ल = मिठाई
नुमा ए ख़ालिक़ी = सृष्टिकर्ता के प्रतिनिधि
नूरबख़्श = प्रकाशोत्पादक, कान्तिमान्
नूरे = प्रकाश
नूश = उत्सव
नैसान = बरसात
नौ = नया, नवीन
नौबहार = नवीन वसन्त
नौहे = विलाप, रुदन
पर = पंख
परतव = प्रतिबिम्ब
परवाज़ = उड़ान
पर्दे = आवरण, पर्दा
पशीमान = शर्मिन्दा
पश्शे = मच्छर
पसन्दीदे = प्रेमास्पद, अभिलषित
पस्त = गिरा हुआ
पाकबाज़ = पवित्र हृदय वाले
पिदर = पिता
पिन्हान = छुपा या छुपी हुई, अदृष्ट
पिसर = बेटा, पुत्र
पील = हाथी

पीश = पेश, आगे, सामने
पीशाने = आगे, अग्रत:
पुर = पूर्ण, भरपूर
पुरशिकायत = शिकायत से भरा हुआ
पैरहन = कपड़ा, वस्त्र
फ़क़्र = दरिद्रता, फकीरी
फ़त्ह = जीत, विजय
फ़तील = बत्ती
फ़िदा = न्यौछावर, समर्पित
फ़न = कला
फ़र = भव्यता
फ़रअ = शाखा
फ़राग़ = मुक्ति
फ़राग़त = छुटकारा
फ़रावान = बहुत, अत्यधिक
फ़लान = अमुक, फलाँ
फ़रिश्तगी = देवत्व
फ़रिश्ते = दैव, देवदूत
फ़र्ज़ाने = विद्वान्
फ़र्दा = आने वाला कल
फ़र्बेह् = पुष्ट, मोटा-ताजा
फ़र्रुख = चमकदार चेहरे वाला, देदीप्यमान मुखवाला
फ़र्श = कभी निम्नतम पृथ्वी
फ़लक = आसमान,अन्तरिक्ष, ब्रह्माण्ड
फ़ानी = नाशवान्
फ़ाश = अनावृत
फ़िक्र = चिन्तन, सोच
फ़ित्ने = आफ़त
फ़ुरूग़ = आभा, कान्ति, तेजपुंज
बक़ा = अविनश्वरता
बख़्त = भाग्य
बजुज़, जुज़ = केवल, मात्र
बज़्म = महफ़िल
बद = बुरा

बदख़्शान = बदख़्शाँ प्रान्त
बदन = शरीर, देह
बद्र = चन्द्र
बन्द = बन्धन
बयाबान = जंगल, खाली स्थान
बर = 1. वक्ष:स्थल, 2.(पूर्व०) के ऊपर
बरतर् = बड़ी वस्तु
बरह्ने = नंगा, अनावृत्त, अनियंत्रित
बराये = (पूर्व०) के लिए
बर्क़ = चमक, बिजली, विद्युत्
बर्ग = पत्ता, पत्र
बलग़ार = बुल्गारिया
बली = हाँ में सहमति, स्वीकृति
बशर = प्राणी, मनुष्य, जन
बसर = यापन, गुजारा
बसा = प्राय:
बस्ते = बँधा हुआ, बन्द
बहा = मोल, मूल्य
बह् = (स०)—की ख़ातिर
बह् = समुद्र
बह्—फ़रसा = समुद्र को मथ देने वाले
बा = से, के द्वारा
बाग़ = उपवन, बगीचा
बाग़चे = उपवन, उद्यान, बागीचा
बाज़ = 1. पुन:, फिर 2. बाज़ पक्षी
बाद = वायु
बादिये = रेगिस्तान
बादे = शराब, मद्य
बाबे तरब = विभूति खंड
बाम = अटारी, छत
बार = 1. बार, 2. प्रवेश
बाल = डैने, पंख
बालाई = ऊँचाई
बालीन = तकिया
बिदू = (बे + ऊ) उसको

बिरूनू, बैरूनू, बीरूनू = बाहर
बिस्यार = अत्यधिक
बी = बिना
बीकरान = असीम, बेहद
बीगाने = बेगाना, पराया
बीदार = जागृत
बीपायान = असीम
बीम = भय, त्रास, संवेग, चिंता
बीमार = पीड़ित, बीमार
बीरहम = बेरहम, निर्दय
बीहूदे ए रफ़्तार = दुर्व्यवहार वाला, दुर्जन
बुत = मूर्ति (आलं०) सुन्दर प्रियतम
बुन = तह
बुरना = जवान, युवा
बुर्ज = कंगूरा
बुल्— = (पूर्व०)—वाला
बुस्तान = वाटिका
बू = गमक, गंध, खुशबू
बूम = उल्लू
बूसे = चुम्बन
बे = को, के लिए, में
बेकरान = असीमित, सीमाहीन
बेदान्सान = उस तरह
बेह,बेह = बेहतर, अच्छा
मंज़िल = लक्ष्य, उद्देश्य
मआनी = अर्थ, रहस्य
मकान = स्थान
मक्र = मक्कारी
मख़मूर = मस्त, आनन्दित
मख़्लूक़ = सृष्टि
मग़रिब = पश्चिम
मग़्फ़रत = मोक्ष
मजनून = मजनूँ, आशिक, पागल
मजरूह = घायल, चोटिल, पीड़ित
मज्लिस = सभा, महफ़िल
मतर = बारिश, वर्षा
मद्ह = प्रशंसा
मत्बख़ = रसोई, महानस
मन = मैं
म-रा = मुझको
मरियम = ईसा की माता
मर्जान = माणिक
मरतए = चरागाह
मलक = फ़रिश्ता
मलकूत = ईश्वरीय जगत्
मलिक = स्वामी
मलूल = रंजीदा
मस्त = मस्त, (आलं०) साधक
मस्ताने = मस्ताना, मदयुक्त
मस्तूर = छिपा हुआ, ढका, आवृत्त
मह = चाँद
महबस = कारागार, कैदखाना
महबूस = बन्दी
महरूम = वंचित
महशर् = न्याय का दिन (क़यामत)
महाबा = तकल्लुफी
मा = (सर्व०) हम
मादून = खान से निकली हुई वस्तु
माल = सम्पदा, धन
मा,शूक़ = प्रियतम
माही = मछ्ली, (प्रत्य०)चाँद
मिजगान = (ब०व०) बरौनियाँ
मिज्मर् = आतिशदान, धूपदान
मिफ़्ताह = चाबी, कुंजी
मिम्बर = प्रवाचक का आसन, व्यासगद्दी
मिल्कत = स्वामित्व
मिसाल = उदाहरण
मीग़ = मेघ,बादल
मीज़बान = मेज़बान
मीज़ान = तराज़ू, तुला

मीवे	= फल	मौज	= उमंग, बाढ़, तरंग, लहर, तांडव
मुक़ीम	= निवासी		
मुज्मर्	= दावात	मौला	= स्वामी, परमेश्वर, सहायक
मुज्दे	= सुसन्देश, ख़ुशख़बरी	मौज़ून	= समुचित
मुतरिब	= संगीतकार	यक	= एक
मुत्तहम	= आरोपी, तुहमतज़दा	यम	= महासमुद्र
मुत्रिब	= संगीतकार	यहूद	= यहूदी
मुद्दत	= कुछ समय, निश्चित अवधि	या	= अथवा
मुनकिर	= इनकार करने वाला	यार	= प्रिय, दोस्त
मुनज्जिम	= ज्योतिषी, भविष्यद्रष्टा	रंज	= दुःख, व्यथा, कष्ट
मुनाजात	= पुकार, प्रार्थना	रंजूर	= रोगी
मुनाफ़िक़	= पाखंडी	रक़ीब	= प्रतिद्वन्दी
मुनीर	= प्रकाशमान	रक़्स	= नृत्य
मुन्तज़िर	= प्रतीक्षारत	रख़्त	= साज़ो सामान
मुन्तहा	= प्राप्तव्य, लक्ष्य	रब्बानी	= ईश्वरीय
मुबर्रा	= बरी, मुक्त	रम्ज़	= रहस्य
मुबारक	= मंगलमय	रवान	= आत्मा
मुराद	= इच्छा, तात्पर्य, सफलता	रविश	= व्यवहार
मुर्ग़	= पंछी, चिड़िया	रह	= राह
मुर्दे	= मरा हुआ, प्राणहीन	रहमान	= दयालु परमेश्वर
मुर्शिद	= पथप्रदर्शक, निर्देशक	रहरवान	= राहगीर, पथिक
मुल्क	= देश, राज्य	रहील	= कूच, गली
मुशअशअ	= चमकदार	रहे रास्त	= सीधा रास्ता, सत्पथ
मुश्क	= कस्तूरी	रह्मत	= कृपा
मुसम्मा	= नामी	रश्क	= ईर्ष्या, द्वेष
मुस्तआर	= निरन्तर	रसूल	= पैगम्बर
मुहक़्क़िक़	= अन्वेषक, खोजकर्त्ता	राग़	= पहाड़
मुहताज	= आवश्यकता, महत्त्व	राज़	= रहस्य, भेद
मुह्लत	= मुहलत, समय, मौका	राज़ी	= सन्तुष्ट, सहमत
मूनिस	= सम्बद्ध	रा,द	= बिजली, विद्युत
मूर	= चींटी	राह	= रास्ता, मार्ग
मेह्र	= लाड, स्नेह	राहबरी	= मार्गदर्शक, पथ-प्रदर्शक
मोमिन	= ईमान वाला, निष्ठावान्	रिन्द	= फक्कड़
मै	= शराब, मदिरा	रिन्दी	= फक्कड़पन,
मैल	= रुचि	रिश्ते	= 1. सम्बन्ध 2.सूत्र
मौक़ूफ़	= समर्पित	रुक़्ए	= चिट्ठा

रुबाब = एक प्रकार का तार वाद्य
रुस्तम = एक पौराणिक महायोद्धा
रूख़ = होंठ, मुख
रूज़गार = दिन और रात
रूज़—हा = हर रोज़
रूज़े = रोज़ा, व्रत
रूय, रू = मुख, चेहरा
रैहान = रैहान का फूल
रौज़न = झरोखा
रौशनगर = आलोकित करने वाला
लतीफ़ = 1. कृपालु, 2.सुन्दर
लब = होंठ, अधर
लहज़े = क्षण
लहद = कब्र, मकबरा
लाग़र = कमजोर, दुबला-पतला
लाजरम = अनिवार्यत:
लाफ़ = डींग
ला,ब = खेल
लामकान = निराकार, बेनिशान
ला,ल = माणिक
लीक = लेकिन, परन्तु
लुत्फ़ = प्रेम, आनन्द, कृपा
लूली = संगीतकार
लौह = पतर, रकाबी, चद्दर
वक़्फ = सम्पत्ति
वज़ीर = मंत्री
वजूद = अस्तित्व
वतन = घर, (आलं०)गन्तव्य
वफ़ा = प्रेम एवं मित्रता
वरा = बढ़कर, श्रेष्ठ
वलीक्क = लेकिन
व,ल्लह = ख़ुदा क़सम
वस्ल = मिलन, संयोग
वाम = उधार, कर्ज़
वाय = हाय
-वार = (प्र०) की तरह

विसाक़ = घर
विसाल = संसर्ग, मिलन
शक = सन्देह
शकर = शक्कर, चीनी
शग़ब = आर्तनाद, आवाज
शफ़ीअ = सिफारिश करने वाला
शब = रात
शम्अ = दीपक
शम्स = सूरज
शर = अशुभ
शरर = चिन्गारी
शराब = शराब, मदिरा
शरार = ज्वालाएँ, किरणें, लपटें
शर्क़ = पूरब
शर्बत = पेय
शर्ह = व्याख्या
शश = छ:
शस्त = 1. कमान 2. बंसी
शह, शाह = राजा, सम्राट्
शहामत = वीरता
शहीर = प्रसिद्ध
शह्र = शहर, नगर
शह्रयार = राजाधिराज
शाद = प्रसन्न, खुश
शादमा- = खुश, प्रसन्न
शादी = ख़ुशी
शाने = कंघी
शाने = कंधा
शिगर्फ़ ओ ज़ुफ़्ती = हृष्ट-पुष्ट
शिफा = आरोग्य
शीर = क्षीर, दूध
शीरीन = मधुर
शीरे ख़ुदा = खुदा का शेर, अली
शीवे = तरीक़ा, ढंग, शैली
शुक्राने = समर्पित, न्यौछावर, निसार

शुतुरदिल = बुज़दिल, भीरु
शुमा = (सर्व०) 1.आप, 2. तुम सब
शैख = गुरु
शोहे = कीर्ति, प्रसिद्धि
संग–दिल = पत्थरदिल, कठोर हृदय
सआदत = सौभाग्यपूर्ण उपलब्धि
सक़र = नरक, गहराई
सक़ा = पिलाने वाला
सख़ा = उदारता, विनम्रता
सख़्त = कठिन, भारी
सग = कुत्ता, श्वान
सज़ा = 1. दण्ड, 2. युक्त
सज्दे = सिर झुकाना, अर्चना
सदफ़ = सीपी
सद्र = हृदय
सनद = प्रमाण, पहचान, वंश
सनम = महबूब, प्रेमी
सना = स्तुति, प्रशंसा
सफ़र = यात्रा, सफर
सफ़ा = स्वच्छता, सफाई
सबब = बात, विषय
सबा = सुबह की हवा
सबुकबार = हल्का
सबूह = सुबह
सब्ज़ = हरा
सब्र = धैर्य,
समन = चमेली
समा, समाअ = नृत्य, नाच-गान
समावात = (ब०व०) आसमान
सय्याद = शिकारी, बहेलिया
सर = प्रमुख, शिर, मूर्धा
सरनिगून = औंधा, झुका हुआ
सरमा = सर्दी, ठंड
सरवर = सरदार
सरकश = धृष्ट, ढीठ
सरकशी = धृष्टता
सरापर्दे = तम्बू
सराब = मृगतृष्णा
सरे चश्मा = मूल स्रोत
सरोकार = सम्बन्ध
सर्व = देवदार के जाति का एक पेड़
सहर = उषाकाल, अल् सुबह
सहरा = मरुस्थल, रेगिस्तान
सह्न = सहन, देहली
साग़र = प्याला
सामान = पूँजी, सम्पत्ति
सायागहे = छायादार स्थान
साये = छाया, प्रतिबिम्ब
सारबान = ऊँट चालक
सिपर = ढाल
सिफ़त = गुण, विशेषता
सियाह, सियह = अँधेरा, काला
सिलसिले = जंजीर, साम्राज्य
सीना = सिनाई नामक पहाड़
सीने = हृदय, छाती
सीमबर = चाँदी जैसे सीने वाला
सीर = तृप्त
सीरत = आचार
सीली = थाप
सुख़न = बात, कथन
सुन्अ = निर्माण
सुन्अत = सृष्टि, निर्माण
सुफ़्रा = पित्त
सुबुक = हल्का,
सुबुकतर = अधिक हल्का
सुर्ना = एक तरह का ईरानी सुषिर वाद्य
सुलैमान् = सुलेमान (नाम)
सुल्ह = शान्ति
सुस्त = ढीला, शिथिल

सू = की ओर
सूद् = लाभ
सूरत = रूप, चेहरा, (आलं०) बाह्य
सैक़ल = रेगमाल, मुरचा छुड़ाने वाला
सैद = शिकार, पकड़
सैरी = तृप्त, सन्तुष्ट
सैल = बाढ़
सोह्बत = संगति
सौगन्द = सौगन्ध, क़सम
सौदा = कारण, हेतु, के लिए
सौदा = पागलपन, (आलं०) प्रेम
सौमे = उपासना गृह
सौसन = सौसन का फूल
हक़ायक़ = यथार्थ, हक़ीक़त, सत्य
हजर = पत्थर
हज्ज् = तीर्थयात्रा, धाम
हद्द = हद, सीमा
हफ़्त = सात
हब्स = कैदखाना, जेलखाना
हमख़ाने = कुटुम्बी
हमगी = सम्पूर्ण
हमचू = की तरह, मानों
हमदम = प्रिय
हमदीगर = परस्पर, आपसी
हमसाये = प्रेम, साथी
हमवार = समतल
हमीशे = हमेशा, सदैव, निरन्तर
हमे = सभी, सारे
हमेगान् = (ब०व०)सभी लोग
हमेजा = सर्वत्र, सब जगह
हयात = जीवन
हरगिज़ = कभी नहीं, कदापि न
हरम = घेरा, परिधि
हरीफ़ = 1. बात करने वाला
2. मुक़ाबिल
हुरूफ़ = (ब०व० हर्फ़) वर्ण, अक्षर
हल्क़ा = कुंडी
हल्क़े = घेरा
हवस = इच्छा, वासना, तृष्णा
हवा = 1. इच्छा, तृष्णा 2. मौसम
हवादिस = घटनाएँ
हसूद = ईर्ष्यालु, शत्रु
हाजत = आवश्यकता, उपयोगिता
हामिल = गर्भवती
हामून = रेगिस्तान
हायो हूय = दुःख की पुकार, हाय—हाय
हिज्र = दुःख, पीड़ा
हिरा = एक पर्वत का नाम
हिलाल = दूज का चाँद
हिस = अनुभव
हीच = कुछ भी नहीं
हीन् = सम्बोधन वाचक अव्यय
हीलत = बहानेबाज़ियाँ
हीले = बहाना
हुफ़्रे = की सेंध
हुमा = ईरानी पौराणिक पक्षी जिसकी छाया के नीचे आने पर व्यक्ति सम्राट् बन जाता है।
हुर्मत = पवित्रता, शुचिता, शुद्धि
हूल = नादान, अबोध
हुवू, हू = वह
हुवैदा = प्रकट, दृष्ट
हैफ़ = हाय
हैरत = आश्चर्य
हैवान = जीवधारी
होशियार = चैतन्यवान्

चयनित सन्दर्भ

फ़ारसी

(फ़ारसी पुस्तकों के सन्दर्भ में क्रमशः पहले लेखक या सम्पादक का नाम, प्रकाशनवर्ष, फिर तिरछे अक्षरों में पुस्तक का नाम, कोष्ठक में पुस्तक की विषयवस्तु हिन्दी में, प्रकाशक का नाम, प्रकाशन स्थान दिए गए हैं।)

अब्बासी, मुस्तफ़ा ख़ालिक़दाद हाशिम—पञ्चाख्यान या पञ्चतंत्र (पञ्चतंत्र का फ़ारसी अनुवाद) ताराचन्द, सैयद अमीर हसन आबिदी; जलाली नाईनी (सम्पादक) इक़बाल, तेहरान—1984.

इन्दुशेखर (1341 हिजरी), पञ्चतंत्र (पञ्चतंत्र का फ़ारसी अनुवाद), इन्तिशाराते दानिशगाहे तेहरान, तेहरान।

सफ़ा, ज़बीहुल्लाह (1368 हिजरी) तारीख़े अदबे ईरान (फ़ारसी साहित्य का इतिहास), चापख़ाने ए मीख़क, तेहरान।

ज़मानी, करीम (1390हिजरी) शरहे जामे ए मसनवी (मसनवी की बृहद् व्याख्या)—इन्तिशाराते इत्तेलाआत, तेहरान।

जमालज़ादे, मुहम्मद अली(1335 हिजरी) बांगे नाय (मसनवी की कहानियाँ)—इन्तिशाराते अंजुमने किताब, तेहरान।

ज़र्रीन—कूब,अब्दुल हुसैन (तीसवाँ संस्करण—1389 हिजरी) पिल्ले पिल्ले ता मुलाक़ाते ख़ुदा (मौलाना की जीवनी)—इन्तिशाराते इल्मी, तेहरान।

निकोल्सन, आर.ए. (1350 हिजरी)(अनु. एवं टिप्पणी) आवेनेस आवेनेसियन, मुक़द्दमे ये रूमी व तफ्सीरे मसनवी ए मानवी, साज़माने इन्तिशारात ओ चाप—दानिशगाहे तेहरान।

नीशापूरी,फ़रीदुद्दीन अत्तार (सं.) मुहम्मद इस्तेलामी(21 वाँ संस्करण 1390 हिजरी)—तज़्किरातुल औलिया (सूफ़ी सन्तों की जीवनी) इन्तिशाराते जव्वार, तेहरान।

नीशापूरी, फ़रीदुद्दीन अत्तार (सं.) फ़रूज़ान् फ़र, बदीउज़्ज़मान (1390 हिजरी) दीवाने अत्तार (सूफ़ी काव्य) मुवस्ससेये इन्तिशाराते निगाह, तेहरान।

फ़रुज़ान फ़र, बदीउज़्ज़मान (1315 हिजरी)—शरहे हाले मौलवी (मौलाना की जीवनी), किताबफरूशे जवार, मशहद।

फ़रुज़ान फ़र, बदीउज्ज़मान (1376 हिजरी) (सं.)दाउदी, हुसैन—अहादीसो क़िससे मसनवी (मसनवी में आई कहानियों के स्रोतों का संकलन), मुवस्सिसे इन्तिशाराते अमीर कबीर, तेहरान।

फ़रुज़ान फ़र, बदीउज्ज़मान (1379 हिजरी)—शरहे मसनवी शरीफ़ (रूमी की मसनवी की व्याख्या), इन्तिशाराते रूज—तेहरान।

मौलाना, जलालुद्दीन मुहम्मद इब्ने मुहम्मद (व्या.) नसीरी, जाफर (1380 हिजरी); शरहे मसनवी ए मानवी (दफ्तरे यकुम), इन्तिशाराते तर्फन्द,—तेहरान।

मौलाना, जलालुद्दीन मुहम्मद इब्ने मुहम्मद (सं.) निकोल्सन, आर.ए. (1386 हिजरी); मसनवी ए मानवी—पादानुक्रमसहित, मास्को संस्करण, इन्तिशाराते हिरमिस, (चतुर्थ संस्करण)।

मौलाना, जलालुद्दीन मुहम्मद इब्ने मुहम्मद (सं.) कदकनी, मुहम्मद रजा शफीई (1388 हिजरी)—दीवाने शम्स तबरीज (मौलाना के दीवान का संक्षिप्त तथा सटिप्पण संस्करण), इन्तशाराते सुखन—तेहरान।

मौलाना, जलालुद्दीन मुहम्मद इब्ने मुहम्मद (सं.) निकोल्सन, आर.ए. (1389 हिजरी)—मसनवी ए मानवी, हुनरसराये गूया—तेहरान।

नाईनी, असदुल्लाह बक़ाई (सं., 1389 हिजरी) गुज़ीदे ए आसारे मौलाना (रूमी की कृतियों का संक्षिप्त संकलन), सूरे ए मेह्र, तेहरान।

English

Arberry, A.J. - Tales from Masnavi , George Allen and Unwin LTD, Ruskin House Museum Street, London - 1961

(Editors) Banani, Amin; Hovannisian, Rechard; Sabagh, Georges - Poetry and Mysticism in Islam : The Heritage of Rumi, Cambridge University Press - 1994

(Trans. & Comm.) Nicholson, R.A. (re. 2014) The Mathnavi of Jalalu'ddin Rumi. Adam Publishers and Distributors, 1542, Pataudi House Darya Ganj, New Delhi-110002

Dasgupta, S.N. (1947) A History of Sanskrit Literature (Classical Period). University of Calcutta.

(Editor) Quasemi (1997), Sharif Husein; Maulavi Flute, New age International (P) Limited. Publishers, New Delhi.

Varadachari, V. A (1960) History of the Sanskrit Literature. Ram Narayan Beni Prasad Publisher and Booksellar, Allahabad.

Abstracts of International Conference on THE PAÑCATANTRA ACCROSS CULTURES AND DISCIPLINES, Held in Leipzig, 27-29 sep 2012.

Browne, Edward G. (1902, re. 2008) A Literary History of Persia. Goodword Books, New Delhi.

Panchatantra and Masnavie Ma'navi Dr. Balram Shukla, appeared in Mehro Nahid- The Iranian Historical Researches Quarterly (2012)

उर्दू

मौलवी, जलालुद्दीन मुहम्मद इब्ने मुहम्मद (अनु.) हुसैन, क़ाज़ी सज्जाद (1974); मसनवी ए मा,नवी (अनुवाद तथा टिप्पणी), सबरंग किताबघर, दिल्ली।

नो,मानी, शिब्ली (पुनः 2009). शेर् उल् अजम (पञ्चम भाग)। दार् उल् मुसन्निफ़ीन, आज़मगढ़, उ.प्र.

हिन्दी-संस्कृत

बाँके बिहारी, कन्हैया लाल (सं., अनु., सं. 1996) ईरान के सूफ़ी कवि, भारती भंडार—लीडर प्रेस इलाहाबाद।

पळसुले, गजानन बाळकृष्ण (अनु.) तुका वक्ति (तुकाराम के अभङ्गों का संस्कृत अनुवाद); शारदा गौरव ग्रन्थमाला। 1 झेलम, पत्रकारनगरी, पुणे

अन्तर्जालीय सामग्री

ganjoor.net/moulavi/shams/ghazalsh/
https://fa.wikisource.org/wiki/
(DivAn e Shams)
https://www.vajehyab.com/
http://www.masnavi.net/2/25/eng/
(दिनांक 05-06-2017 तक देखी गई)